आचार्यकुन्तकविरचितम्

वक्रोक्तिजीवितम्

तृतीय उन्मेष

(विस्तृत भूमिका एवं हिन्दी-व्याख्या सहित)

सम्पादक एवं हिन्दी-व्याख्याकार

प्रो० (डॉ०) वेद प्रकाश डिंडोरिया

आचार्य, संस्कृत विभाग,

दिल्ली विश्वविद्यालय, दिल्ली

शिवालिक प्रकाशन

दिल्ली भारत

प्रथम संस्करण : 2024

मूल्य : 1295.00

ISBN : 978-81-961005-7-5

प्रकाशक :
शिवालिक प्रकाशन
4648/21, अंसारी रोड, दरियागंज
नई दिल्ली–110002
फोन : 011–42351161
ई–मेल : shivalikprakashan@yahoo.com

शाखा कार्यालय
प्लॉट सं. 394, संजय नगर कालोनी
पहरिया, रामदत्तपुर, वाराणसी (उत्तर प्रदेश)

International Branch :
64, Grant Boulevard, Dundas
Ontario, Canada L9H 4MI

भारत में प्रकाशित

विरेन्द्र तिवारी द्वारा शिवालिक प्रकाशन 4648/21, अन्सारी रोड, दरियागंज नई दिल्ली–110002 के लिए प्रकाशित। शब्द संयोजन : एस०के० ग्राफिक्स, दिल्ली और आर० के० ऑफसेट प्रिंटर्स, दिल्ली द्वारा मुद्रित।

Vakroktijivitam (Tritiya Unmesh)

By : **Prof. Ved Prakash Dindoriya**

समर्पणम्

जिनके सतत सान्निध्य ने मुझे छात्रोपयोगी, स्पष्ट, सरल लेखन में प्रवेश कर पाने के योग्य बनाया है, उन व्याकरण शास्त्र, भारतीय दर्शन, भाषाविज्ञान आदि अनेकानेक विषयों के अप्रतिम आचार्य, विद्याविनयशील, गुरुवर प्रो. ओम नाथ बिमली के करकमलों में सादर समर्पित !

सम्पादकीय

संस्कृत काव्यशास्त्र में प्रचलित छः सिद्धान्तों में वक्रोक्ति सिद्धान्त अत्यन्त महत्त्वपूर्ण है। आचार्य भरत से लेकर पण्डितराज जगन्नाथ तक की काव्यशास्त्रीय परम्परा में वक्रोक्ति किसी न किसी रूप में अवश्य विद्यमान है, परन्तु इसको एक सुव्यवस्थित सिद्धान्त के रूप में प्रतिष्ठापित करने का श्रेय आचार्य कुन्तक को ही जाता है। कुन्तक ने वक्रोक्ति को काव्य का जीवित अर्थात् प्राण कहा है। अतः कुन्तक की दृष्टि से काव्य में वक्रोक्ति की अपरिहार्यता स्वतः सिद्ध है।

आचार्य कुन्तक की एकमात्र रचना वक्रोक्तिजीवित उपलब्ध होती है। बहुत समय तक यह ग्रन्थ अनुपलब्ध रहा। 1923 ई० में डॉ० एस० के० डे० ने दो पाण्डुलिपियों के आधार पर इसके दो उन्मेष प्रकाशित किए। वक्रोक्तिजीवित का दूसरा संस्करण 1928 ई० में प्रकाशित हुआ। इसमें तृतीय उन्मेष के कुछ अंश सम्मिलित थे। इस ग्रन्थ का तृतीय संस्करण डॉ० डे० के सम्पादकत्व में पुनः 1928 ई० में प्रकाशित हुआ, जिसमें मूल पाण्डुलिपि के कुछ अंशों में परिवर्तन किया था, साथ ही आगे के अंशों का भी संक्षिप्त विवेचन प्रस्तुत किया गया था। इसके पश्चात् 1955 ई० में आचार्य नगेन्द्र की विस्तृत भूमिका के साथ आचार्य विश्वेश्वर ने हिन्दी व्याख्या सहित इसके चारों उन्मेष प्रकाशित किए। इसका चतुर्थ संस्करण हिन्दी माध्यम कार्यान्वय निदेशालय, दिल्ली विश्वविद्यालय से 1995 ई० में प्रकाशित हुआ। आज यह संस्करण सर्वाधिक प्रचलित है। वक्रोक्तिजीवित का एक संस्करण आचार्य राधेश्याम मिश्र की हिन्दी व्याख्या के साथ चौखम्बा संस्कृत संस्थान, वाराणसी ने प्रकाशित किया है तथा वक्रोक्तिजीवित का प्रथम उन्मेष हिन्दी व्याख्या सहित आचार्य परमेश्वरदीन पाण्डेय ने चौखम्बा सुरभारती प्रकाशन, वाराणसी से 2001 (तृतीय संस्करण) में प्रकाशित किया।

वक्रोक्तिजीवित चार उन्मेषों में विभक्त है। अपने से पूर्ववर्ती अधिकांश काव्यशास्त्रीय लक्षणग्रन्थों के समान इसमें भी कारिका, वृत्ति तथा उदाहरण हैं।

कारिका तथा वृत्ति भाग के लेखक स्वयं आचार्य कुन्तक हैं तथा उदाहरण प्रसिद्ध काव्यों से लिए गये हैं। वक्रोक्तिजीवित में वृत्तिभाग कारिका के आशय को इतने विस्तार से प्रस्तुत कर देता है कि वक्रोक्तिजीवित पर अलग से कोई टीकाग्रन्थ उपलब्ध नहीं होता है।

वक्रोक्तिजीवित के प्रथम तथा द्वितीय उन्मेष पर प्रकाशित पुस्तक पर सुधी पाठकों तथा जिज्ञासु विद्यार्थियों का अत्यन्त स्नेह प्राप्त हुआ। वक्रोक्तिजीवित पर जब कार्य प्रारम्भ किया गया था, तब सम्पूर्ण वक्रोक्तिजीवित पर ही हिन्दी-व्याख्या लिखने का विचार था। पूर्व में वक्रोक्तिजीवित के प्रथम तथा द्वितीय उन्मेष सम्पादन करते हुए यह अनुभव किया गया कि वक्रोक्ति सिद्धान्त का सामान्य परिचय प्राप्त करने के लिए इसके प्रथम उन्मेष का ही अध्ययन पर्याप्त है। आचार्य कुन्तक ने प्रथम उन्मेष में वक्रोक्ति के लक्षण, स्वरूप आदि का विस्तार से परिचय प्रस्तुत करते हुए वक्रता के प्रमुख छः प्रकारों का सामान्य लक्षण प्रस्तुत किया था। अतः द्वितीय उन्मेष ने आचार्य ने छः में से प्रथम तीन वक्रताओं यथा - वर्णविन्यासवक्रता, पदपूर्वार्द्धवक्रता तथा पदपरार्द्धवक्रता का सोदाहरण विशेष लक्षण प्रस्तुत किया है। इन तीन वक्रताओं के भी अवान्तर भेद होते हैं, जिनकी भी विस्तार से चर्चा आचार्य कुन्तक ने द्वितीय उन्मेष में की है। अतः इसी उद्देश्य से द्वितीय उन्मेष का भी प्रकाशन अक्टूबर 2019 में किया गया।

उसके पश्चात् वक्रोक्तिजीवित के तृतीय उन्मेष की प्रतीक्षा थी। तृतीय उन्मेष में आचार्य कुन्तक ने वस्तु किंवा वाच्यवक्रता का विवेचन विस्तार से किया है। इसके अन्तर्गत समस्त अलङ्कारवर्ग आ जाता है। अतः तृतीय उन्मेष का प्रकाशन प्रस्तुत संस्करण में किया जा रहा है। इस संस्करण में भी पूर्ववत् विस्तृत भूमिका, मूलपाठ के अन्तर्गत कारिका, अन्वय, अनुवाद, वृत्तिभाग का सुस्पष्ट विवरण तथा उदाहरणों को भी अन्वय तथा हिन्दी-अनुवाद के साथ प्रस्तुत किया गया है। पुस्तक के अन्त में चार परिशिष्टों में मूलग्रन्थस्थ कारिकानुक्रमणिका, उदाहरणस्थ पद्यानुक्रमणिका, वृत्तिभाग में आए हुए अन्तःश्लोकों की अनुक्रमणिका तथा वृत्तिभाग में आई हुई अन्य आचार्यों के द्वारा रचित

कारिकाओं की अनुक्रमणिका को भी प्रस्तुत किया है। पुस्तक की भाषा को अत्यन्त सरल तथा सुबोध बनाने का प्रयास किया गया है।

पूर्व में प्रकाशित वक्रोक्तिजीवित के प्रथम तथा द्वितीय उन्मेष के सम्पादन का कार्य गुरुवर आचार्य ओम नाथ बिमली ने किया था। अतः इससे निस्सन्देह कार्य की प्रतिष्ठा तथा उपयोगिता में वृद्धि हुई थी। आचार्य बिमली की गणना वर्तमान संस्कृत जगत् में व्याकरणशास्त्र तथा दर्शन के अग्रणी विद्वानों में की जाती है। वक्रोक्तिजीवित के प्रथम तथा द्वितीय उन्मेष के सम्पादन के पश्चात् आचार्य बिमली को वक्रोक्ति सिद्धान्त के विद्वान् के रूप में भी प्रतिष्ठा प्राप्त हुई है, ऐसा गत वर्षों में हमारा अनुभव रहा है। इस बार विभागाध्यक्ष होने से अत्यधिक व्यस्तता के कारण सम्पादक के रूप में मुझे प्रत्यक्ष आशीर्वाद भले ही न मिला हो, परन्तु निरन्तर उनका दिशानिर्देश मुझे इस कार्य में भी प्राप्त होता रहा है। अतः यह पुस्तक मैं आचार्य ओम नाथ बिमली के करकमलों में समर्पित करता हूँ। मुझे आशा है कि यह पुस्तक विशेष रूप से संस्कृत काव्यशास्त्र के जिज्ञासुओं तथा विद्यार्थियों के लिए अत्यन्त उपयोगी सिद्ध होगी। समय-समय पर मार्गदर्शन के लिए आचार्य गिरीश चन्द्र पन्त, आचार्य जगदीशप्रसाद सेमवाल, आचार्य ओम नाथ बिमली, आचार्य भारतेन्दु पाण्डेय, आचार्या मीरा द्विवेदी, डॉ० साधना कंसल तथा डॉ० सारिका वार्ष्णेय का हृदय के अन्तस्तल से आभार।

दिनाङ्कः 01जनवरी 2024 **वेद प्रकाश डिंडोरिया**

विषयानुक्रमणिका

भूमिका

वक्रोक्तिजीवित के द्वितीय उन्मेष में वाक्य के अवयव पदों के यथासम्भव वक्रभाव पर आचार्य कुन्तक ने विचार करते हुए वाचकवक्रता की विच्छित्ति (शोभा) के प्रकारों का दिग्दर्शन कराया है। अर्थात् ग्रन्थकार ने द्वितीय उन्मेष में पदवक्रता का निरूपण करते हुए पदवक्रता के दोनों प्रकारों पदपूर्वार्द्धवक्रता तथा पदपरार्द्धवक्रता के यथासम्भव प्रकारों का साङ्गोपाङ्ग उदाहरणसहित वर्णन किया है। पदवक्रता का निरूपण करने से पूर्व आचार्य कुन्तक ने द्वितीय उन्मेष में ही वर्णविन्यासवक्रता का भी समुचित विवेचन कर दिया है। अब वाक्य के वक्रतावैचित्र्य का वर्णन करने के लिए वाच्य के वर्णन के प्रकरण में मुख्य रूप से अधिकृत वस्तु की वक्रता अर्थात् वाच्यवक्रता के स्वरूप का निरूपण अपेक्षित है, क्योंकि पदार्थों का बोध होने पर ही वाक्यार्थ का बोध हो सकता है।

द्वितीय उन्मेष में वाचक की वक्रता पर विचार किया जा चुका है। तृतीय उन्मेष में आचार्य कुन्तक ने पहले वाच्य (अर्थ) की वक्रता पर विचार करने के पश्चात् वाक्य की वक्रता पर विचार किया है।

वाच्यवक्रता

उदारस्वपरिस्पन्दसुन्दरत्वेन वर्णनम्।
वस्तुनो वक्रशब्दैकगोचरत्वेन वक्रता॥

अर्थात् सौन्दर्य की दृष्टि से सभी का अतिक्रमण कर देने वाले पदार्थ के अपने स्वभाव की महिमा के सौकुमार्य के अतिशय से अत्यन्त रमणीय स्वाभाविक धर्म से युक्त रूप से वर्णन वाच्य या वस्तुवक्रता कहलाती है। यह वर्णन तभी सम्भव हो पायेगा जब केवल वक्र शब्द के विषयरूप से वस्तु का वर्णन किया जाय। विवक्षित अर्थ को व्यक्त करने में समर्थ विभिन्न प्रकार की

वक्रताओं से विशिष्ट वाचकविशेष 'वक्र' शब्द कहलाता है। पदार्थों के स्वभाव के सौकुमार्य के वर्णन के प्रसङ्ग में वाच्यालङ्कारों उपमा आदि का अधिक उपयोग करना उचित नहीं है। अतः वाच्य या वस्तुवक्रता के प्रतिपादन में या तो अलङ्कारों का प्रयोग न किया जाय और यदि करना अपेक्षित ही हो तब व्यङ्ग्य रूप में किया जाना चाहिए।

यदि सामान्य शब्दों में कहा जाय तो 'वस्तु के स्वभाव का सुन्दर वर्णन वस्तु या वाच्यवक्रता है।' इस पर प्रतिपक्षी को आक्षेप करने का अवसर प्राप्त हो जाता है। वह कहता है कि - जिस वस्तु के स्वभाव के सुन्दर वर्णन को आप वस्तु या वाच्यवक्रता कह रहे हो, भामह आदि पूर्व आचार्यों ने सहृदयों को आह्लादित करने वाली उस स्वभावोक्ति को ही अलङ्कार के रूप में कहा है। अर्थात् वस्तु के स्वभाव का सुन्दर वर्णन कुन्तक की दृष्टि से अलङ्कार्य होता है, परन्तु भामह आदि की दृष्टि से अलङ्कार। इसलिए उपमा आदि वाच्यालङ्कारों से उस स्वाभाविक सौन्दर्य को दूषित करने के अनुचित प्रयास से क्या लाभ ? अर्थात् उपमा आदि वाच्यालङ्कारों से वस्तु का स्वाभाविक सौन्दर्य तब दूषित होता जब वह अलङ्कार्य होता, परन्तु भामह आदि प्राचीन आचार्यों की दृष्टि से तो वह अलङ्कार है तथा एक अलङ्कार को कोई अन्य अलङ्कार सुशोभित या दूषित कैसे कर सकता है?

कहने का भाव यह है कि कुन्तक का यह कहना कि उपमा आदि वाच्यालङ्कारों के प्रयोग से वस्तु के स्वाभाविक सौन्दर्य में न्यूनता आ जाती है, वह प्रतिपक्षी की दृष्टि से ठीक नहीं है। क्योंकि उन उपमा आदि अलङ्कारों का अलङ्कार्य वस्तु का सामान्य धर्ममात्र है और अतिशययुक्त स्वभाव के सौन्दर्य का परिपोषण अलङ्कार प्रतीत होता है। इसलिए कुन्तक जिस वस्तु के सातिशय वर्णन को वस्तुवक्रता कह रहे हैं, वह वास्तव में स्वभावोक्ति ही है तथा स्वभावोक्ति का अलङ्कारत्व ही उचित है, इस प्रकार से प्रतिपक्षी मानते हैं।

अब उनके इन आक्षेपों का समाधान कुन्तक करते हैं कि वस्तु के सामान्य धर्ममात्र को अलङ्कार्य तथा सातिशय स्वभाववर्णन अर्थात् स्वभावोक्ति को अलङ्कार माना जायेगा तब उसमें दो दोष उपस्थित हो जायेंगे। एक दोष तो यह

होगा कि वस्तु के सामान्य धर्म का उल्लेख तो कोई भी कर देगा और सब कवि बन जायेंगे। दूसरा दोष यह होगा कि बिना किसी उत्कृष्ट धर्म से युक्त वर्णनीय वस्तु को अलङ्कार्य मान लिया जायेगा तब चाहे जितने अलङ्कारों का सन्निवेश कर दो, कोई लाभ नहीं होगा। यह वही स्थिति होगी, जैसे किसी अयोग्य दीवार पर चाहे जितना सुन्दर चित्र बना लो, उसमें कोई शोभा उत्पन्न नहीं होगी। इसलिए अत्यन्त रमणीय स्वाभाविक धर्म से युक्त वर्णनीय वस्तु का ही ग्रहण करना चाहिए। इस प्रकार की वस्तु का यथायोग्य औचित्य के अनुसार रूपक आदि अलङ्कारों के साथ योग करना चाहिए। यदि कवि को वस्तु का स्वाभाविक सौन्दर्य ही प्राधान्य रूप से विवक्षित हो तब रूपक आदि अलङ्कारों का अधिक प्रयोग उपकारक नहीं होता है। ऐसा करने से वस्तु का स्वाभाविक सौकुमार्य अथवा रसादि का परिपोष गौण हो जायेगा। इसी बात को एक उदाहरण से समझा जा सकता है। जैसे कोई विलासों से युक्त स्वाभाविक रूप से सुन्दर सुन्दरी है, अतः वह सम्पूर्णतया अलङ्कार्य कही जा सकती है। परन्तु यदि वह स्नान के समय अथवा जब वह अपने पति से वियुक्त हो अथवा सम्भोग की समाप्ति के अवसर पर बिना अलङ्कारों को धारण किए ही सुन्दर लगती है और वही उसका स्वाभाविक सौकुमार्य ही रसिकों के हृदयों को आह्लाद प्रदान करने वाला होता है। उस समय यदि उसे अलङ्कारों को धारण भी कराया जाये तब वह न तो स्वेच्छा से अलङ्कारों को धारण करेगी और न ही वे अलङ्कार उसके लिए शोभाधायक होंगे। जैसे -

तां प्राङ्मुखीं तत्र निवेश्य तन्वीं क्षणं व्यलम्बन्त पुरो निषण्णः।
भूतार्थशोभह्रियमाणनेत्रः प्रसाधने सन्निहितेऽपि नार्यः॥

यह पद्य महाकवि कालिदास विरचित कुमारसम्भव का है। इसमें शिव और पार्वती के विवाहोपरान्त प्रथम मिलन का वर्णन है। यहाँ पर कवि को पार्वती के स्वाभाविक सौकुमार्य से सुशोभित मनोहर शोभा के अतिशय का प्रतिपादन करना अभिप्रेत है। अर्थात् वे पार्वती के स्वाभाविक सौन्दर्य का ही वर्णन करना चाहते हैं। तथापि अन्तःपुर की स्त्रियों को पार्वती को आभूषणों से सजाने का आदेश मिला हुआ है। अतः वे पार्वती को सजाने के लिए आभूषणों को लेकर

बैठ गई हैं। परन्तु वे उनकी स्वाभाविक शोभा को देखकर ही स्तब्ध है तथा आभूषणों को व्यर्थ ही समझ रही हैं। इस विषय में कुन्तक का अभिमत है कि यहाँ पार्वती को अलङ्कारों से सजाना उनकी स्वाभाविक शोभा का तिरोधान कर सकता है। उसी प्रकार से जहाँ पर कवि को वस्तु के स्वाभाविक सौकुमार्य की प्रधानता से वर्णन किया जाना अभिप्रेत होता है, वहाँ पर अलङ्कारों का विन्यास वस्तु के लिए उपकारक नहीं हो सकता है, क्योंकि अलङ्कारों का विन्यास अपने से सम्बद्ध अन्य धर्मों की प्रतीति करायेगा तथा वस्तु की जो स्वाभाविक सुकुमारता है तथा उससे होने वाला जो सहज सौन्दर्य है, उसका तिरस्कार हो जायेगा। अतः ऐसी स्थिति में अलङ्कारों का प्रयोग उचित नहीं माना जा सकता है।

जब कवि को विशेष रूप से काव्य में मनोहर रूप में रस की प्रतीति अभिप्रेत होती है तब वह विभाव, अनुभाव और व्यभिचारी भावों का औचित्यपूर्ण रूप में वर्णन करता है, न कि उनको वह साक्षात् शब्द के द्वारा कह देता है। रसादि को साक्षात् रूप से कह देने पर तो स्वशब्दवाच्यता दोष का प्रसङ्ग उपस्थित हो जाता है और वह प्रस्तुत रसादि की शोभा में बाधक बन जाता है। इसके अतिरिक्त जब कवियों को अपने काव्य में स्त्रियों में प्रथम नवयौवन के आगमन आदि पदार्थों का वर्णन अभिप्रेत होता है अथवा सुकुमार वसन्त आदि ऋतुओं के प्रारम्भ, पूर्णता और परिसमाप्ति आदि का वर्णन अभिप्रेत होता है, तब वे अधिकांशतः उनके अपने प्रतिपादक वाक्यों की वक्रता के द्वारा ही करते हैं, न कि किसी अन्य अलङ्कार का अलङ्करणीय रूप में प्रयोग कर के। जैसे—

स्मितं किञ्चिन्मुग्धं तरलमधुरो दृष्टिविभवः
परिस्पन्दो वाचामभिनवविलासोक्तिसरसः।
गतानामारम्भः किसलयितलीलापरिमलः
स्पृशन्त्यास्तारुण्यं किमिव हि न रम्यं मृगदृशः॥

यहाँ पर कवि को नवयौवन में प्रवेश करती हुई किसी युवति के स्वाभाविक सौन्दर्य का वर्णन ही अभिप्रेत है। इसलिए स्वभावोक्ति के द्वारा ही कवि ने वैसा कर दिया है। उसके लिए प्रकृत वस्तु को किसी बाह्य अलङ्कार से सजाने की

आवश्यकता कवि को प्रतीत नहीं हुई है तथा न ही उसने इसके लिए कोई विशेष प्रयत्न किया है। वही वाच्य अथवा वस्तुवक्रता कहताती है।

महाकवियों को कभी तो प्रस्तुत वस्तु के औचित्य के अनुरोध से स्वाभाविक सौन्दर्य को ही एकछत्र रूप में प्रकाशित करना अभीष्ट होता है तथा कभी-कभी विविध प्रकार की रचना के अलङ्कार आदि के वैचित्र्य से युक्त सौन्दर्य का वर्णन करना अभीष्ट होता है। यहाँ पर प्रथम पक्ष में रूपकादि अलङ्कारों का सौन्दर्य उतना महत्त्व नहीं रखता है, जितना कि वस्तु के स्वाभाविक सौन्दर्य का महत्त्व होता है। अतः इस स्थिति में रूपकादि अलङ्कारों का प्रधानतया सन्निवेश व्यर्थ है।

दूसरे पक्ष में जहाँ पर महाकवियों को अलङ्कार आदि के वैचित्र्य से युक्त सौन्दर्य का वर्णन करना अभीष्ट होता है, वहाँ पर वह ही मुख्य रूप से प्रकाशित होता है तथा वस्तु का स्वाभाविक सौन्दर्य उसके सामने गौण हो जाता है। इसलिए इस न्याय से स्वाभाविक सौन्दर्यरूप सर्वातिशायी पदार्थ के स्वभाव के वर्णन को ही सदैव अलङ्कार्य मानना उचित है, न कि उसको अलङ्करण करने वाला तत्त्व मानना चाहिए। किसी अतिशय से शून्य अर्थात् सर्वातिशायी स्वाभाविक धर्म से रहित वस्तु का यदि अलङ्करण कर भी दिया जायेगा तब भी वह पिशाच आदि के समान सहृदयों में आह्लाद को उत्पन्न करने की योग्यता से रहित होने के कारण अनुपादेय ही होगी। अतः अलङ्कार भी उसी वस्तु को अलङ्कृत करने में समर्थ होंगे, जो स्वयं स्वाभाविक रूप से सौन्दर्यसम्पन्न होगी।

यदि कभी ऐसा हो जाए कि प्रकृत वस्तु का कवि ने अतिशययुक्त वर्णन कर दिया है। अब उसको किसी अलङ्कार से अलङ्कृत करने की आवश्यकता नहीं है। यदि ऐसा किया जायेगा तो उस वस्तु की स्वाभाविक शोभा किसी अन्य अलङ्कार से तिरस्कृत हो जायेगी। अतः वह स्वाभाविक सौन्दर्य के अतिशय से युक्त वस्तु वास्तव में अलङ्कार्य होकर भी अलङ्कार कही जाती है। तब तो आपके इस कथन से हमारे ही पक्ष की सिद्धि हो जायेगी। उस स्थिति में स्वभावोक्ति को मुख्य अर्थात् अभिधा वृत्ति से अलङ्कार नहीं कहा जा सकता है। अभिधा वृत्ति

से तो स्वभावोक्ति को अलङ्कार्य ही कहा जायेगा। हाँ आप लक्षणा अर्थात् गौणी वृत्ति से स्वभावोक्ति को अलङ्कार कह सकते हो। इस विषय में हम आपसे कोई विवाद नहीं करेंगे।

पुनः वस्तुवक्रता को परिभाषित करते हुए कुन्तक कहते हैं -

अपरा सहजाहार्यकविकौशलशालिनी।
निर्मितिर्नूतनोल्लेखलोकातिक्रान्तगोचरा॥

अर्थात् महाकवियों के सहज और आहार्य कविकौशल से सुशोभित नूतन उल्लेख से लोक को अतिक्रान्त करने वाली रचना अन्य प्रकार की वस्तुवक्रता होती है।

वर्ण्यमान पदार्थ की रचना पदार्थवक्रता कहलाती है। यह कैसी होती है? उत्तर है - 'सहज और आहार्य कवि के कौशल से सुन्दर। 'सहज पद से तात्पर्य है - स्वाभाविक। आहार्य अर्थात् कविशिक्षा और महाकवियों अथवा समालोचकों के उपदेशानुसार अभ्यास से समुल्लासित। अर्थात् शक्ति और व्युत्पत्ति के परिपाक से प्रौढ़ जो कविकौशल अर्थात् काव्यनिर्माण में नैपुण्य है, उससे सुशोभित होने वाली और वह नूतन उल्लेख से लोक को अतिक्रान्त करने वाली होती है। नूतन अर्थात् प्रथमतः जिसका उल्लेख कवि द्वारा किया गया है। तत्काल उल्लेख किए जाने वाली किसी अपूर्व अतिशय से युक्त, जिसके द्वारा लोक को अतिक्रान्त किया जाए। अर्थात् प्रसिद्ध व्यवहार को तिरस्कृत कर देने वाला कोई सर्वोत्कृष्ट पदार्थ जिस रचना का विषय है, उस प्रकार की। उस प्रकार की वक्रता से की गई रचना भी पदार्थवक्रता का भेद होती है। इसका यहाँ यह तात्पर्य हुआ कि कवि वर्ण्यमान अविद्यमान स्वरूप वाले पदार्थों को स्वयं उत्पन्न नहीं करते हैं। अर्थात् ऐसा नहीं है कि कवि उन पदार्थों का वर्णन करें, जो अभी तक संसार में थे ही नहीं, अपितु कवि ने स्वयं ही उनको उत्पन्न किया है। कवि तो जिन पदार्थों की लोक में केवल सत्तामात्र से प्रतीति होती है, उनमें कुछ विशेष प्रकार का अतिशय उत्पन्न कर देते हैं, जिससे कोई अपूर्व सहृदयों के हृदय को हरण करने वाली रमणीयता का उन पर आरोप हो जाता है। जैसा कि इस पद्य में वर्णन है -

लीनं वस्तुनि येन सूक्ष्मसुभगं तत्त्वं गिरा कृष्यते
निर्मातुं प्रभवेन्मनोहरमिदं वाचैव यो वा बहिः।
वन्दे द्वावपि तावहं कविवरौ वन्देतरां तं पुन-
र्यो विज्ञातपरिश्रमोऽयमनयोर्भारावतारक्षमः।।

इस प्रकार से जो वस्तु अभी तक अपनी सत्तामात्र से ही परिस्फुरित हो रही थी, कवि उसमें किसी अलौकिक शोभा के अतिशय का विधान कर शोभाविशेष का अभिधान कर देता है, जिससे उस मनोहारी नवीन शोभा से पदार्थ की वास्तविक स्थिति का तिरोधान हो जाता है और पूर्व में अनुभव होने वाले सत्तामात्र स्वरूप के दब जाने से उद्भासित नवीन शोभातिशययुक्त मनोहारी स्वरूप से उसी समय में प्रकट होने वाले वर्णनीय पदार्थ की स्वाभाविक महिमा प्रतिभासित होने लगती है, जिसके कारण साधारण लौकिक पदार्थों में भी कवि के द्वारा अपनी प्रतिभा से अलौकिक सौन्दर्य का आधान करने के कारण कवि 'विधाता' कहलाने के अधिकारी हो जाते हैं। जैसा कि कहा गया है-

अपारे काव्यसंसारे कविरेव प्रजापतिः।
यथाऽस्मै रोचते विश्वं तथेदं परिवर्तते।।

यह सहज और आहार्य के भेद से वर्णनीय वस्तु की दो प्रकार की वक्रता होती है। इस प्रकार से यह आहार्य वक्रता है, वह प्रस्तुत आहार्य वक्रता शोभा से युक्त होने पर भी अलङ्कार से अतिरिक्त कुछ नहीं है। इसलिए अलङ्काररूपा आहार्य वक्रता के अनेक प्रकार के भेदों के द्वारा पदार्थों का वर्णन आदि व्यवहार अत्यन्त विस्तृत हो जाता है। जैसे—

अस्याः सर्गविधौ प्रजापतिरभूच्चन्द्रो नु कान्तिप्रदः
शृङ्गारैकरसः स्वयं नु मदनो मासो नु पुष्पाकरः।
वेदाभ्यासजडः कथन्नु विषयव्यावृत्तकौतूहलो
निर्मातुं प्रभवेन्मनोहरमिदं रूपं पुराणो मुनिः।।

यहाँ पर वक्ता पुरुरवा के द्वारा अपनी कान्ता उर्वशी के कान्तिमत्व, असीम विलास-सम्पदा की पात्रता, सरसता, असामान्य सौष्ठव और सौकुमार्य को प्रतिपादित करने की इच्छा से प्रत्येक में उस-उस स्वभाव के प्राधान्य से समुचित

सम्भावना के अनुमान के माहात्म्य से पृथक्-पृथक् अपूर्व ही निर्माण की उत्प्रेक्षा की है। इन तीनों कारणों में सब विशेषणों के साथ 'स्वयं' इस पद का सम्बन्ध इसी बात को और अधिक स्पष्ट कर देता है। जो चन्द्रमा स्वयं ही मनोहर कान्ति से युक्त है, उसके सौजन्य के अनुरूप अरोचकी होने से अर्थात् जिसको सौन्दर्यरहित पदार्थ रुचिकर न हो उसमें सुन्दर कार्य के निर्माण में कुशलता का होना स्वतः ही सिद्ध हो जाता है और जो कामदेव स्वयं ही एकमात्र शृङ्गार रस से युक्त है, उसका रसिक होने से उसमें रसयुक्त वस्तु के विधान के वैदग्ध्य का औचित्य ही है। जो वसन्त स्वयं ही पुष्पाकर है, उसका आभिजात्य के कारण ही उसके द्वारा उस प्रकार की सुकुमार रचना उचित ही है तथा पद्य में उत्तरार्द्ध में व्यतिरेक द्वारा इन कान्तिमत्व आदि तीनों विशेषणों की अन्यथा अनुपपत्ति का प्रतिपादन किया गया है। क्योंकि सृष्टिरचना के लिए प्रसिद्ध प्रजापति ब्रह्मा का वेदाभ्यास से जड़ होने के कारण कान्तियुक्त वस्तु के विधान में अनभिज्ञत्व, कौतुक के समाप्त हो जाने के कारण रसयुक्त पदार्थ की रचना से विमुखता और वृद्ध होने के कारण सुकुमार और सरस रचना में पराङ्मुखता ही प्रतीत होती है।

इस प्रकार यह उत्प्रेक्षा अलङ्कार कवि के द्वारा वर्णनीय वस्तु के किसी अलौकिक वर्णन से विलक्षण अतिशय का आधान करने के लिए निबद्ध किया गया है। वह अतिशय स्वयं ही अपने स्वाभाविक सौन्दर्य की महिमा से तथा उत्प्रेक्षा अलङ्कार की सहायता से उसकी सहायक सम्पदा (वर्णनीय अर्थ) की महनीयता को चाहता हुआ सन्देह अलङ्कार के साथ सम्बन्ध को अङ्गीकार करता है। इसलिए उस सन्देह अलङ्कार से नायिका के सौन्दर्य का अतिशय पुष्ट होता है। इसलिए यहाँ वर्ण्यमान नायिका में रहने वाले नायिका के सौन्दर्यरूप पदार्थ में लोकोत्तर निर्माता के द्वारा निर्मित होने वाला कोई अपूर्व अतिशय कवि के द्वारा निर्मित किया गया है, जिससे वह नायिका का अपूर्व सौन्दर्य मानों प्रथम बार ही उत्पन्न हुआ है, ऐसा प्रतीत होता है।

जहाँ कहीं भी कवियों के द्वारा कल्पित वस्तु को प्रबन्धार्थ के समान अपूर्व रूप से वाक्यार्थ के रूप में प्रथम बार उल्लेख किया जाता है, वहाँ पर अपनी कल्पित सत्ता के सम्बन्ध से स्वयं ही प्रतीत होने वाले पदार्थों का उस प्रकार का

अपूर्व परस्पर सम्बन्ध का जनक कुछ अपूर्व अतिशय मात्र ही काव्यरचना का विषय होता है, न कि वस्तु का स्वरूप कवि की रचना का विषय होता है। जैसे-

कस्त्वं भो दिवि मालिकोऽहमिह किं पुष्पार्थमभ्यागतः
किं ते सूनमहक्रयो यदि महच्चित्रं तदाकर्ण्यताम्।
संग्रामेष्वलभाभिधाननृपतौ दिव्याङ्गनाभिः स्त्रजः
प्रोज्झन्तीभिरविद्यमानकुसुमं यस्मात्कृतं नन्दनम्॥

इस प्रकार के विषय में वर्णनीय वस्तु के विशिष्ट अतिशय का विधान करने वाले अलङ्कारों का विन्यास आवश्यक हो जाता है तथा इस उदाहरण में अलङ्कारों की कल्पना के बिना सम्यक् रूप से किसी भी प्रकार से वाक्यार्थ की सङ्गति नहीं हो पाती है। क्योंकि इस प्रकार के उदाहरणों में जहाँ स्वर्ग के माली का पृथ्वी पर फूल तोड़ने के लिए आया हुआ वर्णन किया गया है, वह प्रत्यक्ष आदि प्रमाणों से निश्चित नहीं हो पाता है, जिससे स्वाभाविक वस्तु धर्मिरूप में व्यवस्थापित नहीं हो पाती है। इसलिए वह वस्तु विदग्ध कवि की प्रतिभा से उल्लिखित अलङ्कार का विषय बनकर ही सहृदयों के हृदय में आह्लाद को उत्पन्न करती है।

इस उदाहरण में घनघोर युद्ध के समय समुचित शौर्य के अतिशय की प्रशंसा के द्वारा प्रस्तुत राजा के विषय में (अलौकिक) प्रिय की प्राप्ति के उत्साह से युक्त अप्सराओं के समूह के द्वारा संग्रह की गई मन्दार आदि के कुसुमों की सहस्त्रों मालाओं की सम्भावना के अनुमान से नन्दन उद्यान के पत्तों और फूलों की समृद्धि के प्रध्वंस के भाव के सिद्धि की उत्प्रेक्षा की गई है। इस प्रकार पद्य के पूर्वार्द्ध में की गई यह उत्प्रेक्षा अप्रस्तुतप्रशंसा के सम्बन्ध से और भी मनोहर रूप में प्रकृत राजा के प्रताप के अतिशय का परिपोषण करती हुई तथा अत्यन्त सुन्दर रूप में स्वयं प्रकाशित होती हुई सहृदयों को आकर्षित करती है।

इस पद्य में कुछ लोगों के अनुसार उत्प्रेक्षा अलङ्कार न होकर अतिशयोक्ति अलङ्कार है। कुन्तक के अनुसार अतिशयोक्ति तो सभी अलङ्कारों में रहती ही है। जैसा कि भामह ने कहा है - 'कोऽलङ्कारोऽनया विना।' इसलिए वहाँ 'अतिशय' से तात्पर्य 'लोकातिक्रान्तगोचरता' से है, न कि अतिशयोक्ति नामक विशेष अलङ्कार से। क्योंकि अतिशयोक्ति का मूलभूत जो सातिशयत्व होता है, वह

समस्त अलङ्कारों का अनुग्राहक होता है और वह अतिशय उत्प्रेक्षा का भी अनुग्राहक है। अतिशयोक्ति के अपने लक्षण में अतिशय का अनुप्रवेश होने के कारण अतिशय अतिशयोक्ति का भी अनुग्राहक है। इस अतिशयोक्ति किंवा वक्रोक्ति के बिना कौनसा अलङ्कार होता है? अर्थात् कोई नहीं।

इस प्रकार अतिशय समस्त अलङ्कारों का अनुग्राहक है। इसलिए इस पद्य में मुख्य रूप से अलग से अतिशयोक्ति अलङ्कार है, ऐसा कहने पर भी हमारे (कुन्तक के) उत्प्रेक्षावादी सिद्धान्त से कोई भेद नहीं है।

कवि की प्रतिभा से उत्प्रेक्षित अत्यन्त असम्भव अर्थों का वर्णन भी इसी युक्ति से कि अतिशयोक्ति समस्त अलङ्कारों का मूल होती है, अतः वह उत्प्रेक्षा का भी मूल होती है, सङ्गत होता है, न कि स्वतन्त्र रूप से। अर्थात् उत्प्रेक्षा में भी यदि किसी असम्भव अर्थ की सम्भावना की जाती है, तब वहाँ भी अतिशयोक्ति के कारण ही अर्थ की सङ्गति बन पाती है। अथवा किसी कारण को प्रस्तुत कर लोकातिक्रान्तगोचर पदार्थ का वर्णन किया जाता है, वह वस्तुतः अतिशयोक्ति ही होती है। भामह के अतिशयोक्ति के लक्षण के अनुसार उक्त पद्य में भी अतिशयोक्ति माननी चाहिए, न कि अप्रस्तुतप्रशंसा से परिपुष्ट उत्प्रेक्षा। तथापि प्रस्तुत अर्थात् वर्ण्यमान राजा के अतिशय का विधान करने के अतिरिक्त अतिशयोक्ति अलङ्कार मानने में यहाँ कुछ भी वैशिष्ट्य नहीं है।

वाक्यवक्रता

मार्गस्थवक्रशब्दार्थगुणालङ्कारसम्पदः।
अन्यद्वाक्यस्य वक्रत्वं तथाभिहितिजीवितम्॥
मनोज्ञफलकोल्लेखवर्णच्छायाश्रियः पृथक्।
चित्रस्येव मनोहारि कर्तुः किमपि कौशलम्॥

अर्थात् सुकुमार, विचित्र तथा मध्यम काव्यमार्गों में स्थित वक्र शब्द, अर्थ, गुण तथा अलङ्कारों के सौन्दर्य से भिन्न और सुन्दर चित्रफलक पर चित्रित चित्र के वर्ण के सौन्दर्य से भिन्न चित्रकार के मनोहारि कुछ अपूर्व कौशल के समान उस प्रकार की विशेष शैली से कथन करना ही वाक्यवक्रता का प्राण है। किसी अन्य प्रकार से जो न कहा जा सके उस विशेष प्रकार का कथन ही अर्थात् कुछ

अपूर्व शैली में वर्णन ही जिसका जीवन है, वह कुछ अन्य ही वाक्यवक्रता होती है।

कवि का कुछ अलौकिक कौशल अर्थात् नैपुण्य ही वाक्य का वक्रत्व है। चित्र के उपकरणों से भिन्न जिस प्रकार से चित्रकार का कौशल पृथक् होता है, उसी प्रकार से वाक्य के सौन्दर्य से भिन्न कवि का कौशल ही वाक्यवक्रता का जीवित होता है।

इसका यहाँ यह तात्पर्य है कि जिस प्रकार चित्र के फलक आदि उपकरणों के समूह के अतिरिक्त चित्र में प्रदर्शित समस्त पदार्थों का जीवितस्वरूप चित्रकार का कौशल कुछ अलग ही मुख्य रूप से प्रतीत होता है, वैसे सुकुमार, विचित्र और मध्यम मार्ग आदि समस्त पदार्थों के समूह से भिन्न प्रकृत अर्थात् काव्य में वर्णित समस्त पदार्थों का प्राणस्वरूप सहृदयों के द्वारा संवेद्य अर्थात् अनुभूत कवि का कौशलरूप वाक्य का कुछ अपूर्व वक्रत्व अलग ही प्रतीत होता है।

वाक्यवक्रता का अत्यन्त परिपोष पदार्थों के स्वाभाविक सौकुमार्य के वर्णन में कारण होता है अथवा शृङ्गारादि रसों के समुन्मीलन में कारण होता है अथवा विविध प्रकार के अलङ्कारों के विन्यास से उत्पन्न शोभा की रचना में सहृदयों में आह्लाद को उत्पन्न करने में कारण होता है। पद अथवा वाक्य के एकदेश में रहने वाला जो कुछ भी वक्रता का प्रकार है, उसका कारण निश्चित रूप से कवि का कौशल ही होता है। क्योंकि केवल अपने स्वरूपमात्र से सदा एकरस रहने वाले, स्वभाव, अलङ्कार आदि वक्रता के प्रकारों का नव नवोल्लेख से विलक्षण सहृदयों में चमत्कार को करने वाला कुछ अपूर्व भी अलौकिक स्वरूप भी इसी कविकौशल से उत्पन्न होता है। इसलिए कहा भी गया है -

आसंसारं कविपुङ्गवैः प्रतिदिवसगृहीतसारोऽपि।
अद्याप्यभिन्नमुद्र इव जयति वाचां परिष्पन्दः॥

इस पद्य में सृष्टि के आरम्भ से प्रधान कवियों के द्वारा अपनी-अपनी व्यक्तिगत प्रतिभा के सौन्दर्य के माहात्म्य से प्रतिदिन सर्वस्व ग्रहण कर लेने के बाद भी आज भी नई-नई प्रतिभा के अनन्त स्फुरण के पश्चात् भी अभी तक अनुद्घाटित सा ही है जो वह वाक्य का सौन्दर्य सर्वोत्कर्ष से युक्त है। इस प्रकार इस पद्य में वाक्यार्थ के सुसङ्गत होने पर भी कवि के कौशल का कुछ

अलौकिक सौन्दर्य ही परिस्फुटित हो रहा है। क्योंकि यहाँ पर कवि ने जो कहा है, उसमें प्रधान रूप से स्वाभिमान ध्वनित हो रहा है। जैसे कि 'सृष्टि के प्रारम्भ से श्रेष्ठ कवियों के द्वारा प्रतिदिन सार का ग्रहण करने पर भी आज भी वाणी का सौन्दर्य का रहस्य अप्रकट ही है।' कवि के इस कथन का वास्तविक अभिप्राय यह है कि वाणी के सारतत्त्व का पूर्णतया ज्ञान न होने के कारण किसी भी कवि के द्वारा कुछ भी ग्रहण नहीं किया जा सका है। अब वाणी का परमार्थ अर्थात् सौन्दर्य मेरी प्रतिभा से ही उद्घाटित होगा। अर्थात् वाणी के सौन्दर्य के कोष पर जो मुद्रा लगी हुई थी, वह आज तक विभिन्न कवियों की काव्यरचनाओं के द्वारा भी नहीं खुल पाई थी, वह अब मेरी प्रतिभा से खुलेगी। इस प्रकार अपने लोकोत्तर कविकर्मरूप व्यापार की सफलता से ही वाक्य का सौन्दर्य सर्वोत्कृष्ट होता है।

यद्यपि रस, स्वाभाविक वर्णन तथा अलङ्कारों इन सभी का जीवित कविकौशल ही है, तथापि वर्णन के विषयभूत पदार्थ के अलङ्कारोपयोगी सौन्दर्य से रहित केवल स्वरूपमात्र से प्रतीत होने वाले यथार्थ रूप में निबद्ध किए गए अलङ्कार कविकौशल की सहायता के बिना सहृदयों में आह्लाद को उत्पन्न नहीं कर पाते हैं। प्रचुर प्रवाह में आए हुए अन्य पदार्थों (सादृश्य, आरोप आदि) के समान ही प्रतीत होने से उनमें जरा से भी वैचित्र्य की सम्भावना नहीं की जा सकती है। जैसे-

दूर्वाकाण्डमिव श्यामा तन्वी श्यामा लता यथा।

यहाँ पर तन्वी के श्याम वर्ण का सादृश्य दूर्वा (दूब) के तिनकों के समान तथा स्वयं तन्वी का सादृश्य श्यामा लता के समान प्रदर्शित किया गया है, परन्तु कविकौशल का अभाव होने से इस वाक्य में सहृदयों में आह्लाद को उत्पन्न करने की क्षमता नहीं है। इसलिए यह वाक्यवक्रता का उदाहरण नहीं बन पायेगा।

कविकौशल के योग से अलङ्कारों का चमत्कार

जैसे -

किं तारुण्यतरोरियं रसभरोद्भिन्ना नवा वल्लरी
लीलाप्रोच्छलितस्य किं लहरिका लावण्यवारांनिधेः।

उद्गाढोत्कलिकावतां स्वसमयोपन्यासविश्रम्भिणः
किं साक्षादुपदेशयष्टिरथवा देवस्य शृङ्गारिणः॥

यहाँ कामिनी पर वल्लरी, लहरिका तथा उपदेशयष्टि आदि का आरोप होने से रूपक नामक जो यह वाक्यालङ्कार है, उसके सौन्दर्यातिशय के उत्पादन के लिए प्रयुक्त यह सन्देहोक्ति सहृदयों के लिए चमत्कारिता को उत्पन्न करने वाली बन गयी है।

इस प्रकार से इस अलङ्कारवक्रता के पृथक् रूप से सम्भव होने पर भी इसके कविकौशल के अधीन होने से इसका अन्तर्भाव वाक्यवक्रता के अन्तर्गत ही युक्तियुक्त प्रतीत होता है। जैसा कि पूर्व में ही प्रथम उन्मेष में कहा जा चुका है -

वाक्यस्य वक्रभावोऽन्यो भिद्यते यः सहस्रधा।
यत्रलङ्कारवर्गोऽसौ सर्वोऽप्यन्तर्भविष्यति॥

कविकौशल के कारण स्वभावगत वक्रता

जैसे -

तेषां गोपवधूविलाससुहृदां राधारहःसाक्षिणां
क्षेमं भद्र कलिन्दशैलतनयातीरे लतावेश्मनाम्।
विच्छिन्ने स्मरतल्पकल्पनमृदुच्छेदोपयोगेऽधुना
ते मन्ये जरठीभवन्ति विगलन्नीलत्विषः पल्लवाः॥

यहाँ पर यद्यपि वस्तु में सम्भव होने वाले सहृदयसंवेद्य स्वभावमात्र का ही वर्णन किया गया है, तथापि उसको सीधी तरह से न कहकर वक्रभाव से कहने से विरले ही विदग्ध सहृदयों के अनुभव में आने वाला कुछ अपूर्व नूतन उल्लेख से मनोहारी पदार्थ में छिपा हुआ सूक्ष्म और सुन्दर कुछ ऐसा स्वरूप उन्मीलित होता है, जिससे वाक्यवक्रतारूप कविकौशल को अपूर्व ही सौन्दर्य की प्राप्ति होती है। क्योंकि उस कविकौशल के अतिरिक्त इसमें कोई अर्थातिशय अर्थात् चमत्कार उपलब्ध नहीं होता है।

कविकौशल के कारण रसगत वक्रता

जैसे -

लोको यादृशमाह साहसधनं तं क्षत्रियापुत्रकं
स्यात् सत्येन स तादृगेव न भवेद्वार्ता विसंवादिनी।
एकां कामपि कालविप्रुषममी शौर्योष्मकण्डूव्यय-
व्यग्राः स्युश्चिरविस्मृतामरचमूडिम्बाहवा बाहवः॥

यहाँ पर 'उत्साह' नामक स्थायिभाव समुचित आलम्बन विभाव (राम) के सौन्दर्यातिशय की प्रशंसा में श्रद्धा से युक्त होने के कारण विजय की इच्छा रखने वाले (रावण) के वैदग्ध्य की शोभा के कथन के वैचित्र्य से परम परिपुष्ट होता हुआ रसरूपता (वीररसरूपता) को प्राप्त होता हुआ कुछ अपूर्व वाक्यवक्रतारूप कविकौशल को कहता है।

इस अभिप्राय को पुष्ट करने के लिए कुन्तक ने यहाँ पर दो अन्तर श्लोक प्रस्तुत किए हैं -

वक्रतायाः प्रकाराणामौचित्यगुणशालिनाम्।
एतदुत्तेजनायालं स्वस्पन्दमहतामपि॥

अर्थात् यह कविकौशल अपने स्वभाव के महत्त्व से युक्त और औचित्यगुणशाली वक्रता के प्रकारों को भी उत्तेजित करने में समर्थ है। और भी -

रसस्वभावालङ्कारा आसंसारमपि स्थिताः।
अनेन नवतां यान्ति तद्विदाह्लददायिनीम्॥

अर्थात् सृष्टि के आदि से स्थित रस, स्वभाव तथा अलङ्कार इस कविकौशल से सहृदयों को आह्लाद देने वाली अपूर्वता को प्राप्त करते हैं।

भावों अर्थात् वर्ण्यमान पदार्थों का स्वरूप

आचार्य कुन्तक ने काव्योपयोगी वाचक, वाच्य तथा कविकौशल तीनों के स्वरूप का उल्लेख करके वर्णनीय वस्तु का विषय की दृष्टि से विभाग किया है —

भावानामपरिम्लानस्वभावौचित्यसुन्दरम्।
चेतनानां जडानां च स्वरूपं द्विविधं स्मृतम्॥

अर्थात् चेतन और जड़ पदार्थों का नूतन स्वभाव के औचित्य से सुन्दर अर्थात् प्रकरण के लिए उपयोगी सहृदयों को आनन्द देने वाला स्वरूप दो प्रकार का होता है। उनमें प्रथम अर्थात् चेतन पदार्थ देवादि तथा सिंहादि के ाधान्य तथा अप्राधान्य के कारण दो ही प्रकार से विभक्त हो जाता है। इस प्रकार से आचार्य ने यहाँ चेतन प्राणियों में देवादि को प्रधान माना है तथा तिर्यक् योनियों में आने वाले सिंहादि को गौण माना है।

इस प्रकार देवादि मुख्य चेतन प्राणियों का एक स्वरूप कवियों के वर्णन का विषय होता है। सिंहादि अमुख्य चेतन प्राणियों यथा पशु, मृग, पक्षि, सरीसृप आदि का दूसरा स्वरूप होता है, जो कवियों के वर्णन का विषय होता है, इसी बात को विशेष रूप से कहा गया है -

मुख्यमक्लिष्टरत्यादिपरिपोषमनोहरम्।
स्वजात्युचितहेवाकसमुल्लेखोज्ज्वलं परम्॥

अर्थात् मुख्य चेतन देवादि का सरल सुन्दर रत्यादि के परिपोष से मनोहर अपनी जाति के अनुरूप स्वभाव के वर्णन से अत्यन्त सुन्दर स्वरूप कवियों के वर्णन का विषय होता है। जैसे विप्रलम्भ शृङ्गार के उदाहरण विक्रमोर्वशीय के चतुर्थ अङ्क में उन्मत्त पुरूरवा के प्रलाप कहे जा सकते हैं -

तिष्ठेत् कोपवशात् प्रभावपिहिता न सा कुप्यति
स्वर्गायोत्पतिता भवेन्मयि पुनर्भावार्द्रमस्या मनः।
तां हर्तुं विबुधद्विषोऽपि न च मे शक्ताः पुरोवर्तिनी
सा चात्यन्तमगोचरं नयनयोर्यातेति कोऽयं विधिः॥

यहाँ पर प्रियतमा उर्वशी के विरह में दुःखित दशा के आवेश से विवश वृत्ति वाले राजा का उसकी अप्राप्ति के कारण का ज्ञान न होने पर प्रारम्भ में ही स्वाभाविक सौकुमार्य से सम्भावना करके, अनन्तर उचित विचार करके उस सम्भावना का निराकरण हो जाने पर उसके न दिखाई देने के तात्कालिक विकल्पों का उल्लेख कर तथा पुनः उसके कारणों की सम्भावना करके उसके

विलुप्त होने के कारण का ज्ञान न होने पर अन्ततः नैराश्य का निश्चय हो जाने से पुरुरवा के विमूढ़ मन वाला हो जाने से विप्रलम्भ शृङ्गार रस परम परिपोष को प्राप्त हो जाता है।

तापसवत्सराजचरित के द्वितीय अङ्क में वत्सराज (उदयन) के विलाप करुण रस के उदाहरण हैं, जैसे -

धारावेश्म विलोक्य दीनवदनो भ्रान्त्वा च लीलागृहान्
निश्वस्यायतमाशु केसरलतावीथीषु कृत्वा दृशः।
किं मे पार्श्वमुपैषि पुत्रक कृतैः किं चाटुभिः क्रूरया
मात्रा त्वं परिवर्जितः सह मया यान्त्यातिदीर्घां भुवम्॥

यहाँ रस के परिपोष का कारणरूप विभावादि सामग्री का समुदय कवि के द्वारा सम्यक्तया प्रदर्शित किया गया है। इससे हरिण का बच्चा तथा धारागृह आदि सम्यक् रूप से करुण रस के उद्दीपन विभाव हो जाते हैं।

यहाँ पर कुन्तक ने विक्रमोर्वशीयम् से विप्रलम्भ शृङ्गार रस तथा तापसवत्सराजचरितम् से करुण रस के उदाहरण प्रस्तुत किए हैं। कुन्तक की यह मान्यता है कि उक्त दोनों रस अन्य रसों की अपेक्षा अधिक सुकुमार होते हैं। यहाँ पर यह ध्यातव्य है कि विप्रलम्भ शृङ्गार तथा करुण दोनों ही रसों में नायक-नायिका का वियोग कवि के द्वारा प्रदर्शित किया जाता है। परन्तु विप्रलम्भ शृङ्गार में उनके पुनर्मिलन की सम्भावना बनी रहती है तथा करुण रस में नायक या नायिका में से किसी एक की मृत्यु का निश्चय नायक अथवा नायिका के द्वारा कर लिया जाता है।

द्वितीय अर्थात् अप्रधान चेतन सिंहादि का अपनी जाति के अनुरूप स्वभाव के समुल्लेख से उज्ज्वल व्यापार सहृदयों को आनन्द प्रदान करने वाला। जैसे-

कदाचिदेतेन च पारियात्रगुहागृहे मीलितलोचनेन।
व्यत्यस्तहस्तद्वितयोपविष्टदंष्ट्राङ्कुराञ्चच्चिबुकं प्रसुप्तम्॥

यहाँ पर पर्वत की गुफा में निद्रा का अनुभव करते हुए सिंह के अपनी जाति के अनुरूप स्थानक अर्थात् सोते समय बैठने की मुद्रा का उल्लेख किया गया है।

इन चेतन पदार्थों के दो प्रकार के स्वरूप को अन्य प्रकार से कहते हैं -

रसोद्दीपनसामर्थ्यविनिबन्धनबन्धुरम्।
चेतनानाममुख्यानां जडानां चापि भूयसा॥

अमुख्य चेतन प्राणियों का तथा अधिकांश जड़ पदार्थों का भी रस के उद्दीपन की सामर्थ्य के सन्निवेश से मनोहर स्वरूप भी कवियों का प्रकारान्तर से वर्णन का विषय होता है। कहने का भाव यह है कि शृङ्गारादि रसों के उद्दीपन, उल्लास, परिपोष की शक्ति के निवेश से हृदयहारि अप्रधान चेतन प्राणियों का स्वरूप भी प्रस्तुत विषय के अङ्गरूप में उपयुक्त होने पर कवियों के लिए वर्णन का विषय बनता है। जैसे -

चूताङ्कुरास्वादकषायकण्ठः पुंस्कोकिलो यन्मधुरं चुकूज।
मनस्विनीमानविघातदक्षं तदेव जातं वचनं स्मरस्य॥

अर्थात् आम की मञ्जरियों के आस्वाद से कषाय कण्ठ वाले नर कोकिल ने जो मधुर कूजन किया था, वही मानों मनस्विनियों के मान को खण्डित करने में समर्थ कामदेव का वचन हो गया था।

अचेतन जड़ पदार्थों जल, वृक्ष, पुष्प, समय अथवा कुसुमसमय अर्थात् वसन्त आदि का इस प्रकार का रस के उद्दीपन की सामर्थ्य के विनिवेश से मनोहर स्वरूप कवियों के लिए वर्णन का विषय बनता है। जैसे -

इदमसुलभवस्तुप्रार्थनादुर्निवारं प्रथममपि मनो मे पञ्चबाणः क्षिणोति।
किमुत मलयवातोन्मूलितापाण्डुपत्रैरुपवनसहकारैर्दर्शितेष्वङ्कुरेषु॥

अर्थात् असुलभ वस्तु की प्रार्थना से कठिनता से रोके गए इस मेरे मन को पहले ही कामदेव क्षीण कर रहा है, अब मलयपवन के द्वारा गिराए गए पीले पत्तों वाले उपवन के आम के वृक्षों के द्वारा अङ्कुरों के दिखाई देने पर क्या होगा? (कहना ही कठिन है)।

इस प्रकार से स्वाभाविक सुन्दर सौन्दर्य के कारणभूत पदार्थों के स्वरूप को कह कर अन्त में उसका उपसंहार करते हुए कुन्तक ने कहा है -

शरीरमिदमर्थस्य रामणीयकनिर्भरम्।
उपादेयतया ज्ञेयं कवीनां वर्णनास्पदम्॥

अर्थात् अर्थ अर्थात् वर्णनीय वस्तु का रमणीयता से परिपूर्ण इस चेतन-अचेतन पदार्थरूप शरीर को ही काव्य में उपादेय होने से इसे कवियों के लिए वर्णन का विषय समझना चाहिए। कहने का भाव यह है कि पदार्थों का वास्तविक सौन्दर्य ही उनकी मुख्य शोभा है। अलङ्कारों के द्वारा होने वाली शोभा उनकी गौण शोभा होती है।

काव्य में वर्णनीय विषय की उपादेयता पर कुन्तक ने प्रकारान्तर अर्थात् तीसरे प्रकार से विचार किया है -

धर्मादिसाधनोपायपरिस्पन्दनिबन्धनम्।
व्यवहारोचितं चान्यल्लभते वर्णनीयताम्॥

और दूसरा चेतन और अचेतन पदार्थों का स्वरूप धर्मादि की सिद्धि के उपायभूत व्यापार के कारणरूप में लोकव्यवहार के अनुरूप होकर कवियों के वर्णन का विषय बनता है।

इसका अभिप्राय यह हुआ कि काव्य में जो प्रधान चेतन आदि वर्णनीय होते हैं, वे सभी पदार्थ चतुर्वर्ग प्राप्ति के साधन अर्थात् उपायभूत व्यापार के प्राधान्य से वर्णन किए जाते हैं। जो अप्रधान चेतनस्वरूप पदार्थ होते हैं वे भी धर्मार्थ आदि की प्राप्ति के उपायभूत होकर अपने सुन्दर व्यापार की प्रधानता से कवियों के लिए वर्णन का विषय होते हैं। जैसे कि शूद्रक आदि राजाओं तथा शुकनास आदि मन्त्रियों के चरित चतुर्वर्ग के अनुष्ठान के उपदेशपरक होकर ही वर्णन किए जाते हैं। अप्रधान चेतन हाथी, हरिण आदि का संग्राम, मृगया आदि के व्यापार से सुन्दर स्वरूप काव्यों में अङ्गरूप में वर्णन किया गया दिखाई देता है। इसीलिए उस प्रकार के स्वरूप के उल्लेख की प्रधानता से काव्य, काव्य के उपकरण और कवि का चित्र, चित्र के उपकरण और चित्रकार के साथ साम्य पहले ही प्रतिपादित किया जा चुका है। इस प्रकार स्वभाव की प्रधानता से तथा रस की प्रधानता से दो प्रकार का सहज सुकुमार और सरस स्वरूप वाला वर्णनीय विषय-वस्तु का शरीर अलङ्कार्य बनने के योग्य होता है। कहने का भाव यह है कि अलङ्कार उसी वर्णनीय वस्तु को अलङ्कृत कर सकते हैं जो वस्तु या तो अपने स्वभाव की प्रधानता से सुकुमार हो अथवा रस की प्रधानता से सरस हो।

भामह आदि प्राचीन आचार्यों के रसवत् आदि अलङ्कार का खण्डन

रसवत् अलङ्कार

प्राचीन भामह आदि आचार्यों के द्वारा रसवत् नाम का अलङ्कार माना गया है। परन्तु आचार्य कुन्तक की दृष्टि से रसवत् नाम का केवल काल्पनिक अलङ्कार ही है। इसका अलङ्कारत्व सिद्ध नहीं होता है -

अलङ्कारो न रसवत् परस्याप्रतिभासनात्।
स्वरूपादतिरिक्तस्य शब्दार्थासङ्गतेरपि॥

अर्थात् वर्ण्यमान वस्तु का जो अपना स्वभाव है, जिसे अलङ्कार्य कहा जाता है, उसके अतिरिक्त किसी अन्य वस्तु की प्रतीति होने पर ही रसवत् अलङ्कार का अलङ्कारत्व सिद्ध हो सकता है। सत्कवियों के काव्यों में समस्त अलङ्कारों का जो 'यह अलङ्कार्य है तथा यह अलङ्कार है' ऐसा पृथक् रूप से किया गया 'अलङ्कार्य-अलङ्कार' भाव सभी प्रमाताओं के चित्त में परिस्फुरित होता है। परन्तु रसवत् नामक अलङ्कार से युक्त वाक्य में सावधान चित्त से विचार करने पर भी यह 'अलङ्कार्य-अलङ्कार' भाव थोड़ा सा भी समझ में नहीं आता है।

आचार्य कुन्तक ने रसवत् अलङ्कार के खण्डन के लिए निम्नलिखित तर्क प्रस्तुत किए हैं -

1. यदि श‍ृङ्गार आदि रस ही प्रधान रूप से वर्ण्यमान हैं, तब उनको अलङ्कार्य कहना चाहिए तथा रसादि से भिन्न कोई अलङ्कार होना चाहिए।
2. यदि रसादि का स्वरूप ही सहृदयों के आह्लाद का जनक होने से अलङ्करण कहा जाता है, तब भी रसादि से अतिरिक्त कुछ और अलङ्कार्य के रूप में प्रकाशित करना चाहिए, जिसको यह रसवत् अलङ्कार अलङ्कृत करता है।
3. भामह आदि आचार्यों की दृष्टि में जहाँ पर श‍ृङ्गारादि रस स्पष्ट रूप से उद्दीप्त हो रहे हो, वहाँ रसवत् अलङ्कार होता है - 'रसवद् दर्शितस्पष्टश‍ृङ्गारादि' (भामह) तथा 'रसवद् दर्शितस्पष्टश‍ृङ्गारादि रसोदयम्।' (उद्भट) रसवत् अलङ्कार की उक्त दोनों परिभाषाओं पर विचार करने पर न तो यहाँ अलङ्कार्य और अलङ्कार का

विभाजन दिखाई देता है तथा न ही रसवत् का अलङ्कारत्व सिद्ध होता है। यहाँ पाठभेद के आधार पर दो बहुव्रीहिसमासपद हो सकते हैं - 'दर्शितस्पृष्टशृङ्गारादिः' अथवा 'दर्शितस्पष्टशृङ्गारादिः।' समासविग्रह होगा - 'दर्शिताः स्पृष्टाः स्पष्टं वा शृङ्गारादयः यत्र' इस व्याख्यान में बहुव्रीहि समास में जो अन्य पद प्रधान होता है, वह काव्य से अतिरिक्त कुछ अन्य दिखाई नहीं देता है। अर्थात् वह अन्य पद अलङ्कारवाचक नहीं है।

4. यदि यह कहे कि यह रसवत् अलङ्कार काव्य ही है, तब भी उसका सुस्पष्ट समन्वय नहीं होता है, क्योंकि भामह आदि आचार्यों के अनुसार ही काव्य के एकदेश अर्थात् अवयवभूत शब्द और अर्थ के पृथक्-पृथक् अलङ्कार होते हैं। अब 'काव्य ही अलङ्कार है' ऐसा उपसंहार करने पर यह उपक्रम तथा उपसंहार का वैषम्यरूप दोष आ जाता है।

5. यदि समासविग्रह 'दर्शिताः स्पष्टं शृङ्गारादयो येन' अर्थात् 'जिसके द्वारा स्पष्ट रूप से शृङ्गारादि रस दिखलाए जाते हैं वह' यह है, तब भी 'येन पद से सूचित होने वाला वह कौन है ? यह बताना पड़ेगा। यदि कहा जाए कि प्रतिपादन का वैचित्र्य ही 'वह' है, तब भी वह सम्यक् समर्थन के योग्य नहीं है। क्योंकि प्रतिपाद्यमान अलङ्कार्य से भिन्न उसकी शोभा का कारण प्रतिपादन का वैचित्र्य अलङ्कार को ही मानना पड़ेगा, न कि प्रतिपाद्य अलङ्कार्य ही अलङ्कार हो जायेगा।

6. यदि यह कहा जाए कि स्पष्ट रूप से प्रदर्शित किया गया रसों का प्रतिपादन-वैचित्र्य ही 'दर्शितस्पष्ट शृङ्गारादिः' पद का अभिप्राय है, तब भी उसका प्रतिपादन उचित रूप से नहीं किया जा सकता है। क्योंकि शृङ्गारादि रसों का स्पष्ट दर्शन उनके अपने स्वरूप की ही सिद्धि है। रस के अतिरिक्त अलङ्कार्य अथवा अलङ्कार में से किसी की सिद्धि नहीं होती है।

7. यदि यह कहा जाए रस से युक्त काव्य का अलङ्कार रसवत् अलङ्कार होता है, तब भी उस प्रकार का रस से युक्त होने पर उस

काव्य का यह रसवत् अलङ्कार होता है, इस कथन से 'रसवदलङ्कार' पद का कोई अर्थ नहीं होता है।

8. यदि यह कहा जाए कि उस रसवत् अलङ्कार से ही काव्य को रसवत् कहा जाता है, तब वह रसवत् का अलङ्कार नहीं हुआ, अपितु रसवत् ही अलङ्कार हुआ, यह अर्थ निकलता है। क्योंकि उस रसवत् अलङ्कार के माहात्म्य से काव्य भी रसवत् अलङ्कार हो जाता है।

9. किसी अलङ्कार के कारण काव्य का यदि रस के साथ सम्बन्ध हो गया तो अब उस काव्य का वह अलङ्कार रसवदलङ्कार के नाम से जाना जायेगा। यह कथन तो ठीक उसी प्रकार का हो गया जैसे किसी से कहा कि इसका पुत्र अग्निष्टोमयाजी होगा। कथन के समय उसके पुत्र का अग्निष्टोम याग के साथ कोई सम्बन्ध नहीं है, केवल कल्पना के आधार पर उसे अग्निष्टोमयाजी कहा गया है। जब बाद में वह अग्निष्टोम याग कर लेगा तब उसे अग्निष्टोमयाजी कहा जायेगा। इस प्रकार पहले अलङ्कार्य काव्य ही रसवत् होता है, बाद में उसका सम्बन्ध अलङ्कार के साथ होने से उस अलङ्कार को भी रसवत् कहा जा सकता है। यह भी कोई उचित समाधान नहीं है।

10. जिसने पहले अग्निष्टोम याग किया है, उसके लिए 'अग्निष्टोमयाजी' शब्द प्रसिद्धि को प्राप्त कर चुका है। अब यदि कोई कहे कि इसका पुत्र अग्निष्टोमयाजी होगा, इस प्रकार की भविष्यकालीन प्रतीति तब ही हो सकेगी, जब व्यक्ति उस पूर्व के सम्बन्ध का अनुभव करेगा। परन्तु यहाँ रसवत् अलङ्कार में इस प्रकार का प्रयोग नहीं हो सकता है। क्योंकि जब 'रसवत् काव्य का अलङ्कार' यह प्रयोग होता है, तब उस रसवत् काव्य के साथ सम्बद्ध होने पर ही रसवत् अलङ्कार को अपने स्वरूप की प्राप्ति हो सकती है अर्थात् रसवत् का अलङ्कारत्व सिद्ध हो सकता है और काव्य में रसवत्ता तब ही आयेगी जब उसका सम्बन्ध रसवत् अलङ्कार के

साथ होगा। इस प्रकार रसवत् काव्य के साथ सम्बन्ध होने पर रसवत् काव्य का अलङ्कारत्व सिद्ध होता है तथा रसवत् अलङ्कार के कारण काव्य में रसवत्ता आयेगी। यहाँ पर रसवत् काव्य रसवत् अलङ्कार पर आश्रित है तथा रसवत् अलङ्कार रसवत् काव्य पर आश्रित है। अतः दोनों में परस्पर अन्योन्याश्रय दोष उपस्थित हो जाता है, जिसका निवारण सम्भव नहीं है।

11. 'रसो विद्यते यस्य असौ' अर्थात् रस विद्यमान हो जिसमें वह रसवत् काव्य हुआ और उससे युक्त अलङ्कार ही रसवत् अलङ्कार है, यदि रसवत् अलङ्कार की ऐसी व्याख्या की जाए तब भी जिसमें रस विद्यमान है वह काव्य या अलङ्कार के अतिरिक्त कुछ तीसरा नहीं हो सकता है। क्योंकि रसवत् अलङ्कार्य है तब अलङ्कार भिन्न होना चाहिए और यदि रसवत् अलङ्कार है तब उससे भिन्न अलङ्कार्य होना चाहिए।

12. रसवत् अलङ्कार के उदाहरण के रूप में इस पद्य को आचार्य दण्डी ने काव्यादर्श में प्रस्तुत किया है -

मृतेति प्रेत्य सङ्गन्तुं यथा मे मरणं स्मृतम्।
सैवावन्ती मया लब्धा कथमत्रैव जन्मनि।।

यहाँ पर वर्णनीय के शरीरभूत रति-परिपोष अर्थात् शृङ्गार रस रूप चित्तवृत्ति के अतिरिक्त और कुछ अलङ्कार रूप वस्तु प्रतीत नहीं हो रही है। इसलिए उसकी अलङ्कार्यता ही युक्तियुक्त है, अलङ्कारता नहीं।

13. आचार्य उद्भट ने काव्यालङ्कारसारसंग्रह में रसवत् अलङ्कार का लक्षण किया है -

स्वशब्दस्थायिसञ्चारिविभावाभिनयास्पदम्।

अर्थात् स्वशब्द, स्थायिभाव, सञ्चारिभाव, विभाव (तथा) अभिनय अर्थात् अनुभाव में रहने वाले (रस को स्पष्ट रूप में दर्शाने वाला रसवत् अलङ्कार होता है)।

इस पर आचार्य कुन्तक उद्भट आदि विद्वानों से पूछते हैं कि स्वशब्दनिष्ठता

रसों की होती है अथवा रसवत् अलङ्कार की ? यदि वे कहते हैं कि स्वशब्दनिष्ठता रस की होती है तब 'रस्यन्ते इति रसाः' इस व्युत्पत्ति के अनुसार जिनका आस्वाद किया जाता है, वे रस हैं और वे स्वशब्दनिष्ठ होते हैं। इसलिए यह मानना पड़ेगा कि शृङ्गारादि शब्दों में रहने वाले रस सहृदयों के द्वारा आस्वादित किए जाते हैं।

इसका अभिप्राय यह हुआ कि यदि रसों की स्वशब्दनिष्ठता मानी जाय तब तो विभावादि के उचित सन्निवेश की आवश्यकता नहीं होगी तथा शृङ्गारादि शब्द सुनते ही सहृदयों को रसों की चर्वणा हो जायेगी। यह बात तो ठीक उसी प्रकार की हो गई जैसे कोई व्यक्ति किसी को घेवर आदि पदार्थों का कथन करता रहे तथा उन्हें वे पदार्थ खाने को नहीं दे, तब भी श्रोता उन मिष्ठान्नवाचक पदों को सुनने मात्र से ही उनके आस्वाद को प्राप्त कर लेंगे। आस्वाद को प्राप्त करने के लिए उनकों खाने की क्या आवश्यकता होगी ? इतना ही नहीं अब तो वे श्रवणमात्र से ही बिना किसी प्रयत्न के उनके कथनमात्र से ही तीनों लोकों के राज्य, सम्पत्ति, सुख, समृद्धि को भी प्राप्त कर लेंगे। अतः इस प्रकार के महाविद्वान् आचार्यों को मेरा नमस्कार है। ऐसा कहकर कुन्तक उद्भट आदि आचार्यों का उपहास करते हैं।

रसवत् का रसादिशब्दनिष्ठत्व सिद्ध नहीं होता है। जब 'रस' शब्द से वाच्य रसादि की भी शब्दनिष्ठता उपपन्न नहीं होती है, तब अन्य अर्थात् रसवत् की तो बात ही क्या है। रस के अलङ्कार्य होने से उसके अलङ्कारत्व का पहले ही खण्डन कर चुके हैं। शेष स्थायिभाव आदि का लक्षण का पहले व्याख्यान हो चुका है, इसलिए अब पुनः उसकी पर्यालोचना नहीं करेंगे।

14. आचार्य दण्डी ने रसवत् अलङ्कार का लक्षण किया है - 'रसवत् रससंश्रयात्' अर्थात् रस के संश्रय से रसवत् अलङ्कार होता है। इसका भी ठीक से समाधान नहीं किया जा सकता है। जैसे कि 'रसः संश्रयो यस्य असौ' यह 'रससंश्रयः' पद का समासविग्रह होगा। अर्थात् रस जिसका संश्रय है, वह रसवत् होता है। उस रससंश्रयरूप अन्य पदार्थ के कारण यह रसवत् अलङ्कार होता है। तथापि यह बताना चाहिए कि 'रस जिसका संश्रय है' उससे भिन्न कौनसा पदार्थ है ? यदि यह कहते हो कि वह पदार्थ काव्य ही है, तब उसका

पहले ही खण्डन किया जा चुका है। अर्थात् काव्य स्वयं में अलङ्कार नहीं होता है, अपितु उसके अवयवभूत शब्द अथवा अर्थ के धर्म ही अलङ्कार होते हैं। अतः काव्य को रसवत् अलङ्कार कहना उचित नहीं है। क्योंकि वह काव्य अलङ्कार्य होता है, अतः उस काव्य के अपने ही अन्दर अलङ्करणरूप क्रिया से विरोध होने के कारण उसका अलङ्कारत्व सिद्ध नहीं होता है। कहने का भाव यह है कि काव्य या काव्य का कोई भी पदार्थ जिसे रसवत् कहा जायेगा वह स्वयं ही अलङ्कार्य और अलङ्कार दोनों हो, यह ठीक नहीं है।

अथवा 'रसस्य संश्रयः' अर्थात् रस का संश्रय या 'रसेन संश्रीयते यः' अर्थात् रस के द्वारा जिसका आश्रय लिया जाता है वह, इस प्रकार से 'रससंश्रय' पद का विग्रह करने पर भी पूर्ववत् वही प्रश्न उत्पन्न होगा कि काव्य के अतिरिक्त वह कौनसा पदार्थ है, जिसे रसवत् अलङ्कार कहा जा सके। अतः यह व्याख्या भी उचित नहीं है। काव्यादर्श में किसी पाठ में 'रसवत् रससंश्रयात्' इस पाठ के स्थान पर 'रसवद्रसपेशलम्' यह पाठ मिलता है। परन्तु इस पाठ को मानने पर भी इसका पूर्व लक्षण से कोई विशेष भेद दिखाई नहीं देता है।

15. वाक्य में जो शब्द और अर्थ प्रतीत होते हैं, उनका स्वरूप अलङ्कार्य होता है। वह यदि रस के स्वरूप के अनुप्रवेश से अपने स्वरूप को छोड़कर अलङ्कार बन जाता है, तब यह भी विचारणीय ही है। क्योंकि वैसा होने पर भी प्रधान और गुणभाव का विपर्यास अर्थात् परिवर्तन होने पर यह कुछ नहीं होता है। अर्थात् पहले जो अलङ्कार्य होने के कारण प्रधान था, अब वह अलङ्कार होने के कारण गौण बन जायेगा। अतः यह बात भी युक्तियुक्त नहीं है।

16. शब्द और अर्थ का समन्वय न होने से रसवत् अलङ्कार नहीं हो सकता है। यहाँ 'रसवत' शब्द का विग्रह या तो 'रसो विद्यते तिष्ठति यस्य इति' इस अर्थ में मतुप् प्रत्यय करने पर उसका अलङ्कार, यह षष्ठी तत्पुरुष समास किया जा सकता है। अथवा 'रसवान् च असौ अलङ्कारः' यह विशेषण अर्थात् कर्मधारय समास किया जा सकता है। वहाँ पहले पक्ष में षष्ठी तत्पुरुष समास मानने पर रस के अतिरिक्त वह कौनसा पदार्थ है, जिसका अलङ्कार रसवत् होता है। यदि वह काव्य है तब भी उस काव्य (अलङ्कार्य) से भिन्न कौनसा पदार्थ है, जिसमें 'रसवत् का अलङ्कार' ऐसा कथन सार्थक हो सकता है। अर्थात् अलङ्कार्य

तथा अलङ्कार दोनों की अलग-अलग प्रतीति होने पर ही इस नाम की सार्थकता हो सकती है। और कोई विशेष अतिरिक्त पदार्थ दिखाई नहीं देता है, जिसमें 'रसवदलङ्कार' पद सार्थक हो सके। इसलिए इस उक्त अर्थात् षष्ठी तत्पुरुष के मार्ग में रसवदलङ्कार शब्द तथा उसके अर्थ की कोई सङ्गति नहीं है। यह सङ्गति तब बैठती जब काव्य या रस के अतिरिक्त कोई रसवत् पदार्थ होता, जो रसवत् का अलङ्कार होता।

17. यदि दूसरे उदाहरणों के रसवत् का विषय होने पर दोनों तरह से समासों में शब्द और अर्थ की सङ्गति की योजना बनाई जाती है। जैसे -

तन्वी मेघजलार्द्रपल्लवतया धौताधरेवाश्रुभिः
शून्येवाभरणैः स्वकालविरहाद् विश्रान्तपुष्पोद्गमा।
चिन्तामौनमिवास्थिता मधुकतां शब्दैर्विना लक्ष्यते
चण्डी मामवधूय पादपतितं जातानुतापेव सा॥

अथवा जैसे -

तरङ्गभ्रूभङ्गा क्षुभितविहगश्रेणिरशना
विकर्षन्ती फेनं वसनमिव संरम्भशिथिलम्।
यथाविद्धं याति स्खलितमभिसंधाय बहुशं
नदीभावेनेयं ध्रुवमसहना सा परिणता॥

यहाँ पर रसवत्व और अलङ्कार दोनों अलग-अलग स्पष्टतया प्रतीत हो रहे हैं। उक्त दोनों उदाहरणों में लता तथा नदी दोनों अलग-अलग प्रतीत हो रहे हैं तथा उनका श‍ृङ्गार रस के साथ सम्बन्ध है। परन्तु यहाँ रस मुख्य नहीं है। नायिका पर लता तथा नदी का आरोप होने से तथा रस का अङ्ग बन जाने से उक्त दोनों वस्तुएँ रसवत् और अलङ्कार्य हो गई तथा रूपक अलङ्कार हुआ। इसलिए ऐसे स्थलों पर रसवत्व और अलङ्कारत्व में अन्तर करने में कोई समस्या नहीं है। इसलिए 'रसवत् का अलङ्कार' ऐसा षष्ठी समास के पक्ष में शब्द और अर्थ की कोई असङ्गति नहीं है।

नायिका पर लता तथा नदी का आरोप होने से रूपक अलङ्कार के रसपरिपोषपरक होने से, उसी रस से उस रूपक अलङ्कार का रसवत्व होता है। इसलिए 'रसवान् है जो वह अलङ्कार' वह रसवत् अलङ्कार होता है। इस

विशेषण अर्थात् कर्मधारय समास के पक्ष में भी शब्द तथा अर्थ की कोई असङ्गति नहीं है।

इन दोनों उदाहरणों में लता तथा नदी के उद्दीपनविभाव होने से पुरुरवा के प्रिया उर्वशी की भावना से भावित अन्तःकरण से युक्त होने के कारण तन्मय होने से प्रत्येक अचेतन पदार्थ को देखकर सब जगह उर्वशी के दिखाई देने से उसके साम्य का समारोप अथवा उसके धर्म का अध्यारोप उपमा तथा रूपक अलङ्कार की योजना के बिना किसी भी प्रकार से घटित नहीं होता है। क्योंकि साम्य के आरोप से उपमा तथा उसके धर्म के आरोप से रूपक अलङ्कार होता है, उनका लक्षणवाक्य होने से। अतः यहाँ पर लता तथा नदी अलङ्कार्य हुए तथा उपमा और रूपक अलङ्कार हैं। लता तथा नदी का शृङ्गार रस के साथ सम्बन्ध होने से वे पदार्थ रसवत् होंगे। उनका अलङ्कार रसवदलङ्कार हो सकता है। इसलिए उपमा और रूपक को रसवदलङ्कार मानने में कोई दोष नहीं है। यह पूर्व पक्ष हुआ।

ठीक है, किन्तु 'रसवान् च असौ अलङ्कारः' इस प्रकार के कर्मधारण किंवा विशेषण समास में अलङ्कार शब्द के प्रयोग के बिना केवल 'रसवान्' है, इसका ही प्रयोग प्राप्त होता है। अर्थात् रसवदलङ्कार कहने पर रस गौण हो जाता है, इसलिए उसके स्थान पर यह पद्य रसवान् है, ऐसा कहना चाहिए। 'रसवान् अलङ्कार है' यदि ऐसी प्रतीति रसवदलङ्कार शब्द की मानी जायेगी तो युक्तियुक्त नहीं होगी।

'रसवत् का अलङ्कार' इस षष्ठी समास पक्ष का भी सुस्पष्ट समन्वय नहीं हो सकता है। क्योंकि किसी भी काव्य में काव्यत्व उसका रसवत्व अर्थात् रस से युक्त होना ही है। जिस रसवत्व के अतिशय के लिए ही उस प्रकार के सहृदयों के लिए आह्लदकारी काव्य की रचना की जाती है। उस 'रसवत् काव्य का अलङ्कार' ऐसा मानने पर सभी रूपक आदि अलङ्कारों को रसवदलङ्कार मानना पड़ेगा। रसवत् काव्य का अलङ्कार होने से। विशेषण अर्थात् कर्मधारय समास मानने पर भी यही बात है।

और ऐसा मान लेने पर कि सारे ही अलङ्कार रसवदलङ्कार हैं, तब इतने सारे अलङ्कारों के अलग-अलग लक्षण करने की क्या आवश्यकता है। सबका

एक ही लक्षण हो जायेगा, जो रसवदलङ्कार का लक्षण है। इसलिए रसवदलङ्कार को मानना उचित नहीं है।

18.अथवा चेतन पदार्थों के रसादि के वर्णन के विषय में रसवदलङ्कार होता है तथा अचेतन पदार्थों के वर्णन के विषय में उपमा आदि अलङ्कार होते हैं, इस प्रकार का विषय-विभाग कुछ आचार्यों के द्वारा व्यवस्थापित किया गया है। वह भी विद्वानों द्वारा सम्मत नहीं है। क्योंकि अचेतन पदार्थों का भी रस के उद्दीपन में सामर्थ्य होता है, ऐसा सत्कवियों के काव्यों में समुचित रूप से वर्णन होने से और सौकुमार्य के कारण सरस भी होता है, दिखाई देता है। यदि अचेतन पदार्थों के वर्णन के विषय में उपमा आदि अलङ्कार होते हैं, यह माना भी जाय तो उपमा आदि अलङ्कारों का विषय या तो बहुत कम हो जायेगा अथवा बिल्कुल ही बचेगा ही नहीं। क्योंकि किसी न किसी रूप में अचेतन पदार्थों का सम्बन्ध चेतन के साथ होता ही है। मेघदूत आदि काव्य इसके प्रसिद्ध उदाहरण हैं। यदि अचेतन पदार्थों के वर्णन का सम्बन्ध रसों के साथ नहीं माना गया तो शृङ्गारादि रसों के प्रवाह से सुन्दर सत्कवियों के बहुत से अचेतन पदार्थों के वर्णन नीरस हो जायेंगे। अतः इस विभाजन के भी युक्तियुक्त न होने से अब रसवदलङ्कार का कोई अवसर शेष नहीं बचता है।

19.आचार्य आनन्दवर्धन आदि के अनुसार -

प्रधानेऽन्यत्रवाक्यार्थे यत्राङ्गं तु रसादयः।

काव्ये तस्मिन्नलङ्कारो रसादिरिति मे मतिः॥

अर्थात् जहाँ अन्य वाक्यार्थ के प्रधान होने पर रसादि अङ्ग होते हैं, उस काव्य में रसादि अलङ्कार होता है। जैसे -

क्षिप्तो हस्तावलग्नः प्रसभमभिहतोऽप्याददानोऽशुंकान्तं

गृह्णन् केशेष्वपास्तश्चरणनिपतितो नेक्षितः सम्भ्रमेण।

आलिङ्गन् योऽवधूतस्त्रिपुरयुवतिभिः साश्रुनेत्रोत्पलाभिः

कामीवार्द्रापराधः स दहतु दुरितं शाम्भवो वः शराग्निः॥

कामी और शराग्नि में उपमा अथवा रूपक दोनों में से कुछ भी नहीं माना जा सकता है। ऐसा मानने पर दोनों में साम्य का होना आवश्यक है। परन्तु इन

दोनों में परस्पर विरुद्ध धर्म है। परमेश्वर यदि स्वयं भी प्रयत्न करे तब भी उक्त दोनों पदार्थों के स्वभाव में अन्यथा करने में अर्थात् परिवर्तित करने में समर्थ नहीं है। और उस प्रकार के परस्पर विरुद्ध धर्म वाले पदार्थों में श्लिष्ट शब्दों के प्रतिपादनमात्र से ही सहृदयों को उस ऐक्य की प्रतीति नहीं हो सकती है। यदि ऐसा होने लगे तो गुड़ के टुकड़े का शब्दशः उच्चारण करने पर भी उसके विपरीत धर्म वाले विष आदि के आस्वाद का प्रसङ्ग उपस्थित हो जायेगा। 'कामी' शब्द श‍ृङ्गार रस की प्रतीति कराता है तथा 'शराग्नि करुण की। एक ही प्रकार के श्लिष्ट पदों से दो परस्पर विरोधी रसों श‍ृङ्गार तथा करुण की प्रतीति मानने पर एक ही पद्य में दो विरोधी रसों की स्थितिरूप दोष भी अनिवार्य हो जायेगा।

अथवा यदि यह कहा जाय कि भगवान् शिव के प्रभाव का मुख्यत्व होने से दोनों रसों श‍ृङ्गार तथा करुण के अङ्ग होने पर रसवदलङ्कारत्व होता है, तो वह भी ठीक नहीं है। क्योंकि कामी और शराग्नि में साम्य अर्थात् यथार्थ होना चाहिए। परन्तु जिस प्रकार भाव और अभाव में सादृश्य नहीं होता है, उसी प्रकार से कामी और शराग्नि में भी साम्य के निर्मूल होने से किसी भी प्रकार से साम्य की उपपत्ति अर्थात् सिद्धि नहीं हो सकती है। अतः इस अनुचित विषय की चर्वणा में चातुर्य दिखाने में जो चपलता आनन्दवर्धन आदि आचार्यों ने दिखाई है, वह व्यर्थ है।

अथवा जैसे -

किं हास्येन न मे प्रयास्यसि पुनः प्राप्तश्चिराद् दर्शनं
केयं निष्करुण प्रवासरुचिता केनासि दूरीकृतः।
स्वापन्तेष्विति ते वदन् प्रियतमव्यासक्तकण्ठग्रहो
बुद्ध्वा रोदिति रिक्तबाहुवलयस्तारं रिपुस्त्रीजनः॥

ध्वनिकार के मत में इस पद्य में करुण रस प्रधान है तथा विप्रलम्भ श‍ृङ्गार गौण है। ये दोनों राजविषयक रति के अङ्ग होने से यह पद्य रसवदलङ्कार का उदाहरण बनता है। इस पर कुन्तक कहते हैं कि यह भी ठीक नहीं है। क्योंकि चाटुविषयक महापुरुष के प्रताप से आक्रान्त चित्त वाले चकित शत्रुओं तथा उनकी प्रेयसियों के पलायन से भी उनका अलग-अलग रहना युक्तिसंगत हो

सकता है। अर्थात् यहाँ पर शत्रुओं और उनकी प्रेयसियों में मृत्युजन्य वियोग नहीं हुआ है। अतः यहाँ पर करुण रस के स्थान पर विप्रलम्भ शृङ्गार को ही मुख्य रस माना जाना चाहिए।

करुण रस का निश्चय हो जाने पर भी अर्थात् शत्रुओं की स्त्रियों का अपने पतियों से वियोग पलायनविषयक नहीं, अपितु मृत्युविषयक मान लेने पर भी उस प्रकार के वियोगजन्य दुःख के परिपोष की दशा के चरम उत्कर्ष पर पहुँच जाने पर एकाग्रता के कारण स्थिर चित्त के द्वारा उस प्रकार से अभ्यस्त रसवासना से अधिवासित चित्त वाले के लिए बहुत समय बाद स्वप्न में समागम को प्राप्त करके पूर्वानुभूत वृत्तान्त के अनुसार प्रिय के साथ वार्तालाप करते समय किसी भी प्रकार से जागने के बाद पूर्वापर बातों का ध्यान आने पर प्रस्तुत वस्तु के मिथ्यात्व को जानकर जिनका अन्तःकरण विदारित हो गया, ऐसा आपके शत्रुओं की स्त्रियों का समूह रो रहा है, इस वर्णन में करुण रस का ही परम परिपोष हो रहा है। उसी प्रकार के व्यभिचारी भावों के औचित्य के चारुत्व और करुण रस के स्वरूप का सहृदयों के हृदयों में अनुप्रवेश हो रहा है। अतः यहाँ प्रवासविषयक विप्रलम्भ शृङ्गार नामक पृथक् व्यापार में रस की गन्ध भी नहीं है।

अथवा यदि राजविषयक स्तुति होने से प्रेयोऽलङ्कार का प्राधान्य मानने पर करुण रस उसका अङ्ग होने से करुण रस रसवदलङ्कार है, ऐसा आनन्दवर्धन आदि आचार्यों के द्वारा कहा जाय तब भी यह कथन निर्दोष नहीं है। क्योंकि उक्त दोनों ही उदाहरणों में मुख्यभूत वाक्यार्थ करुण रस के रूप में ही प्रतीत होता हुआ उपनिबद्ध किया गया है। पर्यायोक्त तथा अप्रस्तुतप्रशंसा (अन्योक्ति) से इन दोनों उदाहरणों में वाच्य से भिन्न प्रतीयमान अर्थ होने से और करुण के रस होने के कारण व्यङ्ग्य होने से उसका वाच्यत्व उपपन्न नहीं होता है। कहने का भाव यह है कि व्यङ्ग्य होने से करुण रस ही यहाँ प्रधान है तथा वह राजविषयक स्तुतिरूप प्रेयोऽलङ्कार का अङ्ग नहीं है। इसलिए करुण रस रसवदलङ्कार नहीं है। न ही करुण रस गुणीभूतव्यङ्ग्य का विषय है, क्योंकि व्यङ्ग्य करुण के रूप में ही प्रतीत हो रहा है और न ही करुण तथा विप्रलम्भ शृङ्गार दोनों रसों का व्यङ्ग्यत्व कहा जा सकता है, क्योंकि इन दोनों के समकक्ष

होने से इनका अङ्गाङ्गिभाव नहीं बन सकता है। वस्तुतः यहाँ विश्रान्ति करुण रस में ही हो रही है। इसलिए करुण रस न तो किसी का अङ्ग है और न ही गुणीभूत है। अतः यहाँ पर रसवदलङ्कार नहीं हो सकता है।

आनन्दवर्धन ने रसवदलङ्कार के प्रसङ्ग में जो कारिका प्रस्तुत की है, उसमें कहा है कि 'उस काव्य में रसादि अलङ्कार होता है' इस कथन में केवल रस ही अलङ्कार होता है, न कि रसवदलङ्कार। क्योंकि 'रसवत्' शब्द में जो 'मतुप्' प्रत्यय है, आनन्दवर्धन के कथन से उसका कोई सम्बन्ध नहीं है।

प्रेयोऽलङ्कार

दण्डी ने काव्यादर्श में प्रेयोऽलङ्कार का लक्षण किया है - 'प्रेयः प्रियतराख्यानम्'। अर्थात् किसी व्यक्ति के सामने उसकी प्रियतर बात का कथन करना प्रेयोऽलङ्कार है।

आचार्य कुन्तक का कहना है कि आचार्य भामह प्रेयोऽलङ्कार को स्वीकार तो करते हैं, परन्तु वे केवल इसका उदाहरण मात्र देकर ही सन्तुष्ट हो गए हैं। उन्होंने इसका लक्षण नहीं किया है। दण्डी ने उक्त लक्षण करने के बाद उदाहरण प्रस्तुत किया है। अतः भामह तथा दण्डी दोनों आचार्यों ने इसका यह समान ही उदाहरण प्रस्तुत किया है -

अद्य या मम गोविन्द जाता त्वयि गृहागते।
कालेनैषा भवेत् प्रीतिस्तवैवागमनात् पुनः॥

इस प्रकार का प्रेयोऽलङ्कार विचार करने के योग्य नहीं है। और 'कालेन' आदि से जो कहा गया है, वही वर्ण्यमान विषय होने से वस्तु का स्वभाव है। उसी को उक्त आचार्यों ने प्रेयोऽलङ्कार का लक्षण बता दिया है, अब अलङ्कार्य तो कुछ बचेगा ही नहीं। वह स्वयं ही अलङ्कार्य और अलङ्कार दोनों हो जाय, यह युक्तियुक्त नहीं है। अलङ्करणरूप एक ही क्रिया के विषय में एक साथ एक ही वस्तु विदुर की युक्ति का कर्म अर्थात् अलङ्कार्यत्व और करणत्व अर्थात् अलङ्कारत्व सिद्ध नहीं होता है।

यदि यह कहा जाय कि उस प्रकार के वाक्य भी होते हैं, जहाँ कर्मत्व और करणत्व दोनों एक ही वस्तु में दिखाई देते हैं। जैसे इस उदाहरण में —

आत्मानमात्मना वेत्सि सृजस्यात्मानमात्मना।
आत्मना कृतिना च त्वं आत्मन्येव प्रलीयसे।।

यह कहा जाय तो तब भी वह समन्वययुक्त सा नहीं है अर्थात् असङ्गत सा ही प्रतीत होता है। क्योंकि यहाँ वास्तव में अभेद है तथा उस अभेद में उपचार से काल्पनिक भेद मानकर शिव का दो रूप में विभाग कर वह व्यवहार अर्थात् कर्मत्व और करणत्व प्रवर्तित होता है।

प्रस्तुत् उदाहरण में अलङ्कार्य और अलङ्कार में अभेद होने पर भी भेदव्यवहार है, ऐसी कल्पना करने पर भी किसी प्रकार का अलङ्कार्य-अलङ्कार विभाग प्राप्त नहीं होता है। इसलिए स्वरूप अर्थात् अलङ्कार्य के अतिरिक्त किसी दूसरी वस्तु अर्थात् अलङ्कार की प्रतीति न होने से प्रेयोऽलङ्कार को अलङ्कार नहीं कहा जा सकता है।

यह दोष जो रसवदलङ्कार के खण्डन में प्रदर्शित किया गया था, वह यहाँ भी मान लेना चाहिए। दूसरे पक्ष में जो अलङ्कार्य है वह ही अलङ्कार है, इस प्रकार का प्रेय और रसवत् दोनों अलङ्कारों में अपने अर्थात् अलङ्कार्य और अलङ्काररूप क्रिया का विरोध होने से दोष है। अतः रसवत् और प्रेय दोनों को ही अलङ्कार नहीं कहा जा सकता है। वस्तुतः दोनों अलङ्कार्य ही हैं। कहीं भी कोई स्वयं अपने कन्धे पर नहीं चढ़ता है। यह निश्चित ही है। जैसे -

इन्दोर्लक्ष्म त्रिपुरजयिनः कण्ठमूलं मुरारि-
दिङ्नागानां मदजलमसीभाञ्जि गण्डस्थलानि।
अद्याप्युर्वीवलयतिलक श्यामलिम्नानुलिप्ता-
न्याभासन्ते वद धवलितं किं यशोभिस्त्वदीयैः।।

यहाँ प्रिय कथन अलङ्कार्य है तथा व्याजस्तुति अलङ्कार है। इन दोनों प्रेय तथा व्याजस्तुति की अलङ्कार रूप में प्रतीति नहीं होती है, जिसके कारण प्रेय को अलङ्कार कहा जा सके अथवा दोनों अलङ्कारों के होने से सङ्कर नामक अलङ्कार कहा जा सके। यदि इन दोनों को अलङ्कार मान भी लिया जाय तब इन दोनों से भिन्न कोई तीसरा यहाँ अलङ्कार्य होना चाहिए, जो यहाँ प्रतीत नहीं हो रहा है। अतः यहाँ जो प्रिय कथन है, जिसको आचार्य भामह और दण्डी प्रेयोऽलङ्कार कह रहे हैं, वह वस्तुतः कोई अलङ्कार न होकर अलङ्कार्य है तथा

व्याजस्तुति यहाँ अलङ्कार है। न यहाँ पर प्रेयोऽलङ्कार है तथा न ही सङ्कर नामक अलङ्कार है।

किसी अन्य विषय में जहाँ पर किसी प्रिय कथन का अभाव है तथा किसी अन्य प्रिय कथन का वर्णनीय रूप में होने पर प्रेय का अलङ्कारत्व उपमा आदि के समान सम्भव हो सकता है, परन्तु ऐसा कहीं दिखाई नहीं देता है। कहने का भाव यह है कि जैसे किसी नायिका के मुख का सादृश्य चन्द्रमा से दिखाया गया है। वहाँ पर इस वर्णन को अलङ्कार्य कहा जाता है तथा यह वर्णन उपमा अलङ्कार से अलङ्कृत होता है। वैसे ही कोई अलङ्कार्य के रूप में वस्तु हो जिसमें किसी के लिए कोई प्रिय कथन न कहा गया हो तथा उससे भिन्न किसी प्रिय कथन रूप अलङ्कार से उसको अलङ्कृत किया जाय, तब प्रेय को अलङ्कार माना जा सकता है। परन्तु ऐसा कोई उदाहरण प्राप्त नहीं होता है। इसलिए अन्यत्र (जहाँ प्रिय कथन अलङ्कार्य हो) दूसरे प्रकार (जहाँ प्रिय कथन अलङ्कृत कर रहे हो) से भी प्रेय का अलङ्करणत्व युक्तियुक्त नहीं है। अतः निष्कर्ष यही निकलता है कि प्रेय और रसवत् दोनों को ही अलङ्कार नहीं माना जा सकता है।

ऊर्जस्वि, उदात्त तथा समाहित

ऊर्जस्व्युदात्ताभिधानं पौर्वापर्यप्रणीतयोः।
अलङ्करणयोर्भूषणत्वं तद्वन्न विद्यते॥

ऊर्जस्वि और उदात्त नामक अलङ्कारों का भी अलङ्कारत्व उसी प्रकार से सम्भव नहीं है, जैसे रसवत् तथा प्रेय का अलङ्कारत्व नहीं होता है।

भामह आदि आचार्यों ने रसाभास तथा भावाभास के अङ्ग होने पर ऊर्जस्वि अलङ्कार माना है। देवादि विषयक रति तथा व्यभिचारी भावों के मुख्यरूप में अभिव्यक्त होने पर 'भाव' कहा जाता है। सबसे पहले तो यह ध्यातव्य है कि रस तथा भाव के अनुचित रूप से वर्णन होने पर ही रसाभास तथा भावाभास होता है और अनौचित्य के अतिरिक्त रसभङ्ग का कोई अन्य कारण होता नहीं है। अतः अनौचित्य के स्पर्श से तो रस तथा भाव दूषित होते हैं, उन्हें अलङ्कार कैसे कहा जा सकता है? दूसरी बात रसवत् आदि के समान ऊर्जस्वि में भी है। अर्थात् यह भी वर्णनीय वस्तु के स्वरूपभूत होने से अलङ्कार्य ही कहा जा सकता है, अलङ्कार नहीं।

आचार्य भामह के द्वारा उदाहरण के स्पष्ट होने से ऊर्जस्वि तथा उदात्त अलङ्कार का उदाहरण ही दिखलाया गया है, लक्षण नहीं किया गया है। जैसे-

अपहर्ताहमस्मीति हृदि ते मास्म भूद्भयम्।
विमुखेषु न मे खड्गः प्रहर्तुं जातु वाञ्छति॥

कुन्तक ऊर्जस्वि अलङ्कार विषयक उद्भट के मत का भी खण्डन करते हैं। आचार्य उद्भट के अनुसार ऊर्जस्वि अलङ्कार का लक्षण है -

अनौचित्यप्रवृत्तानाम् कामक्रोधादिकारणात्।
भावानां रसानां च बन्ध ऊर्जस्वि कथ्यते॥

अर्थात् काम, क्रोध आदि के कारण अनुचित रूप से प्रवृत्त भावों और रसों का वर्णन ऊर्जस्वि कहलाता है तथा इसके उदाहरण के रूप में उन्होंने निम्नलिखित पद्य प्रस्तुत किया है -

तथा कामोऽस्य ववृधे यथा हिमगिरेः सुताम्।
संग्रहीतु प्रवर्तते हठेनापास्य सत्पथम्॥

उद्भट के अनुसार श्रृङ्गार में जबरदस्ती करना अनौचित्य है। इसलिए इस पद्य में ऊर्जस्वि अलङ्कार है। कुन्तक के अनुसार अनौचित्य के प्रवृत्त होने से यहाँ भी रसभङ्ग हो गया है। अतः यह काव्य का अलङ्कार नहीं अपितु दोष कहा जायेगा। जैसा कि आनन्दवर्धन ने कहा है - 'अनौचित्यादृते नान्यद् रसभङ्गस्य कारणम्।'

समुचित रस ही परम सौन्दर्य को धारण करता है। उक्त उदाहरण में अनौचित्य से दूषित हुआ कामादि के कारण की कल्पना से उपहत अर्थात् दूषित होकर वह कैसे अलङ्कारता को प्राप्त करेगा ?

उद्भट के अनुसार रसाभास का उदाहरण

पशुपतिरपि तान्यहानि कृच्छ्रादगमयदद्रिसुतासमागमोत्कः।
कमपरवशं न विप्रकुर्यर्विभुमपि तं यदमी स्पृशन्ति भावाः॥

इस प्रकार प्रस्तुत पद्य में प्रधान चेतन शिव की उपकृत अतिशययुक्त विशिष्ट चित्तवृत्ति विशेष रूप से वस्तु के स्वभाव के रूप में मुख्य रूप से

वर्ण्यमान होने के कारण अलङ्कार्य है, न कि अलङ्कार। भरत के मार्ग में स्वयं को निपुण मानने वाले भामह आदि आचार्यों ने ऊर्जस्वि अलङ्कार की कल्पना कैसे कर ली, यह आश्चर्य की बात है।

और जो रसवद् आदि के खण्डन में दोष कहे गए थे, उन दोषों की पात्रता से यह ऊर्जस्वि अलङ्कार भी परे नहीं है, अतः उन्हें यहाँ भी जोड़ लेना चाहिए। अतः ऊर्जस्वि नामक अलङ्कार की कोई सत्ता नहीं है।

आचार्य दण्डी तथा उद्भट ने उदात्त अलङ्कार दो प्रकार का माना है - ऋद्धिमत् वस्तु का वर्णन तथा महापुरुषों के चरित का वर्णन। आचार्य उद्भट के अनुसार - 'उदात्तमृद्धिमद्वस्तु चरितं च महात्मनाम्।' (काव्यालङ्कारसारसंग्रह 4-17) आचार्य कुन्तक के अनुसार उदात्त के इन दोनों ही प्रकारों की अलङ्कार्यता ही युक्तियुक्त है, न कि अलङ्करणत्व।

'उदात्तमृद्धिमद्वस्तु' यह उदात्त अलङ्कार का लक्षण है। यहाँ पर जो ऋद्धि से युक्त वस्तु है, वह उदात्त अलङ्कार है। कैसी वस्तु ? ऐसी आकांक्षा होने पर 'ऋद्धिमत्' इस पद से यदि विशिष्ट मानते हैं, तब वह सम्पत्ति से युक्त वस्तु ही वर्ण्यमान होने से अलङ्कार्य होगी तथा वही वस्तु अलङ्कार होगी। इस प्रकार स्वयं अपने में क्रियारूप विरोध दोष का निवारण न होने से उस वर्ण्यमाण वस्तु के स्वरूप के अतिरिक्त किसी अन्य वस्तु की प्राप्ति न होने से इस उदात्त अलङ्कार की स्थिति भी ऊर्जस्वि अलङ्कार के समान ही समझनी चाहिए। अतः उदात्त को अलङ्कार नहीं कह सकते हैं।

अथवा ऋद्धिमत् वस्तु जिसमें अथवा जिसकी हो, इस प्रकार की व्याख्या करें, तब भी वह अन्य पदार्थरूप वस्तु बतानी पड़ेगी, जो ऋद्धिमत् वस्तु की समानार्थता को प्राप्त हो सके। वह ऋद्धिमत् वस्तु जिसमें अथवा जिसकी हो सकती है, वह काव्य ही हो सकेगा। यदि यह कहा जाय तो उसका भी कोई अर्थ नहीं है। क्योंकि काव्य का अलङ्कार होता है, ऐसी प्रसिद्धि है, न कि काव्य ही अलङ्कार होता है।

अथवा यदि ऋद्धिमत् वस्तु जिसमें अथवा जिसकी है, ऐसा वह अलङ्कार उदात्त है, तब भी वर्णनीय अलङ्कार से भिन्न किसी अन्य अलङ्कार की कल्पना यहाँ पर सम्भव नहीं है। ऐसा दोनों प्रकार से कल्पना करने पर शब्द और अर्थ

की असङ्गतिरूप दोष की प्राप्ति रसवत् अलङ्कार के समान यहाँ भी प्राप्त होती है।

उदात्त का जो दूसरा प्रकार आचार्य उद्भट ने प्रस्तुत किया है, उसका भी अलङ्कार्यत्व ही सिद्ध होता है, न कि अलङ्कारत्व। जैसा कि इसका लक्षण किया है - महापुरुषों का चरित जहाँ पर प्रधान रूप से इतिवृत्तरूप न होकर उपलक्षणता अर्थात् गौणता को प्राप्त हो जाता है, वहाँ उदात्त अलङ्कार होता है।

यहाँ पर वाक्यार्थ के परमार्थ को जानने वाले विद्वानों के द्वारा विचार करना चाहिए। जिन महानुभावों के व्यवहार का उपलक्षणरूप वर्णन का प्रस्तुत वाक्यार्थ में किसी प्रकार का अन्वय अर्थात् सम्बन्ध है या नहीं। यदि पूर्व पक्ष को माना जाय अर्थात् सम्बन्ध नहीं है तब उस वाक्यार्थ में महापुरुष के व्यवहार का लीन न होने से अर्थात् पृथक् रूप से अभिधेय होने से उसका भी अन्य पदार्थों के समान ही वाक्यार्थ के अवयव रूप में ही सम्बन्ध मानना चाहिए, जैसे कि हाथ आदि का शरीर के साथ सम्बन्ध होता है। अर्थात् जैसे हाथ आदि का शरीर के साथ अवयव-अवयवी सम्बन्ध होता है, न कि अलङ्कार्य-अलङ्कार सम्बन्ध। उसी प्रकार से उपलक्षणरूप महापुरुष के व्यवहार का भी वाक्यार्थ से सम्बन्ध मानने पर उनमें अवयव-अवयवी सम्बन्ध माना जायेगा, न कि अलङ्कार्य-अलङ्कार सम्बन्ध। दूसरे पक्ष में अर्थात् यदि उपलक्षणरूप महापुरुष के व्यवहार का वाक्यार्थ से सम्बन्ध नहीं माना जाता है तब दूसरे वाक्यों में स्थित पदार्थों के समान उसकी वहाँ पर सत्ता ही सम्भव नहीं होगी, फिर उसके अलङ्कार होने की तो चर्चा ही क्या करनी। अतः यह ही सिद्ध होता है कि उदात्त को भी अलङ्कार्य ही मानना चाहिए, न कि अलङ्कार।

इस प्रकार दो प्रकार से सुशोभित होने वाले समाहित का भी अलङ्कार्यत्व ही उचित है, न कि अलङ्कारभाव।

रसभावातदाभासवृत्तेः प्रशमबन्धनम्।
अन्यानुभवनिःशून्यरूपं यत्तत् समाहितम्॥

अर्थात् रस, भाव और तदाभास अर्थात् रसाभास तथा भावाभास आदि के प्रशम अर्थात् भावशान्ति आदि के अङ्गरूप से स्थित होने पर अन्य रसादि के अनुभव से शून्य जो होता है, वह समाहित अलङ्कार कहलाता है।

पूर्वोक्त प्रकार से अर्थात् भामह के द्वारा तथा अन्य अर्थात् उद्भट के द्वारा कहे गए दोनों ही प्रकारों से सुशोभित होने वाले समाहित का अलङ्कारत्व सम्भव नहीं होता है।

अक्ष्णोः स्फुटाश्रुकलुषाऽरुणिमा विलीनः
शान्तं च सार्द्धमधरस्फुरणं भृकुट्या।
भावान्तरस्य तव गण्डगतोऽपि कोपो
नोद्गाढवासनतया प्रसरं ददाति॥

यहाँ पर पाठ खण्डित है। सम्भवतया इस पंक्ति से ग्रन्थकार का आशय यह रहा होगा कि समाहित अलङ्कार के ये जो दो प्रकार बताए गए हैं, वे वस्तुतः अलङ्कार न होकर अभिधा अर्थात् कथनशैली के प्रकार मात्र हैं।

आचार्य कुन्तक के अनुसार रसवत् अलङ्कार

आचार्य कुन्तक के अनुसार रसवत् अलङ्कार भी समस्त अलङ्कारों का जीवित और काव्य का साररूप हो सकता है। अतः उस प्रकार का विवेचन किया जाना चाहिए। रसवत्त्व के विधान से सहृदयों के आह्लाददायक होने से जो अलङ्कार रस के समान हो जाता है, वह रसवत् अलङ्कार कहा जाता है।

जैसे तात्कर्म्य लक्षणा से ब्राह्मण के समान कार्य करने से क्षत्रिय को भी ब्राह्मण कहा जाता है, वैसे ही रस के समान आनन्ददायक होने से रूपक आदि को भी रसवत्व के विधान से रसवदलङ्कार कहा जा सकता है। 'रस जिसमें होता है, वह रसवत् काव्य हुआ, उसका भाव रसवत्व कहलायेगा। जिस प्रकार से रस काव्य को सरस बनाता है तथा सहृदयों को आह्लाद उत्पन्न करने में कारण बनता है, वैसे ही उपमादि अलङ्कार भी सरसत्व तथा तद्विदाह्लादकत्व का निष्पादन करते हुए साधारण उपमादि अलङ्कारों से भिन्न रसवदलङ्कार हो जाते हैं। जैसे -

उपोढरागेण विलोलतारकं तथा गृहीतं शशिना निशामुखम्।
यथा समस्तं तिमिरांशुकं तया पुरोऽपि रागाद् गलितं न लक्षितम्॥

यहाँ पर अपने अवसर के अनुरूप सुकुमार स्वरूप वाले रात्रि और चन्द्रमा

के वर्णन में नायक और नायिका के वृत्तान्त का समारोप कर कवि ने रूपक अलङ्कार की सृष्टि की है और वह रूपक अलङ्कार श्लेष की छाया से मनोहर विशेषण की वक्रता से तथा विशिष्ट लिङ्ग (नायक तथा नायिका) के साम्य से क्रमशः निशा और शशि में पुल्लिङ्ग तथा स्त्रीलिङ्ग के सामर्थ्य से काव्य की सरसता को प्रस्फुटित करता हुआ तथा सहृदयों को आह्लाद प्रदान करता हुआ स्वयं ही रसवदलङ्कार के भाव को प्राप्त हो गया है।

इसके अतिरिक्त -

चलापाङ्गां दृष्टिं स्पृशसि बहुशो वेपथुमतीं
रहस्याख्यायीव स्वनसि मृदु कर्णान्तिकचरः।
करौ व्याधुन्वत्याः पिबसि रतिसर्वस्वमधरं
वयं तत्त्वान्वेषान्मधुकर हतास्त्वं खलु कृती॥

यहाँ वास्तविक अभिप्राय यह है कि भ्रमर पर नायक के व्यवहार का आरोप करने वाला रसवदलङ्कार सरसत्व तथा तद्विदाह्लादकत्व का निष्पादन करते हुए वाक्य में प्रधानरूप से स्थित श‍ृङ्गार रस की अपूर्व शोभा को उत्पन्न कर रहा है।

अब यहाँ पर प्रतिपक्षी को कहने का अवसर मिल जाता है कि जैसे आपने उक्त दो पद्यों में रसवदलङ्कार माना है, वैसे तो 'क्षिप्तो हस्तावलग्नः' पद्य में भी रसवदलङ्कार हो सकता है, जिसका आपने खण्डन किया है। अतः वह उचित नहीं है। कुन्तक कहते हैं - ठीक है। किन्तु वहाँ हमने केवल विप्रलम्भ श‍ृङ्गारता का खण्डन किया है। शेष अर्थात् वहाँ भी कामी और शराग्नि के समान व्यवहार होने से रसवदलङ्कारत्व तो अनिवार्य है ही। और भी अन्य किसी साधारण अलङ्कार के विद्यमान होने पर रसवद् की अपेक्षा होने वाली संसृष्टि और सङ्कर अलङ्कार की संज्ञा का खण्डन नहीं हो पाता है। अर्थात् रसवद् के साथ संसृष्टि और सङ्कर अलङ्कार हो सकते हैं। वह हमें स्वीकार है। जैसे -

अङ्गुलीभिरिव केशसञ्चयं सन्निगृह्य तिमिरं मरीचिभिः।
कुड्मलीकृतसरोजलोचनं चुम्बतीव रजनीमुखं शशी॥

यहाँ पर 'चुम्बतीव रजनीमुखं शशी' इस उत्प्रेक्षारूप रसवदलङ्कार का प्राधान्येन कथन हुआ है और उसके अङ्गरूप में उपमा आदि का। यहाँ उपमा आदि अलङ्कार मुख्य उत्प्रेक्षारूप रसवद् अलङ्कार के परिपोष के लिए ही उपस्थित हुए हैं।

और भी -

लग्नाद्विरेफाञ्जनभक्तिचित्रं मुखे मधुश्रीतिलकं प्रकाश्य।
रागेण बालारुणकोमलेन चूतप्रवालोष्ठमलञ्चकार॥

यहाँ भी प्रतीयमान उत्प्रेक्षारूप रसवदलङ्कार का प्राधान्य है तथा उसके अङ्ग के रूप में रूपक आदि हैं। यहाँ रसवदलङ्कार के साथ रूपक आदि का अङ्गाङ्गिभाव सङ्कर है। यह रसवदलङ्कार रसयुक्त काव्यों के समस्त अलङ्कारों का चूड़ामणि के समान सुशोभित होता है।

भामह आदि प्राचीन आचार्यों के दीपक अलङ्कार का खण्डन

आचार्य भामह के अनुसार दीपक अलङ्कार

पूर्व आचार्यों भामह आदि के द्वारा आदिदीपक, मध्यदीपक तथा अन्तदीपक इस प्रकार से दीप्यमान पदों की अपेक्षा से वाक्य के आदि, मध्य और अन्त में स्थित क्रियापद को दीपक नामक अलङ्कार कहा है।

भामह ने काव्यालङ्कार में दीपक अलङ्कार को इस प्रकार से परिभाषित किया है -

आदिमध्यान्तविषयं त्रिधा दीपकमिष्यते।
एकस्यैव त्र्यवस्थत्वादिति च तद्भिद्यते त्रिधा॥
अमूनि कुर्वतेऽन्वर्थामस्याख्यामर्थदीपनात्।
त्रिभिर्निदर्शनैश्चेदं त्रिधा निर्दिश्यते यथा॥

(काव्यालङ्कार 2-25-26)

अर्थात् आदि, मध्य तथा अन्त तीन प्रकार का दीपक अलङ्कार होता है। एक ही क्रिया की स्थानभेद से तीन अवस्था होने से वह तीन प्रकार का हो जाता है। ये तीनों अर्थ के प्रकाशक होने से इसके 'दीपक' नाम को सार्थक करते हैं। कुन्तक ने काव्यालङ्कार में आचार्य भामह के ही द्वारा प्रस्तुत दीपक अलङ्कार के तीन उदाहरण में दिए हैं -

मदो जनयति प्रीतिं सानङ्गं मानभङ्गुरम्।
स प्रियासङ्गमोत्कण्ठां सासह्यां मनसःशुचम्।।
मालिनीरंशुकभृतः स्त्रियोऽलङ्कुरुते मधुः।
हारीतशुकवाचश्च भूधराणामुपत्यकाः।।
चीरीमतीररण्यानीः सरितः शुष्यदम्भसः।
प्रवासिनाञ्च चेतांसि शुचिरन्तं निनीषति।।

उक्त तीन उदाहरण क्रमशः आदिदीपक, मध्यदीपक तथा अन्तदीपक के हैं। प्रथम उदाहरण में 'जनयति' क्रियापद वाक्य के प्रारम्भ में आया है तथा वह शेष सम्पूर्ण वाक्य के अर्थों को प्रकाशित कर रहा है। द्वितीय उदाहरण में 'अलङ्कुरुते' क्रियापद श्लोक के द्वितीय पाद अर्थात् मध्य में आकर शेष सम्पूर्ण अर्थों को प्रकाशित कर रहा है तथा अन्तिम अर्थात् तीसरे उदाहरण में 'निनीषति' क्रियापद श्लोक के अन्तिम पाद में आया है तथा शेष सम्पूर्ण वाक्य के अर्थों को प्रकाशित कर रहा है। यहाँ पर तीनों क्रियापदों का दीपकत्व अर्थात् प्रकाशकत्व है, क्योंकि क्रियापदों के द्वारा ही अर्थ प्रकाशित हो रहे हैं।

आचार्य भामह के दीपक अलङ्कार का कुन्तक द्वारा खण्डन

आचार्य कुन्तक कहते हैं कि जिस प्रकार से किसी एक क्रियापद का वाक्य के अन्य पदार्थों से सम्बन्ध होने पर उस क्रियापद को दीपक कहा जाता है, वैसे ही उससे भिन्न किसी अन्य क्रियापद का भी वाक्य के अनेक पदार्थों के साथ सम्बन्ध होने पर दीपक कहा जायेगा। इसलिए दीपक अलङ्कार के द्वैत अर्थात् अनेकत्व का प्रसङ्ग उपस्थित हो जायेगा।

भामह के अनुसार किसी क्रियापद को वाक्य के आदि, मध्य तथा अन्त

में रख देने से ही दीपक अलङ्कार हो जाता है, इससे कौनसा वैशिष्टय आ जायेगा? यदि कोई अन्य क्रियापद वाक्य में आता है तो उसको भी दीपक मानना चाहिए। अर्थात् या तो सभी क्रियापदों को दीपक मानना चाहिए या किसी को नहीं, क्योंकि क्रियापद के शोभाकारित्व से युक्तिशून्य होने से उसे अलङ्कार नहीं कहा जा सकता है।

और भी, केवल क्रियापद ही क्यों, वाक्य में जितने भी पद होते हैं, वे सभी एक दूसरे से सम्बन्धित होते हुए एक दूसरे को प्रकाशित करते हैं। क्योंकि वाक्यार्थ परस्पर अन्वयमूलक होता है। इस आधार पर वाक्य के सभी पदों में दीपकत्व हो जायेगा, जिससे पुनः दीपक के विषय में द्वैत अर्थात् आनन्त्य उपस्थित हो जायेगा।

यदि यह कहा जाय कि वाक्य के आदि, मध्य और अन्त में स्थित क्रियापद में अतिशय आ जाता है, जिससे वह अलङ्कार हो जाता है। तब उन क्रियापद के और वाक्य आदि के अन्य पदों के स्वरूप में परस्पर ऐसा कौनसा विशेष अन्तर आ जाता है? अर्थात् वाक्य के सभी पद समान होने पर सभी पदों को ही दीपकपद कहना चाहिए, न कि केवल क्रियापदों को।

यदि यह कहा जाय कि क्रियापद के प्रकारभेद के कारण जो उनकी वाक्य के आदि, मध्य और अन्त में स्थिति है, तब उसी प्रकार के अर्थ के वाचक क्रियापद जो वाक्य के आदि, मध्य और अन्त में नहीं हैं, उनमें भी वही स्थिति माननी चाहिए। इससे पुनः दीपक के प्रकारों का आनन्त्य प्रसङ्ग उपस्थित हो जायेगा।

दीपक अलङ्कार को प्रस्तुत करने के लिए प्रयुक्त वाक्य में स्थित क्रियापद के भ्वादिगण से अतिरिक्त अदादि आदि गणों के क्रियापदों की अलग से काव्यता माननी पड़ेगी, जो उचित प्रतीत नहीं होता है।

अथवा यदि समान विभक्ति वाले बहुत से कारकों के प्रकाशक एक क्रियापद को दीपक कहा जाता है, तब भी उस क्रियापद में काव्य की शोभा के अतिशयकारिता का क्या कारण होगा, यह भी बताना चाहिए। परन्तु इस प्रकार का कोई कारण भामह ने नहीं बताया है।

और वह प्रस्तुत और अप्रस्तुत का वाच्यरूप विधिसामर्थ्य से अप्राप्त है,

अतः प्रतीयमान वृत्ति से साम्य ही उक्त काव्य की शोभा के अतिशयकारिता का क्या कारण होगा, यदि ऐसा भामह कहना चाहते हैं, तब तो वह कुछ नवीन नहीं है।

आचार्य उद्भट के अनुसार दीपक अलङ्कार

वस्तुतः उद्भट ने जो दीपक अलङ्कार का विवेचन किया है, वह भामह से अधिक युक्तियुक्त और प्रामाणिक है। उद्भट के अनुसार -

आदिमध्यान्तविषयाः प्राधान्येतरयोगिनः।
अन्तर्गतोपमाधर्मा यत्र तद्दीपकं विदुः॥

(काव्यालङ्कारसारसंग्रह 1-28)

अर्थात् जहाँ पर वाक्य के आदि, मध्य और अन्त में रहने वाले विषय प्रधान और अप्रधान अर्थात् उपमेय और उपमान दोनों से सम्बद्ध हो तथा जिनमें उपमा का तत्त्व निहित हो, दीपक कहे जाते हैं। यथा -

चक्रम्यन्ते करीन्द्रा दिग्गजमदगन्धहारितहृदयाः।
दुःखं वने च कवयो भणितिविषममहाकविमार्गे॥

यहाँ पर प्रस्तुत और अप्रस्तुत का प्रतीयमान साम्य ही उद्भट द्वारा कथित अन्तर्गत उपमाधर्म है। इस उदाहरण में दिग्गजों की मदगन्ध से विदीर्ण हृदयों वाले हाथियों तथा महाकवियों में साधर्म्य और वन तथा वक्रोक्ति से विषम मार्ग में साधर्म्य प्रतीयमान है। इसलिए यह अन्तर्गतोपमाधर्म या प्रतीयमान साम्य होने से दीपक अलङ्कार का उदाहरण है।

आचार्य कुन्तक के अनुसार दीपक अलङ्कार

औचित्यावहमम्लानं तद्विदाह्लादकारणम्।
अशक्तं धर्ममर्थानां दीपयद् वस्तु दीपकम्॥

अर्थात् औचित्य (उदारता) को धारण करने वाली, नवीन, सहृदयों को आनन्द प्रदान करने वाले प्रस्तुत और अप्रस्तुत पदार्थों के प्रतीयमान धर्म को प्रकाशित करने वाली वस्तु दीपक अलङ्कार होती है।

एकं प्रकाशकं सन्ति भूयांसि भूयसां क्वचित्।
केवलं पङ्क्तिसंस्थं वा द्विविधं परिदृश्यते॥

कहीं एक पद बहुतों के प्रतीयमान साधर्म्य का प्रकाशक होता है, वह केवल दीपक होता है अथवा कहीं बहुत से पद बहुतों के प्रतीयमान साधर्म्य के प्रकाशक होते हैं, वह पङ्क्तिस्थ अर्थात् मालारूप दीपक होता है। इस प्रकार से दो प्रकार का दीपक देखा जाता है।

केवल दीपक का उदाहरण

असारं संसारं परिमुषितरत्नं त्रिभुवनं
निरालोकं लोकं मरणशरणं बान्धवजनम्।
अदर्पं कन्दर्पं जननयननिर्माणमफलं
जगज्जीर्णारण्यं कथमसि विधातुं व्यवसितः॥

यहाँ 'विधातुं व्यवसितः' इस क्रियापद का कर्ता संसार आदि के असारत्व आदि धर्मों को प्रकाशित करता हुआ एक पद का अनेक के साथ सम्बन्ध होने से दीपकालङ्कारत्व को प्राप्त होता है।

मालादीपक का उदाहरण

कविकेसरी वचनानां मौक्तिकरत्नानां आदिवैकटिकः।
स्थानास्थानं जानाति कुसुमानां च जीर्णमालाकारः॥

यहाँ पर श्लोक में तृतीय चरण के 'स्थानास्थानं जानाति' अनेक पद श्लोक के अन्य तीन चरणों में कहे गए अनेक पदार्थों के प्रकाशक होने से पङ्क्तिसंस्थ अर्थात् मालादीपक का उदाहरण है।

जो यह दूसरा पङ्क्तिसंस्थ नामक दीपक है वह तीन प्रकार के कारण होने से तीन प्रकार का माना जाता है। उनमें से प्रथम प्रकार - जहाँ पर बहुत से पद बहुत से अर्थों के प्रकाशक होते हैं।

इसका द्वितीय प्रकार जो अन्य वस्तु किसी अन्य को प्रकाशित करती है, वह अन्य के शोभातिशय का उत्पादक होने से दीपक कहलाता है। जो वस्तु प्रकाशित होती है, उस कर्मभूत अन्य वस्तु को कर्तृभूत कोई अन्य वस्तु

प्रकाशित करती है तथा उस कर्तृभूत दीपक वस्तु को भी कोई अन्य वस्तु प्रकाशित करती है। इसलिए वह दीपकदीपक कहा जाता है। जैसे -

क्षोणीमण्डलमण्डनं नृपतयस्तेषां श्रियो भूषणं
ताः शोभां गमयत्यचापलमिदं प्रागल्भ्यतो राजते।
तद् भूष्यं नयवर्त्मनस्तदपि च शौर्यक्रियालङ्कृतं
विभ्राणं यदियत्तया त्रिभुवनं छेत्तुं व्यवस्येदपि।।

यहाँ बाद-बाद के पदार्थ पूर्व-पूर्व के पदार्थों के प्रकाशक रूप में कवि ने माला के रूप में ग्रथित किए हैं।

पङ्क्तिसंस्थ या मालादीपक का तृतीय प्रकार का नाम 'दीपितदीपक' कहा जाता है। जिस वस्तु में किसी अन्य वस्तु से अतिशय उत्पन्न किया जा चुका है, वह अतिशय से युक्त वस्तु कर्तृभूत होकर किसी अन्य वस्तु को प्रकाशित करती है। जैसे -

मदो जनयति प्रीतिं सानङ्गं मानभङ्गुरम्।
स प्रियासङ्गमोत्कण्ठां सासह्यां मनसःशुचम्।।

अर्थात् प्रीति काम को उत्पन्न करती है तथा काम प्रिया के सङ्गम की उत्कण्ठा को उत्पन्न करता है। परन्तु इस पद्य में काम का वाचक 'अनङ्ग' शब्द स्वयं किसी अन्य पद 'मानभङ्गुरम्' से दीपित अर्थात् प्रकाशित है। अतः यह दीपितदीपक का उदाहरण हुआ।

पूर्व आचार्यों भामह आदि ने 'मदो जनयति' इस पद्य को दीपक अलङ्कार के उदाहरण के रूप में प्रस्तुत किया है। जिसका कुन्तक पहले खण्डन कर चुके हैं और अब इसको दीपक अलङ्कार का उदाहरण बता रहे हैं। पूर्व भामह आदि आचार्यों का तात्पर्य इस पद्य में एक क्रियापद को ही दीपक बताना था, परन्तु आचार्य कुन्तक का अभिप्राय है कि कर्तृपद आदि जो भी प्रकाशन के कारण हैं, वे सब दीपक हो सकते हैं। अब दीपक अलङ्कार का उपसंहार करते हैं -

यथायोगि क्रियापदं मनःसंवादि तद्विदाम्।
वर्णनीयस्य विच्छित्तेः कारणं वस्तुदीपकम्।।

अर्थात् सहृदयों के मनोनुकूल वर्णनीय वस्तु के सौन्दर्य का कारण यथायोग्य

क्रियापद भी वस्तु का दीपक होता है। वस्तुतः भामह आदि और कुन्तक के दीपकविषयक मतों में यह अन्तर है कि भामह आदि आचार्य केवल क्रियापद हो ही दीपक का प्रयोजक मानते हैं, जबकि कुन्तक क्रियापद के अतिरिक्त अन्य कारकपदों को भी दीपक का प्रयोजक मानते हैं।

रूपक अलङ्कार

उपचारैकसर्वस्वं यत्र तत् साम्यमुद्वहत्।
यदर्पयति रूपं स्वं वस्तु तद् रूपकं विदुः॥

अर्थात् उपचारवक्रता ही एकमात्र जिसका सर्वस्व है, वह उपमेय के साथ साम्य को धारण करती हुई उपमानभूत वस्तु उपमेयभूत वस्तु के लिए अपना स्वरूप अर्पित कर देती है, उसे रूपक कहा जाता है। रूपक समस्तवस्तुविषयक तथा एकदेशविवर्ति भेद से दो प्रकार का होता है - समस्तवस्तुविषय में समस्त वाक्य में सन्निविष्ट प्रधान रूप से वाच्यरूप में स्थित पदार्थ अलङ्कार्य होने पर उपमान के सुन्दर स्वरूप के स्वभाव के आरोप के द्वारा दूसरे रूप को प्राप्त करा दिए जाते हैं। जैसे -

मृदुतनुलतावसन्तः सुन्दरवदनेन्दुबिम्बसितपक्षः।
मन्मथमातङ्गमदो जयत्यहो तरुणतारम्भः॥

यहाँ पूर्व आचार्यों ने जैसा कहा है कि जो एक देश से विवर्तित (विघटित) होता है, वह एकदेशविवर्ति रूपक होता है। अर्थात् श्लोक के किसी अंश में उपमान का उपमेय पर आरोप एकदेशविवर्ति रूपक कहलाता है। जैसे -

तडिद्वलयकक्ष्याणां बलाकामालभारिणाम्।
पयोमुचां ध्वनिर्धीरो दुनोति मम तां प्रियाम्॥

यहाँ विद्युद्वलय का कक्ष्या के रूप में और बलाकाओं का माला के रूप में आरोप है। परन्तु बादलों पर किसी का आरोप नहीं किया गया है। इसलिए यहाँ एकदेशविवर्ति रूपक अलङ्कार है।

प्रतीयमान रूपक का उदाहरण, जैसे -

लावण्यकान्तिपरिपूरितदिङ्मुखेऽस्मिन्
स्मेरेऽधुना तव मुखे सरसायताक्षि।

क्षोभं यदेति न मनागपि तेन मन्ये
सुव्यक्तमेव जलराशिरयं पयोधिः॥

यहाँ मुख पर चन्द्रमा का आरोप वाच्य न होकर प्रतीयमान है।

अप्रस्तुतप्रशंसा अलङ्कार

अप्रस्तुतोऽपि विच्छित्तिं प्रस्तुतस्यावतारयन्।
यत्र तत्साम्यमाश्रित्य सम्बन्धान्तरमेव वा॥
वाक्यार्थोऽसत्यभूतो वा प्राप्यते वर्णनीयताम्।
अप्रस्तुतप्रशंसेति कथितासावलङ्कृतिः॥

अर्थात् जहाँ पर रूपक के लिए उपयोगी साम्य का आश्रय लेकर अथवा किसी अन्य सम्बन्ध से प्रस्तुत के सौन्दर्य को प्रकट करता हुआ असत्यभूत अप्रस्तुत वाक्यार्थ भी वर्णनीयता को प्राप्त कराया जाता है, वह अलङ्कार अप्रस्तुतप्रशंसा कहा जाता है।

प्रस्तुत पदार्थ दो प्रकार का हो सकता है। एक तो वह जो वाक्य के अन्तर्गत पदमात्र से सिद्ध हो तथा दूसरा वह जो सम्पूर्ण वाक्य में व्यापक कार्यरूप और विविध प्रकार से अपने सौन्दर्य के अतिशय से विशिष्ट प्रधान रूप से वर्तमान हो। उन दोनों प्रकार के प्रस्तुत को प्रतीयमानरूप से मन में रखकर उसके सौन्दर्य के सम्पादन के लिए कवि अप्रस्तुत पदार्थान्तर को रूपक अलङ्कार के उपकारक साम्य को आधार बनाकर अथवा अन्य कारण-कार्य भाव आदि सम्बन्धों का आश्रय लेकर अलङ्कार के रूप में वर्णनीय बना लेते हैं।

अथवा परस्पर अन्वित पदसमुदायभूत वाक्यार्थ का असत्यभूत हो जाना। साम्य अथवा कारण-कार्य आदि किसी अन्य सम्बन्ध का आश्रय लेकर अप्रस्तुत को प्रस्तुत की शोभा के लिए जहाँ कवि वर्णनीयता को प्राप्त करा देते हैं, वहाँ अप्रस्तुतप्रशंसा अलङ्कार होता है।

साम्य के आश्रय से वाक्य के अन्तर्गत रहने वाले प्रस्तुत पदार्थ की प्रशंसारूप अप्रस्तुतप्रशंसा अलङ्कार का उदाहरण, जैसे -

लावण्यसिन्धुरपरैव हि केयमत्र
यत्रोत्पलानि शशिना सह सम्प्लवन्ते।

उन्मज्जति द्विरदकुम्भतटी च यत्र
यत्रापरे कदलिकाण्डमृणालदण्डाः॥

इस पद्य में अप्रस्तुत नदी है, जिसके चन्द्रमा, उत्पल, हाथी के गण्डस्थल, कदलिस्तम्भ तथा मृणालदण्ड आदि धर्मों की प्रंशसा की गई है, परन्तु वर्णन किसी तरुणी के सौन्दर्य का किया जा रहा है। सादृश्य अर्थात् मुख और चन्द्रमा, नितम्ब और हाथी की गण्डस्थली, नेत्र और उत्पल, जङ्घाएँ और कदलिस्तम्भ, भुजाएँ और मृणालदण्ड आदि का आश्रय लेकर प्रस्तुत तरुणी की शोभा का अतिशय प्रकट किया गया है। अतः यह अप्रस्तुतप्रशंसा अलङ्कार का उदाहरण है।

साम्य के आश्रय से सम्पूर्ण वाक्य में व्यापक प्रस्तुत प्रदार्थ प्रशंसारूप अप्रस्तुतप्रशंसा अलङ्कार का उदाहरण, यथा -

छाया नात्मन एव या कथमसावन्यस्य सुप्रग्रहा
ग्रीष्मोष्मापदि शीतलस्तलभुवि स्पर्शोऽनिलादेः कुतः।
वार्ता वर्षशते गते किल फलं भावीति वार्तैव सा।
द्राधिम्णा मुषिताः कियच्चिरमहो तालेन बाला वयम्॥

साम्य के अतिरिक्त अन्य कारण-कार्य आदि सम्बन्ध से वाक्य के अन्तर्भूत प्रस्तुत पदार्थ की प्रशंसारूप अप्रस्तुतप्रशंसा अलङ्कार का उदाहरण, जैसे -

इन्दुर्लिप्त इवाञ्जनेन जडिता दृष्टिर्मृगीणामिव
प्रम्लानारुणिमेव विद्रुमलता श्यामेव हेमप्रभा।
कार्कश्यं कलया च कोकिलवधूकण्ठेष्विव प्रस्तुतं
सीतायाः पुरतश्च हन्त शिखिनां बर्हाः सगर्हा इव॥

इस पद्य में सीता के सौन्दर्य का अतिशय सादृश्य की अपेक्षा विपरीत लक्षणा से ही प्रतीत होता है। अतः यह साम्य के अतिरिक्त अन्य सम्बन्ध से वाक्य के अन्तर्भूत प्रस्तुत पदार्थ की प्रशंसारूप अप्रस्तुतप्रशंसा अलङ्कार का उदाहरण है।

साम्य के अतिरिक्त अन्य कारण-कार्य आदि सम्बन्ध से समस्त वाक्य में व्यापक प्रस्तुत की प्रशंसारूप अप्रस्तुतप्रशंसा अलङ्कार का उदाहरण, जैसे -

परामृशति सायकं क्षिपति लोचनं कार्मुके
विलोकयति वल्लभां स्मितसुधार्द्रवक्त्रं स्मरः।
मधोः किमपि भाषते भुवननिर्जयाग्र्यावनि
गतोऽहमिति हर्षितः स्पृशति गोत्रलेखामहो।।

यहाँ पर कामदेव की चेष्टाओं का अतिशय अप्रस्तुत है तथा तरुणी के तारुण्य के अवताररूप प्रस्तुत का अतिशय सौन्दर्य प्रतीत होता है। इसमें सादृश्य सम्बन्ध न होकर कारण-कार्य भावसम्बन्ध है।

इस प्रकार से यह अप्रस्तुतप्रशंसा का व्यवहार कवियों में अत्यन्त विस्तृत रूप में दिखाई देता है। इसलिए सहृदयों को स्वयं ही उसकी सम्भावना कर समझ लेना चाहिए। अप्रस्तुतप्रशंसा में 'प्रशंसा' शब्द अर्थप्रकाश आदि के समान विपरीत लक्षणा से प्रयोग किया गया है। कहने का भाव यह है कि घट आदि पदार्थ अचेतन होने से प्रकाशस्वरूप नहीं होते हैं। प्रकाशस्वरूप तो ज्ञाता आत्मा ही होता है। तथापि चेतन ज्ञाता आत्मा के सम्बन्ध से ज्ञान के समय घटादि अर्थ प्रकाशित होते हैं, ऐसा कहा जाता है। उसी प्रकार से अप्रस्तुतप्रशंसा में भी अप्रस्तुत की प्रशंसा नहीं होती है, अपितु प्रस्तुत की ही प्रशंसा होती है। इसलिए यहाँ अप्रस्तुतप्रशंसा में 'प्रशंसा' शब्द विपरीत लक्षणा से समझा जाना चाहिए।

पर्यायोक्त अलङ्कार

यद्वाक्यान्तरवक्तव्यं तदन्येन समर्थ्यते।
येनोपशोभानिष्पत्त्यै पर्यायोक्तं तदुच्यते।।

अर्थात् जो अन्य वाच्यरूप वाक्य से कहने योग्य वस्तु सौन्दर्य के निष्पादन के लिए उससे भिन्न जिस अन्य प्रकार व्यङ्ग्यरूप से कही जाती है, उसे पर्यायोक्त अलङ्कार कहा जाता है।

अब यहाँ पर एक प्रश्न उत्पन्न होता है कि कुन्तक द्वारा पूर्व में प्रतिपादित पर्यायवक्रता से क्या यह पर्यायोक्त अलङ्कार कुछ भिन्न है? इसके समाधान में कहा जा सकता है कि पर्यायवक्रता में वाच्यरूप में पदार्थमात्र ही विषय होता है,

जबकि पर्यायोक्त में वाक्यार्थ भी अङ्गरूप में विषय होता है। इसलिए पर्यायोक्त अलङ्कार पर्यायवक्रता से भिन्न कहा गया है। पर्यायोक्त का उदाहरण -

चक्राभिघातप्रसभाज्ञयैव चकार यो राहुवधूजनस्य।
आलिङ्गनोद्दामविलासवन्ध्यं रतोत्सवं चुम्बनमात्रशेषम्॥

यहाँ पर कवि को वाच्यरूप में 'विष्णु ने चक्र से राहु का सर काट दियाहृ, यह कहना अभीष्ट था, परन्तु इस कथन में सौन्दर्य का आधान करने के लिए उसने 'विष्णु ने चक्र के प्रहार से राहु की पत्नियों को सम्भोगकाल में आलिङ्गन आदि प्रधान क्रियाओं से रहित कर मात्र चुम्बन करने के योग्य बना दिया, इस प्रकार से वाच्यरूप वस्तु का प्रतिपादन व्यङ्ग्यरूप वस्तु में कर देना ही पर्यायोक्त अलङ्कार कहलाता है।

उत्प्रेक्षा अलङ्कार

सम्भावनानुमानेन सादृश्येनोभयेन वा।
निर्वर्ण्यातिशयोद्रेकप्रतिपादनवाञ्छया॥
वाच्यवाचकसामर्थ्याक्षिप्तस्वार्थैरिवादिभिः।
तदिवेति तदेवेति वादिभिर्वाचकं विना॥
समुल्लिखितवाक्यार्थव्यतिरिक्तार्थयोजनम्।
उत्प्रेक्षा ----------------------॥

अर्थात् वाक्य में जो अर्थ स्वाभाविक रूप से वर्णित है, उससे भिन्न किसी अतिशायी अर्थ की योजना करना ही उत्प्रेक्षा अलङ्कार है। वह अतिशायी अर्थ की योजना सम्भावना से अनुमान के द्वारा अथवा काल्पनिक सादृश्य के आधार पर की जाती है अथवा इन दोनों प्रकारों से होती है। प्रस्तुत उपमेय के उत्कर्ष को परम सीमा तक पहुँचाने के लिए उपमेय की उपमान के साथ साम्यता अथवा उपमेय पर उपमान के आरोप की योजना वाच्य अथवा प्रतीयमानरूप से की जाती है। इसलिए इन वाच्य या प्रतीयमानरूप 'इव' आदि पदों से उत्प्रेक्षा प्रकाशित होती है अथवा द्योतित होती है।

सम्भावना से अनुमान के द्वारा उत्प्रेक्षा का उदाहरण, जैसे -

आपीडलोभादुपकर्णमेत्य प्रत्याहितः पांशुयुतैर्द्विरेफैः।
अमर्षणेनेव महीपतीनां सम्मोहमन्त्रे मकरध्वजेन॥

यहाँ पर 'अमर्षणनेव' पद में सम्भाव्यमान अमर्ष की सम्भावना का अनुमान करके उत्प्रेक्षा की गई है तथा उत्प्रेक्षावाचक 'इव' शब्द भी विद्यमान है।

काल्पनिक सादृश्य का उदाहरण, जैसे -

राशीभूतः प्रतिदिनमिव त्र्यम्बकस्याट्टहासः।

यहाँ पर शिव के अट्टहास का इकट्ठा होना तथा उसका कैलास के साथ सादृश्य दोनों ही काल्पनिक हैं।

'तदेव' अर्थात् वह ही इस अर्थ में द्योतक 'इव' आदि के बिना अर्थात् प्रतीयमान उत्प्रेक्षा का उदाहरण, जैसे -

चन्दनासक्तभुजगनिःश्वासानलमूर्च्छितः।
मूर्छयत्येष पथिकान् मधौ मलयमारुतः॥

इस पद्य में उत्प्रेक्षावाचक 'इव' आदि शब्दों का प्रयोग न होने से यह प्रतीयमान उत्प्रेक्षा का उदाहरण है।

'तदेव' अर्थात् वह ही इस अर्थ में वाचक 'इव' आदि के बिना उत्प्रेक्षा का उदाहरण, जैसे-

एकैकं दलमुन्नमय्य गमयन् वासाम्बुजं कोषताम्।
धाता संवरणाकुलश्चिरमभूत् स्वाध्यायबद्धाननः॥

इस प्रकार से सम्भावना के अनुमान से प्रवृत्त उत्प्रेक्षा की प्रतीयमानता ही 'वैचित्र्य' है

प्रतिभासात्तथा बोद्धुः स्वस्पन्दमहिमोचितम्।
वस्तुनो निष्क्रियस्यापि क्रियायां कर्तृतार्पणम्॥

अर्थात् किसी वस्तु के जड़ होने के कारण निष्क्रिय होने से उसमें सौन्दर्य के उत्कर्ष की इच्छा से उसमें कर्तृत्व का आरोप भी उत्प्रेक्षा अलङ्कार कहलाता है। उदाहरण के रूप में जैसे -

लिम्पतीव तमोऽङ्गानि वर्षतीवाञ्जनं नभः।

यहाँ पर जड़ अर्थात् क्रियाहीन अन्धकार तथा आकाश में उत्कर्ष का आधान करने के लिए कर्तृत्व का आरोप किया गया है। अन्त में -

अपहृत्यान्यालङ्कारलावण्यातिशयश्रियः।
उत्प्रेक्षा प्रथमोल्लेखजीवितत्वेन जृम्भते॥

अर्थात् जहाँ उत्प्रेक्षा का अन्य अलङ्कारों के साथ सङ्कर होता है, वहाँ पर उत्प्रेक्षा अन्य अलङ्कारों के सौन्दर्य को दबाकर पद्य के प्राण के रूप में प्रकाशित होती है।

अतिशयोक्ति अलङ्कार

यस्यामतिशयः कोऽपि विच्छित्त्या प्रतिपाद्यते।
वर्णनीयस्य धर्माणां तद्विदाह्लाददायिनाम्॥

अर्थात् जिसमें वर्णनीय पदार्थ के सहृदयों को आनन्द देने वाले धर्मों का कोई अपूर्व अतिशय मनोहर रूप से प्रतिपादित किया जाता है, उसे अतिशयोक्ति अलङ्कार कहते हैं।

जैसे उदाहरण के रूप में -

स्वपुष्पच्छविहारिण्या चन्द्रभासा तिरोहिताः।
अन्वमीयन्त भृङ्गालिवाचा सप्तच्छदद्रुमाः॥

इस पद्य में वर्णनीय सप्तपर्ण के वृक्षों के धर्म शुभ्रता के अतिशय को कवि ने मनोहरता से प्रतिपादित किया है, जिससे यह पद्य अतिशयोक्ति अलङ्कार का सुन्दर उदाहरण बन गया है।

उपमा अलङ्कार

विवक्षितपरिस्पन्दमनोहारित्वसिद्धये।
वस्तुनः केनचित्साम्यं तदुत्कर्षवतोपमा॥
तां साधारणधर्मोक्तौ वाक्यार्थे वा तदन्वयात्।
इवादिरपि विच्छित्त्या यत्र वक्ति क्रियापदम्॥

अर्थात् विवक्षित पदार्थ के स्वभाव के मनोहारित्व की सिद्धि के लिए उसके उत्कर्ष से युक्त किसी वस्तु के साथ साम्य उपमा अलङ्कार कहलाता है। उस (उपमा) को साधारण धर्म का कथन होने पर अथवा वाक्यार्थ में उसका अन्वय

होने पर 'इव' आदि पद तथा क्रियापद भी सुन्दरता के साथ जहाँ उस साम्य को कहते हैं, वह भी उपमा होती है।

अमुख्य क्रियापद पदार्थ उपमा का उदाहरण, जैसे -

पूर्णेन्दोस्तव संवादि वदनं वनजेक्षणे।
पुष्णाति पुष्पचापस्य जगत्त्रयजिगीषुताम्॥

इस पद्य में 'संवादि' अमुख्य क्रियापद है। इसके द्वारा मुख की समानता को प्रदर्शित किया गया है।

'इव' आदि से प्रतिपाद्य पदार्थ उपमा का उदाहरण, जैसे -

चुम्बन् कपोलतलमुत्पुलकं प्रियायाः
स्पर्शोल्लसन्नयनमाकुलीचकार।
आविर्भवन्मधुरनिद्रमिवारविन्द-
मित्रस्पृशास्तामितमुत्पलमुत्पलिन्याः॥

उसी प्रकार के 'इव' आदि से प्रतिपाद्य वाक्य उपमा का उदाहरण, जैसे - **'पाण्ड्योऽयमंसार्पितलम्बहारः।'**

आख्यात-पद से प्रतिपाद्य पदार्थ उपमा का उदाहरण, जैसे - **'ततोऽरुणपरिस्पन्दः।'** इसमें 'दध्रे' इस आख्यात-पद के द्वारा साम्य का वर्णन किया गया है। अतः यह आख्यात-पद से प्रतिपाद्य उपमा का उदाहरण है।

उसी प्रकार आख्यात-पद से प्रतिपाद्य वाक्योपमा का उदाहरण, जैसे -

मुखेन सा केतकपत्रपाण्डुना कृशाङ्गयष्टिः परिमेयभूषणा।
स्थिताल्पतारां तरुणेन्दुमण्डलां विभातकल्पां रजनीं व्यडम्बयत्॥

यहाँ 'व्यडम्बयत्' इस आख्यातपद के द्वारा यह पद्य वाक्योपमा का उदाहरण बन रहा है। इसमें 'इव' आदि उपमावाचक पद का प्रयोग नहीं हुआ है।

अप्रतिपाद्य पदार्थोपमा का उदाहरण, जैसे - **'निपीयमानस्तबका शिलीमुखैः।'**

'आदि' पद के ग्रहण से यह कहा जा रहा है कि 'इव' आदि शब्दों के बिना 'यथा' आदि अन्य शब्दों के द्वारा भी उपमा की प्रतीति होती है। जैसे -

पूर्णेन्दुकान्तिवदना नीलोत्पलविलोचना।

यहाँ दोनों स्थलों पर 'इव' आदि उपमावाचक शब्दों के बिना उपमा की प्रतीति हो रही है। इस प्रकार के उदाहरण समासगत उपमा के कहे जाते हैं। इसके पश्चात् कुन्तक ने चार और उदाहरण उपमा के प्रस्तुत किए हैं।

प्रतिवस्तूपमा के स्वतन्त्र अलङ्कारत्व का खण्डन

आचार्य कुन्तक के अनुसार समान वस्तु का विन्यास करने के कारण प्रतिवस्तूपमा भी पृथक् रूप से अलङ्कार कहने के योग्य नहीं है।

समानवस्तुन्यासेन प्रतिवस्तूपमोच्यते।
यथेवानभिधानेऽपि गुणसाम्यप्रतीतितः॥

अर्थात् समान वस्तु के विन्यास से 'यथा', 'इव' आदि उपमावाचक शब्दों के कथन के बिना भी गुणों के साम्य की प्रतीति से प्रतिवस्तूपमा कही जाती है। जैसे-

कियन्तः सन्ति गुणिनः साधुसाधारणश्रियः।
स्वादुपाकफलानम्राः कियन्तो वाऽध्वशाखिनः॥

यहाँ पर समान रूप से विलसित होने वाले इन दोनों अर्थात् सहज सुलभ सम्पत्ति वाले गुणी व्यक्तियों तथा झुके हुए फलवान् वृक्षों के कविविवक्षित 'विरलत्व' रूप साम्य के अतिरिक्त अन्य कुछ भी मनोहारि प्राणभूत तत्त्व प्रतीत नहीं होता है।

उपमेयोपमा आदि अलङ्कारों का उपमा में अन्तर्भाव

उपमेयोपमा अलङ्कार का उपमा में अन्तर्भाव

सामान्या न व्यतिरिक्ता लक्षणानन्यथास्थितेः।

अर्थात् लक्षण के भिन्न न होने से उपमेयोपमा भी उपमा के समान ही है, भिन्न नहीं है।

स्वरूप का कथन करना लक्षण कहलाता है। उससे भिन्न रूप में स्थित न होने से उपमेयोपमा उपमा के अन्तर्गत ही है। कहने का भाव यह है कि जिस प्रकार उपमा सादृश्यमात्र पर अवलम्बित रहती है, वैसे ही उपमेयोपमा भी सादृश्यमात्र पर ही अवलम्बित रहती है। अतः दोनों समान ही हैं। इसलिए उपमेयोपमा को अलग से अलङ्कार नहीं माना जा सकता है।

तुल्ययोगिता अलङ्कार का उपमा में अन्तर्भाव

तथैव तुल्ययोगिता सा भवत्युपमा स्फुटा।

अर्थात् उसी प्रकार की अर्थात् उपमा के जैसी ही तुल्ययोगिता होती है और वह स्पष्ट रूप से उपमा ही होती है। जैसे -

जनस्य साकेतनिवासिनस्तौ द्वावप्यभूतामभिनन्द्यसत्वौ।
गुरुप्रदेयाधिकनिस्पृहोऽर्थी नृपोऽर्थिकामादधिकप्रदश्च॥

यहाँ पर अभिनन्दनीयरूप साम्य के अतिरेक से रघु तथा कौत्स वर्णनीय होने के कारण मुख्य वस्तु है। उनमे अभिनन्दनीयरूप समान धर्म का सम्बन्ध होने से तुल्ययोगिता अलङ्कार है।

परिवृत्ति अलङ्कार का उपमा में अन्तर्भाव

इसी प्रकार से परिवृत्ति अलङ्कार भी उपमा से भिन्न नहीं है -

विनिर्वतनमेकस्य यत् तदन्यस्य वर्तनम्।
न परिवर्तमानत्वादुभयोरत्र पूर्ववत्॥

अर्थात् एक के स्थान पर किसी अन्य का ग्रहण कर लेना परिवृत्ति अलङ्कार कहा गया है। यहाँ वह पूर्व में कहे गए सादृश्यमूलक अलङ्कारों के समान दोनों का सादृश्यमूलक परिवर्तन मात्र होने से पृथक् अलङ्कार नहीं है।

प्रत्येक की प्रधानता होने से यह नियम निश्चित नहीं होता है कि कौन किसका अलङ्करण है। उसी प्रकार से यहाँ भी परिवर्तमान दोनों में से किसी एक का अलङ्कार्य तथा एक का अलङ्कार होना आवश्यक है। परन्तु वैसा नहीं है। केवल स्वरूपमात्र का कथन होने से दोनों में परस्पर अलङ्कारभाव नहीं हो सकता है। क्योंकि यदि अलङ्कार्य-अलङ्कार भाव मान लिया जाता है तो

अलङ्कार की गौणता सिद्ध हो जायेगी, जिससे दोनों का प्राधान्य नहीं रहेगा और यदि दोनों के भेदकधर्मों का निरोध मान लिया जाता है तो पुनः दोनों में साम्य के होने से पूर्ववत् इसे भी उपमा अलङ्कार ही मानना उचित है। जैसे -

सदयं बुभुजे महाभुजः सहसोद्वेगमियं व्रजेदिति।
अचिरोपनतां स मेदिनीं नवपाणिग्रहणां वधूमिव॥

कुन्तक के अनुसार यह परिवृत्ति अलङ्कार का उदाहरण न होकर उपमा अलङ्कार का उदाहरण है। परिवृत्तिरूप उपमा अलङ्कार विषयान्तरपरिवर्तन तथा धर्मान्तरपरिवर्तनरूप दो प्रकार की होती है। विषयान्तरपरिवर्तन का उदाहरण -

स्वल्पं जल्प बृहस्पते सुरगुरो नैष सभा वज्रिणः।

यहाँ सभारूप विषय का परिवर्तन है।

धर्मान्तरपरिवर्तन का उदाहरण

विसृष्टरागादधरान्निवर्तितः स्तनाङ्गरागारुणिताच्च कन्दुकात्।
कुशाङ्कुरादानपरिक्षताङ्गुलिः कृतोऽक्षसूत्रप्रणयी तया करः॥

यहाँ पर पार्वती के करकमलरूप धर्म परिवर्तित हो गया है।

व्यतिरेक अलङ्कार

सति तच्छब्दवाच्यत्वे धर्मसाम्येऽन्यथास्थितेः।
व्यतिरेचनमन्यस्मात् प्रस्तुतोत्कर्षसिद्धये।
शाब्दः प्रतीयमानो वा व्यतिरेकोऽभिधीयते॥

अर्थात् श्लेष कारण है जिसका उस शब्द से वाच्य होने पर तथा धर्म की समानता होने पर प्रस्तुत पदार्थ के उत्कर्ष की सिद्धि के लिए भिन्न प्रकार से स्थित दो पदार्थों में से अन्य अप्रस्तुत से प्रस्तुत का वाच्यरूप अथवा प्रतीयमान रूप से आधिक्य का प्रदर्शन व्यतिरेक अलङ्कार कहलाता है।

श्लेष व्यतिरेक का उदाहरण, जैसे -

श्लाघ्याशेषतनुं सुदर्शनकरः सर्वाङ्गलीलाजित-
त्रैलोक्यां चरणारविन्दललितेनाक्रान्तलोको हरिः।

विभ्राणां मुखमिन्दुरूपमखिलं चन्द्रात्मचक्षुर्दधत्
स्थाने यां स्वतनोरपश्यदधिकां सा रुक्मिणी वोऽवतात्॥

व्यतिरेक अलङ्कार के ही अन्य प्रकार को कहते हैं -

लोकप्रसिद्धसामान्यपरिस्पन्दाद्विशेषतः।
व्यतिरेको यदेकस्य स परस्तद्विवक्षया॥

अर्थात् लोकप्रसिद्ध सामान्य स्वभाव से विशेष होने के कारण जो एक उपमान या उपमेय का औपम्यविवक्षा से पृथक्करण किया जाता है, वह अन्य प्रकार का व्यतिरेक अलङ्कार होता है। जैसे -

चापं पुष्पितभूतलं सुरचिता मौर्वी द्विरेफावलिः
पूर्णेन्दोरुदयोऽभियोगसमयः पुष्पाकरोऽप्यासरः।
शस्त्राण्युत्पलकेतकीसुमनसो योग्यात्मनः कामिनां
त्रैलोक्ये मदनस्य सोऽपि ललितोल्लेखो जिगीषाग्रहः॥

भूतल आदि पर चाप आदि का आरोप होने से यह रूपक और व्यतिरेक का सङ्कर अथवा संसृष्टि रूप भेद माना जाना चाहिए, केवल व्यतिरेक अलङ्कार का उदाहरण नहीं। इस पर कहते हैं कि ऐसा नहीं है। वस्तुतः रूपकव्यतिरेक में पहले आरोप किया जाता है, पुनः उसी में से भेद को दिखाया जाता है। इसलिए वहाँ पर आरोप की प्रधानता होती है। यहाँ पर सकल लोकप्रसिद्ध सामान्य व्यवहार के तात्पर्य से प्रधान रूप से व्यतिरेचन अर्थात् भेद को प्रदर्शित किया गया है। भूतल आदि पर चापादि का आरोप को उसका सहायक विशेष निमित्तमात्र समझना चाहिए। अर्थात् कवि का विशेष तात्पर्य भूतल आदि पर चापादि के आरोप में नहीं है, अपितु व्यतिरेचन में ही है।

भामह द्वारा प्रतिपादित समासोक्ति अलङ्कार का खण्डन

कुन्तक ने भामह द्वारा प्रतिपादित समासोक्ति के लक्षण तथा उदाहरण को उद्धृत कर उसको अलग से अलङ्कार मानने का खण्डन किया है -

यत्रोक्ते गम्यतेऽन्योऽर्थस्तत्समानविशेषणः।
सा समासोक्तिरुद्दिष्टा संक्षिप्तार्थतया यथा॥

अर्थात् जहाँ एक वस्तु का कथन होने पर उसके समान विशेषणों वाला अन्य अर्थ प्रतीत होता है, वह संक्षिप्त अर्थ वाली होने से समासोक्ति कही जाती है। जैसे-

स्कन्धवानृजुरव्यालः स्थिरोऽनेकमहाफलः।
जातस्तरुरयं चोच्चैः पातितश्च नभस्वता॥

उक्त उदाहरण में वृक्ष तथा महापुरुष दोनों का ही मुख्य रूप से कथन होने से महापुरुष के पक्ष में संगत होने वाले विशेषण तो पद्य में हैं, इसलिए विशेष्य महापुरुष का विधायक पद भी कथित होना चाहिए था। अथवा यदि यह कहें कि विशेष्य पद के बिना विशेषणों की अन्यथा अनुपपत्ति प्रतीयमानरूप से विशेष्य पद की परिकल्पना कर लेनी चाहिए तो इस प्रकार की कल्पना में भी कोई चमत्कार न रहने से यहाँ स्पष्ट रूप से शोभाशून्यता ही प्रतीत होती है।

भामह द्वारा प्रतिपादित सहोक्ति अलङ्कार का खण्डन तथा उपमा में अन्तर्भाव

तुल्यकाले क्रिये यत्र वस्तुद्वयसमाश्रये।
पदेनैकेन कथ्येते सहोक्तिः सा मता यथा॥

अर्थात् जहाँ पर दो वस्तुओं में आश्रित रहने वाली तथा समान काल में होने वाली दो क्रियाएँ एक पद से कहीं जाती हैं, वह सहोक्ति अलङ्कार कहलाती है। जैसे -

हिमपाताविलदिशो गाढालिङ्गनहेतवः।
वृद्धिमायान्ति यामिन्यः कामिनां प्रीतिभिः सह॥

यहाँ पर परस्पर रात्रियों और कामियों की वृद्धिरूप साम्य का समन्वय ही मनोहारित्व का कारण है। अतः साम्य पर आधारित होने से भामह द्वारा प्रतिपादित सहोक्ति वस्तुतः उपमा अलङ्कार ही है। इसलिए सहोक्ति को अलग से अलङ्कार मानने की आवश्यकता नहीं है।

कुन्तक द्वारा प्रतिपादित सहोक्ति अलङ्कार

यत्रैकेनैव वाक्येन वर्णनीयार्थसिद्धये।
अर्थानां युगपदुक्तिः सा सहोक्तिः समा मता॥

अर्थात् जहाँ पर वर्णनीय अर्थ की सिद्धि के लिए एक ही वाक्य से अनेक अर्थों का एकसाथ कथन किया जाता है, वह सहोक्ति विद्वानों ने मानी है। जैसे-

हे हस्त दक्षिण मृतस्य शिशोर्द्विजस्य
जीवातवे विसृज शूद्रमुनौ कृपाणम्।
रामस्य पाणिरसि निर्भरगर्भखिन्न-
सीताविवासनपटो करुणा कुतस्ते॥

आचार्य कुन्तक के मत में यहाँ दो विषय हैं - मृत ब्राह्मण के शिशु के पुनरुज्जीवन के लिए शूद्र मुनि पर कृपाण को छोड़ना तथा गर्भवती सीता का निर्वासन। इन दो विषयों को दो अलग-अलग वाक्यों से कहने की अपेक्षा प्रस्तुत अर्थ के सौन्दर्य के निष्पादन के लिए एक ही वाक्य से कह दिया गया है। अतः यहाँ पर सहोक्ति अलङ्कार है।

अब यहाँ पर प्रश्न उत्पन्न होता है कि जिस प्रकार कुन्तक ने भामह द्वारा प्रतिपादित सहोक्ति को उपमा के अन्तर्गत मान लिया है, वैसे ही अनेक अर्थ सम्भव होने पर यहाँ जिसको वे स्वयं सहोक्ति कह रहे हो, उसका श्लेष में अनुप्रवेश क्यों नहीं सम्भव है ? अर्थात् श्लेष के रहते कुन्तक के द्वारा प्रतिपादित सहोक्ति की भी आवश्यकता नहीं है। इसके समाधान में कुन्तक कहते हैं - दोनों का अथवा किसी एक का मुख्यभाव होने पर श्लेष होता है, परन्तु सहोक्ति में वैसा नहीं होता है। सहोक्ति में बहुतों का अथवा दोनों का प्रधान की सिद्धि में पर्यवसान हो जाने से सदैव गौणभाव ही होता है।

और भी श्लेष में एक ही शब्द से एक साथ दीपक के प्रकाश के समान दो अर्थों का अथवा शब्द और अर्थ दोनों का प्रकाशन होता है। वहाँ पर शब्द दोनों का बोध कराने में सामान्य हो जाता है। सहोक्ति में उस प्रकार अर्थात् वाक्य के अवयवभूत शब्दों के समान अपने अङ्ग न होने से एक ही वाक्य से पुनः पुनः आवर्तमान होने से दोनों अर्थों का प्रकाशन किया जाता है। इसलिए श्लेष में जो कार्य शब्द करता है, वही कार्य सहोक्ति में वाक्य की आवृत्ति करती है। यह श्लेष और सहोक्ति में दूसरा अन्तर है।

सहोक्ति में एक साथ कथन आवश्यक होता है, न कि एक साथ दोनों अर्थों की प्रतीति। इसलिए अत्यन्त रूप से एक साथ कथन ही यहाँ स्वीकृत उत्कर्ष की प्रतीति कराता है।

दृष्टान्त अलङ्कार

वस्तुसाम्यं समाश्रित्य यदन्यस्य प्रदर्शनम्।
दृष्टान्तनामालङ्कारः सोऽयमत्राभिधीयते॥

अर्थात् वस्तु के साम्य का आश्रय लेकर प्रस्तुत वस्तु के साथ अप्रस्तुत वस्तु का प्रदर्शन दृष्टान्त नामक अलङ्कार कहा जाता है। 'वस्तु' पद के ग्रहण का प्रयोजन लिङ्ग, संख्या, विभक्ति विषयक साम्य को छोड़कर यथार्थ वस्तु के साम्य से ही है। जैसे -

सरसिजमनुविद्धं शैवलेनापि रम्यं
मलिनमपि हिमांशोर्लक्ष्म लक्ष्मीं तनोति।
इयमधिकमनोज्ञा वल्कलेनापि तन्वी
किमिव हि मधुराणां मण्डनं नाकृतीनाम्॥

इस पद्य के प्रथम तीन पादों में दृष्टान्त अलङ्कार है।

अर्थान्तरन्यास अलङ्कार

वाक्यार्थान्तरविन्यासो मुख्यतात्पर्यसाम्यतः।
ज्ञेयः सोऽर्थान्तरन्यासः यः समर्पकतयाहितः॥

अर्थात् मुख्य तात्पर्य के साम्य से विवक्षित अर्थ के समर्पकरूप में उपनिबद्ध किया गया जो अन्य वाक्यार्थ का विन्यास है, वह अर्थान्तरन्यास अलङ्कार कहलाता है। जैसे -

असंशयं क्षत्रपरिग्रहक्षमा यदार्यमस्याभिलाषि मे मनः।
सतां हि सन्देहपदेषु वस्तुषु प्रमाणमन्तःकरणप्रवृत्तयः॥

इस पद्य में 'सन्देहास्पद वस्तुओं में सज्जनों के अन्तःकरण की प्रवृत्तियाँ ही प्रमाण होती हैं' यह अन्य वाक्यार्थ का विन्यास है, जिसे मुख्य तात्पर्य 'शकुन्तला दुष्यन्त के द्वारा ग्रहण करने योग्य है' के साम्य से विवक्षित अर्थ के समर्पकरूप में उपनिबद्ध किया गया है।

आक्षेप अलङ्कार

निषेधच्छायया ऽऽक्षेपः कान्तिं प्रथयितुं पराम्।
आक्षेप इति स ज्ञेयः प्रस्तुतस्यैव वस्तुनः॥

अर्थात् प्रस्तुत वस्तु के ही परम सौन्दर्य की वृद्धि के लिए निषेध की छाया अर्थात् निषेधाभास रूप में जो आक्षेप किया जाता है, वह आक्षेप अलङ्कार कहलाता है।

विभावना अलङ्कार

वर्णनीयस्य केनापि विशेषेण विभावना।
स्वकारणपरित्यागपूर्वकं कान्तिसिद्धये॥

अर्थात् वर्णनीय वस्तु का किसी विशेषता से सौन्दर्य की सिद्धि के लिए अपने कारण का परित्यागपूर्वक वर्णन विभावना अलङ्कार कहलाता है। सीधे शब्दों में जहाँ वर्णनीय वस्तु के सौन्दर्य के निष्पादन के लिए बिना कारण के ही कार्य का वर्णन किया जाता है, वहाँ विभावना अलङ्कार होता है। जैसे -

असम्भृतं मण्डनमङ्गयष्टेरनासवाख्यं करणं मदस्य।
कामस्य पुष्पव्यतिरिक्तमस्त्रं बाल्यात्परं साथ वयः प्रपेदे॥

यहाँ पर कृत्रिम कारणों के परित्यागपूर्वक लोकोत्तर सहज सौन्दर्यविशेष विशिष्टता का वर्णन कवि को अभिप्रेत है। वस्तुतः शरीर आभूषणों से अलङ्कृत होता है, मदिरा मद को उत्पन्न करती है तथा काम का बाण केवल पुष्पों से बना हुआ होता है। परन्तु यहाँ पर कवि ने उक्त तीनों कारणों आभूषण, मदिरा तथा पुष्पों का परित्याग कर पार्वती के युवावस्था में प्रवेश के समय होने वाले सहज सौन्दर्य का ही वर्णन किया है। इसलिए यहाँ कवि ने वर्णनीय वस्तु पार्वती के सौन्दर्य के निष्पादन के लिए बिना कारणों के ही युवावस्था में प्रवेश के समय होने वाले सहज सौन्दर्य रूप कार्य का वर्णन किया है। अतः यहाँ विभावना अलङ्कार है।

सन्देह अलङ्कार

यस्मिन्नुत्प्रेक्षितं रूपं सन्देहमेति वस्तुनः।
उत्प्रेक्षान्तरसद्भावात् विच्छित्त्यै सन्देहो मतः॥

अर्थात् जिसमें सौन्दर्य के निष्पादन के लिए वस्तु का उत्प्रेक्षित रूप अन्य की उत्प्रेक्षा के भी सम्भव होने से सन्देह को प्राप्त कर लेता है, वह सन्देह अलङ्कार कहलाता है। जैसे -

रञ्जिता नु विविधास्तरुशैला नामितं नु गगनं स्थगितं नु।
पूरिता नु विषमेषु धरित्री संहृता नु ककुभास्तिमिरेण॥

अपह्नुति अलङ्कार

अन्यदर्पयितुं रूपं वर्णनीयस्य वस्तुनः।
स्वरूपापह्नवो यस्यामसावपह्नुतिर्मता॥

अर्थात् जिसमें वर्णनीय वस्तु को अन्य अप्रस्तुत रूप प्रदान करने के लिए उसके अपने स्वरूप को छिपा दिया जाता है, वह अपह्नुति अलङ्कार माना जाता है। सन्देह अलङ्कार के समान उत्प्रेक्षामूलत्व ही इस अपह्नुति अलङ्कार का प्राण है। जैसे -

तव कुसुमशरत्वं शीतरश्मित्वमिन्दो-
र्द्वयमिदमयथार्थं दृश्यते मद्विधेषु।
विसृजति हिमगर्भैरग्निमन्तर्मयूखै-
स्त्वमपि कुसुमबाणान् वज्रासारीकरोषि॥

यहाँ पर कामदेव के बाणों तथा चन्द्रमा की किरणों के स्वरूप को छिपाकर उनको वज्रारूप तथा अग्नि की वर्षा करने वालों के रूप में प्रस्तुत किया गया है। अतः यह अपह्नुति अलङ्कार का उदाहरण है।

इसके पश्चात् संसृष्टि अलङ्कार के उदाहरण प्राप्त होते हैं। अनेक अलङ्कारों की तिलतण्डुलन्याय से निरपेक्ष स्थिति होने पर संसृष्टि अलङ्कार होता है। सम्भवतः कुन्तक ने यहाँ सङ्कर तथा संसृष्टि अलङ्कारों से सम्बन्धित कारिकाएँ

तथा वृत्तिभाग प्रस्तुत किया होगा, परन्तु वह अनुपलब्ध है। उदाहरण प्रस्तुत पुस्तक के मूल भाग से द्रष्टव्य हैं।

आचार्य कुन्तक ने काव्यशास्त्रीय परम्परा में प्रसिद्ध सभी अलङ्कारों का लक्षण इस उन्मेष में नहीं किया है। क्योंकि कुन्तक यह मानते हैं कि जिन अलङ्कारों का लक्षण उन्होंने नहीं किया है, उनका अन्य पूर्वोक्त अलङ्कारों में अन्तर्भाव होने के कारण तथा शोभा से शून्य होने के कारण उनमें अलङ्करणत्व सिद्ध नहीं होता है।

आचार्य भामह आदि द्वारा प्रतिपादित यथासंख्य आदि अलङ्कारों के स्वतन्त्र अलङ्कारत्व का खण्डन

आचार्य भामह आदि द्वारा प्रतिपादित यथासंख्य अलङ्कार

भूयसामुपदिष्टानामर्थानामसधर्मणाम्।
क्रमशो योऽनुनिर्देशो यथासंख्यं तदुच्यते॥

अर्थात् पूर्व में उपदिष्ट असमान धर्मों वाले बहुत से पदार्थो का क्रमशः जो बाद में निर्देश किया जाता है, उसे यथासंख्य अलङ्कार कहा जाता है। जैसे -

पद्मेन्दुभृङ्गमातङ्गपुंस्कोकिलकलापिनः।
वक्त्रकान्तीक्षणगतिवाणीबालैस्त्वया जिताः॥

पूर्व आचार्यों भामह आदि के द्वारा इसे यथासंख्य अलङ्कार कहा गया है। कथन के वैचित्र्य के अतिरिक्त यहाँ कोई शोभा नहीं है। यहाँ दो स्थलों पर पाठ का लोप है। सम्भवतया कुन्तक ने यहाँ यथासंख्य अलङ्कार के अलङ्कारत्व का खण्डन करते हुए उसका उपमा में अन्तर्भाव किया होगा।

आचार्य भामह द्वारा प्रतिपादित आशीः नामक अलङ्कार का लक्षण और उदाहरण यहाँ नहीं दिए जा रहे हैं। उनमें आशंसनीय अर्थ के मुख्य रूप से वर्णनीय होने से उसका अलङ्कार्यत्व ही सिद्ध होता है तथा जो दोष प्रेयो अलङ्कार के विषय में कहे गए थे, वे सभी दोष यहाँ भी आ जायेंगे।

विशेषोक्ति के अन्य अलङ्कार में अन्तर्भाव होने से और अलङ्कार्य होने से

अलङ्कारत्व की उपपत्ति नहीं होती है। कुन्तक के अनुसार विशेषोक्ति का या तो किसी अन्य अलङ्कार में अन्तर्भाव हो जाता है अथवा वह स्वयं ही अलङ्कार्य होता है। अतः उसको पृथक् से अलङ्कार नहीं कहा जा सकता है। इसके पश्चात् पूर्ववत् कुन्तक ने भामह द्वारा प्रतिपादित विशेषोक्ति अलङ्कार का लक्षण तथा उदाहरण प्रस्तुत किए हैं, जिनका कुन्तक ने खण्डन किया है -

एकदेशस्य विगमे या गुणान्तरसंस्थितिः।
विशेषप्रथनायासौ विशेषोक्तिर्मता यथा॥

अर्थात् एक देश (गुण) की न्यूनता होने पर जो विशेष की अभिवृद्धि के लिए अन्य गुण की स्थिति का वर्णन किया जाता है, वह विशेषोक्ति अलङ्कार माना जाता है। जैसे -

स एकस्त्रीणि जयति जगन्ति कुसुमायुधः।
हरतापि तनुं यस्य शम्भुना न हृतं बलम्॥

यहाँ समस्त लोक में प्रसिद्ध विजयित्व से भिन्न कामदेव का स्वभावमात्र ही वाक्यार्थ है। अतः यह अलङ्कार्य है, न कि अलङ्कार।

आचार्य दण्डी ने हेतु, सूक्ष्म तथा लेश नामक अलङ्कार माने हैं। उनका खण्डन करते हुए कुन्तक भामह को उद्धृत करते हुए कहते हैं -

हेतुश्च सूक्ष्मो लेशोऽथ नालङ्कारतया मतः।
समुदायाभिधानस्य वक्रोक्त्यनभिधानतः॥

अर्थात् समुदाय के साधारण कथन के वक्रोक्ति का प्रतिपादन न करने के कारण हेतु, सूक्ष्म तथा लेश को अलङ्कार नहीं माना जा सकता है।

संकेतकालमनसं विटं ज्ञात्वा विदग्धया।
हसन्नेत्रार्पिताकूतं लीलापद्मं निमीलितम्॥

यह दण्डी द्वारा प्रतिपादित सूक्ष्म अलङ्कार का उदाहरण है।

अयमान्दोलितप्रौढचन्दनद्रुमपल्लवः।
उत्पादयति सर्वस्य प्रीतिं मलयमारुतः॥

यह दण्डी द्वारा प्रतिपादित हेतु अलङ्कार का उदाहरण है।

राजकन्यानुरक्तं मां रोमोद्भेदेन रक्षकाः।
अवगच्छेयुराज्ञातमहो शीतानिलं वनम्॥

यह दण्डी द्वारा प्रतिपादित लेश अलङ्कार का उदाहरण है।

यहाँ उक्त तीनों उदाहरणों में स्वभावमात्र ही रमणीय है और वह अलङ्कार्य ही हो सकता है, न कि अलङ्कार। अतः दण्डी द्वारा प्रतिपादित उक्त तीनों सूक्ष्म, हेतु और लेश को पृथक् से अलङ्कार नहीं माना जा सकता है।

कुछ भामह आदि आचार्य उपमारूपक नाम का एक अलग से अलङ्कार मानते हैं, उसमें अलङ्कारत्व सिद्ध न होने के कारण उचित नहीं है। उपमारूपक अलङ्कार का भामह द्वारा प्रस्तुत उदाहरण -

समग्रगगनायाममानदण्डो रथाङ्गिनः।
पादो जयति सिद्धस्त्रीमुखेन्दुनवदर्पणः॥

इसमें अलङ्कारत्व सिद्ध न होने के कारण यह पृथक् से उपमारूपक अलङ्कार का उदाहरण नहीं बन सकता है।

एवं पूर्वस्मिन् प्रकरणे वाक्यावयवानां पदानां यथासम्भवं वक्रभावं विचारयन् वाचकवक्रताविच्छित्तिप्रकाराणां दिक्प्रदर्शनं विहितवान्। इदानीं वाक्यवक्रतावैचित्र्यमासूत्रयितुं वाच्यस्य वर्णनीयतया प्रस्तावाधिकृतस्य वस्तुनो वक्रतास्वरूपं निरूपयति। पदार्थावबोधपूर्वकत्वाद् वाक्यार्थावसितेः।

इस प्रकार पूर्व प्रकरण में अर्थात् द्वितीय उन्मेष में वाक्य के अवयव पदों के यथासम्भव वक्रभाव पर ग्रन्थकार ने विचार करते हुए वाचकवक्रता की विच्छित्ति अर्थात् शोभा के प्रकारों का दिग्दर्शन कराया था। अर्थात् ग्रन्थकार ने द्वितीय उन्मेष में पदवक्रता का निरूपण करते हुए पदवक्रता के दोनों प्रकारों पदपूर्वार्द्धवक्रता तथा पदपरार्द्धवक्रता के यथासम्भव प्रकारों का साङ्गोपाङ्ग उदाहरणसहित वर्णन किया है। पदवक्रता का निरूपण करने से पूर्व आचार्य कुन्तक ने द्वितीय उन्मेष में ही वर्णविन्यासवक्रता का भी समुचित विवेचन कर दिया है। अब वाक्य के वक्रतावैचित्र्य का वर्णन करने के लिए वाच्य के वर्णन के प्रकरण में मुख्य रूप से अधिकृत वस्तु की वक्रता अर्थात् वाच्यवक्रता के स्वरूप का निरूपण करते हैं, क्योंकि पदार्थों का बोध होने पर ही वाक्यार्थ का बोध हो सकता है।

द्वितीय उन्मेष में वाचक की वक्रता पर विचार किया जा चुका है। अब तृतीय उन्मेष में पहले वाच्य (अर्थ) की वक्रता पर विचार किया जायेगा, तदनन्तर वाक्य की वक्रता पर विचार किया जायेगा। इसलिए पहले अब पदों के अर्थ अर्थात् वाच्यवक्रता पर विचार करते हैं -

वाच्यवक्रता

उदारस्वपरिस्पन्दसुन्दरत्वेन वर्णनम्।
वस्तुनो वक्रशब्दैकगोचरत्वेन वक्रता॥1॥

अन्वयः - वस्तुनः उदारस्वपरिस्पन्दसुन्दरत्वेन वक्रशब्दैकगोचरत्वेन वर्णनं वक्रता।

अनुवाद - (जिसका वर्णन किया जाने वाला है, उस) वस्तु का उदार स्वभाव से सुन्दर रूप में केवल वक्र (सुन्दर) शब्दों के द्वारा वर्णन वाच्य अथवा वस्तु की वक्रता कहलाती है।

वस्तुनो वर्णनीयतया प्रस्तावितस्य पदार्थस्य यदेवंविधत्वेन वर्णनं सा तस्य वक्रता वक्रत्वविच्छित्तिः। किंविधत्वेनेत्याह - 'उदारस्वपरिस्पन्दसुन्दरत्वेन।' उदारः सोत्कर्षः सर्वातिशायी यः स्वपरिस्पन्दः स्वभावमहिमा तस्य सुन्दरत्वं सौकुमार्यातिशयस्तेन, अत्यन्त-रमणीयस्वाभाविकधर्मयुक्तत्वेन, वर्णनं प्रतिपादनम्। कथम् - 'वक्रशब्दैकगोचरत्वेन।' वक्रो योऽसौ नानाविधवक्रताविशिष्टः शब्दः कश्चिदेव वाचकविशेषो विवक्षितार्थसमर्पणसमर्थः, तस्यैकस्य केवलस्य गोचरत्वेन प्रतिपाद्यतया विषयत्वेन। वाच्यत्वेनेति नोक्तं, व्यङ्ग्यत्वेनापि प्रतिपादनसम्भवात्। तदिदमुक्तं भवति यदेवंविधे भावस्वभावसौकुमार्य-वर्णनप्रस्तावे भूयसां न वाच्यालङ्काराणामुपमादीना-मुपयोगयोग्यता सम्भवति, स्वभावसौकुमार्याति-शयम्लानताप्रसङ्गात्।

वस्तु का अर्थात् जिसका वर्णन किया जाना है, ऐसे प्रस्तावित पदार्थ का उक्त कारिका में कहे गए प्रकार से जो वर्णन है, वह उस पदार्थ या वस्तु की वक्रता अर्थात् वक्रत्व की शोभा कहलाती है। उस पदार्थ का किस प्रकार से वर्णन किया जाय, जिससे कि उस पदार्थ या वस्तु की वक्रता बन जाय। उत्तर है - उदार स्वभाव से मनोहर रूप में वर्णन। 'उदार' पद से तात्पर्य है - उत्कर्षयुक्त अर्थात् सौन्दर्य की दृष्टि से सभी का अतिक्रमण कर देने वाला। ऐसा जो 'स्वपरिस्पन्द' अर्थात् उस पदार्थ के अपने स्वभाव की महिमा, उस महिमा का जो सुन्दरत्व अर्थात् सौकुमार्य का अतिशय है, उससे अत्यन्त

रमणीय स्वाभाविक धर्म से युक्त वर्णन अर्थात् प्रतिपादन वाच्य या वस्तुवक्रता कहलाती है।

कहने का भाव यह है कि सौन्दर्य की दृष्टि से सभी का अतिक्रमण कर देने वाले पदार्थ के अपने स्वभाव की महिमा के सौकुमार्य के अतिशय से अत्यन्त रमणीय स्वाभाविक धर्म से युक्त वर्णन वाच्य या वस्तुवक्रता कहलाती है। कैसे? उत्तर है - केवल वक्र शब्द के विषयरूप से वस्तु का वर्णन। शब्द के 'वक्र' विशेष से तात्पर्य है - इस प्रकार का शब्द जो अनेक प्रकार की वक्रताओं से विशिष्ट होकर कुछ अन्य ही प्रकार का वाचकविशेष बन जाय, जिसमें विवक्षित अर्थ को समर्पित करने की योग्यता हो। अर्थात् विवक्षित अर्थ को व्यक्त करने में समर्थ विभिन्न प्रकार की वक्रताओं से विशिष्ट वाचकविशेष 'वक्र' शब्द कहलाता है। यह वाच्यवक्रता केवल उस एक शब्दविशेष के द्वारा प्रतिपाद्य होती है। यहाँ पर आचार्य ने 'वाच्यत्वेन' नहीं कहा है, इसलिए उस वाच्यवक्रता का उस वाचकविशेष के द्वारा व्यङ्ग्यरूप में भी प्रतिपादन सम्भव है। अतः उक्त कथन का तात्पर्य है कि इस प्रकार से पदार्थों के स्वभाव के सौकुमार्य के वर्णन के प्रसङ्ग में वाच्यालङ्कारों उपमा आदि का अधिक उपयोग उचित नहीं है, क्योंकि ऐसा करने पर पदार्थों के स्वभाव के सौकुमार्य के अतिशय में म्लानता का प्रसङ्ग उपस्थित हो जायेगा।

अतः निष्कर्ष रूप में सौन्दर्य की दृष्टि से सभी का अतिक्रमण कर देने वाले पदार्थ के अपने स्वभाव की महिमा के सौकुमार्य के अतिशय से अत्यन्त रमणीय स्वाभाविक धर्म से युक्त वर्णन वाच्य या वस्तुवक्रता कहलाती है। यह वर्णन तभी सम्भव हो पायेगा जब केवल वक्र शब्द के विषयरूप से वस्तु का वर्णन किया जाय। विवक्षित अर्थ को व्यक्त करने में समर्थ विभिन्न प्रकार की वक्रताओं से विशिष्ट वाचकविशेष 'वक्र' शब्द कहलाता है। पदार्थों के स्वभाव के सौकुमार्य के वर्णन के प्रसङ्ग में वाच्यालङ्कारों उपमा आदि का अधिक उपयोग करना उचित नहीं है। अतः वाच्य या वस्तुवक्रता के प्रतिपादन में या तो अलङ्कारों का प्रयोग न किया जाय और यदि करना अपेक्षित ही हो तब व्यङ्ग्य रूप में किया जाना चाहिए।

ननु च सैषा सहृदयाह्लादकारिणी स्वभावोक्तिरलङ्कारतया समाम्नाता तस्मात् किं तद्दूषणदुर्व्यसनप्रयासेन। यतस्तेषां

सामान्यवस्तुधर्ममात्रमलङ्कार्यम्, सातिशयस्वभाव-सौन्दर्यपरिपोषणमलङ्कारः प्रतिभासते। तेन स्वभावोक्तेरलङ्कारत्वमेव युक्तियुक्तमिति ये मन्यन्ते तान् प्रति समाधीयते -

कुन्तक ने जिस प्रकार से अभी तक वस्तु या वाच्यवक्रता के स्वरूप का प्रतिपादन किया है, उससे यह प्रतीत होता है कि कुन्तक की दृष्टि में यदि सामान्य शब्दों में कहा जाय तो 'वस्तु के स्वभाव का सुन्दर वर्णन वस्तु या वाच्यवक्रता है।' इस पर प्रतिपक्षी को आक्षेप करने का अवसर प्राप्त हो जाता है। वह कहता है कि जिस वस्तु के स्वभाव के सुन्दर वर्णन को आप वस्तु या वाच्यवक्रता कह रहे हो, भामह आदि पूर्व आचार्यों ने सहृदयों को आह्लादित करने वाली उस स्वभावोक्ति को ही अलङ्कार के रूप में कहा है। अर्थात् वस्तु के स्वभाव का सुन्दर वर्णन कुन्तक की दृष्टि से अलङ्कार्य होता है, परन्तु भामह आदि की दृष्टि से अलङ्कार। इसलिए उपमा आदि वाच्यालङ्कारों से उस स्वाभाविक सौन्दर्य को दूषित करने के अनुचित प्रयास से क्या लाभ? अर्थात् उपमा आदि वाच्यालङ्कारों से वस्तु का स्वाभाविक सौन्दर्य तब दूषित होता जब वह अलङ्कार्य होता, परन्तु भामह आदि प्राचीन आचार्यों की दृष्टि से तो वह अलङ्कार है तथा एक अलङ्कार को कोई अन्य अलङ्कार सुशोभित या दूषित कैसे कर सकता है?

कहने का भाव यह है कि कुन्तक का यह कहना कि उपमा आदि वाच्यालङ्कारों के प्रयोग से वस्तु के स्वाभाविक सौन्दर्य में न्यूनता आ जाती है, वह प्रतिपक्षी की दृष्टि से ठीक नहीं है, क्योंकि उन उपमा आदि अलङ्कारों का अलङ्कार्य वस्तु का सामान्य धर्ममात्र है और अतिशययुक्त स्वभाव के सौन्दर्य का परिपोषण अलङ्कार प्रतीत होता है। इसलिए कुन्तक जिस वस्तु के सातिशय वर्णन को वस्तुवक्रता कह रहे हैं, वह वास्तव में स्वभावोक्ति ही है तथा स्वभावोक्ति का अलङ्कारत्व ही उचित है, इस प्रकार से प्रतिपक्षी मानते हैं।

अब उनके इन आक्षेपों का समाधान कुन्तक करते हैं -

यदेतन्नातिचतुरस्रम्। यस्माद् गतिकगतिन्यायेन काव्य-कारणं न यथाकथिञ्चदनुष्ठेयतामर्हति। तद्विदाह्लाद-कारिकाव्यलक्षणप्रस्तावात्।

यह जो आपने कहा है कि वस्तु का सामान्य धर्ममात्र अलङ्कार्य है, अतिशययुक्त स्वभाव के सौन्दर्य का परिपोषण स्वाभावोक्ति अलङ्कार है तथा सातिशय स्वभाववर्णनरूप स्वभावोक्ति अथवा वस्तुवक्रता के अलङ्काररूप होने से उपमादि अलङ्कारों से उसकी मलिनता नहीं होती है, यह कथन सर्वथा उचित नहीं है। क्योंकि गतिकगतिन्याय अर्थात् भेड़चाल से जैसे-तैसे काव्य का निर्माण करना उचित नहीं है। अर्थात् फिर तो कोई भी व्यक्ति वस्तु के सामान्यधर्म मात्र का वर्णन करके काव्य का निर्माण कर ही लेगा। क्योंकि काव्य वही होता है जो सहृदयों में आह्लाद को उत्पन्न करने वाला हो। अतः सहृदयों को आह्लाद प्रदान करने वाले काव्य के प्रसङ्ग में उस चमत्कारशून्य वस्तु के सामान्य धर्म को अलङ्कार्य नहीं कहा जा सकता है। कवि को काव्यरचना के निमित्त केवल वस्तु के सामान्यधर्म मात्र का ही वर्णन नहीं करना चाहिए, अपितु उसे उस प्रकार की रचना करनी चाहिए, जो सामाजिकों को आनन्द प्रदान कर सके।

किञ्च अनुत्कृष्टधर्मयुक्तस्य वर्णनीयस्यालङ्करणमप्यसमुचितभित्तिभागोल्लिखितालेख्यवन्न शोभातिशयकारितामावहति। तस्मादत्यन्तरमणीयस्वाभाविकधर्मयुक्तं वर्णनीयं वस्तु परिग्रहणीयम्। तथाविधस्य तस्य यथायोगमौचित्यानुसारेण रूपकाद्यलङ्कारयोजनया भवितव्यम्। एतावांस्तु विशेषो यत् स्वाभाविकसौन्दर्यप्राधान्येन विवक्षितस्य न भूयसा रूपकाद्यलङ्कार उपकाराय कल्पते। वस्तुस्वभावसौकुमार्यस्य रसादिपरिपोषणस्य वा समाच्छादनप्रसङ्गात्। तथा चैतस्मिन् विषये सर्वाकारमलङ्कार्यं विलासवतीव पुनरपि स्नानसमयविरहव्रतपरिग्रहसुरतावसानादौ नात्यन्तमलङ्करणसहतां प्रतिपद्यते। स्वाभाविकसौकुमार्यस्यैव रसिकहृदयाह्लादकारित्वात्। यथा -

और दूसरा दोष यह होगा कि अनुत्कृष्ट धर्म से युक्त वर्णनीय वस्तु का अलङ्करण भी अयोग्य दीवार पर बनाए गए चित्र के समान अधिक शोभाकारक नहीं होगा। कहने का भाव यह है कि यदि दीवार या चित्रफलक अच्छा नहीं है तब चाहे कितना भी कुशल चित्रकार हो तथा कितना ही सुन्दर चित्र बना दिया जाय, जब भी वह चित्र दर्शकों के लिए शोभा को उत्पन्न करने वाला नहीं हो सकता है। ठीक यही स्थिति यहाँ पर हो जायेगी। किसी भी उत्कृष्ट धर्म से रहित वस्तु को यदि अलङ्कार्य माना जायेगा तब चाहे जितने रूपक आदि अलङ्कारों का सन्निवेश कर दो, कोई लाभ नहीं होगा। इसलिए अत्यन्त रमणीय स्वाभाविक धर्म से युक्त वर्णनीय वस्तु का ही ग्रहण करना चाहिए। उस अत्यन्त रमणीय स्वाभाविक धर्म से युक्त वर्णनीय वस्तु का यथायोग्य औचित्य के अनुसार रूपक आदि अलङ्कारों के साथ योग करना चाहिए। यहाँ पर यह विशेष रूप से ध्यान रखना चाहिए कि यदि कवि को वस्तु का स्वाभाविक सौन्दर्य ही प्राधान्य रूप से विवक्षित हो तब रूपक आदि अलङ्कारों का अधिक प्रयोग उपकारक नहीं होता है। यदि कवि के द्वारा रूपकादि अलङ्कारों का अधिक प्रयोग किया जाता है तब वस्तु के स्वाभाविक सौकुमार्य के अथवा रसादि के परिपोष के गौण होने का प्रसङ्ग उपस्थित हो जायेगा। (तथा) इस विषय में जैसे कोई विलासों से युक्त युवति सम्पूर्ण रूप से अलङ्कार्य होने पर भी स्नान के समय अथवा विरहव्रत को धारण करने के समय अथवा सम्भोग के अवसान आदि के समय अत्यन्त अलङ्कारों के धारण को सहन नहीं करती है, क्योंकि उस समय उसका स्वाभाविक सौकुमार्य ही रसिकों के हृदयों को आह्लाद प्रदान करने वाला होता है।

कहने का भाव यह है कि वस्तु के सामान्य धर्ममात्र को अलङ्कार्य तथा सातिशय स्वभाववर्णन अर्थात् स्वभावोक्ति को अलङ्कार माना जायेगा तब उसमें दो दोष उपस्थित हो जायेंगे। एक दोष तो यह होगा कि वस्तु के सामान्य धर्म का उल्लेख तो कोई भी कर देगा और सब कवि बन जायेंगे। दूसरा दोष यह होगा कि बिना किसी उत्कृष्ट धर्म से युक्त वर्णनीय वस्तु को अलङ्कार्य मान लिया जायेगा तब चाहे जितने अलङ्कारों का सन्निवेश कर दो, कोई लाभ नहीं होगा। यह वही स्थिति होगी, जैसे किसी अयोग्य दीवार पर चाहे जितना सुन्दर

चित्र बना लो, उसमें कोई शोभा उत्पन्न नहीं होगी। इसलिए अत्यन्त रमणीय स्वाभाविक धर्म से युक्त वर्णनीय वस्तु का ही ग्रहण करना चाहिए। इस प्रकार की वस्तु का यथायोग्य औचित्य के अनुसार रूपक आदि अलङ्कारों के साथ योग करना चाहिए। यदि कवि को वस्तु का स्वाभाविक सौन्दर्य ही प्राधान्य रूप से विवक्षित हो तब रूपक आदि अलङ्कारों का अधिक प्रयोग उपकारक नहीं होता है। ऐसा करने से वस्तु का स्वाभाविक सौकुमार्य अथवा रसादि का परिपोष गौण हो जायेगा। इसी बात को एक उदाहरण से समझा जा सकता है। जैसे कोई विलासों से युक्त स्वाभाविक रूप से सुन्दर सुन्दरी है, अतः वह सम्पूर्णतया अलङ्कार्य कही जा सकती है। परन्तु यदि वह स्नान के समय अथवा जब वह अपने पति से वियुक्त हो अथवा सम्भोग की समाप्ति के अवसर पर बिना अलङ्कारों को धारण किए ही सुन्दर लगती है और वही उसका स्वाभाविक सौकुमार्य ही रसिकों के हृदयों को आह्लाद प्रदान करने वाला होता है। उस समय यदि उसे अलङ्कारों को धारण भी कराया जाये तब वह न तो स्वेच्छा से अलङ्कारों को धारण करेगी और न ही वे अलङ्कार उसके लिए शोभाधायक होंगे। जैसे -

तां प्राङ्मुखीं तत्र निवेश्य तन्वीं क्षणं व्यलम्बन्त पुरो निषण्णाः।
भूतार्थशोभाह्रियमाणनेत्राः प्रसाधने सन्निहितेऽपि नार्यः॥1॥

अन्वयः - नार्यः तां तन्वीं तत्र प्राङ्मुखीं निवेश्य पुरः निषण्णाः प्रसाधने सन्निहिते अपि भूतार्थशोभाह्रियमाणनेत्राः क्षणं व्यलम्बन्त।

अनुवाद - (अन्तःपुर की) स्त्रियाँ उस कृशाङ्गी (पार्वती) को वहाँ पर पूर्वाभिमुख बिठाकर सामने बैठी हुई आभूषणों के निकट होने पर भी (उसकी) स्वाभाविक शोभा के द्वारा आकर्षित नेत्रों वाली होकर क्षणभर के लिए शान्त होकर बैठ गई।

अत्र तथाविधस्वाभाविकसौकुमार्यमनोहरः शोभातिशयः कवेः प्रतिपादयितुमभिप्रेतः। अस्यालङ्करणकलापकलनं सहजच्छायातिरोधानशङ्कास्पदत्वेन सम्भावितम्। यस्मात् स्वाभाविकसौकुमार्यप्राधान्येन वर्ण्यमानस्योदारस्व-

परिस्पन्दमहिम्नः सहजच्छायातिरोधा-नविधायि प्रतीत्यन्तरापेक्षमलङ्करणकल्पनं नोपकारितां प्रतिपद्यते।

यहाँ उस प्रकार के स्वाभाविक सौकुमार्य से मनोहर शोभा के अतिशय का प्रतिपादन करना कवि को अभिप्रेत है। इसका अलङ्कारों के समूह से सजाना सहज शोभा के तिरोधान की शङ्का की सम्भावना व्यक्त करता है। इसलिए स्वाभाविक सौकुमार्य की प्रधानता से वर्णन किए जाने वाली वस्तु के अपने स्वाभाविक उत्कर्षयुक्त व्यापार की महिमा अर्थात् सहज शोभा के तिरोधान को करने वाला होने से अन्य धर्मों की प्रतीति की अपेक्षा करने वाले अलङ्कारों के समूह की कल्पना उपकारक नहीं हो सकती है।

यह पद्य महाकवि कालिदास विरचित कुमारसम्भव का है। इसमें शिव और पार्वती के विवाहोपरान्त प्रथम मिलन का वर्णन है। यहाँ पर कवि को पार्वती के स्वाभाविक सौकुमार्य से सुशोभित मनोहर शोभा के अतिशय का प्रतिपादन करना अभिप्रेत है। अर्थात् वे पार्वती के स्वाभाविक सौन्दर्य का ही वर्णन करना चाहते हैं। तथापि अन्तःपुर की स्त्रियों को पार्वती को आभूषणों से सजाने का आदेश मिला हुआ है। अतः वे पार्वती को सजाने के लिए आभूषणों को लेकर बैठ गई हैं। परन्तु वे उनकी स्वाभाविक शोभा को देखकर ही स्तब्ध है तथा आभूषणों को व्यर्थ ही समझ रही हैं। इस विषय में कुन्तक का अभिमत है कि यहाँ पार्वती को अलङ्कारों से सजाना उनकी स्वाभाविक शोभा का तिरोधान कर सकता है। उसी प्रकार से जहाँ पर कवि को वस्तु के स्वाभाविक सौकुमार्य की प्रधानता से वर्णन किया जाना अभिप्रेत होता है, वहाँ पर अलङ्कारों का विन्यास वस्तु के लिए उपकारक नहीं हो सकता है, क्योंकि अलङ्कारों का विन्यास अपने से सम्बद्ध अन्य धर्मों की प्रतीति करायेगा तथा वस्तु की जो स्वाभाविक सुकुमारता है तथा उससे होने वाला जो सहज सौन्दर्य है, उसका तिरस्कार हो जायेगा। अतः ऐसी स्थिति में अलङ्कारों का प्रयोग उचित नहीं माना जा सकता है।

विशेषस्तु रसपरिपोषपेशलायाः प्रतीतेर्विभावानुभावव्य-भिचार्यौचित्यव्यतिरेकेण प्रकारान्तरेण प्रतिपत्तिः प्रस्तुतशोभापरिहारकारितामावहति। तथा च प्रथमतर-

तरुणीतारुण्यावतारप्रभृतयः पदार्थाः सुकुमारवसन्तादिसमयसमुन्मेषपरिपोषपरिसमाप्तिप्रभृतयश्च स्वप्रतिपादकवाक्यवक्रताव्यतिरेकेण भूयसा न कस्यचिदलङ्करणान्तरस्य कविभिरलङ्करणीयतामुपनीयमानाः परिदृश्यते। यथा -

विशेष रूप से रस के परिपोष से सुन्दर रसादि की प्रतीति की उपस्थिति विभाव, अनुभाव और व्यभिचारी भावों के औचित्य के अतिरिक्त किसी अन्य प्रकार से प्रस्तुत रसादि की शोभा में बाधक बन जाती है। स्त्रियों में प्रथम नवयौवन के आगमन आदि पदार्थ और सुकुमार वसन्त आदि ॠतुओं के प्रारम्भ, पूर्णता और परिसमाप्ति आदि उनके अपने प्रतिपादक वाक्यों की वक्रता के अतिरिक्त अधिकांशतः किसी अन्य अलङ्कार के अलङ्करणीय रूप में कवियों के द्वारा प्रस्तुत किए जाते हुए नहीं देखे जाते हैं।

कहने का भाव यह है कि जब कवि को विशेष रूप से काव्य में मनोहर रूप में रस की प्रतीति अभिप्रेत होती है, तब वह विभाव, अनुभाव और व्यभिचारी भावों का औचित्यपूर्ण रूप में वर्णन करता है, न कि उनको वह साक्षात् शब्द के द्वारा कह देता है। रसादि को साक्षात् रूप से कह देने पर तो स्वशब्दवाच्यता नामक दोष का प्रसङ्ग उपस्थित हो जाता है और वह प्रस्तुत रसादि की शोभा में बाधक बन जाता है। इसके अतिरिक्त जब कवियों को अपने काव्य में स्त्रियों में प्रथम नवयौवन के आगमन आदि पदार्थों का वर्णन अभिप्रेत होता है अथवा सुकुमार वसन्त आदि ॠतुओं के प्रारम्भ, पूर्णता और परिसमाप्ति आदि का वर्णन अभिप्रेत होता है, तब वे अधिकांशतः उनके अपने प्रतिपादक वाक्यों की वक्रता के द्वारा ही करते हैं, न कि किसी अन्य अलङ्कार का अलङ्करणीय रूप में प्रयोग कर के। जैसे -

स्मितं किञ्चिन्मुग्धं तरलमधुरो दृष्टिविभवः
परिस्पन्दो वाचामभिनवविलासोक्तिसरसः।
गतानामारम्भः किसलयितलीलापरिमलः
स्पृशन्त्यास्तारुण्यं किमिव हि न रम्यं मृगदृशः॥2॥

अन्वयः - तारुण्यं स्पृशन्त्याः मृगदृशः किञ्चित् मुग्धं स्मितम्, तरलमधुरः

दृष्टिविभवः, अभिनवविलासोक्तिसरसः वाचां परिस्पन्दः किसलयितलीलापरिमलः गतानाम् आरम्भः (च) किमिव हि रम्यं न।

अनुवाद - नवयौवन को स्पर्श करती हुई मृगनयनी की किञ्चित् मधुर मुस्कान, चञ्चल और मधुर दृष्टि की शोभा, अभिनव विलासपूर्ण उक्तियों के कारण सरस वाणी का व्यापार और अनेक कोमल हाव-भावों की सुगन्ध को विकसित करने वाली गति का आरम्भ, इनमें से कौन सी चीज रमणीय नहीं है?

यहाँ पर कवि को नवयौवन में प्रवेश करती हुई किसी युवति के स्वाभाविक सौन्दर्य का वर्णन ही अभिप्रेत है। इसलिए स्वभावोक्ति के द्वारा ही कवि ने वैसा कर दिया है। उसके लिए प्रकृत वस्तु को किसी बाह्य अलङ्कार से सजाने की आवश्यकता कवि को प्रतीत नहीं हुई है तथा न ही उसने इसके लिए कोई विशेष प्रयत्न किया है। वही वाच्य अथवा वस्तुवक्रता कहताती है।

यथा वा -

अथवा जैसे -

अव्युत्पन्नमनोभवा मधुरिमस्पर्शोल्लसन्मानसाः
भिन्नान्तःकरणं दृशौ मुकुलयन्त्याघ्रातभूतोद्भ्रमाः।
रागेच्छां न समापयन्ति मनसः खेदं विनैवालसाः
वृत्तान्तं न विदन्ति यान्ति च वशं कन्या मनोजन्मनः॥3॥

अन्वय - अव्युत्पन्नमनोभवाः मधुरिमस्पर्शोल्लसन्मानसाः कन्याः आघ्रातभूतोद्भ्रमाः भिन्नान्तःकरणं दृशौ मुकुलयन्ति, मनसः रागेच्छां न समापयन्ति, खेदं विना एव अलसाः, वृत्तान्तं न विदन्ति, मनोजन्मनः वशं यान्ति च।

अनुवाद - कामदेव के प्रभाव से पूर्णतया अपरिचित होने पर भी (यौवन के आंशिक प्रभाव से उत्पन्न) माधुर्य के स्पर्श से प्रफुल्लित मन वाली कन्याएँ (यह मुझमें अनुरक्त है, इस प्रकार के युवकों के) मानसिक भ्रम को जानकर उनके अन्तःकरण को बेधती हुई आँखें बन्द कर लेती हैं, मन के अनुराग की इच्छा को (आलिङ्गन, चुम्बन, सम्भोग इत्यादि से) परिपूर्ण नहीं कर पाती हैं,

(सुरतादि से होने वाले) परिश्रम के बिना ही अलसाई रहती हैं तथा (किसी) वृत्तान्त को न जानते हुए ही कामदेव के वश में हो जाती हैं।

यहाँ पर भी कवि ने नवयौवन में प्रवेश करती हुई कन्याओं का स्वाभाविक वर्णन किया है। उसमें किसी अलङ्कार आदि का प्रयोग नहीं किया है। अतः यह भी पूर्ववत् वाच्य अथवा वस्तुवक्रता का उदाहरण बन गया है।

यथा वा -

दोर्मूलावधि। इति॥4॥

और जैसे - 'दोर्मूलावधि' इस पद्य में। यह पद्य इसी ग्रन्थ के प्रथम उन्मेष में आ चुका है। पद्य इस प्रकार से है -

दोर्मूलावधि सूत्रितस्तनमुरः स्निह्यत्कटाक्षे दृशौ
किञ्चित्ताण्डवपण्डिते स्मितसुधासिक्तोक्तिषु भ्रूलते।
चेतः कन्दलितं स्मरव्यतिकरैर्लावण्यमङ्गैर्वृतं
तन्वङ्ग्यास्तरुणिम्नि सर्पति शनैरन्येव काचिल्लिपिः॥4॥

अन्वय - तन्वङ्ग्याः उरः दोर्मूलावधिसूत्रितस्तनम्, दृशौ स्निह्यत्कटाक्षे, स्मितसुधासिक्तोक्तिषु भ्रूलते किञ्चित्ताण्डवपण्डिते, चेतः स्मरव्यतिकरैः, कन्दलितम् अङ्गैः लावण्यं वृतम्। तरुणिम्नि शनैः सर्पति (तस्याः) काचित् अन्या एव लिपिः।

अनुवाद - उस तन्वङ्गी नायिका का वक्षस्थल भुजमूलपर्यन्त विस्तृत स्तनों वाला है, नेत्र स्निग्ध कटाक्षों से युक्त हैं, भ्रूलताएँ मुस्कान रूपी अमृत से सिक्त उक्तियों के अवसर पर कुछ ताण्डव सा करने में कुशल हैं, मन में काम के अङ्कुर उदित से होने लगे हैं तथा शरीर में अङ्गों ने कुछ अपूर्व सा लावण्य ग्रहण कर लिया है। तरुणावस्था में धीरे-धीरे प्रवेश करते समय उसके शरीर का विन्यास इस प्रकार कुछ अन्य ही हो गया है।

तन्वङ्गी के शरीर में पहली बार जब तारुण्य अवतीर्ण होने लगा तो उसके आकार तथा उसके चित्त की चेष्टाओं का जैसा वैचित्र्य सामने आने लगा, उसका यहाँ वर्णन किया गया है। तदनुसार उसका वक्षस्थल विस्तृत स्तनों वाला हो गया तथा अङ्ग लावण्य से युक्त हो गए। इन दो कार्यों से यहाँ आकार का

वैचित्र्य प्रतिपादित किया गया है। इसके अतिरिक्त मन में काम की अवस्थाएँ अङ्कुरित हो गयी हैं, इससे मन का तथा उसके नेत्र स्निग्ध कटाक्षों से युक्त हो गई हैं तथा भ्रूलताएँ मुस्कान रूपी अमृत से सिक्त उक्तियों के अवसर पर कुछ ताण्डव सा करने में कुशल हैं, इससे चेष्टा का वैचित्र्य प्रतिपादित किया गया है।

इस प्रकार इस पद्य में भी कवि ने नवयौवन में प्रवेश करती हुई तरुणी का स्वाभाविक वर्णन बिना किसी अलङ्कार आदि के प्रयोग से किया है। अतः यह भी पूर्ववत् वाच्य अथवा वस्तुवक्रता का उदाहरण बन गया है।

यथा वा -

अथवा जैसे -

गर्भग्रन्थिषु वीरुधां सुमनसो मध्येऽङ्कुरं पल्लवाः
वाञ्छामात्रपरिग्रहः पिकवधुकण्ठोदरे पञ्चमः।
किञ्च त्रीणि जगन्ति जिष्णु दिवसैर्द्वित्रैर्मनोजन्मनो
देवस्यापि चिरोज्झितं यदि भवेदभ्यासवश्यं धनुः॥5॥

अन्वय - वीरुधां गर्भग्रन्थिषु सुमनसः मध्येऽङ्कुरं पल्लवाः, पिकवधुकण्ठोदरे पञ्चमः वाञ्छामात्रपरिग्रहः, किञ्च द्वित्रैः दिवसैः चिरोज्झितं यदि अभ्यासवश्यं मनोजन्मनः देवस्य धनुः अपि त्रीणि जगन्ति जिष्णु भवेत्।

अनुवाद - लताओं के अन्दर की ग्रन्थियों में पुष्प और अङ्कुरों के बीच में पल्लव निकल रहे हैं, कोयल वधु के कण्ठ में पञ्चम स्वर की इच्छामात्र उत्पन्न हुई है, किन्तु दो-तीन दिनों में ही बहुत समय से छोड़ा हुआ परन्तु अभ्यास के अधीन कामदेव का धनुष भी तीनों लोकों को जीतने वाला हो जायेगा।

यहाँ पर कवि ने वसन्त ऋतु के प्रारम्भ में ऋतुसन्धि की स्वाभाविक वेला का स्वाभाविक वर्णन किया है। यहाँ पर भी कवि के द्वारा किसी अलङ्कार आदि का प्रयोग नहीं किया है। अतः यह भी पूर्ववत् वाच्य अथवा वस्तुवक्रता का उदाहरण है।

यथा वा –

हंसानां निनदेषु इति॥6॥

और जैसे - 'हंसानां निनदेषु' इस पद्य में। यह पद्य इसी ग्रन्थ के प्रथम उन्मेष में आ चुका है। सम्पूर्ण पद्य इस प्रकार से है -

हंसानां निनदेषु यैः कवलितैरासज्यते कूजता-
मन्यः कोऽपि कषायकण्ठलुठनादाघर्घरो विभ्रमः।
ते सम्प्रत्यकठोरवारणवधूदन्ताङ्कुरस्पर्धिनो
निर्याताः कमलाकरेषु विसिनीकन्दाग्रिमग्रन्थयः॥6॥

अन्वय - यैः कवलितैः कूजतां हंसानां निनदेषु कषायकण्ठलुठनात् आघर्घरः कोऽपि अन्यः विभ्रमः आसज्यते। सम्प्रति अकठोरवारणवधूदन्ताङ्कुरस्पर्धिनः ते विसिनीकन्दाग्रिमग्रन्थयः कमलाकरेषु निर्याताः।

अनुवाद - जिनके खाने से कूजने वाले हंसों के निनाद में मधुर कण्ठ के संयोग के कारण एक अपूर्व ही घर्घर ध्वनियुक्त सौन्दर्य उत्पन्न हो जाता है। हथिनी के कोमल दन्ताङ्कुरों से स्पर्धा करने वाली मृणाल की वे नवीन ग्रन्थियाँ इस समय सरोवरों से बाहर निकल आई।

यहाँ पर कवि ने अलङ्कारादि के सन्निवेश के लिए प्रधान रूप से कोई विशेष प्रयत्न नहीं किया है। अर्थात् ये सभी स्वाभाविक रूप से कवि के काव्य में आ गये हैं। किन्तु प्रतिभा के वैचित्र्य के कारण इस रचना में सहृदयों को आनन्द प्रदान करने वाला कोई अपूर्व वस्तुवक्रता नामक तत्त्व आ गया है।

यथा च -

और जैसे -

सज्जेइ सुरहिमासो ण दाव अप्पेइ जुअइअणलक्खमुहे।
अहिणअसहआरमुहे णवपल्लवपत्तले अणंगस्स सरे॥7॥

(सज्जयति सुरभिमासो न तावदर्पयति युवतिजनलक्ष्यमुखान्।
अभिनवसहकारमुखान् नवपल्लवपत्रलाननङ्गस्य शरान्॥) इतिच्छाया।

अन्वय - सुरभिमासः युवतिजनलक्ष्यमुखान् अभिनवसहकारमुखान् नवपल्लवपत्रलान् अनङ्गस्य शरान् सज्जयति न तावत् अर्पयति।

अनुवाद - वसन्त का मास युवतिजनों को लक्ष्य बनाने वाले मुखों से युक्त नवमुकुलित आम्र प्रधान हैं जिनमें तथा नवीन पल्लवरूप पंखों का धारण करने वाले कामदेव के बाणों को बनाता तो है, परन्तु (कामदेव को प्रहार करने के लिए) देता नहीं है।

यहाँ भी कवि ने वसन्त के मास का स्वाभाविक वर्णन किया है, जिसमें अलङ्कारादि का सन्निवेश नहीं किया है। अतः यह भी वस्तुवक्रता का उदाहरण कहा जायेगा।

एवंविधविषये स्वाभाविकसौकुमार्यप्राधान्येन वर्ण्यमानस्य वस्तुनस्तदाच्छादनभयादेव न भूयसा तत्कविभिरलङ्करणमुपनिबध्यते। यदि वा कदाचिदुप-निबध्यते तत्तदेव स्वाभाविकं सौकुमार्यं सुतरां समुन्मीलयितुम्। न पुनरलङ्कारवैचित्र्यप्रतिपत्तये। यथा-

इस प्रकार के विषय अर्थात् उदाहरणों में स्वाभाविक सौकुमार्य की प्रधानता से वर्ण्यमान वस्तु के उस स्वाभाविक सौन्दर्य के आच्छादन के भय से उनका निर्माण करने वाले कवियों के द्वारा अधिक अलङ्कारों का उपनिबन्धन नहीं किया जाता है। अथवा यदि वे कदाचित् अलङ्कारों का उपनिबन्धन करते भी हैं, तब उसी स्वाभाविक सौकुमार्य को और अधिक स्पष्टता के साथ प्रकाशित करने के लिए ही करते हैं, न कि अलङ्कार के वैचित्र्य की सिद्धि के लिए। जैसे -

धौताञ्जने च नयने स्फटिकाच्छकान्ति-
र्गण्डस्थली विगतकृत्रिमरागमोष्ठम्।
अङ्गानि दन्तिशिशुदन्तविनिर्मलानि
किं यन्न सुन्दरमभूत्तरुणीजनस्य॥8॥

अन्वय - धौताञ्जने नयने, स्फटिकाच्छकान्तिः गण्डस्थली, विगतकृत्रिमरागम् ओष्ठं दन्तिशिशुदन्तविनिर्मलानि अङ्गानि च तरुणीजनस्य किं यत् न सुन्दरम् अभूत्।

अनुवाद - (स्नान के बाद) धुले हुए काजल वाली आँखें, स्फटिक मणि के समान स्वच्छ कान्ति वाले गाल, कृत्रिम राग से रहित ओठ और हाथी के बच्चे के दाँत के समान निर्मल अङ्ग, युवतिजनों का क्या ऐसा नहीं था, जो सुन्दर नहीं लग रहा था।

अत्र 'दन्तिशिशुदन्तविनिर्मलानि' इत्युपमया स्वाभाविकमेव सौन्दर्यमुन्मीलितम्।

यहाँ 'हाथी के बच्चे के दाँत के समान निर्मल' अङ्गों को बताया गया है। यहाँ 'युवतिजनों के अङ्ग' उपमेय, 'हाथी के बच्चे के दाँत' उपमान, 'निर्मलत्व' साधारण धर्म तथा इवादि उपमावाचक पद का लोप होने से लुप्तोपमा अलङ्कार है। आचार्य कुन्तक की इस पद्य के विषय में मान्यता है कि यहाँ उपमा अलङ्कार के द्वारा कवि ने वस्तु अर्थात् युवतिजनों के अङ्गों के स्वाभाविक सौन्दर्य को ही प्रकाशित किया है, न कि उपमा अलङ्कार के वैचित्र्य का उन्मीलन करने के लिए। अतः यह पद्य भी वस्तुवक्रता का ही उदाहरण माना जायेगा।

यथा वा

अकठोरवारणवधूदन्ताङ्कुरस्पर्धिनः। इति।

अथवा जैसे - 'अकठोरवारणवधूदन्ताङ्कुरस्पर्धिनः' इस पद्य में। यह पद्य इसी ग्रन्थ के प्रथम उन्मेष में आ चुका है। इसी अर्थात् तृतीय उन्मेष में भी इस पद्य (उदाहरण संख्या - 6) का उल्लेख हो चुका है। इसके तृतीय चरण में उपमा अलङ्कार है। इसमें 'मृणाल की नवीन ग्रन्थियाँ' उपमेय, 'हथिनी के कोमल दन्ताङ्कुर' उपमान, 'स्पर्धित्व' साधारणधर्म तथा 'इवादि' उपमावाचक शब्द का लोप होने से लुप्तोपमा अलङ्कार है। यहाँ पर भी उपमा का स्वाभाविक प्रयोग वस्तु अर्थात् मृणाल की नवीन ग्रन्थियों को और अधिक सुन्दर रूप में प्रस्तुत करने के लिए कवि द्वारा किया गया है। कवि का उपमा अलङ्कार के उत्कर्ष को प्रदर्शित करने में कोई रुचि नहीं है।

एतदेवातीव युक्तियुक्तम्। यस्मान्महाकवीनां प्रस्तुतौचित्यानुरोधेन कदाचित् स्वाभाविकमेव सौन्दर्यमेकराज्येन विजृम्भयितुमभिप्रेतं भवति, कदाचिद्विविधर-

चनावैचित्र्ययुक्तमिति। अत्र पूर्वस्मिन् पक्षे रूपकादेर-लङ्करणकलापस्य न तादृक् तत्त्वम्। अपरस्मिन् पुनः स एव सुतरां समुज्जृम्भते। तस्मादनेन न्यायेन सर्वातिशायिनः स्वाभाविकसौन्दर्यलक्षणस्य पदार्थपरिस्पन्दस्यालङ्कार्यत्वमेव युक्तियुक्ततामालम्बते, न पुनरलङ्करणत्वम्। सातिशयत्वशून्यधर्मयुक्तस्य वस्तुनो विभूषितस्यापि पिशाचादेरिव तद्विदाह्लाद-कारित्वविरहादनुपादेयत्वमेवेत्यलमतिप्रसङ्गेन।

यह ही अत्यन्त युक्तियुक्त है। क्योंकि महाकवियों को कभी तो प्रस्तुत वस्तु के औचित्य के अनुरोध से स्वाभाविक सौन्दर्य को ही एकछत्र रूप में प्रकाशित करना अभीष्ट होता है तथा कभी-कभी विविध प्रकार की रचना के वैचित्र्य अर्थात् अलङ्कार आदि के वैचित्र्य से युक्त सौन्दर्य का वर्णन करना अभीष्ट होता है। यहाँ पर प्रथम पक्ष में रूपक आदि अलङ्कारों के समूह का वैसा तत्त्व नहीं होता है। अर्थात् रूपकादि अलङ्कारों का सौन्दर्य उतना महत्त्व नहीं रखता है, जितना कि वस्तु के स्वाभाविक सौन्दर्य का महत्त्व होता है। अतः इस स्थिति में रूपकादि अलङ्कारों का प्रधानतया सन्निवेश व्यर्थ है। दूसरे पक्ष में अर्थात् जहाँ पर महाकवियों को अलङ्कार आदि के वैचित्र्य से युक्त सौन्दर्य का वर्णन करना अभीष्ट होता है, वहाँ पर वह ही मुख्य रूप से प्रकाशित होता है तथा वस्तु का स्वाभाविक सौन्दर्य उसके सामने गौण हो जाता है। इसलिए इस न्याय से स्वाभाविक सौन्दर्यरूप सर्वातिशायी पदार्थ के स्वभाव के वर्णन को ही सदैव अलङ्कार्य मानना उचित है, न कि उसको अलङ्करण करने वाला तत्त्व मानना चाहिए। किसी अतिशय से शून्य अर्थात् सर्वातिशायी स्वाभाविक धर्म से रहित वस्तु का यदि अलङ्करण कर भी दिया जायेगा तब भी वह पिशाच आदि के समान सहृदयों में आह्लाद को उत्पन्न करने की योग्यता से रहित होने के कारण अनुपादेय ही होगी। अतः अलङ्कार भी उसी वस्तु को अलङ्कृत करने में समर्थ होंगे, जो स्वयं स्वाभाविक रूप से सौन्दर्यसम्पन्न होगी। इसलिए अब इस विषय में अधिक कहने की आवश्यकता नहीं है।

यदि वा प्रस्तुतौचित्यमाहात्म्यान्मुख्यतया भावस्वभावः

सातिशयत्वेन वर्ण्यमानः स्वमहिम्ना भूषणान्तरासहिष्णुः स्वयमेव शोभातिशयशालित्वादलङ्कार्योऽप्यलङ्कर-मित्यभिधीयते तदयमास्माकीन एव पक्षः। तदतिरिक्त-वृत्तेरलङ्कारान्तरस्य अलङ्कारतात्पर्येणाभिधानान्नात्र वयं विवदामहे॥1॥

अथवा यदि प्रस्तुत अर्थात् जिस कथावस्तु का वर्णन किया जा रहा है, उसके औचित्य के माहात्म्य से मुख्य रूप से वह स्वाभाविक रूप से अतिशय रूप से वर्णन किया जाता हुआ अपनी महिमा से किसी अन्य अलङ्कार को सहन करने में समर्थ न होता हुआ स्वयं ही अतिशय शोभा से युक्त होने के कारण अलङ्कार्य होकर भी अलङ्कार कहा जाता है, तब तो वह हमारा ही पक्ष कहा जायेगा। कहने का भाव यह है यदि कभी ऐसा हो जाए कि प्रकृत वस्तु का कवि ने अतिशययुक्त वर्णन कर दिया है। अब उसको किसी अलङ्कार से अलङ्कृत करने की आवश्यकता नहीं है। यदि ऐसा किया जायेगा तो उस वस्तु की स्वाभाविक शोभा किसी अन्य अलङ्कार से तिरस्कृत हो जायेगी। अतः वह स्वाभाविक सौन्दर्य के अतिशय से युक्त वस्तु वास्तव में अलङ्कार्य होकर भी अलङ्कार कही जाती है। तब तो आपके इस कथन से हमारे ही पक्ष की सिद्धि हो जायेगी। उस स्थिति में स्वभावोक्ति को मुख्य अर्थात् अभिधा वृत्ति से अलङ्कार नहीं कहा जा सकता है। अभिधा वृत्ति से तो स्वभावोक्ति को अलङ्कार्य ही कहा जायेगा। हाँ आप लक्षणा अर्थात् गौणी वृत्ति से स्वभावोक्ति को अलङ्कार कह सकते हो। इस विषय में हम आपसे कोई विवाद नहीं करेंगे।

एवमेषैव वर्ण्यमानस्य वस्तुनो वक्रता, उतान्या काचिदस्तीत्याह-

इस प्रकार जो आपने प्रथम कारिका में जो वस्तुवक्रता का वर्णन किया है, केवल वही वस्तु या वाच्यवक्रता है अथवा इससे अतिरिक्त भी वस्तु या वाच्यवक्रता किसी अन्य प्रकार की भी होती है? इसके उत्तर में कहते हैं -

अपरा सहजाहार्यकविकौशलशालिनी।
निर्मितिर्नूतनोल्लेखलोकातिक्रान्तगोचरा॥2॥

अन्वयः - (महाकवीनां) सहजाहार्यकविकौशलशालिनी नूतनोल्लेखलोकातिक्रान्तगोचरा निर्मितिः अपरा (वस्तुनः वक्रता भवति)।

अनुवाद - (महाकवियों के) सहज और आहार्य कविकौशल से सुशोभित नूतन उल्लेख से लोक को अतिक्रान्त करने वाली रचना अन्य प्रकार की (वस्तुवक्रता होती है)।

व्याख्या - प्रथम कारिका में वस्तुवक्रता को परिभाषित किया गया था कि वर्ण्यमान वस्तु का उदार स्वभाव से सुन्दर रूप में केवल वक्र अर्थात् सुन्दर शब्दों के द्वारा वर्णन ही वाच्य अथवा वस्तु की वक्रता कहलाती है। अब पुनः वस्तुवक्रता को परिभाषित करते हुए कुन्तक कहते हैं कि महाकवियों में काव्यरचना की क्षमता दो प्रकार की होती है - सहज अर्थात् प्रतिभाजन्य और आहार्य अर्थात् व्युत्पत्तिजन्य अथवा अभ्यासजन्य। इन दोनों ही प्रकार के कविकौशल से सुशोभित जब कोई अभिनव कविकल्पनाप्रसूत वर्णन महाकवि कर देते हैं, जो लोक में प्रसिद्ध इतिवृत्त को अतिक्रान्त कर दे तब वह रचना दूसरे प्रकार की वस्तुवक्रता या पदार्थवक्रता कहलाती है।

अपरा द्वितीया। वर्ण्यमानवृत्तेः पदार्थस्य निर्मितिः सृष्टिः। वक्रतेति सम्बन्धः। कीदृशी - 'सहजाहार्यकविकौशलशालिनी'। सहजं स्वाभाविकमाहार्यं शिक्षाभ्याससमुल्लासितं च शक्तिव्युत्पत्तिपरिपाकप्रौढं यत् कविकौशलं निर्मातृनैपुण्यं तेन शालते श्लाघते या सा तथोक्ता। अन्यच्च कीदृशी - 'नूतनोल्लेखलोकातिक्रान्तगोचरा'। नूतनस्तत्प्रथमो योऽसावुल्लिख्यते इत्युल्लेखः, तत्कालसमुल्लिख्यमानोऽतिशयः तेन लोकातिक्रान्तः प्रासिद्धव्यापारातीतः कोऽपि सर्वातिशायी गोचरो विषयो यस्याः सा तथोक्तेति

विग्रहः। तस्मान्निर्मितिस्तेन रूपेण विहितिरित्यर्थः। तदिदमत्र तात्पर्यम् - यन्न वर्ण्यमानस्वरूपाः पदार्थाः कविभिरभूताः सन्तः क्रियन्ते। केवलं सत्तामात्रेण चैषां तथाविधः कोऽप्यतिशयः पुनराधीयते, येन कामपि सहृदयहृदयहारिणी रमणीयतामधिरोप्यन्ते। तदिदमुक्तम् - 'लीनं वस्तुनि। इत्यादि॥9॥

अपरा अर्थात् दूसरे प्रकार की। जिसका वर्णन किया जा रहा है उस पदार्थ की निर्मिति अर्थात् रचना। इस वाक्य का 'वक्रता' पद से सम्बन्ध है। अतः उक्त वाक्य का अभिप्राय होगा - वर्ण्यमान पदार्थ की रचना पदार्थवक्रता कहलाती है। यह कैसी होती है? उत्तर है- 'सहज और आहार्य कवि के कौशल से सुन्दर'। 'सहज' पद से तात्पर्य है- स्वाभाविक। आहार्य अर्थात् कविशिक्षा और महाकवियों अथवा समालोचकों के उपदेशानुसार अभ्यास से समुल्लासित। अर्थात् शक्ति और व्युत्पत्ति के परिपाक से प्रौढ़ जो कविकौशल अर्थात् काव्यनिर्माण में नैपुण्य है, उससे सुशोभित होने वाली। और वह दूसरे प्रकार की पदार्थवक्रता किस प्रकार की होती है? उत्तर है - 'नूतन उल्लेख से लोक को अतिक्रान्त करने वाली। नूतन अर्थात् प्रथमतः जिसका उल्लेख कवि द्वारा किया गया है। तत्काल उल्लेख किए जाने वाली किसी अपूर्व अतिशय से युक्त, जिसके द्वारा लोक को अतिक्रान्त किया जाए। अर्थात् प्रसिद्ध व्यवहार को तिरस्कृत कर देने वाला कोई सर्वोत्कृष्ट पदार्थ जिस रचना का विषय है, उस प्रकार की। यह 'नूतनोल्लेखलोकातिक्रान्तगोचरा' पद का विग्रह है। उस प्रकार की वक्रता से की गई रचना भी पदार्थवक्रता का भेद होती है। इसका यहाँ यह तात्पर्य हुआ कि कवि वर्ण्यमान अविद्यमान स्वरूप वाले पदार्थों को स्वयं उत्पन्न नहीं करते हैं। अर्थात् ऐसा नहीं है कि कवि उन पदार्थों का वर्णन करें, जो अभी तक संसार में थे ही नहीं, अपितु कवि ने स्वयं ही उनको उत्पन्न किया है। कवि तो जिन पदार्थों की लोक में केवल सत्तामात्र से प्रतीति होती है, उनमें कुछ विशेष प्रकार का अतिशय उत्पन्न कर देते हैं, जिससे कोई अपूर्व सहृदयों के हृदय को हरण करने वाली रमणीयता का उन पर आरोप हो जाता है। जैसा कि

इस पद्य - 'लीनं वस्तुनि' में वर्णन है। यह पद्य द्वितीय उन्मेष में आ चुका है। पूरा पद्य इस प्रकार से है -

लीनं वस्तुनि येन सूक्ष्मसुभगं तत्त्वं गिरा कृष्यते
निर्मातुं प्रभवेन्मनोहरमिदं वाचैव यो वा बहिः।
वन्दे द्वावपि तावहं कविवरौ वन्देतरां तं पुन-
र्यो विज्ञातपरिश्रमोऽयमनयोर्भारावतारक्षमः॥

अन्वय - यः वस्तुनि लीनं सूक्ष्मसुभगं तत्त्वं येन गिरा कृष्यते, (यः) वाचैव इदं मनोहरं बहिः निर्मातुं प्रभवेत् वा, तौ द्वौ कविवरौ अपि अहं वन्दे, पुनः अनयोः वन्देतरां तम् (अहं वन्दे) यः अयं विज्ञातपरिश्रमः भारावतारक्षमः।

अनुवाद - जो वस्तुओं में लीन सूक्ष्म और सुन्दर तत्त्व को जिस वाणी से प्रदर्शित करता है तथा जो वाणी मात्र से ही इस मनोहर जगत् का निर्माण कर बाहर प्रदर्शित करने में समर्थ होता है, मैं उन दोनों कविवरों को प्रणाम करता हूँ। परन्तु इन दोनों में से भी मैं उसको अधिक प्रणाम करता हूँ, जो दोनों के परिश्रम को समझने वाला है तथा दोनों के भार को हलका करने में समर्थ है।

तदेवं सत्तामात्रेणैव परिस्फुरतः पदार्थस्य कोऽप्यलौकिकः शोभातिशयविधायी विच्छित्तिविशेषोऽभिधीयते येन नूतनच्छायामनोहारिणा वास्तवस्थितितिरोधानप्रवणेन निजावभासोद्भासिततत्स्वरूपेण तत्कालोल्लिखित इव वर्णनीयपदार्थपरिस्पन्दमहिमा प्रतिभासते, येन विधातृव्यपदेशपात्रतां प्रतिपद्यन्ते कवयः। तदिदमुक्तम् -

इस प्रकार से जो वस्तु अभी तक अपनी सत्तामात्र से ही परिस्फुरित हो रही थी, कवि उसमें किसी अलौकिक शोभा के अतिशय का विधान कर शोभाविशेष का अभिधान कर देता है, जिससे उस मनोहारी नवीन शोभा से पदार्थ की वास्तविक स्थिति का तिरोधान हो जाता है और पूर्व में अनुभव होने वाले सत्तामात्र स्वरूप के दब जाने से उद्भासित नवीन शोभातिशययुक्त मनोहारी स्वरूप से उसी समय में प्रकट होने वाले वर्णनीय पदार्थ की स्वाभाविक महिमा

प्रतिभासित होने लगती है, जिसके कारण अर्थात् साधारण लौकिक पदार्थों में भी कवि के द्वारा अपनी प्रतिभा से अलौकिक सौन्दर्य का आधान करने के कारण कवि 'विधाता' कहलाने के अधिकारी हो जाते हैं। जैसा कि कहा गया है -

अपारे काव्यसंसारे कविरेव प्रजापतिः।
यथाऽस्मै रोचते विश्वं तथेदं परिवर्तते॥10॥

अन्वय - अपारे काव्यसंसारे कविः एव प्रजापतिः, यथा अस्मै रोचते, तथा इदं विश्वं परिवर्तते।

अनुवाद - अनन्त काव्यरूपी संसार में कवि ही प्रजापति है, जैसा उसे अच्छा लगता है, वैसे ही यह विश्व परिवर्तित हो जाता है।

सैषा सहजाहार्यभेदभिन्ना वर्णनीयस्य वस्तुनो द्विप्रकारा वक्रता। तदेवमाहार्या येयं सा प्रस्तुतविच्छित्तिविधाऽप्यलङ्कारव्यतिरेकेण नान्या काचिदुपपद्यते। तस्माद्बहुविधतत्प्रकारभेदद्वारेणात्यन्तविततव्यवहाराः पदार्थाः परिदृश्यन्ते। यथा -

यह सहज और आहार्य के भेद से वर्णनीय वस्तु की दो प्रकार की वक्रता होती है। इस प्रकार से यह आहार्य वक्रता है, वह प्रस्तुत आहार्य वक्रता शोभा से युक्त होने पर भी अलङ्कार से अतिरिक्त कुछ नहीं है। इसलिए अलङ्काररूपा आहार्य वक्रता के अनेक प्रकार के भेदों के द्वारा पदार्थों का वर्णन आदि व्यवहार अत्यन्त विस्तृत हो जाता है। जैसे -

अस्याः सर्गविधौ प्रजापतिरभूच्चन्द्रो नु कान्तिप्रदः
शृङ्गारैकरसः स्वयं नु मदनो मासो नु पुष्पाकरः।
वेदाभ्यासजडः कथन्नु विषयव्यावृत्तकौतूहलो
निर्मातुं प्रभवेन्मनोहरमिदं रूपं पुराणो मुनिः॥11॥

अन्वय - अस्याः सर्गविधौ नु कान्तिप्रदः चन्द्रः प्रजापतिः अभूत्? नु शृङ्गारैकरसः स्वयं मदनः? नु पुष्पाकरः मासः? (हि) वेदाभ्यासजडः विषयव्यावृत्तकौतूहलः पुराणः मुनिः इदं मनोहरं रूपं निर्मातुं नु कथम् प्रभवेत्?

अनुवाद - इस (उर्वशी की) रचना में क्या कान्ति को प्रदान करने वाला चन्द्रमा प्रजापति था? अथवा केवल शृङ्गार रस वाला स्वयं कामदेव (प्रजापति था)? अथवा वसन्त मास (प्रजापति था)? (क्योंकि) वेदाभ्यास से जड़ तथा विषयों में जिसका कौतूहल समाप्त हो चुका है, ऐसा वृद्ध मुनि (ब्रह्मा) इस मनोहर रूप को बनाने में कैसे समर्थ हो सकता है?

अत्र कान्तायाः कान्तिमत्वमसीमविलाससम्पदां पदं च रसवत्वमसामान्यसौष्ठवं च सौकुमार्यं प्रतिपादयितुं प्रत्येकं तत्परिस्पन्दप्राधान्यसमुचितसम्भावनानुमान-माहात्म्यात् पृथक् पृथगपूर्वमेव निर्माणमुत्प्रेक्षितम्। तथा च कारणत्रितयास्याप्येतस्य सर्वेषां विशेषणानां 'स्वयं' इति सम्बध्यमानमेतदेव सुतरां समुद्दीपयति। यः किल स्वयमेव कान्तद्युतिस्तस्य सौजन्यसमुचिता-दरोचकित्वात् कान्तिमत्कार्यकरणकौशलमेवोपपन्नम्। यश्च स्वयमेव शृङ्गारैकरसस्तस्य रसिकत्वादेव रसवद्वस्तुविधानवैदग्ध्यमौचित्यं भजते। यश्च स्वयमेव पुष्पाकरस्तस्याभिजात्यादेव तथाविधः सुकुमार एव सर्गः समुचितः। तथा चोत्तरार्द्धे व्यतिरेकमुखेन त्रयस्याऽप्येतस्य कान्तिमत्वादेर्विशेषणैरन्यथानुपपत्ति-रुपपादिता। यस्माद्वेदाभ्यासजडत्वात् कान्तिमद्वस्तु-विधानानभिज्ञत्वम्, व्यावृत्तकौतुकत्वाद् रसवत्पदार्थे विहितवैमुख्यम्, पुराणत्वात् सौकुमार्यसरसभाव-विरचनवैरस्य प्रजापतेः प्रतीयते।

यहाँ पर (वक्ता पुरुरवा के द्वारा अपनी) कान्ता (उर्वशी) के कान्तिमत्व, असीम विलास-सम्पदा की पात्रता, सरसता, असामान्य सौष्ठव और सौकुमार्य को प्रतिपादित करने की इच्छा से प्रत्येक में उस-उस स्वभाव के प्राधान्य से समुचित सम्भावना के अनुमान के माहात्म्य से पृथक्-पृथक् अपूर्व ही निर्माण

की उत्प्रेक्षा की है। तथा इन तीनों कारणों में सब विशेषणों के साथ 'स्वयं' इस पद का सम्बन्ध इसी बात को और अधिक स्पष्ट कर देता है। जो (चन्द्रमा) स्वयं ही मनोहर कान्ति से युक्त है, उसके सौजन्य के अनुरूप अरोचकी होने से अर्थात् जिसको सौन्दर्यरहित पदार्थ रुचिकर न हो उसमें सुन्दर कार्य के निर्माण में कुशलता का होना स्वतः ही सिद्ध हो जाता है। और जो (कामदेव) स्वयं ही एकमात्र शृङ्गार रस से युक्त है, उसका रसिक होने से उसमें रसयुक्त वस्तु के विधान के वैदग्ध्य का औचित्य ही है। और जो (वसन्त) स्वयं ही पुष्पाकर है, उसका आभिजात्य के कारण ही उसके द्वारा उस प्रकार की सुकुमार रचना उचित ही है। तथा पद्य में उत्तरार्द्ध में व्यतिरेक द्वारा इन कान्तिमत्व आदि तीनों विशेषणों की अन्यथा अनुपपत्ति का प्रतिपादन किया गया है। क्योंकि सृष्टिरचना के लिए प्रसिद्ध प्रजापति (ब्रह्मा) का वेदाभ्यास से जड़ होने के कारण कान्तियुक्त वस्तु के विधान में अनभिज्ञत्व, कौतुक के समाप्त हो जाने के कारण रसयुक्त पदार्थ की रचना से विमुखता और वृद्ध होने के कारण सुकुमार और सरस रचना में पराङ्मुखता ही प्रतीत होती है।

तदेवमुत्प्रेक्षालक्षणोऽयमलङ्कारः कविना वर्णनीयवस्तुनः कमप्यलौकिकलेखविलक्षणमतिशयमाधातुं निबद्धः। स च स्वभावसौन्दर्यमहिम्ना स्वयमेव तत्सहायसम्पदा सह अर्थमहनीयतामीहमानः सन्देहसंसर्गमङ्गीकरोतीति तेनोपबृंहितः। तस्माल्लोकोत्तरनिर्मातृनिर्मितत्वं नाम नूतनः कोऽप्यतिशयः पदार्थस्य वर्ण्यमानवृत्तेर्नायिकास्वरूपसौन्दर्यलक्षणस्य निर्मितः कविना, येन तदेव तत्प्रथममुत्पादितमिव प्रतिभाति।

इस प्रकार यह उत्प्रेक्षा अलङ्कार कवि के द्वारा वर्णनीय वस्तु के किसी अलौकिक लेख (वर्णन) से विलक्षण अतिशय का आधान करने के लिए निबद्ध किया गया है। और वह अतिशय स्वयं ही अपने स्वाभाविक सौन्दर्य की महिमा से तथा उत्प्रेक्षा अलङ्कार की सहायता से उसकी सहायक सम्पदा अर्थात् नायिका (वर्णनीय अर्थ) की महनीयता को चाहता हुआ सन्देह अलङ्कार के

साथ संसर्ग अर्थात् सम्बन्ध को अङ्गीकार अर्थात् प्राप्त करता है। इसलिए उस सन्देह अलङ्कार से नायिका के सौन्दर्य का अतिशय पुष्ट होता है। इसलिए यहाँ वर्ण्यमान नायिका में रहने वाले नायिका के सौन्दर्यरूप पदार्थ में लोकोत्तर निर्माता के द्वारा निर्मित होने वाला कोई अपूर्व अतिशय कवि के द्वारा निर्मित किया गया है, जिससे वह नायिका का अपूर्व सौन्दर्य मानों प्रथम बार ही उत्पन्न हुआ है, ऐसा प्रतीत होता है।

यत्राप्युत्पाद्यं वस्तु प्रबन्धार्थवदपूर्वतया वाक्यार्थस्तत्कालमुल्लिख्यते कविभिः, तस्मिन् स्वसत्तासमन्वयेन स्वयमेव परिस्फुरतां पदार्थानां तथाविधपरस्परान्वयलक्षणसम्बन्धोपनिबन्धनं नाम नवीनमतिशयमात्रमेव निर्मितिविषयतां नीयते, न पुनः स्वरूपम्। यथा -

जहाँ कहीं भी कवियों के द्वारा उत्पाद्य अर्थात् कल्पित वस्तु को प्रबन्धार्थ के समान अपूर्व रूप से वाक्यार्थ के रूप में उसी काल में अर्थात् प्रथम बार उल्लेख किया जाता है, वहाँ पर अपनी कल्पित सत्ता के सम्बन्ध से स्वयं ही प्रतीत होने वाले पदार्थों का उस प्रकार का अपूर्व परस्पर सम्बन्ध का जनक कुछ अपूर्व अतिशय मात्र ही काव्यरचना का विषय होता है, न कि वस्तु का स्वरूप कवि की रचना का विषय होता है। जैसे -

कस्त्वं भो दिवि मालिकोऽहमिह किं पुष्पार्थमभ्यागतः
किं ते सूनमहक्रयो यदि महच्चित्रं तदाकर्ण्यताम्।
संग्रामेष्वलभाभिधाननृपतौ दिव्याङ्गनाभिः स्रजः
प्रोज्झन्तीभिरविद्यमानकुसुमं यस्मात्कृतं नन्दनम्॥12॥

अन्वय - त्वं कः भो? अहं दिवि मालिकः। इह किम्? (अहम् अत्र) पुष्पार्थम् अभ्यागतः। किं ते सूनमहक्रयः? यदि महत् चित्रं तदा अकर्ण्यताम् - संग्रामेषु अलभाभिधाननृपतौ स्रजः प्रोज्झन्तीभिः दिव्याङ्गनाभिः नन्दनम् अविद्यमानकुसुमं कृतं यस्मात् (अहम् अत्र आगतवान्)।

अनुवाद - प्रश्न - तुम कौन हो? उत्तर - मैं स्वर्ग का माली हूँ। प्रश्न - यहाँ किसलिए आए हो? उत्तर - (मैं यहाँ) पुष्पों को लेने आया हूँ। प्रश्न -

तुम्हें यहाँ पर (स्वर्ग से) फूलों को खरीदने के लिए क्यों आना पड़ा? उत्तर - यदि (यहाँ पर स्वर्ग से तुम्हें मेरे फूलों को खरीदने के लिए आने पर) बहुत आश्चर्य हो रहा है तो सुनो - युद्धों में किसी अज्ञात नाम वाले राजा पर (पुष्पों की) मालाओं को बिखेरती हुई अप्सराओं के द्वारा नन्दनवन को कुसुमों से रहित कर दिया है, जिसके कारण (मैं यहाँ पर आया हूँ)।

तदेवंविधे विषये वर्णनीयवस्तुविशिष्टातिशयविधायी भूषणविन्यासो विधेयतां प्रतिपद्यते। तथा च प्रकृतमिदमुदाहरणमलङ्करणकल्पनं विना सम्यङ् न कथञ्चिदपि वाक्यार्थसङ्गतिं भजते। यस्मात् प्रत्यक्षादिप्रमाणोपपत्तिनिश्चयाभावात् स्वाभाविकं वस्तु धर्मितया व्यवस्थापनां न सहते। तस्मात् विदग्धकविप्रतिभोल्लिखितालङ्करणगोचरत्वेनैव सहृदयहृदयाह्लादमादधाति।

इस प्रकार के विषय में वर्णनीय वस्तु के विशिष्ट अतिशय का विधान करने वाले अलङ्कारों का विन्यास आवश्यक हो जाता है। तथा इस उदाहरण में अलङ्कारों की कल्पना के बिना सम्यङ् रूप से किसी भी प्रकार से वाक्यार्थ की सङ्गति नहीं हो पाती है। क्योंकि इस प्रकार के उदाहरणों में जहाँ स्वर्ग के माली का पृथ्वी पर फूल तोड़ने के लिए आया हुआ वर्णन किया गया है, वह प्रत्यक्ष आदि प्रमाणों से निश्चित नहीं हो पाता है, जिससे स्वाभाविक वस्तु धर्मिरूप में व्यवस्थापित नहीं हो पाती है। इसलिए वह वस्तु विदग्ध कवि की प्रतिभा से उल्लिखित अलङ्कार का विषय बनकर ही सहृदयों के हृदय में आह्लाद को उत्पन्न करती है।

तथा च दुःसहसमरसमयसमुचितशौर्यातिशयश्लाघया-प्रस्तुतनरनाथविषये वल्लभलाभरभसोल्लसितसुरसुन्दरी-समूहसंगृह्यमाणमन्दारादिकुसुमदामसहस्रसम्भावनानुमानात् नन्दनोद्यानपादपप्रसूनसमृद्धिप्रध्वंसभावसिद्धिः समुत्प्रेक्षिता। यस्मात्प्रेक्षाविषयं वस्तु कवयस्तदिवेति

तदेवेति वा द्विविधमुपनिबध्नन्तीत्येतत् तल्लक्षणावसर एव विचारयिष्यामः।

तथा इस उदाहरण में घनघोर युद्ध के समय समुचित शौर्य के अतिशय की प्रशंसा के द्वारा प्रस्तुत राजा के विषय में (अलौकिक) प्रिय की प्राप्ति के उत्साह से युक्त अप्सराओं के समूह के द्वारा संग्रह की गई मन्दार आदि के कुसुमों की सहस्त्रों मालाओं की सम्भावना के अनुमान से नन्दन उद्यान के पत्तों और फूलों की समृद्धि के प्रध्वंस के भाव के सिद्धि की उत्प्रेक्षा की गई है। क्योंकि उत्प्रेक्षा की विषयभूत वस्तु को कवि 'तदिव' उसके समान अथवा 'तदेव' वह ही दो प्रकार से उपनिबद्ध करते हैं। यह उनके (तदिव - उपमा तथा तदेव - रूपक) लक्षण के अवसर पर ही विचार करेंगे।

तदेवमियमुत्प्रेक्षा पूर्वार्द्धविहिता अप्रस्तुतप्रशंसोपनिबन्धबन्धुरा प्रकृतपार्थिवप्रतापातिशयपरिपोषप्रवणतया सुतरां समुद्भासमाना तद्विदावर्जनं जनयति।

इस प्रकार पद्य के पूर्वार्द्ध में की गई यह उत्प्रेक्षा अप्रस्तुतप्रशंसा के सम्बन्ध से और भी मनोहर रूप में प्रकृत राजा के प्रताप के अतिशय का परिपोषण करती हुई तथा अत्यन्त सुन्दर रूप में स्वयं प्रकाशित होती हुई सहृदयों को आकर्षित करती है।

इस पद्य में कुछ लोगों के अनुसार उत्प्रेक्षा अलङ्कार न होकर अतिशयोक्ति अलङ्कार है। कुन्तक के अनुसार अतिशयोक्ति तो सभी अलङ्कारों में रहती ही है। जैसा कि भामह ने कहा है - 'कोऽलङ्कारोऽनया विना।' इसलिए वहाँ 'अतिशय' से तात्पर्य 'लोकातिक्रान्तगोचरता' से है, न कि अतिशयोक्ति नामक विशेष अलङ्कार से। यथा -

सातिशयत्वम् -

अर्थात् अतिशयोक्ति का मूलभूत जो सातिशयत्व होता है, वह समस्त अलङ्कारों का अनुग्राहक होता है। जैसे कि -

उत्प्रेक्षातिशयान्विता॥13॥

अतिशय उत्प्रेक्षा का भी अनुग्राहक है।

स्वलक्षणानुप्रवेश इति। अतिशयोक्तेश्च -

अतिशयोक्ति के अपने लक्षण में अतिशय का अनुप्रवेश होने के कारण अतिशय अतिशयोक्ति का भी अनुग्राहक है।

कोऽलङ्कारोऽनया विना॥14॥

इस अतिशयोक्ति किंवा वक्रोक्ति के बिना कौनसा अलङ्कार होता है? अर्थात् कोई नहीं।

इति सकलालङ्करणानुग्राहकत्वम्। तस्मात् पृथगतिशयोक्तिरेवेयं मुख्यतयेत्युच्यमानेऽपि न किञ्चदतिरिच्यते।

इस प्रकार अतिशय समस्त अलङ्कारों का अनुग्राहक है। इसलिए इस पद्य में मुख्य रूप से अलग से अतिशयोक्ति अलङ्कार है, ऐसा कहने पर भी हमारे (कुन्तक के) उत्प्रेक्षावादी सिद्धान्त से कोई भेद नहीं है।

कविप्रतिभोत्प्रेक्षितत्वेन चात्यन्तमसम्भाव्यमुपनिबध्यमानमनयै युक्त्या समञ्जसतां गाहते न पुनः स्वातन्त्र्येण। यद्वा कारणतो लोकातिक्रान्तगोचरत्वेन वचसः सैवेयमित्यस्तु। तथापि प्रस्तुतातिशयविधानव्यतिरेकेण न किञ्चिदपूर्वमत्रास्ति॥2॥

कवि की प्रतिभा से उत्प्रेक्षित अत्यन्त असम्भव अर्थों का वर्णन भी इसी युक्ति से कि अतिशयोक्ति समस्त अलङ्कारों का मूल होती है, अतः वह उत्प्रेक्षा का भी मूल होती है, सङ्गत होता है, न कि स्वतन्त्र रूप से। अर्थात् उत्प्रेक्षा में भी यदि किसी असम्भव अर्थ की सम्भावना की जाती है, तब वहाँ भी अतिशयोक्ति के कारण ही अर्थ की सङ्गति बन पाती है। अथवा किसी कारण को प्रस्तुत कर लोकातिक्रान्तगोचर अर्थात् अलौकिक पदार्थ का वर्णन किया जाता है, वह वस्तुतः अतिशयोक्ति ही होती है। भामह के अतिशयोक्ति के लक्षण के अनुसार उक्त पद्य में भी अतिशयोक्ति माननी चाहिए, न कि अप्रस्तुतप्रशंसा से परिपुष्ट उत्प्रेक्षा। तथापि प्रस्तुत अर्थात् वर्ण्यमान राजा के

अतिशय का विधान करने के अतिरिक्त अतिशयोक्ति अलङ्कार मानने में यहाँ कुछ भी वैशिष्ट्य नहीं है।

तदेवमभिधानस्य पूर्वं अभिधेयस्य चेह वक्रताम-भिधायेदानीं वाक्यस्य वक्रत्वमभिधातुमुपक्रमते -

इस प्रकार पूर्व में अर्थात् द्वितीय उन्मेष में अभिधान अर्थात् वाचक (शब्द) की तथा यहाँ तृतीय उन्मेष की प्रथम दो कारिकाओं में अभिधेय अर्थात् वाच्य (अर्थ) की वक्रता को कहकर अब शब्द और अर्थ के समूदायभूत वाक्य की वक्रता का प्रतिपादन करते हैं -

मार्गस्थवक्रशब्दार्थगुणालङ्कारसम्पदः।
अन्यद्वाक्यस्य वक्रत्वं तथाभिहितिजीवितम्॥3॥
मनोज्ञफलकोल्लेखवर्णच्छायाश्रियः पृथक्।
चित्रस्येव मनोहारि कर्तुः किमपि कौशलम्॥4॥

अन्वयः - मार्गस्थवक्रशब्दार्थगुणालङ्कारसम्पदः अन्यत् मनोज्ञफल-कोल्लेखवर्णच्छायाश्रियः पृथक् चित्रस्य कर्तुः मनोहारि किमपि कौशलम् इव तथाभिहितिजीवितं वाक्यस्य वक्रत्वं (भवति)।

अनुवाद - (काव्य) मार्गों में स्थित वक्र शब्द, अर्थ, गुण तथा अलङ्कारों के सौन्दर्य से भिन्न और सुन्दर चित्रफलक पर चित्रित चित्र के वर्ण के सौन्दर्य से भिन्न चित्रकार के मनोहारि कुछ अपूर्व कौशल के समान उस प्रकार की विशेष शैली से कथन करना ही जिसका प्राण है, वह कुछ अन्य ही वाक्यवक्रता (होती है)।

'अन्यद्वाक्यस्य वक्रत्वं' - वाक्यस्य परस्परान्वितवृत्तेः पदसमुदायास्यान्यदपूर्वं व्यतिरिक्तमेव वक्रत्वं वक्रभावः। भवतीति सम्बन्धः क्रियापदान्तराभावात्। कुतः - 'मार्गस्थवक्रशब्दार्थगुणालङ्कारसम्पदः'। मार्गाः सुकुमारादयः, तत्रस्थाः केचिदेव वक्राः प्रसिद्धव्यवहार-व्यतिरेकिणो ये शब्दार्थगुणालङ्कारास्तेषां सम्पत्

काप्युपशोभा तस्याः पृथग्भूतं किमपि वक्रत्वान्तरमेव। कीदृशम् - 'तथाभिहितिजीवितम्'। तथा तेन प्रकारेण केनाप्यव्यपदेश्येन याभिहितिः काप्यपूर्वैवाभिधा, सैव जीवितं सर्वस्वं यस्य तत्तथोक्तम्।

वाक्य की वक्रता अलग ही होती है। वाक्य से क्या तात्पर्य है? उत्तर है - परस्पर अन्वित वृत्ति वाले पदों का समुदाय वाक्य कहलाता है। इस प्रकार के वाक्य की वक्रता कुछ अन्य अर्थात् अपूर्व ही होती है। यहाँ 'अपूर्व' से तात्पर्य है कि वाक्य की वक्रता पूर्व में प्रदर्शित पदादि की वक्रता से भिन्न ही होती है। कारिका में प्रयुक्त वाक्य में कोई क्रियापद साक्षात् कथित नहीं है। अतः उस वाक्य के साथ 'भवति' इस क्रियापद का सम्बन्ध है। अर्थात् यहाँ 'भवति' क्रियापद का अध्याहार कर लेना चाहिए। अब पुनः प्रश्न होता है कि यह वाक्यवक्रता किससे भिन्न होती है? उत्तर है - मार्गों में स्थित वक्र शब्द, अर्थ, गुणों तथा अलङ्कारों के सौन्दर्य से भिन्न। इस पद में 'मार्ग' पद से क्या आशय है? उत्तर है - सुकुमार, विचित्र तथा मध्यम मार्ग, जिनकी चर्चा प्रथम उन्मेष में की जा चुकी है। उन मार्गों में स्थित कुछ अपूर्व ही वक्र अर्थात् सुन्दर जो कि शास्त्र तथा लोक में प्रसिद्ध व्यवहार से भिन्न जो शब्द, अर्थ, गुण और अलङ्कार हैं, उनकी जो कुछ अपूर्व शोभा है, उससे पृथग्भूत कुछ अन्य ही वाक्यवक्रता होती है। यह वाक्यवक्रता कैसी होती है? उत्तर है - उस (वक्र) वाक्य में कहे गए प्रकार से वर्णन करना ही जिसका जीवित अर्थात् प्राण है। अर्थात् किसी अन्य प्रकार से जो न कहा जा सके उस विशेष प्रकार का कथन ही अर्थात् कुछ अपूर्व शैली में वर्णन ही जिसका जीवन है, वह 'तथाभिहितजीवितम्' कही जाती है।

किं स्वरूपमित्याह - 'कर्तुः किमपि कौशलम्'। कर्तुः निर्मातुः किमप्यलौकिकं यत् कौशलं नैपुण्यं तदेव वाक्यस्य वक्रत्वमित्यर्थः। कथञ्च तद् - 'चित्रस्येव'। आलेख्यस्य यथा। 'मनोहारि' हृदयरञ्जकं प्रकृतोपकरण-व्यतिरेकि कर्तुरेव कौशलम्। 'किमपि' पृथग्भूतं

व्यतिरिक्तम्। कुत इत्याह - 'मनोज्ञफलकोल्लेख-वर्णच्छायाश्रियः'। मनोज्ञाः काश्चिदेव हृदयहारिण्यो याः फलकोल्लेखवर्णच्छायास्तासां श्रीरूपशोभा तस्याः। पृथग्रूपं किमपि तत्त्वान्तरमेवेत्यर्थः। फलकमाल्लेख्याधारभूता भित्तिः। उल्लेखश्चित्रसूत्रप्रमाणोपपन्नं रेखाविन्यसनमात्रम्। वर्णा रञ्जकद्रव्यविशेषाः। छाया कान्तिः।

और वाक्यवक्रता का क्या स्वरूप होता है? उत्तर है - कर्ता का कुछ अपूर्व कौशल। कर्ता अर्थात् निर्माता का कुछ अलौकिक जो कौशल अर्थात् नैपुण्य है, वह ही वाक्य का वक्रत्व है। और वह कैसे होता है? उत्तर है - चित्र अर्थात् आलेख्य के समान। मनोहारि अर्थात् हृदय को आनन्द देने वाला। प्रकृत अर्थात् चित्र के उपकरणों से भिन्न जिस प्रकार से चित्रकार का कौशल पृथक् होता है, उसी प्रकार से वाक्य के सौन्दर्य से भिन्न कवि का कौशल ही वाक्यवक्रता का जीवित होता है। किससे भिन्न? उत्तर है - सुन्दर चित्रफलक पर चित्रित वर्णों के सौन्दर्य से भिन्न। मनोज्ञा अर्थात् कुछ अपूर्व ही हृदय को हरण करने वाली जो शोभा है जो अर्थात् चित्रफलक पर चित्रित वर्णों के सौन्दर्य से उत्पन्न शोभा से भिन्न कुछ अपूर्व ही तत्त्व है, जिसे वाक्यवक्रता कहा जाता है। 'फलक' से तात्पर्य चित्र की आधारभूता भित्ति। 'उल्लेख' शब्द का तात्पर्य है - चित्र के माप के अनुसार रेखाचित्र। 'वर्ण' शब्द से तात्पर्य रंगने वाले द्रव्यविशेष तथा 'छाया' शब्द का तात्पर्य कान्ति है।

तदिदमत्र तात्पर्यम् - यथा चित्रस्य किमपि फलकाद्युपकरणकलापव्यतिरेकि सकलप्रकृत-पदार्थजीवितायमानं चित्रकारकौशलं पृथक्त्वेन मुख्यतयोद्भासते, तथैव वाक्यस्य मार्गादिप्रकृतपदार्थ-सार्थव्यतिरेकि कविकौशललक्षणं किमपि सहृदयसंवेद्यं सकलप्रस्तुतपदार्थस्फुरितभूतं वक्रत्वमुज्जृम्भते।

इसका यहाँ यह तात्पर्य है कि जिस प्रकार चित्र के फलक आदि उपकरणों के समूह के अतिरिक्त प्रकृत अर्थात् चित्र में प्रदर्शित समस्त पदार्थों का जीवितस्वरूप चित्रकार का कौशल कुछ अलग ही मुख्य रूप से प्रतीत होता है, वैसे सुकुमार, विचित्र और मध्यम मार्ग आदि समस्त पदार्थों के समूह से भिन्न प्रकृत अर्थात् काव्य में वर्णित समस्त पदार्थों का प्राणस्वरूप सहृदयों के द्वारा संवेद्य अर्थात् अनुभूत कवि का कौशलरूप वाक्य का कुछ अपूर्व वक्रत्व अलग ही प्रतीत होता है।

तथा च - भावस्वभावसौकुमार्यवर्णने शृङ्गारादिरसस्वरूपसमुन्मीलने वा विविधभूषणविन्यासविच्छित्तिविरचने च परः परिपोषातिशयस्तद्विदाह्लादकारितायाः कारणम्। पदवाक्यैकदेशवृत्तिर्वा यः कश्चिद् वक्रताप्रकारस्तस्य कविकौशलमेव निबन्धनतया व्यवतिष्ठते। यस्मादाकल्पमेवैषां तावन्मात्रस्वरूपनियतनिष्ठतया व्यवस्थितानां स्वभावालङ्करणवक्रताप्रकाराणां नवनवोल्लेखविलक्षणं चेतनचमत्कारकारि किमपि स्वरूपान्तरमेतस्मादेव समुजृम्भते।

और भी वाक्यवक्रता का अत्यन्त परिपोष पदार्थों के स्वाभाविक सौकुमार्य के वर्णन में अथवा शृङ्गारादि रसों के समुन्मीलन में अथवा विविध प्रकार के अलङ्कारों के विन्यास से उत्पन्न शोभा की रचना में सहृदयों में आह्लाद को उत्पन्न करने में कारण होता है। पद अथवा वाक्य के एकदेश में रहने वाला जो कुछ भी वक्रता का प्रकार है, उसका कारण निश्चित रूप से कवि का कौशल ही होता है, क्योंकि केवल अपने स्वरूपमात्र से सदा एकरस रहने वाले, स्वभाव, अलङ्कार आदि वक्रता के प्रकारों का नव नवोल्लेख से विलक्षण सहृदयों में चमत्कार को करने वाला कुछ अपूर्व भी अलौकिक स्वरूप भी इसी कविकौशल से उत्पन्न होता है।

तेनेदमभिधीयते -

इसलिए कहा भी गया है -

आसंसारं कइपुंगवेहि पडिदिअहगहिअसारो वि।
अज्झहि अभिन्नमुहो व्व जअइ वाआं परिष्फंदो॥15॥
(आसंसारं कविपुङ्गवैः प्रतिदिवसगृहीतसारोऽपि।
अद्याप्यभिन्नमुद्र इव जयति वाचां परिष्पन्दः॥) इतिच्छाया।

अन्वय - आसंसारं कविपुङ्गवैः प्रतिदिवसगृहीतसारः अपि अद्यापि अभिन्नमुद्रः इव वाचां परिष्पन्दः जयति।

अनुवाद - सृष्टि के प्रारम्भ से श्रेष्ठ कवियों के द्वारा प्रतिदिन सार का ग्रहण करने पर भी आज भी अप्रकट रहस्य वाला सा वाणी का परिष्पन्द अर्थात् सौन्दर्य सर्वोत्कृष्ट है।

अत्र सर्गारम्भात् प्रभृति कविप्रधानैः प्रातिस्विकप्रतिभा-परिस्पन्दमाहात्म्यात् प्रतिदिवसगृहीतसर्वस्वोऽप्यद्यापि नवनवप्रतिभासानन्त्यविजृम्भणादनुद्घाटितप्राय इव यो वाक्यपरिस्पन्दः स जयति सर्वोत्कर्षेण वर्तते। इत्येवमस्मिन् सुसङ्गतेऽपि वाक्यार्थे कविकौशलस्य विलसितं किमप्यलौकिकमेव परिस्फुरति। यस्मात् स्वाभिमानध्वनिप्राधान्येन तेनैतदभिहितं यथा - 'आसंसारं कविपुङ्गवैः प्रतिदिवसगृहीतसारोऽप्य-द्याप्यभिन्नमुद्र इवायम्'। एवमपरिज्ञाततत्त्वतया न केनचित् किमप्येतस्माद् गृहीतमिति मत्प्रतिभोद्घा-टितपरमार्थस्येदानीमेव मुद्राबन्धोद्भेदो भविष्यतीति लोकोत्तरस्वपरिस्पन्दसाफल्यापत्तेर्वाक्यपरिस्पन्दो जयतीति सम्बन्धः।

इस पद्य में सृष्टि के आरम्भ से प्रधान कवियों के द्वारा अपनी-अपनी

व्यक्तिगत प्रतिभा के सौन्दर्य के माहात्म्य से प्रतिदिन सर्वस्व ग्रहण कर लेने के बाद भी आज भी नई-नई प्रतिभा के अनन्त स्फुरण के पश्चात् भी अभी तक अनुद्घाटित सा ही है जो वह वाक्य का सौन्दर्य सर्वोत्कर्ष से युक्त है। इस प्रकार इस पद्य में वाक्यार्थ के सुसङ्गत होने पर भी कवि के कौशल का कुछ अलौकिक सौन्दर्य ही परिस्फुटित हो रहा है। क्योंकि यहाँ पर कवि ने जो कहा है, उसमें प्रधान रूप से स्वाभिमान ध्वनित हो रहा है। जैसे कि 'सृष्टि के प्रारम्भ से श्रेष्ठ कवियों के द्वारा प्रतिदिन सार का ग्रहण करने पर भी आज भी वाणी का सौन्दर्य का रहस्य अप्रकट ही है।' कवि के इस कथन का वास्तविक अभिप्राय यह है कि वाणी के सारतत्त्व का पूर्णतया ज्ञान न होने के कारण किसी भी कवि के द्वारा कुछ भी ग्रहण नहीं किया जा सका है। अब वाणी का परमार्थ अर्थात् सौन्दर्य मेरी प्रतिभा से ही उद्घाटित होगा। अर्थात् वाणी के सौन्दर्य के कोष पर जो मुद्रा लगी हुई थी, वह आज तक विभिन्न कवियों की काव्यरचनाओं के द्वारा भी नहीं खुल पाई थी, वह अब मेरी प्रतिभा से खुलेगी। इस प्रकार अपने लोकोत्तर कविकर्मरूप व्यापार की सफलता से ही वाक्य का सौन्दर्य सर्वोत्कृष्ट होता है, यह 'जयति' क्रियापद के साथ सम्बन्ध है।

यद्यपि रसस्वभावालङ्काराणां सर्वेषां कविकौशलमेव जीवितम्, तथाप्यलङ्कारस्य विशेषतस्तदनुग्रहं विना वर्णनाविषयवस्तुनो भूषणाभिधायित्वेनाभिमतस्य स्वरूपमात्रेण परिस्फुरतो यथार्थत्वेन निबध्यमानस्य तद्विदाह्लादविधानानुपपत्तेर्मनाङ्मात्रमपि न वैचित्र्यमुत्प्रेक्षामहे, प्रचुरप्रवाहपतितेतरपदार्थसामान्येन प्रतिभासनात्।

यद्यपि रस, स्वाभाविक वर्णन तथा अलङ्कारों; इन सभी का जीवित कविकौशल ही है, तथापि वर्णन के विषयभूत पदार्थ के आभूषण कहलाने योग्य किन्तु अलङ्कारोपयोगी सौन्दर्य से रहित केवल स्वरूपमात्र से प्रतीत होने वाले यथार्थ रूप में निबद्ध किए गए अलङ्कारों का विशेषतः कविकौशल की सहायता के बिना सहृदयों में आह्लाद को उत्पन्न करने की क्षमता के अनुपन्न होने से प्रचुर

प्रवाह में आए हुए अन्य पदार्थों (सादृश्य, आरोप आदि) के समान ही प्रतीत होने से जरा से भी वैचित्र्य की सम्भावना नहीं की जा सकती है। यथा -

दूर्वाकाण्डमिव श्यामा तन्वी श्यामा लता यथा॥16॥

अर्थात् दूर्वा (दूब) के तिनकों के समान श्याम वर्ण की तन्वी श्यामा लता के समान लगती है।

इत्यत्र।

यहाँ पर तन्वी के श्याम वर्ण का सादृश्य दूर्वा (दूब) के तिनकों के समान तथा स्वयं तन्वी का सादृश्य श्यामा लता के समान प्रदर्शित किया गया है, परन्तु कविकौशल का अभाव होने से इस वाक्य में सहृदयों में आह्लाद को उत्पन्न करने की क्षमता नहीं है। इसलिए यह वाक्यवक्रता का उदाहरण नहीं बन पायेगा।

नूतनोल्लेखमनोहारिणः पुनरेतस्य लोकोत्तरविन्यसनविच्छित्तिविशेषितशोभातिशयस्य किमपि तद्विदाह्लादकारित्वमुद्भिद्यते।

नूतन उल्लेख से मनोहारी कविकौशल के योग से इसी प्रकार के अन्य उदाहरणों का लोकोत्तर रचना से विशिष्ट शोभातिशय कुछ अपूर्व सहृदयों को आनन्द प्रदान करने की योग्यता से युक्त हुआ सा प्रतीत होने लगता है।

यथा - 'अस्यां सर्गविधौ'। इति।

जैसे 'अस्यां सर्गविधौ' इसी उन्मेष के 12वें उदाहरण (पद्य) में। कविकौशल के योग से अलङ्कारों का चमत्कार प्रतीत होता है।

यथा वा - 'किं तारुण्यतरोः।' इति॥17॥

अथवा जैसे 'किं तारुण्यतरोः' प्रथम उन्मेष के 92वें उदाहरण (पद्य) में। कविकौशल के योग से अलङ्कारों का चमत्कार प्रतीत होता है। पूरा पद्य इस प्रकार से है -

किं तारुण्यतरोरियं रसभरोद्भिन्ना नवा वल्लरी
लीलाप्रोच्छलितस्य किं लहरिका लावण्यवारांनिधेः।

उद्गाढोत्कलिकावतां स्वसमयोपन्यासविश्रम्भिणः
किं साक्षादुपदेशयष्टिरथवा देवस्य शृङ्गारिणः॥

अन्वय - किं इयं तारुण्यतरोः रसभरोद्भिन्ना नवा वल्लरी, लीलाप्रोच्छलितस्य लावण्यवारांनिधेः लहरिका किम्, अथवा उद्गाढोत्कलिकावतां स्वसमयोपन्यासविश्रम्भिणः शृङ्गारिणः देवस्य साक्षादुपदेशयष्टिः किम्।

अनुवाद - क्या यह नायिका तारुण्य रूपी वृक्ष के रस से भरी हुयी नवीन लता है? अथवा क्या यह क्रीडा मात्र से लहराने वाले लावण्य रूपी सागर की लहर है? या फिर यह प्रगाढ़ प्रेम रूपी उत्कलिका वाले प्रेमियों को अपने सिद्धान्तों की शिक्षा देने में तत्पर शृङ्गार रस के अधिष्ठाता कामदेव की साक्षात् उपदेश देने वाली वाली छड़ी है?

यहाँ कामिनी पर वल्लरी, लहरिका तथा उपदेशयष्टि आदि का आरोप होने से रूपक नामक जो यह वाक्यालङ्कार है, उसके सौन्दर्यातिशय के उत्पादन के लिए प्रयुक्त यह सन्देहोक्ति सहृदयों के लिए चमत्कारिता को उत्पन्न करने वाली बन गयी है।

तदेवं पृथग्भावेनापि भवतोऽस्य कविकौशलायत्त-वृत्तित्वलक्षणवाक्यवक्रतान्तर्भाव एव युक्तियुक्ततामवगाहते।

इस प्रकार से इस अलङ्कारवक्रता के पृथक् रूप से सम्भव होने पर भी इसके कविकौशल के अधीन होने से इसका अन्तर्भाव वाक्यवक्रता के अन्तर्गत ही युक्तियुक्त प्रतीत होता है।

तदिदमुक्तम् -

जैसा कि पूर्व में ही प्रथम उन्मेष में कहा जा चुका है -

वाक्यस्य वक्रभावोऽन्यो भिद्यते यः सहस्त्रधा।
यत्रालङ्कारवर्गोऽसौ सर्वोऽप्यन्तर्भविष्यति॥18॥

अन्वय - वाक्यस्य वक्रभावः अन्यः यः सहस्त्रधा भिद्यते। यत्र असौ अलङ्कारवर्गः सर्वः अपि अन्तर्भविष्यति।

अनुवाद - वाक्य की वक्रता पदादि की वक्रता से भिन्न है। इस वक्रता के हजारों भेद हो सकते हैं। जिसमें अलङ्कारों का समस्त समुदाय अन्तर्भूत हो जाता है।

भावोदाहरणं यथा -

वाक्यवक्रता के अन्तर्गत कविकौशल के कारण स्वभावगत वक्रता का उदाहरण, जैसे -

तेषां गोपवधूविलाससुहृदां राधारहःसाक्षिणां
क्षेमं भद्र कलिन्दशैलतनयातीरे लतावेश्मनाम्।
विच्छिन्ने स्मरतल्पकल्पनमृदुच्छेदोपयोगेऽधुना
ते मन्ये जरठीभवन्ति विगलन्नीलत्विषः पल्लवाः॥19॥

अन्वय - (हे) भद्र ! तेषां गोपवधूविलाससुहृदां राधारहःसाक्षिणां कलिन्दशैलतनयातीरे लतावेश्मनां क्षेमम् (अस्ति)। अधुना स्मरतल्पकल्पन-मृदुच्छेदोपयोगे विच्छिन्ने मन्ये (अहं) विगलन्नीलत्विषः ते पल्लवाः जरठीभवन्ति।

अनुवाद - (हे) भद्र (उद्धव) ! उन गोपवधुओं के विलास के सुहृद् (तथा) राधा के एकान्त के पलों के साक्षी यमुना के तट पर लताओं के कुञ्ज (तो) कुशल हैं। इस समय कामदेव की शय्या के निर्माण के लिए कोमल पत्तों के तोड़े जाने की आवश्यकता न होने से मैं मानता हूँ कि अपनी नीली कान्ति को फैलाते हुए वे पल्लव पुराने हो जाते होंगे।

अत्र यद्यपि सहृदयसंवेद्यं वस्तुसम्भवि स्वभावमात्रमेव वर्णितम्, तथाप्यनुत्तानतया व्यवस्थितस्यास्य विरलवि-दग्धहृदयैकगोचरं किमपि नूतनोल्लेखमनोहारि पदार्थान्तरलीनवृत्ति सूक्ष्मसुभगं तादृक् स्वरूपमुन्मीलितं येन वाक्यवक्रतात्मनः कविकौशलस्य काचिदेव काष्ठाधिरूढिरुपपद्यते। यस्मात् तद्व्यतिरिक्तवृत्ति-रर्थातिशयो न कश्चिल्लभ्यते।

यहाँ पर यद्यपि वस्तु में सम्भव होने वाले सहृदयसंवेद्य स्वभावमात्र का ही

वर्णन किया गया है, तथापि उसको सीधी तरह से न कहकर वक्रभाव से कहने से विरले ही विदग्ध सहृदयों के अनुभव में आने वाला कुछ अपूर्व नूतन उल्लेख से मनोहारी पदार्थ में छिपा हुआ सूक्ष्म और सुन्दर कुछ ऐसा स्वरूप उन्मीलित होता है, जिससे वाक्यवक्रतारूप कविकौशल को अपूर्व ही सौन्दर्य की प्राप्ति होती है। क्योंकि उस कविकौशल के अतिरिक्त इसमें कोई अर्थातिशय अर्थात् चमत्कार उपलब्ध नहीं होता है।

रसोदाहरणं यथा -

वाक्यवक्रता के अन्तर्गत कविकौशल के कारण रसगत वक्रता का उदाहरण, जैसे -

लोको यादृशमाह साहसधनं तं क्षत्रियापुत्रकं
स्यात् सत्येन स तादृगेव न भवेद्वार्ता विसंवादिनी।
एकां कामपि कालविप्रुषममी शौर्योष्मकण्डूव्यय-
व्यग्राः स्युश्चिरविस्मृतामरचमूडिम्बाहवा बाहवः॥20॥

अन्वय - तं क्षत्रियापुत्रकं लोकः यादृशम् आह, सः सत्येन तादृगेव साहसधनं स्यात्, (तस्य विषये) वार्ता विसंवादिनी न भवेत्। चिरविस्मृतामरचमूडिम्बाहवा अमी बाहवः कामपि एकां कालविप्रुषं शौर्योष्मकण्डूव्ययव्यग्राः स्युः।

अनुवाद - उस क्षत्रियापुत्र को लोक चाहे जैसा कहे, वह वास्तविक रूप में चाहे वैसा ही साहसरूपी धन वाला हो, (उसके विषय में) जो बातें लोक में फैली हुई हैं, वे भले ही असत्य न हो। (परन्तु) बहुत समय से देवताओं की सेना के सैनिकों के साथ किया गया युद्ध भी जिनकों विस्मृत हो गया है, ऐसी मेरी भुजाएँ काल की किसी एक भी बूँद के लिए (थोड़ी देर के लिए) शौर्य की उष्णता से उत्पन्न खुजली को मिटाने के लिए व्यग्र हो रहीं हैं।

अत्रोत्साहाभिधानः स्थायिभावः समुचितालम्बन-विभावलक्षणविषयसौन्दर्यातिशयश्लाघाश्रद्धालुतया विजिगीषोर्वैदग्ध्यभङ्गीभणितिवैचित्र्येण परां

परिपोषपदवीमधिरोपितः सन् रसतामानीयमानः किमपि वाक्यवक्रस्वभावं कविकौशलमावेदयति। अन्येषां पूर्वप्रकरणोदाहरणानां प्रत्येकं तथाभिहितिजीवितलक्षणं वक्रत्वं स्वयमेव सहृदयैर्विचारणीयम्।

यहाँ पर 'उत्साह' नामक स्थायिभाव समुचित आलम्बन विभाव (राम) के सौन्दर्यातिशय की प्रशंसा में श्रद्धा से युक्त होने के कारण विजय की इच्छा रखने वाले (रावण) के वैदग्ध्य की शोभा के कथन के वैचित्र्य से परम परिपुष्ट होता हुआ रसरूपता (वीररसरूपता) को प्राप्त होता हुआ कुछ अपूर्व वाक्यवक्रतारूप कविकौशल को कहता है। अन्य पूर्व में उल्लिखित प्रकरणों (वाच्यवक्रता) के प्रत्येक उदाहरणों में उस प्रकार से कहा गया कथन ही जिनका प्राण है, वाक्यवक्रता पर सहृदयों को स्वयं ही विचार कर लेना चाहिए।

इस अभिप्राय को पुष्ट करने के लिए कुन्तक यहाँ पर दो अन्तर (संग्रह) श्लोक प्रस्तुत करते हैं -

वक्रतायाः प्रकाराणामौचित्यगुणशालिनाम्।
एतदुत्तेजनायालं स्वस्पन्दमहतामपि॥21॥

अन्वय - एतत् (कविकौशलम्) स्वस्पन्दमहताम् औचित्यगुणशालिनां वक्रतायाः प्रकाराणाम् अपि उत्तेजनाय अलम्।

अनुवाद - यह (कविकौशल) अपने स्वभाव के महत्त्व से युक्त (और) औचित्यगुणशाली वक्रता के प्रकारों को भी उत्तेजित करने में समर्थ है।

रसस्वभावालङ्कारा आसंसारमपि स्थिताः।
अनेन नवतां यान्ति तद्विदाह्लाददायिनीम्॥22॥

अन्वय - आसंसारमपि स्थिताः रसस्वभावालङ्काराः अनेन (कविकौशलेन) तद्विदाह्लाददायिनीं नवतां यान्ति।

अनुवाद - सृष्टि के आदि से स्थित रस, स्वभाव तथा अलङ्कार इस (कविकौशल) से सहृदयों को आह्लाद देने वाली अपूर्वता को प्राप्त करते हैं।

इत्यन्तरश्लोकौ॥4॥

ये दो अन्तरश्लोक हैं।

भावों अर्थात् वर्ण्यमान पदार्थों का स्वरूप

एवमभिधानाभिधेयाभिधालक्षणस्य काव्योपयोगिन-स्त्रितयस्य स्वरूपमुल्लिख्य वर्णनीयस्य वस्तुनो विषयविभागं विदधाति -

इस प्रकार यहाँ तक काव्योपयोगी वाचक, वाच्य तथा उक्ति (कविकौशल) तीनों के स्वरूप का उल्लेख करके वर्णनीय वस्तु का विषय की दृष्टि से विभाग करते हैं—

भावानामपरिम्लानस्वभावौचित्यसुन्दरम्।
चेतनानां जडानां च स्वरूपं द्विविधं स्मृतम्॥5॥

अन्वयः - अपरिम्लानस्वभावौचित्यसुन्दरं चेतनानां जडानां च भावानां स्वरूपं द्विविधं स्मृतम्।

अनुवाद - नूतन स्वभाव के औचित्य से सुन्दर चेतन और जड़ पदार्थों का स्वरूप दो प्रकार का कहा गया है।

'भावानाम्' वर्ण्यमानवृत्तीनां 'स्वरूपम्' परिस्पन्दः। कीदृशम् - 'द्विविधम्'। द्वे विधे प्रकारौ यस्य तत्तथोक्तम्। 'स्मृतम्' सूरिभिराम्नातम्। केषां भावानाम्, 'चेतनानां जडानां च'। चेतनानां संविद्वतां प्राणिनामिति यावत्। जडानां तद्व्यतिरेकिणं चैतन्यशून्यानाम्। एतदेव च धर्मिद्वैविध्यं धर्मद्वैविध्यस्य निबन्धनम्। कीदृक् स्वरूपम्- 'अपरिम्लानस्वभावौचित्यसुन्दरम्'। अपरिम्लानः प्रत्यग्रः परिपोषपेशलो यः स्वभावः पारमार्थिको धर्मस्तस्य यदौचित्यमुचितभावः प्रस्तावोपयोग्यदोषदुष्टत्वं तेन सुन्दरं सुकुमारं

तद्विदाह्लादकारकमित्यर्थः॥5॥

भावों का अर्थात् वर्ण्यमान वृत्ति वाले पदार्थों का स्वरूप अर्थात् स्वभाव। पदार्थों का स्वभाव कैसा होता है? उत्तर है - दो प्रकार का। 'दो प्रकार हैं जिसके' उस प्रकार का। 'स्मृतम्' अर्थात् विद्वानों के द्वारा स्पष्ट किया गया है। किस प्रकार के भावों का? उत्तर है - चेतन और जड़ दो प्रकार के भावों का। चेतन अर्थात् ज्ञानयुक्त प्राणियों का। जड़ों का अर्थात् चेतन पदार्थों से अतिरिक्त। यह ही धर्मियों का दो प्रकार धर्म के दो प्रकारों के कारण होता है। कहने का भाव यह है कि लोक में दो प्रकार के धर्म होते हैं - चेतन और जड़। ये दो प्रकार के धर्म जिनमें रहते हैं वे दो प्रकार के धर्मी कहलाते हैं - चेतन तथा जड़ पदार्थ। इन दो प्रकार के भावों का स्वरूप किस प्रकार का होता है? उत्तर है - 'नूतन स्वभाव के औचित्य से सुन्दर'। अपरिम्लान अर्थात् नूतन परिपोष से सुन्दर जो स्वभाव अर्थात् वस्तु का वास्तविक धर्म, उसका जो औचित्य अर्थात् उचित भाव। दूसरे शब्दों में प्रकरण के लिए उपयोगी दोषरहित स्वरूप, उससे सुन्दर अर्थात् सुकुमार अर्थात् सहृदयों को आनन्द देने वाला।

कहने का भाव यह है कि चेतन और जड़ पदार्थों का नूतन स्वभाव के औचित्य से सुन्दर अर्थात् प्रकरण के लिए उपयोगी सहृदयों को आनन्द देने वाला स्वरूप दो प्रकार का होता है।

एतदेव द्वैविध्यं विभज्य विचारयति -

उक्त दो भेदों का अलग-अलग कर के विचार करते हैं -

तत्र पूर्वं प्रकाराभ्यां द्वाभ्यामेव विभिद्यते।
सुरादिसिंहप्रभृतिप्राधान्येतरयोगतः॥6॥

अन्वय - तत्र पूर्वं सुरादिसिंहप्रभृतिप्राधान्येतरयोगतः द्वाभ्याम् एव प्रकाराभ्यां विभिद्यते।

अनुवाद - उनमें प्रथम अर्थात् चेतन पदार्थ देवादि तथा सिंहादि के प्राधान्य तथा अप्राधान्य के कारण दो ही प्रकार से विभक्त हो जाता है।

तत्र द्वयोः स्वरूपयोर्मध्यात् 'पूर्वम्' यत्प्रथमं

चेतनपदार्थसम्बन्धि तद् राश्यन्तराभावात् द्वाभ्यामेव प्रकाराभ्यां विभिद्यते भेदमासादयति, द्विविधमेव सम्पद्यते। कस्मात् - 'सुरादिसिंहप्रभृतिप्राधान्येतर-रयोगतः'। सुरादिः त्रिदशप्रभृतयो ये चेतनाः सुरासुरसिद्धविद्याधरगन्धर्वप्रभृतयः, ये चान्ये सिंह-प्रभृतयः केसरिप्रमुखास्तेषां यत्प्राधान्यं मुख्यत्वमितरद-प्राधान्यं च, ताभ्यां यथासंख्ययेन प्रत्येकं यो योगः सम्बन्धस्तस्मात् कारणात्॥6॥

उन दोनों चेतन तथा जड़ पदार्थों के स्वरूप में से जो प्रथम स्वरूप चेतन पदार्थों से सम्बन्धित है वह अन्य कोई तृतीय प्रकार न होने से दो ही प्रकार से विभक्त होता है। कैसे? उत्तर है - 'देवादि तथा सिंहादि के प्राधान्य तथा अप्राधान्य के योग से'। देवादि अर्थात् देवता आदि जो चेतन सुर, असुर, सिद्ध, विद्याधर, गन्धर्व आदि हैं और जो अन्य सिंह आदि प्राणियों में जिनमें सिंह की प्रमुखता है, उनके प्राधान्य तथा अप्राधान्य से। उन दोनों के यथासंख्य प्रत्येक का जो योग अर्थात् सम्बन्ध है, उस कारण से। इस प्रकार से आचार्य ने यहाँ चेतन प्राणियों में देवादि को प्रधान माना है तथा तिर्यक् योनियों में आने वाले सिंहादि को गौण माना है।

तदेवं सुरादीनां मुख्यचेतनानां स्वरूपमेकं कवीनां वर्णनास्पदम्। सिंहादिनाममुख्यचेतनानां पशुमृगपक्षि-सरीसृपाणां स्वरूपं द्वितीयमित्येतदेव विशेषेणोन्मील-यति -

इस प्रकार देवादि मुख्य चेतन प्राणियों का एक स्वरूप कवियों के वर्णन का विषय होता है। सिंहादि अमुख्य चेतन प्राणियों यथा पशु, मृग, पक्षि, सरीसृप आदि का दूसरा स्वरूप होता है, जो कवियों के वर्णन का विषय होता है, इसी बात को विशेष रूप से कहते हैं -

मुख्यमक्लिष्टरत्यादिपरिपोषमनोहरम्।
स्वजात्युचितहेवाकसमुल्लेखोज्ज्वलं परम्॥7॥

अन्वयः - मुख्यमक्लिष्टरत्यादिपरिपोषमनोहरं स्वजात्युचितहेवाक-समुल्लेखोज्ज्वलं परम् (स्वरूपं कवीनां वर्णनास्पदं भवति)।

अनुवाद - मुख्य (चेतन देवादि का) सरल सुन्दर रत्यादि के परिपोष से मनोहर अपनी जाति के अनुरूप स्वभाव के वर्णन से अत्यन्त सुन्दर (स्वरूप कवियों के वर्णन का विषय होता है)।

मुख्यं यत्प्रधानं चेतनसुरासुरादिसम्बन्धि स्वरूपं तदेवंविधं सत्कवीनां वर्णनास्पदं भवति स्वव्यापार-गोचरतां प्रतिपद्यते। कीदृशम् - 'अक्लिष्टरत्यादि-परिपोषमनोहरम्'। अक्लिष्टः कदर्थनाविरहितः प्रत्यग्रतामनोहरो यो रत्यादिः स्थायिभावस्तस्य परिपोषः शृङ्गारप्रभृतिरसत्वापादनं 'स्थाय्येव तु रसो भवेत्' इति न्यायात्। तेन मनोहरं हृदयहारि। अत्रोदाहरणानि विप्रलम्भशृङ्गारे चतुर्थेऽङ्के विक्रमोर्वश्यामुन्मत्तस्य पुरूरवसः प्रलपितानि। यथा -

मुख्य अर्थात् जो प्रधान चेतन सुर-असुरादि से सम्बन्धित इस प्रकार का (कारिका में कहे गए वियोषणों से युक्त) स्वरूप है, वह सत्कवियों के वर्णन का विषय बनता है अर्थात् महाकवियों के अपने काव्यनिर्माणरूप व्यापार का विषय बनता है। किस प्रकार का? उत्तर है - 'सरल सुन्दर रत्यादि के परिपोष से मनोहर'। अक्लिष्ट अर्थात् किसी अस्वाभाविक प्रयास से रहित नूतनता से मनोहर जो रत्यादि स्थायिभाव है, उसका परिपोष अर्थात् शृङ्गारादि रसरूपता का प्रतिपादन। 'स्थायिभाव ही रसरूप में परिणत होता है' इस न्याय से। उस रसरूपता से मनोहर अर्थात् हृदय को आकर्षित करने वाला। इस विषय में विप्रलम्भ शृङ्गार के उदाहरण विक्रमोर्वशीय के चतुर्थ अध्याय में उन्मत्त पुरूरवा के प्रलाप कहे जा सकते हैं। जैसे -

तिष्ठेत् कोपवशात् प्रभावपिहिता न सा कुप्यति
स्वर्गायोत्पतिता भवेन्मयि पुनर्भावार्द्रमस्या मनः।
तां हर्तुं विबुधद्विषोऽपि न च मे शक्ताः पुरोवर्तिनी
सा चात्यन्तमगोचरं नयनयोर्यातेति कोऽयं विधिः॥23॥

अन्वय - कोपवशात् प्रभावपिहिता तिष्ठेत, (परन्तु चिरम्) सा न कुप्यति, स्वर्गाय उत्पतिता, पुनः अस्याः भावार्द्रं मनः मयि भवेत्, विबुधद्विषः अपि च मे पुरोवर्तिनी तां हर्तुं न शक्ताः, सा च नयनयोः अत्यन्तम् अगोचरं याता इति अयं कः विधिः?

अनुवाद - (पुरुरवा को उर्वशी के न दिखाई देने पर वह सोचता है) क्रोध के कारण (अपने) प्रभाव (की महिमा से वह कहीं मुझसे दूर) छिप गई है, (परन्तु बहुत देर तक) वह मुझ पर क्रोध नहीं करती है, (हो सकता है वह मुझसे रुष्ट होकर) स्वर्ग में उड़कर चली गई है, परन्तु अभी भी उसका भावों से आर्द्र मन मुझमें है और राक्षस भी मेरे सामने स्थित होने पर उसे हरण करने में समर्थ नहीं है, (फिर भी न जाने क्यों) वह मेरे नेत्रों से अत्यन्त अगोचर हो गई है; ऐसी यह कौन सी विधि अर्थात् भाग्य का विधान है?

अत्र राज्ञो वल्लभाविरहवैधुर्यदशावेशविवशवृत्ते-स्तदप्राप्तिनिमित्तमनधिगच्छतः प्रथमतरमेव स्वाभाविकसौकुमार्यसम्भाव्यमानम्, अनन्तरोचितविचारापसार्यमाणोपपत्ति किमपि तात्कालिकविकल्पोल्लिख्यमानमनवलोकनकारणमुत्प्रेक्ष्यमाणस्य तदासादनसमन्वयासम्भवान्नैराश्यनिश्चयविमूढमानसतया रसः परां परिपोषपदवीमधिरोपितः। तथा चैतदेव वाक्यान्तरैरुद्दीपितम्। यथा -

यहाँ पर प्रियतमा उर्वशी के विरह में दुःखित दशा के आवेश से विवश वृत्ति वाले राजा का उसकी अप्राप्ति के कारण का ज्ञान न होने पर प्रारम्भ में ही स्वाभाविक सौकुमार्य से सम्भावना करके, अनन्तर उचित विचार करके उस

सम्भावना का निराकरण हो जाने पर उसके न दिखाई देने के तात्कालिक विकल्पों का उल्लेख कर तथा पुनः उसके कारणों की सम्भावना करके उसके विलुप्त होने के कारण का ज्ञान न होने पर अन्ततः नैराश्य का निश्चय हो जाने से पुरूरवा के विमूढ़ मन वाला हो जाने से विप्रलम्भ शृङ्गार रस परम परिपोष को प्राप्त हो जाता है। तथा इसी विप्रलम्भ शृङ्गार रस को ही अन्य वाक्यों में भी उद्दीप्त किया गया है। जैसे -

पद्भ्यां स्पृशेद् वसुमतीं यदि सा मृगाक्षी
मेघाभिवृष्टसिकतासु वनस्थलीषु।
पश्चान्नता गुरुनितम्बतया ततोऽस्या
दृश्येत चारुपदपङ्क्तिरलक्तकाङ्का॥24॥

अन्वय - यदि सा मृगाक्षी मेघाभिवृष्टसिकतासु वनस्थलीषु वसुमतीं पद्भ्यां स्पृशेद् ततः गुरुनितम्बतया अस्याः अलक्तकाङ्का चारुपदपङ्क्तिः पश्चान्नता दृश्येत।

अनुवाद - यदि वह मृगाक्षी मेघ के बरसने से हुई गीली मिट्टी वाली वनभूमि में पृथिवी को पैरों से स्पर्श करती हुई जाती तो भारी नितम्बों के कारण इसकी महावर से चिह्नित सुन्दर पैरों की पङ्क्ति पीछे के भाग में धंसी हुई दिखाई देती।

अत्र पद्भ्यां वसुमतीं कदाचिद् स्पृशेदित्याशंसया तत्प्राप्तिः सम्भाव्येत। यस्माज्जलधरसलिलसेकसुकुमारसिकतासु वनस्थलीषु गुरुनितम्बतया तस्याः पश्चान्नतत्वेन नितरां मुद्रितसंस्थानां रागोपरक्ततया रमणीयवृत्तिश्चरणविन्यासपरम्परा दृश्येत। तस्मान्नैराश्यनिश्चितिरेव सुतरां समुज्जृम्भिता, या तदुत्तरवाक्योन्मत्तविलपितानां निमित्ततामभजत्।

यहाँ वह उर्वशी जाते समय पैरों से पृथिवी को कदाचित् स्पर्श करती तो उसके पैरों के चिह्नों का अनुगमन करके उसके गन्तव्य की सम्भावना से उसकी प्राप्ति की सम्भावना की जा सकती थी। क्योंकि मेघ के जल से भीगी हुई

सुकुमार मिट्टी वाली वनभूमि पर भारी नितम्ब होने से उसके पीछे की ओर धंसे हुए अत्यन्त स्पष्ट रूप में अङ्कित महावर से रंगे हुए होने से रमणीय रचना वाली चरणों के रखने की पंक्ति दिखाई देती। इसलिए पुरुरवा के द्वारा स्पष्ट रूप से नैराश्य का निश्चय ही प्रतीत होता है, जो इसके बाद के वाक्यों में उसके द्वारा किए गए उन्मत्त विलापों का कारण बनता है।

करुणरसोदाहरणानि तापसवत्सराजे द्वितीयेऽङ्के वत्सराजस्य परिदेवितानि। यथा -

तापसवत्सराजचरित के द्वितीय अङ्क में वत्सराज (उदयन) के विलाप करुण रस के उदाहरण हैं, जैसे -

धारावेश्म विलोक्य दीनवदनो भ्रान्त्वा च लीलागृहान्
निश्वस्यायतमाशु केसरलतावीथीषु कृत्वा दृशः।
किं मे पार्श्वमुपैषि पुत्रक कृतैः किं चाटुभिः क्रूरया
मात्रा त्वं परिवर्जितः सह मया यान्त्यातिदीर्घां भुवम्॥25॥

अन्वय - (वासवदत्ताम् अन्वेषणं कुर्वन् मृगः) धारावेश्म विलोक्य दीनवदनः (भूत्वा) लीलागृहान् च भ्रान्त्वा निश्वस्यायतम् आशु केसरलतावीथीषु दृशः कृत्वा (वत्सराजस्य समीपम् आगत्य वासवदत्तायाः विषये पृच्छन्निव तस्य चाटुकारितां करोति, तदनन्तरं वत्सराजः तं कथयति) - (हे) पुत्रक ! मे पार्श्वम् किम् उपैषि? चाटुभिः कृतैः किम्? (तव) क्रूरया मात्रा मया सह त्वं परिवर्जितः अतिदीर्घां भुवं यान्ति।

अनुवाद - (वासवदत्ता को खोजता हुआ हरिण) धारागृह को देखकर (वहाँ पर वासवदत्ता को न पाकर) दीनमुख होकर लीलागृहों में घूमकर दीर्घ निःश्वास छोड़कर शीघ्र ही केसर और लतावीथियों पर दृष्टि डालकर (वहाँ पर भी वासवदत्ता को न पाकर वत्सराज के समीप आकर मानों वासवदत्ता के विषय में पूछता हुआ उसकी अर्थात् वत्सराज की चाटुकारिता करता है, उसके पश्चात् वत्सराज उसे कहता है) - (हे) पुत्र ! मेरे पास में तुम किसलिए आए हो? इन चाटु उक्तियों के अब क्या प्रयोजन? (तुम्हारी) क्रूर माता के द्वारा मेरे साथ तुम्हें भी छोड़कर अत्यन्त दूर की यात्रा पर जाया जा चुका है अर्थात् चली गई है।

अत्र रसपरिपोषनिबन्धनं विभावादिसम्पत्समुदयः कविना सुतरां समुज्जृम्भितः। तथा चास्यैव वाक्यस्यावतारकं विदूषकवाक्यमेवं प्रयुक्तम् - 'पमादो एसो क्खु देवीए पुत्तकिदको हरिणपोदो अत्तभवंतं अणुसरदि (प्रमादः एष खलु देव्याः पुत्रकृतको हरिणपोतो अत्रभवन्तमनुसरति।।26।। इतिच्छाया।

यहाँ रस के परिपोष का कारणरूप विभावादि सामग्री का समुदय कवि के द्वारा सम्यक्तया प्रदर्शित किया गया है। तथा इसी ही वाक्य का अवतारक विदूषक का यह वाक्य प्रयुक्त किया गया है - यह प्रमाद है कि देवी का पाला हुआ पुत्रवत् हरिण का बच्चा आपके पीछे आता हुआ आपका अनुसरण कर रहा है।

एतेन करुणरसोद्दीपनविभावता हरिणपोतकधारागृह-प्रभृतीनां सुतरां समुत्पद्यते। 'तथा चायमपरः क्षते क्षाराक्षेप' इति रुमण्वद्वचनादनन्तरमेतत्परत्वेनैव वाक्यान्तरमुपनिबद्धम्।

इससे हरिण का बच्चा तथा धारागृह आदि सम्यक् रूप से करुण रस के उद्दीपन विभाव हो जाते हैं। तथा रुमण्वान् 'क्षते क्षाराक्षेप' इस वचन के पश्चात् करुण रस के उद्दीपन के लिए ही यह अग्रिम दूसरा वाक्य (श्लोक) प्रस्तुत किया गया है -

कर्णान्तस्थितपद्मरागकलिकां भूयः समाकर्षता
चञ्च्वा दाडिमबीजमित्यभिहता पादेन गण्डस्थली।
येनासौ तव तस्य नर्मसुहृदः खेदान्मुहुः क्रन्दतो
निःशङ्कं न शुकस्य किं प्रतिवचो देवि त्वया दीयते।।27।।

अन्वय - (हे) देवि ! कर्णान्तस्थितपद्मरागकलिकां दाडिमबीजम् इति

चञ्च्वा भूयः समाकर्षता येन असौ गण्डस्थली पादेन अभिहता, तव नर्मसुहृदः खेदात् मुहुः क्रन्दतः तस्य शुकस्य निःशङ्कं प्रतिवचः त्वया किं न दीयते?

अनुवाद - (हे) देवि (वासवदत्ता) ! कर्णाभूषणों में स्थित पद्मराग मणि के टुकड़े को अनार का दाना समझकर चोंच से बार-बार खींचते हुए जिस (तोते) ने (तुम्हारे) इन गालों पर पंजे से प्रहार किया था, उस तुम्हारे रतिविलासों के सुहृद् खेद से बार-बार क्रन्दन करते हुए तोते के निःशङ्कवचनों का उत्तर तुम्हारे द्वारा क्यों नहीं दिया जा रहा है?

अत्र शुकस्यैवंविधदुर्ललितयुक्तत्वं वाल्लभ्यप्रतिपादनपरत्वेनोपात्तम्। 'असौ' इति कपोलस्थल्याः स्वानुभवस्वदमानसौकुमार्योत्कर्षपरामर्शः। एवमेवोद्दीपनविभावैकजीवितत्वेन करुणरसः काष्ठाधिरूढिरमणीयतामनीयत।

यहाँ तोते के इस प्रकार की दुर्ललितयुक्त क्रिया अर्थात् धृष्टता को अत्यन्त प्रिय होने के प्रतिपादन के लिए वर्णन किया गया है। 'असौ' यह कपोलस्थली का विशेषण अपने अर्थात् राजा के अनुभव से आस्वाद्य कपोलगत सौकुमार्य के उत्कर्ष का सूचक है। इस प्रकार उद्दीपन विभाव रूप एकमात्र जीवित के द्वारा करुण रस सौन्दर्य की चरम सीमा तक पहुँचा दिया है।

एवं विप्रलम्भशृङ्गारकरुणयोः सौकुमार्यादुदाहरणप्रदर्शनं विहितम्। रसान्तराणामपि स्वयमेवोत्प्रेक्षणीयम्।

इस प्रकार से विप्रलम्भ शृङ्गार तथा करुण रसों का अन्य रसों की अपेक्षा अधिक सुकुमार होने से उदाहरण प्रदर्शित किए गए हैं। इसी प्रकार से सहृदयों को अन्य रसों के भी उदाहरण स्वयं भी समझ लेने चाहिए।

यहाँ पर कुन्तक ने विक्रमोर्वशीयम् से विप्रलम्भ शृङ्गार रस तथा तापसवत्सराजचरितम् से करुण रस के उदाहरण प्रस्तुत किए हैं। कुन्तक की यह मान्यता है कि उक्त दोनों रस अन्य रसों की अपेक्षा अधिक सुकुमार होते हैं। यहाँ पर यह ध्यातव्य है कि विप्रलम्भ शृङ्गार तथा करुण दोनों ही रसों में नायक-नायिका का वियोग कवि के द्वारा प्रदर्शित किया जाता है। परन्तु

विप्रलम्भ श‍ृङ्गार में उनके पुनर्मिलन की सम्भावना बनी रहती है तथा करुण रस में नायक या नायिका में से किसी एक की मृत्यु का निश्चय नायक अथवा नायिका के द्वारा कर लिया जाता है।

यहाँ तक कुन्तक ने चेतन प्राणियों के अन्तर्गत प्रधान देवादि का तथा अप्रधान पक्षी आदि का स्वरूप कवियों द्वारा किस प्रकार से किया जाता है, यह प्रदर्शित कर दिया है।

एवं द्वितीयमप्रधानचेतनसिंहादिसम्बन्धि यत् स्वरूपं तदित्थं कवीनां वर्णनास्पदं सम्पद्यते। कीदृशम् - 'स्वजात्युचितहेवाकसमुल्लेखोज्ज्वलम्।' स्वा प्रत्येकमात्मीया सामान्यलक्षणवस्तुस्वरूपा या जातिस्तस्याः समुचितो यो हेवाकः स्वभावानुसारी परिस्पन्दः, तस्य समुल्लेखः सम्यगुल्लेखनं वास्तवेन रूपेणोपनिबन्धस्तेनोज्ज्वलं भ्राजिष्णु तद्विदाह्लादकारीति यावत्। यथा -

इस प्रकार द्वितीय अर्थात् अप्रधान चेतन सिंहादि से सम्बन्धित जो स्वरूप है, वह इस प्रकार से कवियों के वर्णन का विषय बनता है। कैसे? उत्तर है - 'अपनी जाति के अनुरूप स्वभाव के समुल्लेख से उज्ज्वल' प्रत्येक प्राणी की अपनी-अपनी सामान्यरूप स्वरूप जो जाति होती है, उसके अनुरूप जो उस जाति का स्वभाव है, उस स्वभाव के अनुरूप व्यापार। उस व्यापार का सम्यक् उल्लेख अर्थात् वास्तविक रूप से उपनिबन्धन, उससे उज्ज्वल अर्थात् शोभायमान अर्थात् सहृदयों को आनन्द प्रदान करने वाला। जैसे -

कदाचिदेतेन च पारियात्रगुहागृहे मीलितलोचनेन।
व्यत्यस्तहस्तद्वितयोपविष्टदंष्ट्राङ्कुराञ्चच्चिबुकं प्रसुप्तम्॥28॥

अन्वय - कदाचित् एतेन च पारियात्रगुहागृहे मीलितलोचनेन व्यत्यस्तहस्तद्वितयोपविष्टदंष्ट्राङ्कुरात् च चिबुकं प्रसुप्तम्।

अनुवाद - कभी इस (सिंह) के द्वारा परियात्र नामक गुहागृह में नेत्र बन्द

करके दोनों हाथ अर्थात् आगे के पैरों को एक दूसरे के ऊपर रख कर दाढ़ की कान्ति से युक्त ठोडी वाला होकर शयन किया था।

अत्र गिरिगुहान्तरे निद्रामनुभवतः केसरिणः स्वजाति-समुचितं स्थानकमुल्लिखितम्। यथा वा -

यहाँ पर पर्वत की गुफा में निद्रा का अनुभव करते हुए सिंह के अपनी जाति के अनुरूप स्थानक अर्थात् सोते समय बैठने की मुद्रा का उल्लेख किया गया है। अथवा जैसे -

ग्रीवाभङ्गाभिरामं मुहुरनुपतति स्यन्दने दत्तदृष्टिः
पश्चार्धेन प्रविष्टः शरपतनभयाद् भूयसा पूर्वकायम्।
शष्पैरर्धावलीढैः श्रमविवृतमुखभ्रंशिभिः कीर्णवर्त्मा
पश्योदग्रप्लुतित्वाद् वियति बहुतरं स्तोकमुर्व्यां प्रयाति॥29॥

अन्वय - पश्य, अनुपतति स्यन्दने मुहुः ग्रीवाभङ्गाभिरामं दत्तदृष्टिः, शरपतनभयात् पश्चार्धेन पूर्वकायं भूयसा प्रविष्टः, श्रमविवृतमुखभ्रंशिभिः अर्धावलीढैः शष्पैः कीर्णवर्त्मा (एषः मृगः) उदग्रप्लुतित्वात् वियति बहुतरम् उर्व्यां स्तोकं प्रयाति।

अनुवाद - देखो, अपने पीछे दोड़ते हुए रथ को बार-बार गर्दन को घुमाकर सुन्दर दृष्टि लगाए हुए, बाण के (अपने ऊपर) गिरने के भय से पीछे के आधा हिस्से को आगे के हिस्से में अधिकांश प्रविष्ट किए हुए, परिश्रम के कारण खुले हुए मुख से गिरते हुए आधे चबाए हुए कुशों को मार्ग में बिखेरता हुआ (यह हरिण) ऊँची लम्बी छलांग लगाने के कारण आकाश में अधिक (तथा) पृथिवी पर कम चल रहा है।

एतदेव प्रकारान्तरेणोन्मीलयति -

इन चेतन पदार्थों के दो प्रकार के स्वरूप को अन्य प्रकार से कहते हैं -

रसोद्दीपनसामर्थ्यविनिबन्धनबन्धुरम्।
चेतनानाममुख्यानां जडानां चापि भूयसा॥8॥

अन्वय - अमुख्यानां चेतनानां भूयसा जडानाम् अपि च रसोद्दीपनसामर्थ्यविनिबन्धनबन्धुरम् (स्वरूपमपि कवीनां प्रकारान्तरेण वर्णनास्पदं भवति)।

अनुवाद - अमुख्य चेतन (प्राणियों) का तथा अधिकांश जड़ पदार्थों का भी रस के उद्दीपन की सामर्थ्य के सन्निवेश से मनोहर (स्वरूप भी कवियों का प्रकारान्तर से वर्णन का विषय होता है)।

चेतनानां प्राणिनाममुख्यानामप्रधानभूतानां यत्स्वरूपं तदेवंविधं तद्वर्णनीयतां प्रतिपद्यते, प्रस्तुताङ्गतयोपयुज्यमानम्। कीदृशम् - 'रसोद्दीपनसामर्थ्यविनिबन्धनबन्धुरम्'। रसाः शृङ्गारादयस्तेषामुद्दीपनमुल्लासनं परिपोषस्तस्मिन् सामर्थ्यं शक्तिस्तस्या विनिबन्धनं निवेशस्तेन बन्धुरं हृदयहारि। यथा -

अमुख्य अर्थात् अप्रधान चेतन प्राणियों का जो स्वरूप है, वह इस प्रकार का होने पर उन कवियों के लिए वर्णन का विषय बनता है। किस प्रकार का? उत्तर है - प्रस्तुत विषय के अङ्गरूप में उपयुक्त होने पर। कैसा? उत्तर है - 'रस के उद्दीपन की सामर्थ्य के सन्निवेश से मनोहर'। रस अर्थात् शृङ्गारादि, उनके उद्दीपन अर्थात् उल्लास अर्थात् परिपोष, उसमें सामर्थ्य अर्थात् शक्ति, उसका विनिबन्धन अर्थात् निवेश, उससे बन्धुर अर्थात् हृदयहारि। कहने का भाव यह है कि शृङ्गारादि रसों के उद्दीपन, उल्लास, परिपोष की शक्ति के निवेश से हृदयहारि अप्रधान चेतन प्राणियों का स्वरूप भी प्रस्तुत विषय के अङ्गरूप में उपयुक्त होने पर कवियों के लिए वर्णन का विषय बनता है। जैसे -

चूताङ्कुरास्वादकषायकण्ठः पुंस्कोकिलो यन्मधुरं चुकूज।
मनस्विनीमानविघातदक्षं तदेव जातं वचनं स्मरस्य॥30॥

अन्वय - चूताङ्कुरास्वादकषायकण्ठः पुंस्कोकिलः यत् मधुरं चुकूज, तदेव मनस्विनीमानविघातदक्षं स्मरस्य वचनं जातम्।

अनुवाद - आम की मञ्जरियों के आस्वाद से कषाय कण्ठ वाले नर कोकिल ने जो मधुर कूजन किया था, वही मानों मनस्विनियों के मान को खण्डित करने में समर्थ कामदेव का वचन हो गया था।

'जडानां चापि भूयसा'। जडानामचेतनानां सलिलतरु-

कुसुमसमयप्रभृतीनामेवंविधं स्वरूपं रसोद्दीपनसाम-र्थ्यविनिबन्धनबन्धुरं वर्णनीयतामवगाहते। यथा -

'अधिकांश जड़ पदार्थों का भी'। अचेतन जड़ पदार्थों जल, वृक्ष, पुष्प, समय अथवा कुसुमसमय अर्थात् वसन्त आदि का इस प्रकार का रस के उद्दीपन की सामर्थ्य के विनिवेश से मनोहर स्वरूप कवियों के लिए वर्णन का विषय बनता है। जैसे -

इदमसुलभवस्तुप्रार्थनादुर्निवारं
प्रथममपि मनो मे पञ्चबाणः क्षिणोति।
किमुत मलयवातोन्मूलितापाण्डुपत्रै-
रुपवनसहकारैर्दर्शितेष्वङ्कुरेषु॥31॥

अन्वय - असुलभवस्तुप्रार्थनादुर्निवारम् इदं मे मनः प्रथममपि पञ्चबाणः क्षिणोति, मलयवातोन्मूलितापाण्डुपत्रैः उपवनसहकारैः अङ्कुरेषु दर्शितेषु किमुत?

अनुवाद - असुलभ वस्तु की प्रार्थना से कठिनता से रोके गए इस मेरे मन को पहले ही कामदेव क्षीण कर रहा है, (अब) मलयपवन के द्वारा गिराए गए पीले पत्तों वाले उपवन के आम के वृक्षों के द्वारा अङ्कुरों के दिखाई देने पर क्या होगा? (कहना ही कठिन है)।

यथा वा -

अथवा जैसे -

उद्भेदाभिमुखाङ्कुराः कुरबकाः शैवालजालाकुल-
प्रान्तं भान्ति सरांसि फेनपटलैः सीमन्तिताः सिन्धवः।
किञ्चास्मिन् समये कृशाङ्गि विलसत्कन्दर्पकोदण्डिक-
क्रीडाभाञ्जि भवन्ति सन्ततलताकीर्णान्यरण्यान्यपि॥32॥

अन्वय - उद्भेदाभिमुखाङ्कुराः कुरबकाः, शैवालजालाकुलप्रान्तं सरांसि, फेनपटलैः सीमन्तिताः सिन्धवः भान्ति। (हे) कृशाङ्गि ! किञ्च अस्मिन् समये सन्ततलताकीर्णानि अरण्यानि अपि विलसत्कन्दर्पकोदण्डिकक्रीडाभाञ्जि भवन्ति।

अनुवाद - शीघ्र ही निकलते हुए दिखाई देने वाले अङ्कुरों वाले कुरबक

के वृक्ष, शैवालसमूह से व्याप्त प्रान्तभाग वाले सरोवर, फेनसमूह से विभाजित नदियाँ सुशोभित हो रही हैं। (हे) कृशाङ्गि ! और भी इस समय फैली हुई लताओं से व्याप्त वन भी विलसित होते हुए कामदेव के धनुष की क्रीड़ाओं से युक्त हो रहे हैं।

प्रस्तुत पद्य में कवि ने वृक्ष, जल तथा वसन्त आदि अचेतन पदार्थों को भी रस के उद्दीपन विभाव के रूप में वर्णन किया है।

एवं स्वाभाविकसुन्दरपरिस्पन्दनिबन्धनं पदार्थस्वरूप-मभिधाय तदेवोपसंहरति-

इस प्रकार से स्वाभाविक सुन्दर सौन्दर्य के कारणभूत पदार्थों के स्वरूप को कह कर अब उसी का उपसंहार करते हैं -

शरीरमिदमर्थस्य रामणीयकनिर्भरम्।
उपादेयतया ज्ञेयं कवीनां वर्णनास्पदम्॥9॥

अन्वयः - अर्थस्य रामणीयकनिर्भरम् इदं शरीरम् उपादेयतया कवीनां वर्णनास्पदं ज्ञेयम्।

अनुवाद - अर्थ अर्थात् वर्णनीय वस्तु का रमणीयता से परिपूर्ण इस (चेतन-अचेतन पदार्थरूप) शरीर को ही (काव्य में) उपादेय होने से (इसे) कवियों के लिए वर्णन का विषय समझना चाहिए।

अर्थस्य वर्णनीयस्य वस्तुनः शरीरमिदमुपादेयतया ज्ञेयं ग्राह्यत्वेन बोद्धव्यम्। कीदृशं सत् - 'रामणीयकनिर्भरम्' सौन्दर्यपरिपूर्णम्, औपहत्यरहितत्वेन तद्विदावर्जकमिति यावत्। कवीनामेतदेव यस्माद् वर्णनास्पदमभिधा-व्यापारगोचरम्। एवंविधस्यास्य स्वरूपशोभातिशय-भ्राजिष्णोर्विभूषणान्युपशोभान्तरमारभन्ते॥9॥

अर्थ अर्थात् वर्णनीय वस्तु के इस शरीर को उपादेय होने से ग्राह्य समझना चाहिए। कैसा होने पर? उत्तर है - रमणीयता से युक्त अर्थात् सौन्दर्य से परिपूर्ण होने पर, किसी प्रकार के दोष से रहित होने पर सहृदयों को आनन्दित करने

वाला। क्योंकि कवियों के लिए यह ही वर्णन का विषय अर्थात् अभिधा के व्यापार का विषय बनता है। इस प्रकार के अपने स्वरूप की शोभा के अतिशय से सुशोभित होने वाले इस वर्णनीय वस्तु के शरीर को अलङ्कार अन्य उपशोभा से अलङ्कृत करते हैं। कहने का भाव यह है कि पदार्थों का वास्तविक सौन्दर्य ही उनकी मुख्य शोभा है। अलङ्कारों के द्वारा होने वाली शोभा उनकी गौण शोभा होती है।

एतदेव प्रकारान्तरेण विचारयति -

इसी को अर्थात् काव्य में वर्णनीय विषय की उपादेयता का प्रकारान्तर से अर्थात् तीसरे प्रकार से विचार करते हैं -

धर्मादिसाधनोपायपरिस्पन्दनिबन्धनम्।
व्यवहारोचितं चान्यल्लभते वर्णनीयताम्॥10॥

अन्वय - अन्यत् च धर्मादिसाधनोपायपरिस्पन्दनिबन्धनं व्यवहारोचितं वर्णनीयतां लभते।

अनुवाद - और दूसरा (चेतन और अचेतन पदार्थों का स्वरूप) धर्मादि की सिद्धि के उपायभूत व्यापार के कारणरूप में (लोक) व्यवहार के अनुरूप (होकर कवियों के) वर्णन का विषय बनता है।

'व्यवहारोचितं चान्यत्'। अपरं पदार्थानां चेतनाचेतनानां स्वरूपमेवंविधं वर्णनीयतां लभते, कविव्यापारविषयतां प्रतिपद्यते। कीदृशम् - व्यवहारोचितं लोकव्यवहारयोग्यम्। कीदृशं सत् - 'धर्मादिसाधनोपायपरिस्पन्दनिबन्धनम्'। धर्मादेश्चतुर्वर्गस्य साधने सम्पादने उपायभूतो यः परिस्पन्दः स्वविलसितं तदेव निबन्धनं यस्य तत्तथोक्तम्।

और दूसरा व्यवहार के अनुरूप। दूसरा चेतन और अचेतन पदार्थों का इस प्रकार का स्वरूप वर्णन का विषय बनता है, अर्थात् कवियों के व्यापार का

विषय बनता है। किस प्रकार का स्वरूप? उत्तर है - व्यवहार के अनुरूप अर्थात् लोक-व्यवहार के योग्य। किस प्रकार का होकर? उत्तर है - धर्मादि के साधन अर्थात् प्राप्त करने के उपायभूत व्यापार के कारणभूत। धर्मादि अर्थात् चतुर्वर्ग के साधन अर्थात् सम्पादन में उपायभूत जो परिस्पन्द अर्थात् अपना प्रभाव, वह ही जिसका कारण है, उस प्रकार का।

तदिदमुक्तं भवति - यत्काव्ये वर्ण्यमानवृत्तयः प्रधानचेतनप्रभृतयः सर्वे पदार्थाश्चतुर्वर्गसाधनोपाय-परिस्पन्दप्राधान्येन वर्णनीयाः। येऽप्यप्रधानचेतन-स्वरूपाः पदार्थास्तेऽपि धर्मार्थाद्युपायभूतस्व-विलासप्राधान्येन कवीनां वर्णनीयतामवतरन्ति। तथा च राज्ञां शूद्रकप्रभृतीनां मन्त्रिणां च शुकनासमुख्यानां चतुर्वर्गानुष्ठानोपदेशपरत्वेनैव चरितानि वर्ण्यन्ते। अप्रधानचेतनानां हस्तिहरिणप्रभृतीनां संग्राममृगया-द्यङ्गतया परिस्पन्दसुन्दरं स्वरूपं लक्ष्ये वर्ण्यमानतया परिदृश्यते। तस्मादेव च तथाविधस्वरूपोल्लेखप्राधान्येन काव्यकाव्योपकरणकवीनां चित्रचित्रोपकरणचित्रकरैः साम्यं प्रथममेव प्रतिपादितम्। तदेवंविधं स्वभावप्राधा-न्येन रसप्राधान्येन द्विप्रकारं सहजसौकुमार्यसरसं स्वरूपं वर्णनाविषयवस्तुनः शरीरमलङ्कार्यतामेवार्हति॥10॥

इसका अभिप्राय यह हुआ कि काव्य में जो प्रधान चेतन आदि वर्णनीय होते हैं, वे सभी पदार्थ चतुर्वर्ग– प्राप्ति के साधन अर्थात् उपायभूत व्यापार के प्राधान्य से वर्णन किए जाते हैं। जो अप्रधान चेतन स्वरूप पदार्थ होते हैं वे भी धर्मार्थ आदि की प्राप्ति के उपायभूत होकर अपने सुन्दर व्यापार की प्रधानता से कवियों के लिए वर्णन का विषय होते हैं। जैसे कि शूद्रक आदि राजाओं तथा शुकनास आदि मन्त्रियों के चरित चतुर्वर्ग के अनुष्ठान के उपदेशपरक होकर ही वर्णन किए जाते हैं। अप्रधान चेतन हाथी, हरिण आदि का संग्राम, मृगया

आदि के व्यापार से सुन्दर स्वरूप काव्यों में अङ्गरूप में वर्णन किया गया दिखाई देता है। इसीलिए उस प्रकार के स्वरूप के उल्लेख की प्रधानता से काव्य, काव्य के उपकरण और कवि का चित्र, चित्र के उपकरण और चित्रकार के साथ साम्य पहले ही प्रतिपादित किया जा चुका है। इस प्रकार स्वभाव की प्रधानता से तथा रस की प्रधानता से दो प्रकार का सहज सुकुमार और सरस स्वरूप वाला वर्णनीय विषय-वस्तु का शरीर अलङ्कार्य बनने के योग्य होता है। कहने का भाव यह है कि अलङ्कार उसी वर्णनीय वस्तु को अलङ्कृत कर सकते हैं जो वस्तु या तो अपने स्वभाव की प्रधानता से सुकुमार हो अथवा रस की प्रधानता से सरस हो।

तत्र स्वाभाविकं पदार्थस्वरूपमलङ्करणं यथा न भवति तथा प्रथममेव प्रतिपादितम्। इदानीं रसात्मनः प्रधान-चेतनपरिस्पन्दवर्ण्यमानवृत्तेरलङ्कारकारान्तराभिमतामलङ्कारतां निराकरोति -

उन (स्वभावप्रधान तथा रसप्रधान दो प्रकार के पदार्थों के स्वरूपों) में से पदार्थों का स्वाभाविक स्वरूप जिस प्रकार से अलङ्करण नहीं होता है, अपितु अलङ्कार्य ही होता है, यह पहले ही प्रतिपादित कर दिया गया है। अब अन्य आलङ्कारिक (भामह आदि) के अभिमत प्रधान चेतन के स्वभावरूप वर्ण्यमान पदार्थों के रसात्मक स्वरूप की भी अलङ्कारता का निराकरण करते हैं। अर्थात् भामह आदि प्राचीन आचार्यों ने जो रसवत् आदि को अलङ्कार माना है, उसका खण्डन करते हैं -

अलङ्कारो न रसवत् परस्याप्रतिभासनात्।
स्वरूपादतिरिक्तस्य शब्दार्थासङ्गतेरपि॥11॥

अन्वय - स्वरूपात् अतिरिक्तस्य परस्य अप्रतिभासनात् शब्दार्थासङ्गतेः अपि रसवत् अलङ्कारः न (भवति)।

अनुवाद - अपने स्वरूप के अतिरिक्त किसी अन्य की प्रतीति न होने पर (और) शब्द तथा अर्थ की सङ्गति भी न होने पर रसवत् अलङ्कार नहीं (होता है)।

'अलङ्कारो न रसवत्'। रसवदिति योऽयमुत्पादित-प्रतीतिर्नामालङ्कारस्तस्य विभूषणत्वं नोपपद्यते इत्यर्थः। कस्मात् कारणात् - 'स्वरूपादतिरिक्तस्य परस्या-प्रतिभासनात्'। वर्ण्यमानस्य वस्तुनो यत् स्वरूप-मात्मीयः परिस्पन्दः, तस्मादतिरिक्तस्यात्यधिकस्य परस्याप्रतिभासनात् अनवबोधात्। तदिदमत्र तात्पर्यम्-यत् सर्वेषामेवालङ्काराणां सत्कविवाक्यगता-नामिदमलङ्कार्यमिदमलङ्करणम् इत्यपोद्धारविहितो विविक्तभावः सर्वस्य प्रमातुश्चेतसि परिस्फुरति। रसवत् इत्यलङ्कारवद्वाक्ये पुनरवहितचेतसोऽपि न किञ्चिदेतदेव बुध्यामहे।

रसवत् अलङ्कार नहीं है। रसवत् नाम का जो उत्पादित प्रतीति वाला अर्थात् काल्पनिक अलङ्कार कुछ प्राचीन भामह आदि आचार्यों के द्वारा माना गया है, उसका अलङ्कारत्व सिद्ध नहीं होता है, यह तात्पर्य है। प्रश्न है– किस कारण से रसवत् का अलङ्कारत्व सिद्ध नहीं होता है? उत्तर है - अपने स्वरूप (अलङ्कार्य) के अतिरिक्त किसी अन्य की प्रतीति न होने पर। वर्ण्यमान वस्तु का जो अपना स्वभाव है, उसके अतिरिक्त अर्थात् उससे अधिक किसी अन्य वस्तु की प्रतीति न होने पर। इसका यहाँ यह तात्पर्य है कि जो सत्कवियों के काव्यों में समस्त अलङ्कारों का जो 'यह अलङ्कार्य है तथा यह अलङ्कार है' ऐसा पृथक् रूप से किया गया 'अलङ्कार्य-अलङ्कार' भाव सभी प्रमाताओं के चित्त में परिस्फुरित होता है। परन्तु रसवत् नामक अलङ्कार से युक्त वाक्य में सावधान चित्त से विचार करने पर भी यह 'अलङ्कार्य-अलङ्कार' भाव थोड़ा सा भी समझ में नहीं आता है।

तथा च - यदि शृङ्गारादिरेव प्राधान्येन वर्ण्यमानोऽ-लङ्कार्यस्तदन्येन केनचिदलङ्करणेन भवितव्यम्। यदि वा तत्स्वरूपमेव तद्विदाह्लादनिबन्धनत्वादलङ्करण-

मित्युच्यते तथापि तद्व्यतिरिक्तमन्यदलङ्कार्यतया प्रकाशनीयम्। तदेवंविधो न कश्चिदपि विवेकश्चिरन्तनालङ्कारकाराभिमते रसवदलङ्कारलक्षणोदाहरणभागे मनागपि विभाव्यते। यथा च -

जैसे कि यदि शृङ्गार आदि रस ही प्रधान रूप से वर्ण्यमान हैं, तब उनको अलङ्कार्य कहना चाहिए तथा रसादि से भिन्न कोई अलङ्कार होना चाहिए। अथवा यदि रसादि का स्वरूप ही सहृदयों के आह्लाद का जनक होने से अलङ्करण कहा जाता है, तब भी रसादि से अतिरिक्त कुछ और अलङ्कार्य के रूप में प्रकाशित करना चाहिए, जिसको यह रसवत् अलङ्कार अलङ्कृत करता है। परन्तु इस प्रकार का भामह आदि प्राचीन आलङ्कारिकों के अभिमत रसवत् नामक अलङ्कार के उदाहरणों में कोई भी अलङ्कार्य और अलङ्कार का थोड़ा सा भी विभाजन दिखाई नहीं देता है। जैसे कि -

रसवद् दर्शितस्पष्टशृङ्गारादि।।33।।

अर्थात् जहाँ पर शृङ्गारादि रस स्पष्ट रूप से उद्दीप्त हो रहे हो, वहाँ रसवत् अलङ्कार होता है।

आचार्य भामह तथा आचार्य उद्भट दोनों ने रसवत् अलङ्कार को परिभाषित किया है। आचार्य भामह के अनुसार - 'रसवद् दर्शितस्पष्टशृङ्गारादिरसम्।' (काव्यालङ्कार 3-6) तथा आचार्य उद्भट के अनुसार - 'रसवद् दर्शितस्पष्टशृङ्गारादि रसोदयम्।' (काव्यालङ्कारसारसंग्रह 4-4) रसवत् अलङ्कार की उक्त दोनों परिभाषाओं पर विचार करने पर न तो यहाँ पर अलङ्कार्य और अलङ्कार का विभाजन दिखाई देता है तथा न ही रसवत् का अलङ्कारत्व सिद्ध होता है।

इति रसवल्लक्षणम्। अत्र दर्शिताः स्पृष्टाः स्पष्टं वा शृङ्गारादयो यत्रेति व्याख्याने काव्यव्यतिरिक्तो न कश्चिदन्यः समासार्थभूतः संलक्ष्यते।

यह भामह और उद्भट के अनुसार रसवत् अलङ्कार का लक्षण है। यहाँ पाठभेद के आधार पर दो बहुव्रीहिसमासपद हो सकते हैं - 'दर्शितस्पृष्टशृङ्गारादिः' अथवा 'दर्शितस्पष्टशृङ्गारादिः।' समासविग्रह होगा - 'दर्शिताः स्पृष्टाः स्पष्टं वा

शृङ्गारादयः यत्र' इस व्याख्यान में बहुव्रीहि समास में जो अन्य पद प्रधान होता है, वह काव्य से अतिरिक्त कुछ अन्य दिखाई नहीं देता है। अर्थात् वह अन्य पद अलङ्कारवाचक नहीं है।

सोऽसावलङ्कारः काव्यमेवेति चेत्, तदपि न सुस्पष्टसौष्ठवम्। यस्मात् काव्यैकदेशयोः शब्दार्थयोः पृथक् पृथगलङ्काराः सन्तीत्युपक्रम्य इदानीं काव्यमेवालङ्करणमित्युपक्रमोपसंहारवैषम्यदुष्टत्वमायाति।

यदि यह कहे कि यह रसवत् अलङ्कार काव्य ही है, तब भी उसका सुस्पष्ट सौष्ठव अर्थात् समन्वय नहीं होता है। क्योंकि काव्य के एकदेश अर्थात् अवयवभूत शब्द और अर्थ के पृथक्-पृथक् अलङ्कार होते हैं, ऐसा उन्होंने अपने ग्रन्थ काव्यालङ्कार के प्रारम्भ में उपक्रम अर्थात् प्रतिज्ञा की है, अब 'काव्य ही अलङ्कार है' ऐसा उपसंहार करने पर यह उपक्रम तथा उपसंहार का वैषम्यरूप दोष आ जाता है।

यदि वा दर्शिताः स्पष्टं शृङ्गारादयो येनेति समासः। तथापि वक्तव्यमेव कोऽसाविति। प्रतिपादनवैचित्र्यमेवेति चेत तदपि न सम्यक् समर्थनार्हम्। यस्मात् प्रतिपाद्यमानादन्यदेव तदुपशोभानिबन्धनं प्रतिपादनवैचित्र्यम्, न पुनः प्रतिपाद्यमेव।

अथवा यदि समासविग्रह 'दर्शिताः स्पष्टं शृङ्गारादयो येन' अर्थात् जिसके द्वारा स्पष्टरूप से शृङ्गारादि रस दिखलाए जाते हैं वह' यह है, तब भी 'येन' पद से सूचित होने वाला वह कौन है? यह बताना पड़ेगा। यदि कहा जाए कि प्रतिपादन का वैचित्र्य ही 'वह' है, तब भी वह सम्यक् समर्थन के योग्य नहीं है। क्योंकि प्रतिपाद्यमान अलङ्कार्य से भिन्न उसकी शोभा का कारण प्रतिपादन का वैचित्र्य अलङ्कार को ही मानना पड़ेगा, न कि प्रतिपाद्य अलङ्कार्य ही अलङ्कार हो जायेगा।

स्पष्टतया दर्शितं रसानां प्रतिपादनवैचित्र्यं यद्यभिधीयते

तदपि न सुप्रतिपादनम्। स्पष्टतया दर्शने शृङ्गारादीनां स्वरूपपरिनिष्पत्तिरेव पर्यवस्यति।

यदि यह कहा जाए कि स्पष्ट रूप से प्रदर्शित किया गया रसों का प्रतिपादन-वैचित्र्य ही 'दर्शितस्पष्ट शृङ्गारादिः' पद का अभिप्राय है, तब भी उसका प्रतिपादन उचित रूप से नहीं किया जा सकता है। क्योंकि शृङ्गारादि रसों का स्पष्ट दर्शन उनके अपने स्वरूप की ही सिद्धि है। रस के अतिरिक्त अलङ्कार्य अथवा अलङ्कार में से किसी की सिद्धि नहीं होती है।

किञ्च रसवतः काव्यस्यालङ्कार इति तथाविधस्य सतस्तस्यासाविति न किञ्चिदनेन तस्याभिधेयं स्यात्। अथवा तेनैवालङ्कारेण रसवत्वं तस्याधीयते, तदेवं तर्ह्यसौ न रसवतोऽलङ्कारः प्रत्युत रसवानलङ्कार इत्यायाति। तन्माहात्म्यात् काव्यमपि रसवत् सम्पद्यते।

और यदि रस से युक्त काव्य का अलङ्कार रसवत् अलङ्कार होता है, यह कहा जाए तब भी उस प्रकार का रस से युक्त होने पर उस काव्य का यह रसवत् अलङ्कार होता है, इस कथन से 'रसवदलङ्कार' पद का कोई अर्थ नहीं होता है। अथवा यदि यह कहा जाए कि उस रसवत् अलङ्कार से ही काव्य को रसवत् कहा जाता है, तब वह रसवत् का अलङ्कार नहीं हुआ, अपितु रसवत् ही अलङ्कार हुआ, यह अर्थ निकलता है। क्योंकि उस रसवत् अलङ्कार के माहात्म्य से काव्य भी रसवत् अलङ्कार हो जाता है।

यदि वा तेनैवाहितरससम्बन्धस्य रसवतः काव्यस्यालङ्कार इति तत्पश्चाद्रसवदलङ्कारव्यपदेशतामासादयति। यथाग्निष्टोमयाजी अस्य पुत्रे भवितेत्युच्यते। तदपि न सुप्रतिबद्धसमाधानम्।

अथवा यदि उसी अलङ्कार से जिस काव्य का रस के साथ सम्बन्ध होने से उस रसवत् काव्य का अलङ्कार तत्पश्चात् रसवदलङ्कार के नाम से प्रयुक्त होने लगता है। जैसे इसका पुत्र अग्निष्टोमयाजी होगा। तब भी यह सुप्रतिबद्ध

समाधान नहीं हो सकता है। कहने का भाव यह है कि किसी अलङ्कार के कारण काव्य का यदि रस के साथ सम्बन्ध हो गया तो अब उस काव्य का वह अलङ्कार रसवदलङ्कार के नाम से जाना जायेगा। यह कथन तो ठीक उसी प्रकार का हो गया जैसे किसी से कहा कि इसका पुत्र अग्निष्टोमयाजी होगा। कथन के समय उसके पुत्र का अग्निष्टोम याग के साथ कोई सम्बन्ध नहीं है, केवल कल्पना के आधार पर उसे अग्निष्टोमयाजी कहा गया है। जब बाद में वह अग्निष्टोम याग कर लेगा तब उसे अग्निष्टोमयाजी कहा जायेगा। इस प्रकार पहले अलङ्कार्य काव्य ही रसवत् होता है, बाद में उसका सम्बन्ध अलङ्कार के साथ होने से उस अलङ्कार को भी रसवत् कहा जा सकता है। यह भी कोई उचित समाधान नहीं है।

यस्मात् अग्निष्टोमयाजी शब्दः प्रथमं भूतलक्षणे विषयान्तरे निष्पत्तिपक्षतया समासादितप्रसिद्धिः पश्चाद् भविष्यति वाक्यार्थसम्बन्धलक्षणयोग्यतया तमनुभवितुं शक्नोति। न पुनरत्रैवं प्रयुज्यते। यस्माद्रसवतः काव्यस्यालङ्कार इति तत्सम्बन्धितयैवास्य स्वरूपलब्धिरेव। तत्सम्बन्धिनिबन्धनं च काव्यस्य रसवत्त्वमित्येवमितरेतराश्रयदोषः केनापसार्यते।

क्योंकि 'अग्निष्टोमयाजी' शब्द पहले भूतार्थ में निष्पन्न होने से अन्य विषय में प्रसिद्धि को प्राप्त कर चुका है। इसलिए 'बाद में होगा' इस वाक्यार्थ के साथ सम्बन्ध के योग्य होने से उसके साथ सम्बद्ध हो सकता है। परन्तु यहाँ रसवत् अलङ्कार में इस प्रकार का प्रयोग नहीं हो सकता है। क्योंकि रसवत् काव्य का अलङ्कार इस प्रयोग में उस रसवत् काव्य के साथ सम्बद्ध होने पर ही इस रसवत् अलङ्कार को अपने स्वरूप की प्राप्ति हो सकती है और उस रसवत् अलङ्कार के सम्बन्ध से ही उस काव्य में रसवत्ता आती है, इस इतरेतराश्रय दोष का निवारण यहाँ कौन करेगा?

कहने का भाव यह है कि जिसने पहले अग्निष्टोम याग किया है, उसके लिए 'अग्निष्टोमयाजी' शब्द प्रसिद्धि को प्राप्त कर चुका है। अब यदि कोई

कहे कि इसका पुत्र अग्निष्टोमयाजी होगा, इस प्रकार की भविष्यकालीन प्रतीति तब ही हो सकेगी, जब व्यक्ति उस पूर्व के सम्बन्ध का अनुभव करेगा। परन्तु यहाँ रसवत् अलङ्कार में इस प्रकार का प्रयोग नहीं हो सकता है। क्योंकि जब 'रसवत् काव्य का अलङ्कार' यह प्रयोग होता है, तब उस रसवत् काव्य के साथ सम्बद्ध होने पर ही रसवत् अलङ्कार को अपने स्वरूप की प्राप्ति हो सकती है अर्थात् रसवत् का अलङ्कारत्व सिद्ध हो सकता है और काव्य में रसवत्ता तब ही आयेगी जब उसका सम्बन्ध रसवत् अलङ्कार के साथ होगा। इस प्रकार रसवत् काव्य के साथ सम्बन्ध होने पर रसवत् काव्य का अलङ्कारत्व सिद्ध होता है तथा रसवत् अलङ्कार के कारण काव्य में रसवत्ता आयेगी। यहाँ पर रसवत् काव्य रसवत् अलङ्कार पर आश्रित है तथा रसवत् अलङ्कार रसवत् काव्य पर आश्रित है। अतः दोनों में परस्पर अन्योन्याश्रय दोष उपस्थित हो जाता है, जिसका निवारण सम्भव नहीं है।

यदि वा रसो विद्यते यस्यासौ तद्वानलङ्कार एवास्तु इत्यभिधीयते, तथाप्यलङ्कारः काव्यं वा नान्यत् तृतीयं किञ्चिदत्रास्ति। तत्पक्षद्वितयमपि प्रत्युक्तम्। उदाहरणं लक्षणैकयोगक्षेमत्वात् पृथङ् न विकल्प्यते। यथा -

'रसो विद्यते यस्य असौ' अर्थात् रस विद्यमान हो जिसमें वह रसवत् काव्य हुआ और उससे युक्त अलङ्कार ही रसवत् अलङ्कार है, यदि रसवत् अलङ्कार की ऐसी व्याख्या की जाए तब भी जिसमें रस विद्यमान है वह काव्य या अलङ्कार के अतिरिक्त कुछ तीसरा नहीं हो सकता है। इस पक्ष का पूर्व में आचार्य कुन्तक द्वारा खण्डन किया जा चुका है, क्योंकि रसवत् अलङ्कार्य है तब अलङ्कार भिन्न होना चाहिए और यदि रसवत् अलङ्कार है तब उससे भिन्न अलङ्कार्य होना चाहिए। उसके उदाहरण भी लक्षण के समान ही योग-क्षेम वाले ही हैं, इसलिए पुनः उनका विचार नहीं किया है। जैसे -

मृतेति प्रेत्य सङ्गन्तुं यथा मे मरणं स्मृतम्।
सैवावन्ती मया लब्धा कथमत्रैव जन्मनि॥34॥

अन्वय - (सा वासवदत्ता) मृता इति प्रेत्य यथा सङ्गन्तुं मे मरणं स्मृतम्, सा एव अवन्ती मया अत्रैव जन्मनि कथं लब्धा?

अनुवाद - (वह वासवदत्ता) मर गई, यह जानकर (जिसके) सङ्ग को प्राप्त करने के लिए मैंने (अपनी) मृत्यु का स्मरण किया, वह ही अवन्ती (वासवदत्ता) मेरे द्वारा इसी ही जन्म में कैसे प्राप्त कर ली गई?

अत्र रतिपरिपोषलक्षणवर्णनीयशरीरभूतायाश्चित्त-वृत्तेरतिरिक्तमन्यद्विभक्तं वस्तु न किञ्चिद्विभाव्यते। तस्मादलङ्कार्यतैव युक्तिमती।

(रसवत् अलङ्कार के उदाहरण के रूप में इस पद्य को आचार्य दण्डी ने काव्यादर्श में प्रस्तुत किया है) यहाँ पर वर्णनीय के शरीरभूत रति-परिपोष अर्थात् शृङ्गार रस रूप चित्तवृत्ति के अतिरिक्त और कुछ अलङ्कार रूप वस्तु प्रतीत नहीं हो रही है। इसलिए उसकी अलङ्कार्यता ही युक्तियुक्त है, अलङ्कारता नहीं।

यदपि कश्चित् -

यह भी किसी ने अर्थात् उद्भट ने काव्यालङ्कारसारसंग्रह में रसवत् अलङ्कार का लक्षण किया है -

स्वशब्दस्थायिसञ्चारिविभावाभिनयास्पदम्॥35॥

अन्वय - स्वशब्दस्थायिसञ्चारिविभावाभिनयास्पदम् (रसवद् दर्शितस्पष्टशृङ्गारादि रसोदयम्)।

अनुवाद - स्वशब्द, स्थायिभाव, सञ्चारिभाव, विभाव (तथा) अभिनय अर्थात् अनुभाव में रहने वाले (रस को स्पष्ट रूप में दर्शाने वाला रसवत् अलङ्कार होता है)।

इत्यनेन पूर्वमेव लक्षणं विशेषितम्। तत्र स्वशब्दास्पदत्वं रसानामपरिगतपूर्वमस्माकम्। ततस्त एव रससर्वस्वस-माहितचेतसस्तत्परमार्थविदो विद्वांसः परं प्रष्टव्याः - किं स्वशब्दास्पदत्वं रसानामुत रसवत इति। तत्र पूर्वस्मिन् पक्षे 'रस्यन्त इति रसाः' ते स्वशब्दास्पदास्तेषु तिष्ठन्तः

शृङ्गारादिषु वर्तमानाः सन्तस्तज्ज्ञैरास्वद्यन्ते।

इस कथन से उद्भट ने पूर्व में कहे गए लक्षण की ही विशेष व्याख्या की है। उस विषय में रसों की स्वशब्दनिष्ठता हमने पूर्व में नहीं सुनी है। इसलिए इस विषय में जो रस के सर्वस्व में समाहितचित्त हैं तथा रस के परमार्थ को जानने वाले उद्भट आदि विद्वान् है, उनसे ही पूछना चाहिए कि स्वशब्दनिष्ठता रसों की होती है अथवा रसवत् अलङ्कार की। यदि वे कहते हैं कि स्वशब्दनिष्ठता रस की होती है तब 'रस्यन्ते इति रसाः' इस व्युत्पत्ति के अनुसार जिनका आस्वाद किया जाता है, वे रस हैं और वे स्वशब्दनिष्ठ होते हैं। इसलिए यह मानना पड़ेगा कि शृङ्गारादि शब्दों में रहने वाले रस रसज्ञों अर्थात् सहृदयों के द्वारा आस्वादित किए जाते हैं।

तदिदमुक्तं भवति - यत् स्वशब्दैरभिधीयमानाः श्रुतिपथमवतरन्ताश्चेतनानां चर्वणचमत्कारं कुर्वन्तीत्यनेन न्यायेन घृतपूरप्रभृतयः पदार्थाः स्वशब्दैरभिधीयमानाः तदास्वादसम्पदं सम्पादयन्तीत्येवं सर्वस्य कस्यचिदुपभोगसुखार्थिनस्तैरुदारचरितैर-यत्नेनैव तदभिधानमात्रदेव त्रैलोक्यराज्यसम्पत्सौख्य-समृद्धिः प्रतिपाद्यते इति नमस्तेभ्यः।

इसका अभिप्राय यह हुआ कि शृङ्गारादि शब्द अपने वाचक शब्दों के द्वारा कथित होकर श्रोताओं के द्वारा कानों से सुने जाकर सहृदयों को रसों की चर्वणा का चमत्कार अर्थात् आनन्द प्रदान करते हैं। इस न्याय से घृतपूर (घेवर) आदि पदार्थ भी अपने वाचक शब्दों से कहे जाने पर उनके आस्वाद के आनन्द को देने वाले होते हैं, यही सिद्ध हो जायेगा। इस प्रकार से समस्त पदार्थों के उपभोग के सुख को चाहने वालों के लिए उन उदार चरित (उद्भट आदि आचार्यों) के द्वारा बिना किसी प्रयत्न के ही उनके कथनमात्र से ही तीनों लोकों के राज्य, सम्पत्ति, सुख, समृद्धि को सिद्ध कर दिया है। अतः उनको मेरा नमस्कार है।

कहने का भाव यह है कि यदि रसों की स्वशब्दनिष्ठता मानी जाय तब तो

विभावादि के उचित सन्निवेश की आवश्यकता नहीं होगी तथा शृङ्गारादि शब्द सुनते ही सहृदयों को रसों की चर्वणा हो जायेगी। यह बात तो ठीक उसी प्रकार की हो गई जैसे कोई व्यक्ति किसी को घेवर आदि पदार्थों का कथन करता रहे तथा उन्हें वे पदार्थ खाने को नहीं दे, तब भी श्रोता उन मिष्ठान्नवाचक पदों को सुनने मात्र से ही उनके आस्वाद को प्राप्त कर लेंगे। आस्वाद को प्राप्त करने के लिए उनकों खाने की क्या आवश्यकता होगी? इतना ही नहीं अब तो वे श्रवणमात्र से ही बिना किसी प्रयत्न के उनके कथनमात्र से ही तीनों लोकों के राज्य, सम्पत्ति, सुख, समृद्धि को भी प्राप्त कर लेंगे। अतः इस प्रकार के महाविद्वान् आचार्यों को मेरा नमस्कार है। ऐसा कहकर कुन्तक उद्भट आदि आचार्यों का उपहास करते हैं।

यहाँ तब आचार्य कुन्तक ने रस की स्वशब्दनिष्ठता का खण्डन किया है। अब वे रसवत् की स्वशब्दनिष्ठता का खण्डन करते हैं -

रसवतस्तदास्पदत्वं नोपपद्यते, रसस्यैव स्ववाच्यस्यापि तदास्पदत्वाभावात्। किमुतान्यस्येति। तदलङ्कारत्वञ्च प्रथममेव प्रतिषिद्धम्। शिष्टं स्थाऽयादिलक्षणं पूर्वं व्याख्यातमेवेति न पुनः पर्यालोच्यते।

रसवत् का तदास्पदत्व अर्थात् रसादिशब्दनिष्ठत्व सिद्ध नहीं होता है। जब स्वशब्द अर्थात् 'रस' शब्द से वाच्य रसादि की भी शब्दनिष्ठता उपपन्न नहीं होती है, तब अन्य अर्थात् रसवत् की तो बात ही क्या है। रस के अलङ्कार्य होने से उसके अलङ्कारत्व का पहले ही खण्डन कर चुके हैं। शेष स्थायिभाव आदि का लक्षण का पहले व्याख्यान हो चुका है, इसलिए अब पुनः उसकी पर्यालोचना नहीं करेंगे।

यदपि-रसवत् रससंश्रयात्॥36॥

और जो रस के संश्रय से रसवत् अलङ्कार होता है।

इति कैश्चिल्लक्षणमकारि, तदपि न सम्यक् समाधियतामधितिष्ठति। यथा हि रसः संश्रयो यस्यासौ रससंश्रयः, तस्मात्कारणादयं रसवदलङ्कारः सम्पद्यते।

तथापि वक्तव्यमेव कोऽसौ रसव्यतिरिक्तवृत्तिः पदार्थः। काव्यमेवेति चेत् तदपि पूर्वमेव प्रत्युक्तम्। तस्य स्वात्मनि क्रियाविरोधादलङ्कारत्वानुपपत्तेः।

'रसवत् रससंश्रयात्' ऐसा किसी ने अर्थात् आचार्य दण्डी ने रसवत् अलङ्कार का लक्षण किया है, उसका भी ठीक से समाधान नहीं किया जा सकता है। जैसे कि 'रसः संश्रयो यस्य असौ' यह 'रससंश्रयः' पद का समासविग्रह होगा। अर्थात् रस जिसका संश्रय है, वह रसवत् होता है। उस रससंश्रयरूप अन्य पदार्थ के कारण यह रसवत् अलङ्कार होता है। तथापि यह बताना चाहिए कि 'रस जिसका संश्रय है' उससे भिन्न कौनसा पदार्थ है? यदि यह कहते हो कि वह पदार्थ काव्य ही है, तब उसका पहले ही खण्डन किया जा चुका है। अर्थात् काव्य स्वयं में अलङ्कार नहीं होता है, अपितु उसके अवयवभूत शब्द अथवा अर्थ के धर्म ही अलङ्कार होते हैं। अतः काव्य को रसवत् अलङ्कार कहना उचित नहीं है। क्योंकि वह काव्य अलङ्कार्य होता है, अतः उस काव्य के अपने ही अन्दर अलङ्करणरूप क्रिया से विरोध होने के कारण उसका अलङ्कारत्व सिद्ध नहीं होता है। कहने का भाव यह है कि काव्य या काव्य का कोई भी पदार्थ जिसे रसवत् कहा जायेगा वह स्वयं ही अलङ्कार्य और अलङ्कार दोनों हो, यह ठीक नहीं है।

अथवा रसस्य संश्रयो रसेन संश्रीयते यस्तस्मात् रससंश्रयादिति। तथापि कोऽसाविति व्यतिरिक्तत्वेन वक्तव्यतामेवायाति। उदाहरणजातमप्यस्य लक्षणस्य पूर्वेण समानयोगक्षेमप्रायमिति न पृथक् पर्यालोच्यते।

अथवा 'रसस्य संश्रयः' अर्थात् रस का संश्रय या 'रसेन संश्रीयते यः' अर्थात् रस के द्वारा जिसका आश्रय लिया जाता है वह, इस प्रकार से 'रससंश्रय' पद का विग्रह करने पर भी पूर्ववत् वही प्रश्न उत्पन्न होगा कि काव्य के अतिरिक्त वह कौनसा पदार्थ है, जिसे रसवत् अलङ्कार कहा जा सके। अतः यह व्याख्या भी उचित नहीं है। इस लक्षण के उदाहरण भी इसके लक्षण के

समान ही योग-क्षेम वाले हैं। अतः इसकी पृथक् आलोचना करने की आवश्यकता नहीं है।

रसपेशलम्॥37॥ इति पाठे न किञ्चिदत्रातिरिच्यते।

काव्यादर्श में किसी पाठ में 'रसवत् रससंश्रयात्' इस पाठ के स्थान पर 'रसवद्रसपेशलम्' यह पाठ मिलता है। परन्तु इस पाठ को मानने पर भी इसका पूर्व लक्षण से कोई विशेष भेद दिखाई नहीं देता है।

अथ प्रतिपादकवाक्योपारूढपदार्थसार्थस्वरूपमलङ्कार्यं रसस्वरूपानुप्रवेशेन विगलितस्वपरिस्पन्दानां द्रव्यानां इव अलङ्करणं भवतीत्येतदपि चिन्त्यमेव। किञ्च तथऽभ्युपगमेऽपि प्रधानगुणभावविपर्यासः पर्यवस्यतीति न किञ्चिदेतत्।

और यदि प्रतिपादक वाक्य में उपारूढ़ अर्थात् प्रतीत होने वाला पदार्थसमूह स्वरूप अलङ्कार्य रस के स्वरूप के अनुप्रवेश से अपने स्वरूप को छोड़ देने वाले द्रव्यों के समान अलङ्कार बन जाता है, तब यह भी चिन्त्य अर्थात् विचारणीय ही है। क्योंकि वैसा होने पर भी प्रधान और गुणभाव का विपर्यास अर्थात् परिवर्तन होने पर यह कुछ नहीं होता है।

कहने का भाव यह है कि वाक्य में जो शब्द और अर्थ प्रतीत होते हैं, उनका स्वरूप अलङ्कार्य होता है। वह यदि रस के स्वरूप के अनुप्रवेश से अपने स्वरूप को छोड़कर अलङ्कार बन जाता है, तब यह भी विचारणीय ही है। क्योंकि वैसा होने पर भी प्रधान और गुणभाव का विपर्यास अर्थात् परिवर्तन होने पर यह कुछ नहीं होता है। अर्थात् पहले जो अलङ्कार्य होने के कारण प्रधान था, अब वह अलङ्कार होने के कारण गौण बन जायेगा। अतः यह बात भी युक्तियुक्त नहीं है।

अत्रैव उपक्रमते 'शब्दार्थासङ्गतेरपि'। शब्दार्थयोरभिधानाभिधेययोरसमन्वयाच्च रसवदलङ्कारोपपत्तिर्नास्ति। अत्र च रसो विद्यते तिष्ठति यस्येति मत्प्रत्यये विहिते

तस्यालङ्कार इति षष्ठीसमासः क्रियते। रसवांश्चासावलङ्कारश्चेति विशेषणसमासो वा। तत्र पूर्वस्मिन् पक्षे रसव्यतिरिक्तं किमन्यत् पदार्थान्तरं विद्यते यस्यासावलङ्कारः। काव्यमेवेति चेत् तत्रापि तद्व्यतिरिक्तः कोऽसौ पदार्थो यत्र रसवदलङ्कारव्यपदेशः सावकाशतां प्रतिपद्यते। विशेषातिरिक्तः पदार्थो न कश्चित् परिदृश्यते यस्तद्वानलङ्कार इति व्यवस्थितिमासादयति। तदेवमुक्तलक्षणे मार्गे रसवदलङ्कारस्य शब्दार्थसङ्गतिर्न काचिदस्ति।

अभी तक कारिका में कथित अंश कि जहाँ रसादि की प्रतीति होती है, वहाँ रसादि के अपने स्वरूप अलङ्कार्य के अतिरिक्त रसवत् की अन्य किसी अर्थात् अलङ्कार के रूप में प्रतीति नहीं हो सकती है, का प्रतिपादन किया गया है। अब कारिका के दूसरे अंश 'शब्दार्थासङ्गतेरपि' अर्थात् शब्द और अर्थ की असङ्गति होने से भी रसवत् को अलङ्कार नहीं कहा जा सकता है, का प्रारम्भ करते हैं। शब्द और अर्थ अर्थात् अभिधान और अभिधेय का समन्वय न होने से रसवत् अलङ्कार नहीं हो सकता है। यहाँ 'रसवत्' शब्द का विग्रह या तो 'रसो विद्यते तिष्ठति यस्य इति' अर्थात् रस जिसमें रहता है, इस अर्थ में मतुप् प्रत्यय करने पर उसका अलङ्कार, यह षष्ठी तत्पुरुष समास किया जा सकता है। अथवा 'रसवान् च असौ अलङ्कारः' अर्थात् 'रसवान् है जो अलङ्कार' यह विशेषण अर्थात् कर्मधारय समास किया जा सकता है। वहाँ पहले पक्ष में षष्ठी तत्पुरुष समास मानने पर रस के अतिरिक्त वह कौनसा पदार्थ है, जिसका अलङ्कार रसवत् होता है। यदि वह काव्य है तब भी उस काव्य (अलङ्कार्य) से भिन्न कौनसा पदार्थ है, जिसमें 'रसवत् का अलङ्कार' ऐसा कथन सार्थक हो सकता है। अर्थात् अलङ्कार्य तथा अलङ्कार दोनों की अलग-अलग प्रतीति होने पर ही इस नाम की सार्थकता हो सकती है। और कोई विशेष अतिरिक्त पदार्थ दिखाई नहीं देता है, जिसमें 'रसवदलङ्कार' पद सार्थक हो सके। इसलिए इस उक्त अर्थात् षष्ठी तत्पुरुष के मार्ग में रसवदलङ्कार शब्द तथा उसके अर्थ की कोई सङ्गति नहीं है। यह सङ्गति तब बैठती जब काव्य या रस के अतिरिक्त कोई रसवत् पदार्थ होता, जो रसवत् का अलङ्कार होता।

यदि वा निदर्शनान्तरविषयतया समासद्वितयेऽपि शब्दार्थसङ्गतियोजना विधीयते। यथा -

अथवा यदि दूसरे उदाहरणों के रसवत् का विषय होने पर दोनों तरह से समासों में शब्द और अर्थ की सङ्गति की योजना बनाई जाती है। जैसे -

तन्वी मेघजलार्द्रपल्लवतया धौताधरेवाश्रुभिः
शून्येवाभरणैः स्वकालविरहाद् विश्रान्तपुष्पोद्गमा।
चिन्तामौनमिवास्थिता मधुकतां शब्दैर्विना लक्ष्यते
चण्डी मामवधूय पादपतितं जातानुतापेव सा॥38॥

अन्वय - चण्डी सा तन्वी पादपतितं माम् अवधूय जातानुतापेव धौताधरेवाश्रुभिः मेघजलार्द्रपल्लवतया स्वकालविरहाद् विश्रान्तपुष्पोद्गमा आभरणैः शून्या इव मधुकतां शब्दैः विना चिन्तामौनमिवास्थिता लक्ष्यते।

अनुवाद - कुपित हुई वह तन्वी (उर्वशी) पैरों में गिरे हुए मुझे तिरस्कृत करके चले जाने के कारण पश्चात्ताप से युक्त होकर आँसुओं से भीगे हुए अधर के समान वर्षा के जल से गीले पल्लवों से युक्त होकर अपने काल के न होने से पुष्पों के उद्गम से रहित आभरणों से शून्य सी भ्रमरों के शब्दों के बिना चिन्ता से मौनरूप में स्थित (लता) के समान दिखाई दे रही है।

यथा वा -

अथवा जैसे -

तरङ्गभ्रूभङ्गा क्षुभितविहगश्रेणिरशना
विकर्षन्ती फेनं वसनमिव संरम्भशिथिलम्।
यथाविद्धं याति स्खलितमभिसंधाय बहुशं
नदीभावेनेयं ध्रुवमसहना सा परिणता॥39॥

अन्वय - तरङ्गभ्रूभङ्गा क्षुभितविहगश्रेणिरशना संरम्भशिथिलं वसनम् इव फेनं विकर्षन्ती बहुशं स्खलितम् अभिसंधाय यथाविद्धं याति ध्रुवमसहना सा नदीभावेन इयं परिणता।

अनुवाद - तरङ्गरूपी भोहों की वक्रता वाली, क्षुब्ध पक्षियों रूपी मेखला वाली,

आवेश के कारण शिथिल हुए वस्त्रों के समान फेन को खींचती हुई बार-बार स्खलित होती हुई कुटिल गति से जाती हुई मानों मेरे अनेक अपराधों को सोचकर उन्हें सहन न करती हुई वह (उर्वशी) नदीरूप में इस प्रकार से परिणत हो गई है।

अत्र रसवत्वमलङ्कारश्च प्रकटं प्रतिभासेते। तस्मान्न कथञ्चिदपि तद्विवेकस्य दुरवधानता। तेन रसवतोऽलङ्कार इति षष्ठीसमासपक्षे शब्दार्थयोर्न किञ्चिदसङ्गतत्वम्।

यहाँ पर रसवत्व और अलङ्कार दोनों अलग-अलग स्पष्टतया प्रतीत हो रहे हैं। कहने का भाव यह है कि उक्त दोनों उदाहरणों में लता तथा नदी दोनों अलग-अलग प्रतीत हो रहे हैं तथा उनका शृङ्गार रस के साथ सम्बन्ध है। परन्तु यहाँ रस मुख्य नहीं है। नायिका पर लता तथा नदी का आरोप होने से तथा रस का अङ्ग बन जाने से उक्त दोनों वस्तुएँ रसवत् और अलङ्कार्य हो गई तथा रूपक अलङ्कार हुआ। इसलिए ऐसे स्थलों पर रसवत्व और अलङ्कारत्व में अन्तर करने में कोई समस्या नहीं है। इसलिए 'रसवत् का अलङ्कार' ऐसा षष्ठी समास के पक्ष में शब्द और अर्थ की कोई असङ्गति नहीं है।

रसपरिपोषपरत्वादलङ्कारस्य तन्निबन्धनमेव रसवत्वम्। रसवांश्चासावलङ्कारश्चेति विशेषणसमासपक्षे न किञ्चिदसङ्गतत्वम्।

रसपरिपोषपरक होने से उसी रस से उस अलङ्कार का रसवत्व होता है। इसलिए 'रसवान् है जो वह अलङ्कार' इस विशेषण अर्थात् कर्मधारय समास के पक्ष में भी शब्द तथा अर्थ की कोई असङ्गति नहीं है। कहने का भाव यह है कि नायिका पर लता तथा नदी का आरोप होने से रूपक अलङ्कार के रसपरिपोषपरक होने से, उसी रस से उस रूपक अलङ्कार का रसवत्व होता है। इसलिए 'रसवान् है जो वह अलङ्कार' वह रसवत् अलङ्कार होता है। इस विशेषण अर्थात् कर्मधारय समास के पक्ष में भी शब्द तथा अर्थ की कोई असङ्गति नहीं है।

तथा चैतयोरुदाहरणयोर्लतायाः सरितश्चोद्दीपन-विभावत्वेन वल्लभाभावितान्तःकरणतया नायकस्य

तन्मयत्वेन निश्चेतनमेव पदार्थजातं सकलमवलोकयतः तत्साम्यसमारोपणं तद्धर्माध्यारोपणं चेत्युपमारूपक-काव्यालङ्कारयोजनं विना न केनचित् प्रकारेण घटते तल्लक्षणवाक्यत्वात्।

तथा इन दोनों उदाहरणों में लता तथा नदी के उद्दीपनविभाव होने से पुरुरवा के प्रिया उर्वशी की भावना से भावित अन्तःकरण से युक्त होने के कारण तन्मय होने से प्रत्येक अचेतन पदार्थ को देखकर सब जगह उर्वशी के दिखाई देने से उसके साम्य का समारोप अथवा उसके धर्म का अध्यारोप उपमा तथा रूपक अलङ्कार की योजना के बिना किसी भी प्रकार से घटित नहीं होता है। क्योंकि साम्य के आरोप से उपमा तथा उसके धर्म के आरोप से रूपक अलङ्कार होता है, उनका लक्षणवाक्य होने से। अतः यहाँ पर लता तथा नदी अलङ्कार्य हुए तथा उपमा और रूपक अलङ्कार हैं। लता तथा नदी का श्रृङ्गार रस के साथ सम्बन्ध होने से वे पदार्थ रसवत् होंगे। उनका अलङ्कार रसवदलङ्कार हो सकता है। इसलिए उपमा और रूपक को रसवदलङ्कार मानने में कोई दोष नहीं है। यह पूर्व पक्ष हुआ।

सत्यमेतत् किन्तु अलङ्कारशब्दाभिधानं विना विशेषणसमासपक्षे केवलस्य 'रसवान्' इत्यस्य प्रयोगः प्राप्नोति। रसवानलङ्कार इति चेत् प्रतीतिरभ्युपगम्यते तदपि युक्तियुक्ततां नार्हति.......................देरभावात्।

ठीक है, किन्तु 'रसवान् च असौ अलङ्कारः' इस प्रकार के कर्मधारण किंवा विशेषण समास में अलङ्कार शब्द के प्रयोग के बिना केवल 'रसवान्' है, इसका ही प्रयोग प्राप्त होता है। अर्थात् रसवदलङ्कार कहने पर रस गौण हो जाता है, इसलिए उसके स्थान पर यह पद्य रसवान् है, ऐसा कहना चाहिए। 'रसवान् अलङ्कार है' यदि ऐसी प्रतीति रसवदलङ्कार शब्द की मानी जायेगी तो युक्तियुक्त नहीं होगी। इसके पश्चात् ग्रन्थ का पाठ त्रुटित है। केवल '--देरभावात्' पाठ मिलता है। आचार्य कुन्तक ने कुछ और हेतु इस मत के खण्डन में अवश्य दिए होंगे, परन्तु वे अप्राप्त हैं।

रसवतोऽलङ्कार इति षष्ठीसमासपक्षोऽपि न सुस्पष्टसमन्वयः। यस्य कस्यचित् काव्यत्वं रसवत्वमेव। यस्यातिशयत्वनिबन्धनं तथाविधं तद्विदाह्लादकारि काव्यं करणीयमिति तस्यालङ्कार इत्याश्रिते सर्वेषामेव रूपकादीनां रसवदलङ्कारत्वमेव न्यायोपपन्नतां प्रतिपद्यते। अलङ्कारस्य यस्य कस्यिचित् रसवत्वात्। विशेषणसमासपक्षेऽप्येषैव वार्ता।

'रसवत् का अलङ्कार' इस षष्ठी समास पक्ष का भी सुस्पष्ट समन्वय नहीं हो सकता है। क्योंकि किसी भी काव्य में काव्यत्व उसका रसवत्व अर्थात् रस से युक्त होना ही है। जिस रसवत्व के अतिशय के लिए ही उस प्रकार के सहृदयों के लिए आह्लादकारी काव्य की रचना की जाती है। उस 'रसवत् काव्य का अलङ्कार' ऐसा मानने पर सभी रूपक आदि अलङ्कारों को रसवदलङ्कार मानना पड़ेगा। रसवत् काव्य का अलङ्कार होने से। विशेषण अर्थात् कर्मधारय समास मानने पर भी यही बात है।

किञ्च तदभ्युपगमे प्रत्येकमस्खलितलक्षणोल्लेखऽ-कृतपरिपोषतया लब्धात्मनामलङ्काराणां प्रातिस्विक-लक्षणाभिहितातिशयव्यतिरिक्तमनेन किञ्चिदाधिक्य-मास्थीयते। तस्मात् तल्लक्षणकरणवैचित्र्यं प्रतिवारित-प्रसरमेव परापतति।

और ऐसा मान लेने पर कि सभी अलङ्कार रसवदलङ्कार होते हैं, प्रत्येक अलङ्कार के स्खलनरहित अर्थात् शुद्ध लक्षणों के उल्लेख (यहाँ पर पाठ त्रुटित है) से परिपुष्ट अपने स्वरूप को प्राप्त करने वाले अलङ्कारों के अपने-अपने लक्षण में कही गई विशेषताओं के अतिरिक्त इससे अर्थात् रसवदलङ्कार से उनमें कुछ आधिक्य स्थापित हो जायेगा। जिससे उनके लक्षण करने के वैचित्र्य में बाधा उपस्थित हो जाती है। कहने का भाव यह है कि जब सारे ही अलङ्कार रसवदलङ्कार हैं, तब इतने सारे अलङ्कारों के अलग-अलग लक्षण करने की

क्या आवश्यकता है। सबका एक ही लक्षण हो जायेगा, जो रसवदलङ्कार का लक्षण है। इसलिए रसवदलङ्कार को मानना उचित नहीं है।

न चैवंविधविषये रसवदलङ्कारव्यवहारः सावकाशः, तज्ज्ञैस्तथावगमात्, अलङ्काराणां च मुख्यतया व्यवस्थानात्।

और इस प्रकार के विषय में अर्थात् जहाँ अन्य उपमादि अलङ्कार विद्यमान हो, वहाँ पर रसवदलङ्कार के व्यवहार का अवकाश नहीं है। क्योंकि जो अलङ्कारों के विशेषज्ञ हैं, वे अन्य अलङ्कारों की व्यवस्था मुख्य रूप से होने के कारण ऐसा नहीं मानते हैं। इसलिए अन्य अलङ्कारों के स्थान पर रसवत् अलङ्कार को नहीं माना जा सकता है। अतः रसवत् अलङ्कार से सम्बन्धित समस्त विषयों का खण्डन हो जाने पर अब रसवदलङ्कार का कुछ विषय बचता नहीं है।

अथवा चेतनपदार्थगोचरतया रसवदलङ्कारस्य, निश्चेतनवस्तुविषयत्वेन चोपमादीनां विषयविभागो व्यवस्थाप्यते तदपि न विद्वज्जनावर्जनं विदधाति। यस्मादचेतनानामपि रसोद्दीपनसामर्थ्यसमुचितसत्कवि-समुल्लिखितसौकुमार्यसरसत्वादुपमादीनां प्रविरल-विषतया निर्विषयत्वं वा स्यादिति शृङ्गारादिनिःस्यन्द-सुन्दरस्य सत्कविप्रवाहस्य च नीरसत्वं प्रसज्यत इति प्रतिपादितमेव पूर्वसूरिभिः।

अथवा चेतन पदार्थों के रसादि के वर्णन के विषय में रसवदलङ्कार होता है तथा अचेतन पदार्थों के वर्णन के विषय में उपमा आदि अलङ्कार होते हैं, इस प्रकार का विषय-विभाग कुछ आचार्यों के द्वारा व्यवस्थापित किया गया है। वह भी विद्वानों द्वारा सम्मत नहीं है। क्योंकि अचेतन पदार्थों का भी रस के उद्दीपन में सामर्थ्य होता है, ऐसा सत्कवियों के काव्यों में समुचित रूप से वर्णन होने से और सौकुमार्य के कारण सरस भी होता है, दिखाई देता है। यदि अचेतन

पदार्थों के वर्णन के विषय में उपमा आदि अलङ्कार होते हैं, यह माना भी जाय तो उपमा आदि अलङ्कारों का विषय या तो बहुत कम हो जायेगा अथवा बिल्कुल ही बचेगा ही नहीं। क्योंकि किसी न किसी रूप में अचेतन पदार्थों का सम्बन्ध चेतन के साथ होता ही है। मेघदूत आदि काव्य इसके प्रसिद्ध उदाहरण हैं। यदि अचेतन पदार्थों के वर्णन का सम्बन्ध रसों के साथ नहीं माना गया तो शृङ्गारादि रसों के प्रवाह से सुन्दर सत्कवियों के बहुत से अचेतन पदार्थों के वर्णन नीरस हो जायेंगे, ऐसा पूर्व में आनन्दवर्धन आदि विद्वानों के द्वारा प्रतिपादित किया जा चुका है। अतः इस विभाजन के भी युक्तियुक्त न होने से अब रसवदलङ्कार का कोई अवसर शेष नहीं बचता है।

यदि वा वैचित्र्यान्तरमनोहारितया रसवदलङ्कारः प्रतिपाद्यते, यथाभियुक्तैस्तैरेवाभ्यधायि -

और यदि किसी अन्य वैचित्र्य के कारण मनोहारिता होने से रसवदलङ्कार माना जाता है, जैसे कि उन्हीं आचार्यों (आनन्दवर्धनादि) ने कहा है -

प्रधानेऽन्यत्रवाक्यार्थे यत्राङ्गं तु रसादयः।
काव्ये तस्मिन्नलङ्कारो रसादिरिति मे मतिः॥40॥

अन्वय - यत्र अन्यत्र वाक्यार्थे प्रधाने रसादयः तु अङ्गम्, तस्मिन् काव्ये रसादिः अलङ्कारः (भवति) इति मे मतिः।

अनुवाद - जहाँ अन्य वाक्यार्थ के प्रधान होने पर रसादि अङ्ग होते हैं, उस काव्य में रसादि अलङ्कार (होता है) ऐसा मेरा (आनन्दवर्धन का) मत है।

इति। यत्रान्यो वाक्यार्थः प्राधान्यादलङ्कार्यतया व्यवस्थितस्तास्मिन् तदङ्गतया विनिबध्यमानः शृङ्गारादिरलङ्कारतां प्रतिपद्यते। यस्माद् गुणप्राधान्य-भावाभिव्यक्तिपूर्वमेवंविधविषये विभूष्यते। भूषण-विवेकव्यक्तिरुज्जृम्भते। यथा -

यह। अर्थात् जहाँ अन्य वाक्यार्थ प्रधान होने से अलङ्कार्य के रूप में व्यवस्थित होता है, उस काव्य में उस वाक्यार्थ के अङ्गरूप में विद्यमान शृङ्गारादि रस अलङ्कारता को प्राप्त हो जाते हैं। क्योंकि इस प्रकार के विषय में

गुण तथा प्रधान विषय भावों की अभिव्यक्ति होने पर ही अधिक विभूषित होते हैं। अर्थात् वाक्यार्थ प्रधान होता है तथा अलङ्कार गौण होता है। इन दोनों की इस प्रकार की प्रधान और गौणरूप अभिव्यक्ति स्पष्टतया होती है तथा गौण अलङ्कार की अपेक्षा प्रधान वाक्यार्थ अधिक विभूषित होता है और अलङ्कार तथा अलङ्कार्य का विवेक अर्थात् पार्थक्य स्पष्ट हो जाता है। जैसे -

क्षिप्तो हस्तावलग्नः प्रसभमभिहतोऽप्याददानोऽशुंकान्तं
गृह्णन् केशेष्वपास्तश्चरणनिपतितो नेक्षितः सम्भ्रमेण।
आलिङ्गन् योऽवधूतस्त्रिपुरयुवतिभिः साश्रुनेत्रोत्पलाभिः
कामीवार्द्रापराधः स दहतु दुरितं शाम्भवो वः शराग्निः॥41॥

अन्वय - (त्रिपुरदाहावसरे) साश्रुनेत्रेत्पलाभिः त्रिपुरयुवतिभिः आर्द्रापराधः कामी इव हस्तावलग्नः क्षिप्तः, प्रसभम् अभिहतः अपि अशुंकान्तम् आददानः, केशेषु गृह्णन् अपास्तः, सम्भ्रमेण न इक्षितः चरणनिपतितः, आलिङ्गन् अवधूतः यः शाम्भवः शराग्निः, सः वः दुरितं दहतु।

अनुवाद - (त्रिपुरदाह के अवसर पर) आँसुओं से युक्त कमलनेत्रों वाली त्रिपुर की युवतियों के द्वारा नवीन अपराध करने वाली कामी के समान हाथ का स्पर्श करने पर झटक दिया गया, बलपूर्वक ताड़ित किए जाने पर भी आँचल को ग्रहण करने वाला, केशों के ग्रहण करने पर हटा दिया गया, सम्भ्रम के कारण न देखने पर चरणों में गिरा हुआ, आलिङ्गन करने पर तिरस्कृत किया गया जो शिव के बाण की अग्नि है, वह तुम्हारे दुःखों को जला दे।

न च शब्दवाच्यत्वं नाम समानं कामिशराग्नितेजसोः सम्भवतीति तावतैव तयोस्तथाविधविरुद्धधर्माध्यासादि विरुद्धस्वभावयोरैक्यं कथञ्चिदपि व्यवस्थापयितुं पार्यते। परमेश्वरप्रयत्नेऽपि स्वभावस्यान्यथाकर्तुमशक्यत्वात्। न च तथाविधशब्दवाच्यतामात्रादेव तद्विदां तदनुभवप्रतीतिरस्ति। गुडखण्डशब्दाभिधानादपि प्रतिविषादेस्तदास्वादप्रसङ्गात्। तदनुभवप्रतीतौ सत्यां रसद्वयसमावेशदोषोऽप्यनिवार्यतामाचरति।

कामी और शराग्नि के तेज की शब्दवाच्यता समान हो सकती है, किन्तु उतने से ही उन दोनों का उस प्रकार का विरुद्ध धर्मों का अध्यास आदि विरुद्ध स्वभावों का ऐक्य किसी भी प्रकार से भी व्यवस्थापित नहीं किया जा सकता है। कहने का भाव यह है कि कामी और शराग्नि में उपमा अथवा रूपक दोनों में से कुछ भी नहीं माना जा सकता है। ऐसा मानने पर दोनों में साम्य का होना आवश्यक है। परन्तु इन दोनों में परस्पर विरुद्ध धर्म है। परमेश्वर यदि स्वयं भी प्रयत्न करे तब भी उक्त दोनों पदार्थों के स्वभाव में अन्यथा करने में अर्थात् परिवर्तित करने में समर्थ नहीं है। और उस प्रकार के परस्पर विरुद्ध धर्म वाले पदार्थों में श्लिष्ट शब्दों के प्रतिपादनमात्र से ही सहृदयों को उस ऐक्य की प्रतीति नहीं हो सकती है। यदि ऐसा होने लगे तो गुड़ के टुकड़े का शब्दशः उच्चारण करने पर भी उसके विपरीत धर्म वाले विष आदि के आस्वाद का प्रसङ्ग उपस्थित हो जायेगा। 'कामी' शब्द श्रृङ्गार रस की प्रतीति कराता है तथा 'शराग्नि' करुण की। एक ही प्रकार के श्लिष्ट पदों से दो परस्पर विरोधी रसों श्रृङ्गार तथा करुण की प्रतीति मानने पर एक ही पद्य में दो विरोधी रसों की स्थितिरूप दोष भी अनिवार्य हो जायेगा।

यदि वा भगवत्प्रभावस्य मुख्यत्वे द्वयोरप्येतयोरङ्गत्वात् भूषणत्वमित्युच्यते तदपि न समीचीनम्। यस्मात् कारणस्य वास्तवत्वादिरेव स्यात्। निर्मूलत्वादेव तयोर्भावाभावयोरिव न कथञ्चिदपि साम्योपपत्तिरित्यलमनुचितविषयचर्वणाचातुर्यचापलेन।

अथवा यदि यह कहा जाय कि भगवान् शिव के प्रभाव का मुख्यत्व होने से दोनों रसों श्रृङ्गार तथा करुण के अङ्ग होने पर रसवदलङ्कारत्व होता है, तो वह भी ठीक नहीं है। क्योंकि कामी और शराग्नि में साम्य के कारण का वास्तवत्व अर्थात् यथार्थ होना चाहिए। परन्तु जिस प्रकार भाव और अभाव में सादृश्य नहीं होता है, उसी प्रकार से कामी और शराग्नि में भी साम्य के निर्मूल होने से किसी भी प्रकार से साम्य की उपपत्ति अर्थात् सिद्धि नहीं हो सकती है। अतः इस अनुचित विषय की चर्वणा में चातुर्य दिखाने में जो चपलता आनन्दवर्धन आदि आचार्यों ने दिखाई है, वह व्यर्थ है।

यदि वा निदर्शनेऽस्मिन्ननाश्वसतः समाम्नातलक्षणोदा-हरणसङ्गतिं सम्यक् समीहमानाः समर्षणा उदाहरणान्त-रविन्यासं रसवदलङ्कारस्य व्याचख्युः। यथा-

अथवा यदि उक्त उदाहरण में आश्वस्त न होकर रसवदलङ्कार का जो लक्षण आनन्दवर्धन आदि आचार्यों ने माना है, उसकी ठीक से सङ्गति लगाने के लिए रसवदलङ्कार के एक दूसरे उदाहरण की व्याख्या की है। जैसे -

किं हास्येन न मे प्रयास्यसि पुनः प्राप्तश्चिराद् दर्शनं
केयं निष्करुण प्रवासरुचिता केनासि दूरीकृतः।
स्वापन्तेष्विति ते वदन् प्रियतमव्यासक्तकण्ठग्रहो
बुद्ध्वा रोदिति रिक्तबाहुवलयस्तारं रिपुस्त्रीजनः॥42॥

अन्वय - (हे) निष्करुण ! हास्येन किम्? पुनः मे न प्रयास्यसि। चिरात् दर्शनं प्राप्तः। इयं का प्रवासरुचिता? केन दूरीकृतः असि? इति वदन् प्रियतमव्यासक्तकण्ठग्रहः ते रिपुस्त्रीजनः स्वापन्तेषु बुद्ध्वा रिक्तबाहुवलयः तारं रोदिति।

अनुवाद - (हे) निर्दय! परिहास से क्या होगा? पुनः मेरे पास से नहीं जा सकोगे। बहुत समय के बाद तुम्हारा दर्शन प्राप्त हुआ है। यह कौनसी तुम्हारी प्रवास में रुचि है? किसने तुम्हें मुझसे दूर कर दिया है? ऐसा कहती हुई अपने प्रियतमों के गले से चिपकी हुई तुम्हारे शत्रुओं की पत्नियाँ स्वप्न के अन्त में जागने के बाद अपनी रिक्त भुजाओं को देखकर जोर से रोती हैं।

अत्र भवद्भिर्निहतवल्लभो वैरिविलासिनीसमूहः शोकावेशादशरणः करुणरसकाष्ठाधिरूढिविहित-मेवंविधवैशसमनुभवतीति तात्पर्यप्राधान्येन वाक्यार्थ-स्तदङ्गतया विनिबध्यमानः। प्रवासविप्रलम्भशृङ्गार-प्रतिभासनपरत्वं न परमार्थः। परस्परान्वितपदार्थसार्थ-समर्प्यमाणवृत्तिर्गुणभावेनावभासनादलङ्करणमित्युच्यते। तस्य च निर्विषयत्वाभावाद् रसवदालम्बनविभावादि-

स्वकारणसामग्रीविरहविहिता लक्षणानुपपत्तिर्न सम्भवति।

यहाँ आपके द्वारा जिनके पतियों का वध किया गया है, वह शत्रुओं की स्त्रियों का समूह शोकावेश के कारण शरणरहित होकर करुण रस के पराकाष्ठा पर पहुँचने के कारण इस प्रकार के दुःख का अनुभव कर रहा है। इस प्रकार का यह तात्पर्य प्रधान रूप से वाक्यार्थ है और करुण रस उसके अङ्गरूप में कवि के द्वारा निबद्ध किया गया है। यहाँ पर कवि का वास्तविक अभिप्राय प्रवास विप्रलम्भ शृङ्गार की प्रतीति कराना नहीं है। परस्पर अन्वित पदार्थसमूह की सामर्थ्य से समर्पित करुण रस के गौणरूप में प्रतीत होने से यहाँ रसवदलङ्कार कहा जाता है और इस प्रकार के उदाहरण मिलने से रसवदलङ्कार का निर्विषयत्व भी नहीं कहा जा सकता है। रसयुक्त आलम्बन विभावादिरूप अपनी कारणसामग्री के अभाव से उत्पन्न रसवदलङ्कार के स्वरूप की अनुपपत्ति भी सम्भव नहीं है। अर्थात् रस से युक्त आलम्बनादि विभाव जो कि रस की कारणसामग्री होती है, वह इस प्रकार के उदाहरणों में रसवदलङ्कार की भी प्राप्त होती है। अतः इस रसवदलङ्कार की सत्ता होती है, ऐसा आनन्दवर्धन आदि आचार्यों का मत है।

रसद्वयसमावेशदुष्टत्वमपि दूरमपास्तमेव। द्वयोरपि वास्तवस्वरूपस्य विद्यमानत्वात्तदनुभवप्रतीतौ सत्यां नात्मविरोधः स्पर्धित्वाभावात्। तेन तदपि तद्विदाह्लाद-विधानसामर्थ्यसुन्दरम्। करुणरसस्य निश्चायक-प्रमाणाभावात्, प्रवासविप्रलम्भस्य स्वकारणभूतवा-क्योपारूढालम्बनविभावादिसमर्प्यमाणत्वं स्वप्नान्तर-समये च तथाविधत्वं युक्त्या सम्भवतः। तस्मादुभय-मुपपन्नमिति।

दो विरोधी रसों के समावेश से जो पूर्व उदाहरण में दोष आ गया था, वह भी इस उदाहरण में समाप्त हो गया है। प्रधानभूत करुण रस तथा गौणभूत विप्रलम्भ शृङ्गार रस दोनों के वास्तविक होने से तथा उन दोनों की अनुभव में प्रतीति होने से परस्पर दोनों में स्पर्धा के न होने से कोई विरोध नहीं है। इसलिए

वह रसवदलङ्कार भी सहृदयों को आनन्द प्रदान करने की सामर्थ्य से युक्त होने के कारण सुन्दर है। इस पद्य में केवल करुण रस ही है, इस प्रकार का निश्चायक प्रमाण नहीं है। प्रवास विप्रलम्भ की अपने कारणभूत वाक्य में वर्णित आलम्बन विभावादि रूप सामग्री से उपस्थिति और स्वप्न की समाप्ति के समय में ऐसा होना सम्भव हो सकता है। इसलिए इस पद्य में भी दोनों ही अर्थात् करुण तथा विप्रलम्भ शृङ्गार रस है, ऐसा मानना ही उचित है। ऐसा ध्वनिकार मानते हैं।

इति चेत्तदपि न समञ्जसप्रायम्। यस्माच्चाटुविषयमहापुरुषप्रतापाक्रान्तिचकितचेतसामितस्ततः स्ववैरिणां तत्प्रेयसीनां च पलायनैरपि पृथगवस्थानं न युक्तियुक्ततामतिवर्तते।

ध्वनिकार के मत में इस पद्य में करुण रस प्रधान है तथा विप्रलम्भ शृङ्गार गौण है। ये दोनों राजविषयक रति के अङ्ग होने से यह पद्य रसवदलङ्कार का उदाहरण बनता है। इस पर कुन्तक कहते हैं कि यह भी ठीक नहीं है। क्योंकि चाटुविषयक महापुरुष के प्रताप से आक्रान्त चित्त वाले चकित शत्रुओं तथा उनकी प्रेयसियों के पलायन से भी उनका अलग-अलग रहना युक्तिसंगत हो सकता है। अर्थात् यहाँ पर शत्रुओं और उनकी प्रेयसियों में मृत्युजन्य वियोग नहीं हुआ है। अतः यहाँ पर करुण रस के स्थान पर विप्रलम्भ शृङ्गार को ही मुख्य रस माना जाना चाहिए।

करुणरसस्य सत्यपि निश्चये तथाविधपरिपोषदशाधाराधिरूढेरेकाग्रतास्तिमितमानसः तथाभ्यस्तरसवासनाधिवासितचेतसा सुचिरात् समासादितस्वप्नसमागमः पूर्वानुभूतवृत्तान्तसमुचितसमारब्धकान्तसंलापः कथमपि सम्प्रबुद्धः। प्रबोधसमनन्तरसमुल्लसितपूर्वपरानुसन्धानविदितप्रस्तुतवस्तुविसंवादविदारितान्तःकरणो भवद्वैरिविलासिनीसार्थो रोदितीति

करुणस्यैव परिपोषपदवीमधिरोहः। तथाविधव्यभिचार्यौचित्यचारुत्वं तत्स्वरूपानुप्रवेशो वेति कुतः प्रवासविप्रलम्भस्य पृथग्व्यापारे रसगन्धोऽपि।

करुण रस का निश्चय हो जाने पर भी अर्थात् शत्रुओं की स्त्रियों का अपने पतियों से वियोग पलायनविषयक नहीं, अपितु मृत्युविषयक मान लेने पर भी उस प्रकार के वियोगजन्य दुःख के परिपोष की दशा के चरम उत्कर्ष पर पहुँच जाने पर एकाग्रता के कारण स्थिर चित्त के द्वारा उस प्रकार से अभ्यस्त रसवासना से अधिवासित चित्त वाले के लिए बहुत समय बाद स्वप्न में समागम को प्राप्त करके पूर्वानुभूत वृत्तान्त के अनुसार प्रिय के साथ वार्तालाप करते समय किसी भी प्रकार से जागने के बाद पूर्वापर बातों का ध्यान आने पर प्रस्तुत वस्तु के मिथ्यात्व को जानकर जिनका अन्तःकरण विदारित हो गया, ऐसा आपके शत्रुओं की स्त्रियों का समूह रो रहा है, इस वर्णन में करुण रस का ही परम परिपोष हो रहा है। उसी प्रकार के व्यभिचारी भावों के औचित्य के चारुत्व और करुण रस के स्वरूप का सहृदयों के हृदयों में अनुप्रवेश हो रहा है। अतः यहाँ प्रवासविषयक विप्रलम्भ शृङ्गार नामक पृथक् व्यापार में रस की गन्ध भी नहीं है।

यदि वा प्रेयसः प्राधान्ये तदङ्गत्वात् करुणरसस्यालङ्करणत्वमित्यभिधीयते तदपि न निरवद्यम्। यस्माद् द्वयोरप्येतयोरुदाहरणयोर्मुख्यभूतो वाक्यार्थः करुणात्मनैव विवर्तमानवृत्तिरुपनिबद्धः। पर्यायोक्तान्यापदेशन्यायेन वाच्यताव्यतिरिक्तयोः प्रतीयमानतया न करुणस्य रसत्वाद् व्यङ्ग्यस्य सतो वाच्यत्वमुपपन्नम्। नापि गुणीभूतव्यङ्ग्यस्य विषयः, व्यङ्ग्यस्य करुणात्मनैव प्रतिभासनात्। न च द्वयोरपि व्यङ्ग्यत्वम्, अङ्गाङ्गिभावस्यानुपपत्तेः।

अथवा यदि राजविषयक स्तुति होने से प्रेयोऽलङ्कार का प्राधान्य मानने पर

करुण रस उसका अङ्ग होने से करुण रस रसवदलङ्कार है, ऐसा आनन्दवर्धन आदि आचार्यों के द्वारा कहा जाय तब भी यह कथन निर्दोष नहीं है। क्योंकि उक्त दोनों ही उदाहरणों में मुख्यभूत वाक्यार्थ करुण रस के रूप में ही प्रतीत होता हुआ उपनिबद्ध किया गया है। पर्यायोक्त तथा अप्रस्तुतप्रशंसा (अन्योक्ति) से इन दोनों उदाहरणों में वाच्य से भिन्न प्रतीयमान अर्थ होने से और करुण के रस होने के कारण व्यङ्ग्य होने से उसका वाच्यत्व उपपन्न नहीं होता है। कहने का भाव यह है कि व्यङ्ग्य होने से करुण रस ही यहाँ प्रधान है तथा वह राजविषयक स्तुतिरूप प्रेयोऽलङ्कार का अङ्ग नहीं है। इसलिए करुण रस रसवदलङ्कार नहीं है। न ही करुण रस गुणीभूतव्यङ्ग्य का विषय है, क्योंकि व्यङ्ग्य करुण के रूप में ही प्रतीत हो रहा है और न ही करुण तथा विप्रलम्भ शृङ्गार दोनों रसों का व्यङ्ग्यत्व कहा जा सकता है, क्योंकि इन दोनों के समकक्ष होने से इनका अङ्गाङ्गिभाव नहीं बन सकता है। वस्तुतः यहाँ विश्रान्ति करुण रस में ही हो रही है। इसलिए करुण रस न तो किसी का अङ्ग है और न ही गुणीभूत है। अतः यहाँ पर रसवदलङ्कार नहीं हो सकता है।

एतच्च यथासम्भवमस्माभिर्विकल्पितम्। न पुनस्तन्मात्रम्।

इस प्रकार से हमारे (कुन्तक के) द्वारा यथासम्भव रसवदलङ्कार के खण्डन के लिए विकल्प प्रस्तुत किए हैं। इसके अतिरिक्त और भी इस विषय में विकल्प हो सकते हैं, केवल इतने ही नहीं हैं।

किञ्च 'काव्ये तस्मिन्नलङ्कारो रसादिः' इति रस एवालङ्कारः केवलः, न तु रसवदिति मत्प्रत्ययस्य जीवितं न किञ्चिदभिहितम् स्यात्।

और भी आनन्दवर्धन ने रसवदलङ्कार के प्रसङ्ग में जो कारिका प्रस्तुत की है, उसमें कहा है कि 'उस काव्य में रसादि अलङ्कार होता है' इस कथन में केवल रस ही अलङ्कार होता है, न कि रसवदलङ्कार।

क्योंकि 'रसवत्' शब्द में जो 'मतुप्' प्रत्यय है, आनन्दवर्धन के कथन से उसका कोई सम्बन्ध नहीं है।

प्रेयः प्रियतराख्यानम्॥43॥

'प्रेयः प्रियतराख्यानम्' यह प्रेयोऽलङ्कार का लक्षण दण्डी ने काव्यादर्श में किया है। इसके अनुसार किसी व्यक्ति के सामने उसकी प्रियतर बात का कथन करना ही प्रेयोऽलङ्कार है।

उदाहरणमात्रमेव लक्षणं मन्यमानः।

आचार्य कुन्तक का कहना है कि आचार्य भामह प्रेयोऽलङ्कार को स्वीकार तो करते हैं, परन्तु वे केवल इसका उदाहरण मात्र देकर ही सन्तुष्ट हो गए हैं। उन्होंने इसका लक्षण नहीं किया है। दण्डी ने उक्त लक्षण करने के बाद उदाहरण प्रस्तुत किया है। अतः भामह तथा दण्डी दोनों आचार्यों ने इसका यह समान ही उदाहरण प्रस्तुत किया है -

प्रेयो गृहागतः कृष्णमवादीद् विदुरो यथा।
अद्य या मम गोविन्द जाता त्वयि गृहागते।
कालेनैषा भवेत् प्रीतिस्तवैवागमनात् पुनः॥44॥

अन्वय - प्रेयो यथा - गृहागतः कृष्णम् विदुरः अवादीत् - (हे) गोविन्द ! अद्य त्वयि गृहागते या प्रीतिः मम जाता, एषा कालेन तव एव आगमनात् पुनः भवेत्।

अनुवाद - प्रेयोऽलङ्कार वह है जैसे - घर पर आए हुए कृष्ण से विदुर ने कहा - (हे) गोविन्द ! आज तुम्हारे (हमारे) घर पर आने से जो प्रीति मुझे हुई है, वह प्रीति किसी दूसरे समय पर तुम्हारे ही आने पर पुनः प्राप्त होगी।

तदेवं न क्षोदक्षमतामर्हति। तथा च 'कालेन' इति यदुच्यते तदेव वर्ण्यमानविषयतया वस्तुनः स्वभावः। तदेव लक्षणकरणमित्यलङ्कार्यं न किञ्चिदवशिष्यते। तस्यैवोभयमलङ्कार्यमलङ्करणत्वं चेत्ययुक्तियुक्तम्। एकक्रियाविषयं युगपदेकस्यैव वस्तुनः कर्मकरणत्वं नोपपद्यते।

इस प्रकार का प्रेयोऽलङ्कार विचार करने के योग्य नहीं है। और 'कालेन' आदि से जो कहा गया है, वही वर्ण्यमान विषय होने से वस्तु का स्वभाव है। उसी को उक्त आचार्यों ने प्रेयोऽलङ्कार का लक्षण बता दिया है, अब अलङ्कार्य

तो कुछ बचेगा ही नहीं। वह स्वयं ही अलङ्कार्य और अलङ्कार दोनों हो जाय, यह युक्तियुक्त नहीं है। अलङ्करणरूप एक ही क्रिया के विषय में एक साथ एक ही वस्तु विदुर की युक्ति का कर्म अर्थात् अलङ्कार्यत्व और करणत्व अर्थात् अलङ्कारत्व सिद्ध नहीं होता है।

यदि दृश्यन्ते तथाविधानि वाक्यानि येषामुभयमपि सम्भवति-

यदि यह कहा जाय कि उस प्रकार के वाक्य भी होते हैं, जहाँ कर्मत्व और करणत्व दोनों एक ही वस्तु में दिखाई देते हैं। जैसे इस उदाहरण में -

आत्मानमात्मना वेत्सि सृजस्यात्मानमात्मना।
आत्मना कृतिना च त्वं आत्मन्येव प्रलीयसे॥45॥

अन्वय - आत्मानम् आत्मना वेत्सि। आत्मानम् आत्मना सृजसि। आत्मना कृतिना च त्वम् आत्मनि एव प्रलीयसे।

अनुवाद - (हे शिव ! आप) अपने आप को स्वयं अपने से जानते हो। अपने आप को स्वयं अपने आप में उत्पन्न करते हो और अपने (सृष्टिविषयक) कार्यों से (निवृत्त होकर) तुम अपने आप में ही विलीन हो जाते हो।

इत्यभिधीयते, तदपि निःसमन्वयप्रायमेव। यस्मादत्र वास्तवेऽप्यभेदे काल्पनिकमुपचारसत्तानिबन्धनं विभागमाश्रित्य तद्व्यवहारः प्रवर्तते।

यह कहा जाय तो तब भी वह समन्वययुक्त सा नहीं है अर्थात् असङ्गत सा ही प्रतीत होता है। क्योंकि यहाँ वास्तव में अभेद है तथा उस अभेद में उपचार से काल्पनिक भेद मानकर शिव का दो रूप में विभाग कर वह व्यवहार अर्थात् कर्मत्व और करणत्व प्रवर्तित होता है।

किञ्च विश्वमयत्वात्परमेश्वरस्य परमेश्वरमयत्वाद्वा विश्वस्य पारमार्थिकेऽप्यभेदे माहात्म्यप्रतिपादनार्थं प्रातिस्विक-परिस्पन्दविचित्रं जगत्प्रपञ्चरचनां प्रति सकलप्रमातृता-स्वसंवेद्यमानो भेदावबोधः स्फुटावकाशतां न

कदाचिदप्यतिक्रामति। तस्मादत्र परमेश्वरस्यैव रूपस्य कस्यचित् तदाप्यमानत्वाद्वेदनादेः क्रियायाः कर्मत्वम्। कस्यचित् साधकतमत्वात् करणत्वमिति। उदाहरणे पुनरपोद्धारबुद्धिरिति कल्पनयापि न कथञ्चिदपि विभागो विभाव्यते। तस्मात् -

और भी परमेश्वर के विश्वमय होने से अथवा विश्व के परमेश्वरमय होने से पारमार्थिक अभेद है। परन्तु ऐसा होने पर भी शिव के माहात्म्य के प्रतिपादन के लिए प्रत्येक वस्तु के स्वभावभेद से भिन्न जगत्प्रपञ्च की रचना के प्रति समस्त प्रमाताओं के द्वारा अनुभव किए जाने वाले भेद की प्रतीति स्फुट अवकाश अर्थात् स्पष्टता का कभी भी अतिक्रमण नहीं करती है। इसलिए यहाँ पर परमेश्वर के ही किसी रूप - ज्ञान का विषय अथवा ज्ञेय रूप में उससे प्राप्त होने से वेदना आदि क्रिया का कर्मत्व होता है। उसी परमेश्वर के किसी अन्य रूप के साधकतम होने से करणत्व भी होता है। प्रस्तुत् उदाहरण में अलङ्कार्य और अलङ्कार में अभेद होने पर भी भेदव्यवहार है, ऐसी कल्पना करने पर भी किसी प्रकार का अलङ्कार्य-अलङ्कार विभाग प्राप्त नहीं होता है। इसलिए -

स्वरूपादतिरिक्तस्य परस्याप्रतिभासनात्॥46॥

अर्थात् स्वरूप अर्थात् अलङ्कार्य के अतिरिक्त किसी दूसरी वस्तु अर्थात् अलङ्कार की प्रतीति न होने से प्रेयोऽलङ्कार को अलङ्कार नहीं कहा जा सकता है।

इति दूषणमत्रापि सम्बन्धनीयम्। पक्षे च यदेवालङ्कार्यं तदेवालङ्करणमिति प्रेयसो रसवतश्च स्वात्मनि क्रियाविरोधात् -

आत्मैव नात्मनः स्कन्धं क्वचिदप्यधिरोहति॥47॥

इति स्थितमेव।

यह दोष जो रसवदलङ्कार के खण्डन में प्रदशित किया गया था, वह यहाँ भी मान लेना चाहिए। दूसरे पक्ष में जो अलङ्कार्य है वह ही अलङ्कार है, इस

प्रकार का प्रेय और रसवत् दोनों अलङ्कारों में अपने अर्थात् अलङ्कार्य और अलङ्कार रूप क्रिया का विरोध होने से दोष है। अतः रसवत् और प्रेय दोनों को ही अलङ्कार नहीं कहा जा सकता है। वस्तुतः दोनों अलङ्कार्य ही हैं। कहीं भी कोई स्वयं अपने कन्धे पर नहीं चढ़ता है। यह निश्चित ही है।

इन्दोर्लक्ष्म त्रिपुरजयिनः कण्ठमूलं मुरारि-
दिङ्नागानां मदजलमसीभाञ्जि गण्डस्थलानि।
अद्याप्युर्वीवलयतिलक श्यामलिम्नानुलिप्ता-
न्याभासन्ते वद धवलितं किं यशोभिस्त्वदीयैः॥48॥

अन्वय - (हे) उर्वीवलयतिलक ! इन्दोः लक्ष्म, त्रिपुरजयिनः कण्ठमूलम्, मुरारिदिङ्नागानां मदजलमसीभाञ्जि गण्डस्थलानि अद्यापि श्यामलिम्नानुलिप्तानि आभासन्ते, वद ! त्वदीयैः यशोभिः किं धवलितम्?

अनुवाद - (हे) भूमण्डल के तिलक ! चन्द्रमा का कलङ्क, त्रिपुरविजयी शिव का कण्ठमूल, विष्णु और दिङ्नागों के मदजल की कालिता से युक्त गण्डस्थल आज भी कालिमा से लिप्त प्रतीत हो रहे है। बताओ ! तुम्हारे यशों के द्वारा क्या धवल किया गया है?

अत्र प्रेयोऽभिहितिरलङ्कार्या व्याजस्तुतिरलङ्करणम्। न पुनरुभयोरलङ्कारप्रतिभासो येन तद्व्यपदेशः सङ्करव्यपदेशो वा प्रवर्तेत, तृतीयस्यालङ्कार्यतया वस्त्वन्तरस्याप्रतिभासनात्।

यहाँ प्रिय कथन अलङ्कार्य है तथा व्याजस्तुति अलङ्कार है। इन दोनों प्रेय तथा व्याजस्तुति की अलङ्कार रूप में प्रतीति नहीं होती है, जिसके कारण प्रेय को अलङ्कार कहा जा सके अथवा दोनों अलङ्कारों के होने से सङ्कर नामक अलङ्कार कहा जा सके। यदि इन दोनों को अलङ्कार मान भी लिया जाय तब इन दोनों से भिन्न कोई तीसरा यहाँ अलङ्कार्य होना चाहिए, जो यहाँ प्रतीत नहीं हो रहा है। अतः यहाँ जो प्रिय कथन है, जिसको आचार्य भामह और दण्डी प्रेयोऽलङ्कार कह रहे हैं, वह वस्तुतः कोई अलङ्कार न होकर अलङ्कार्य है तथा व्याजस्तुति यहाँ अलङ्कार है। न यहाँ पर प्रेयोऽलङ्कार है तथा न ही सङ्कर नामक अलङ्कार है।

अन्यस्मिन् विषये प्रेयोभणितिविविक्ते वर्णनीयान्तरे प्रेयसो विभूषणत्वादुपमादेरिवोपनिबन्धः प्राप्नोति इति न क्वचिदपि दृश्यते। तस्मादन्यत्रान्यदपि प्रेयसो न युक्तियुक्तमलङ्करणत्वम्। रसवतोऽपि तदेव तुल्ययोगक्षेमत्वात्॥11॥

किसी अन्य विषय में जहाँ पर किसी प्रिय कथन का अभाव है तथा किसी अन्य प्रिय कथन का वर्णनीय रूप में होने पर प्रेय का अलङ्कारत्व उपमा आदि के समान सम्भव हो सकता है, परन्तु ऐसा कहीं दिखाई नहीं देता है। कहने का भाव यह है कि जैसे किसी नायिका के मुख का सादृश्य चन्द्रमा से दिखाया गया है। वहाँ पर इस वर्णन को अलङ्कार्य कहा जाता है तथा यह वर्णन उपमा अलङ्कार से अलङ्कृत होता है। वैसे ही कोई अलङ्कार्य के रूप में वस्तु हो जिसमें किसी के लिए कोई प्रिय कथन न कहा गया हो तथा उससे भिन्न किसी प्रिय कथन रूप अलङ्कार से उसको अलङ्कृत किया जाय, तब प्रेय को अलङ्कार माना जा सकता है। परन्तु ऐसा कोई उदाहरण प्राप्त नहीं होता है। इसलिए अन्यत्र (जहाँ प्रिय कथन अलङ्कार्य हो) दूसरे प्रकार (जहाँ प्रिय कथन अलङ्कृत कर रहे हो) से भी प्रेय का अलङ्करणत्व युक्तियुक्त नहीं है। रसवत् की भी ठीक यही स्थिति है, इसी के समान योग-क्षेम के कारण। अतः निष्कर्ष यही निकलता है कि प्रेय और रसवत् दोनों को ही अलङ्कार नहीं माना जा सकता है।

एवमलङ्करणतां प्रेयसः प्रत्यादिश्य वर्णनीयशरीरत्वात् तदेकरूपाणामन्येषां प्रत्यादिशति -

इस प्रकार से प्रेय की अलङ्करणता का खण्डन कर वर्णनीय के शरीररूप अर्थात् अलङ्कार्य होने से उन रसवत् तथा प्रेय के समान अलङ्कार्यरूप अन्य यथा - ऊर्जस्वि, उदात्त तथा समाहित की अलङ्कारता का खण्डन करते हैं -

ऊर्जस्व्युदात्ताभिधानं पौर्वापर्यप्रणीतयोः।
अलङ्करणयोर्भूषणत्वं तद्वन्न विद्यते॥12॥

अन्वय - तद्वत् पौर्वापर्यप्रणीतयोः ऊर्जस्व्युदात्ताभिधानम् अलङ्करणयोः भूषणत्वं न विद्यते।

अनुवाद - उसी प्रकार अर्थात् जैसे रसवत् तथा प्रेय के खण्डन में दिखलाए गए प्रकार से पहले और बाद में कहे गए ऊर्जस्वि और उदात्त नामक अलङ्कारों का भी अलङ्कारत्व नहीं होता है।

न विद्यते, न सम्भवति। कथम्, तद्वत्। तदित्यनन्तरोक्तरसवदादिपरामर्शः। रसवदादिवदेव तयोर्विभूषणत्वं नास्ति।

ऊर्जस्वि और उदात्त नामक अलङ्कारों का भी अलङ्कारत्व नहीं होता है अर्थात् सम्भव नहीं है। कैसे? उसी प्रकार से। अर्थात् जैसे रसवत् तथा प्रेय का अलङ्कारत्व नहीं होता है। 'तत्' पद से तात्पर्य अभी कहे गए 'रसवदादि' है। अर्थात् रसवत् आदि के समान उन दोनों अर्थात् ऊर्जस्वि और उदात्त नामक अलङ्कारों का भी अलङ्कारत्व नहीं होता है।

कहने का भाव यह है कि भामह आदि आचार्यों ने रसाभास तथा भावाभास के अङ्ग होने पर ऊर्जस्वि अलङ्कार माना है। रस की चर्चा हो चुकी है। देवादि विषयक रति तथा व्यभिचारी भावों के मुख्यरूप में अभिव्यक्त होने पर 'भाव' कहा जाता है। सबसे पहले तो यह ध्यातव्य है कि रस तथा भाव के अनुचित रूप से वर्णन होने पर ही रसाभास तथा भावाभास होता है और अनौचित्य के अतिरिक्त रसभङ्ग का कोई अन्य कारण होता नहीं है। अतः अनौचित्य के स्पर्श से तो रस तथा भाव दूषित होते हैं, उन्हें अलङ्कार कैसे कहा जा सकता है? दूसरी बात रसवत् आदि के समान ऊर्जस्वि में भी है। अर्थात् यह भी वर्णनीय वस्तु के स्वरूपभूत होने से अलङ्कार्य ही कहा जा सकता है, अलङ्कार नहीं।

कैश्चिदुदाहरणमेव व्यक्तत्वाल्लक्षणं मन्यमानैस्तदेव दर्शितम्।

किन्हीं अर्थात् आचार्य भामह के द्वारा उदाहरण के ही स्पष्ट होने से ऊर्जस्वि तथा उदात्त अलङ्कार का लक्षण मानकर केवल वह उदाहरण ही दिखलाया गया है, लक्षण नहीं किया गया है। जैसे -

अपहर्ताहमस्मीति हृदि ते मास्म भूद्भयम्।
विमुखेषु न मे खड्गः प्रहर्तुं जातु वाञ्छति।।49।।

अन्वय - अहम् अपहर्ता अस्मि इति ते हृदि मा भूद्भयं स्म, (हि) मे खड्गः विमुखेषु जातु प्रहर्तुं न वाञ्छति।

अनुवाद - मैं (शत्रु के प्राणों का) अपहर्ता हूँ, ऐसा मानकर तुम्हारे हृदय में भय नहीं होना चाहिए, (क्योंकि) मेरा खड्ग (युद्ध से) विमुख होकर (भागते हुए शत्रु पर) कभी भी प्रहार करना नहीं चाहता है।

अनौचित्यप्रवृत्तानाम् -----------तथा कामोऽस्य ववृधे---------अनौचित्यप्रवृत्त----------- रसभङ्ग----------अनौचित्यादृते नान्यद् रसभङ्गस्य कारणम्॥50॥

अब कुन्तक ऊर्जस्वि अलङ्कार विषयक उद्भट के मत का खण्डन करते हैं। कुन्तक ने ऊर्जस्वि के उद्भट के लक्षण और उदाहरण का यहाँ पर संकेत किया है। आचार्य उद्भट के अनुसार ऊर्जस्वि अलङ्कार का लक्षण है -

अनौचित्यप्रवृत्तानाम् कामक्रोधादिकारणात्।
भावानां रसानां च बन्ध ऊर्जस्वि कथ्यते॥

(काव्यालङ्कारसारसंग्रह 4-9)

अर्थात् काम, क्रोध आदि के कारण अनुचित रूप से प्रवृत्त भावों और रसों का वर्णन ऊर्जस्वि कहलाता है। तथा इसके उदाहरण के रूप में उन्होंने निम्नलिखित पद्य प्रस्तुत किया है -

तथा कामोऽस्य ववृधे यथा हिमगिरेः सुताम्।
संग्रहीतु प्रवर्तते हठेनापास्य सत्पथम्॥

अर्थात् शिव के काम का वेग इतना बढ़ गया कि वे सत्पथ को छोड़कर पार्वती को हठपूर्वक पकड़ने लगे।

उद्भट के अनुसार शृङ्गार में जबरदस्ती करना अनौचित्य है। इसलिए इस पद्य में ऊर्जस्वि अलङ्कार है। कुन्तक के अनुसार अनौचित्य के प्रवृत्त होने से यहाँ भी रसभङ्ग हो गया है। अतः यह काव्य का अलङ्कार नहीं अपितु दोष कहा जायेगा। जैसा कि आनन्दवर्धन ने कहा है - अनौचित्य के अतिरिक्त रसभङ्ग का कोई अन्य कारण नहीं होता है।

समुचितोऽपि रसः परमसौन्दर्यमावहति। तत्र कथम-नौचित्यपरिम्लानः कामादिकारणकल्पनोपसंहत-वृत्तिरलङ्कारतां प्रयास्यति।

समुचित रस ही परम सौन्दर्य को धारण करता है। उक्त उदाहरण में अनौचित्य से दूषित हुआ कामादि के कारण की कल्पना से उपहत अर्थात् दूषित होकर कैसे अलङ्कारता को प्राप्त करेगा?

पशुपतिरपि तान्यहानि॥51॥

यह पूरा पद्य निम्नलिखित है, जिसको उद्भट ने रसाभास के उदाहरण में दिया है -

पशुपतिरपि तान्यहानि कृच्छ्रादगमयदद्रिसुतासमागमोत्कः।
कमपरवशं न विप्रकुर्यर्विभुमपि तं यदमी स्पृशन्ति भावाः॥

अर्थात् पार्वती के समागम को उत्सुक शिव ने वे दिन बहुत कठिनता से व्यतीत किए। जब सर्वशक्तिमान् भगवान् शिव को कामविकार इस तरह स्पर्श कर सकते हैं, तब काम के अधीन हुए सामान्य जनों की तो बात ही क्या है?

भरतनयनिपुणमानसै-----उदाहरणमेवोर्जितम्।

भरत के मार्ग में स्वयं को निपुण मानने वाले भामह आदि आचार्यों ने ऊर्जस्वि अलङ्कार की कल्पना कैसे कर ली, यह आश्चर्य की बात है।

तदेवमयं प्रधानचेतनलक्षणोपकृततातिशयवि-शिष्टचित्तवृत्तिविशेषवस्तुस्वभाव एव मुख्यतया वर्ण्यमानत्वादलङ्कार्यो न पुनरलङ्कारः।

इस प्रकार प्रस्तुत पद्य में प्रधान चेतन शिव की उपकृत अतिशययुक्त विशिष्ट चित्तवृत्ति विशेष रूप से वस्तु के स्वभाव के रूप में मुख्य रूप से वर्ण्यमान होने के कारण अलङ्कार्य है, न कि अलङ्कार।

न रसवदाद्यभिहितदूषणपात्रतामतिक्रामति तदेतदुक्तमत्र योजनीयम्।

और जो रसवद् आदि के खण्डन में दोष कहे गए थे, उन दोषों की पात्रता

से यह ऊर्जस्वि अलङ्कार भी परे नहीं है, अतः उन्हें यहाँ भी जोड़ लेना चाहिए। अतः ऊर्जस्वि नामक अलङ्कार की कोई सत्ता नहीं है।

एवमुदात्तस्योभयप्रकारस्याप्यलङ्कार्यतैव युक्तिमती, न पुनरलङ्करणत्वम्।

आचार्य दण्डी तथा उद्भट ने उदात्त अलङ्कार दो प्रकार का माना है - ऋद्धिमत् वस्तु का वर्णन तथा महापुरुषों के चरित का वर्णन। आचार्य उद्भट के अनुसार - 'उदात्तमृद्धिमद्वस्तु चरितं च महात्मनाम्।' (काव्यालङ्कारसारसंग्रह 4-17) आचार्य कुन्तक के अनुसार उदात्त के इन दोनों ही प्रकारों की अलङ्कार्यता ही युक्तियुक्त है, न कि अलङ्करणत्व।

'उदात्तमृद्धिमद्वस्तु' अत्र यद्वस्तु तदुदात्तम् अलङ्करणम्। कीदृशमित्याकांक्षायां 'ऋद्धिमत्' इत्यनेन यदि विशिष्यते तत् तदेव सम्पदुपेतं वस्तु वर्ण्यमानमलङ्कार्यं तदेवालङ्करणमिति स्वात्मनि क्रियाविरोधलक्षणस्य दोषस्य दुर्निवारत्वात् स्वरूपातिरिक्तस्य वस्त्वन्तरस्याप्रतिभासनादूर्जस्विवत्।

'उदात्तमृद्धिमद्वस्तु' यह उदात्त अलङ्कार का लक्षण है। यहाँ पर जो ऋद्धि से युक्त वस्तु है, वह उदात्त अलङ्कार है। कैसी वस्तु? ऐसी आकांक्षा होने पर 'ऋद्धिमत्' इस पद से यदि विशिष्ट मानते हैं, तब वह सम्पत्ति से युक्त वस्तु ही वर्ण्यमान होने से अलङ्कार्य होगी तथा वही वस्तु अलङ्कार होगी। इस प्रकार स्वयं अपने में क्रियारूप विरोध दोष का निवारण न होने से उस वर्ण्यमाण वस्तु के स्वरूप के अतिरिक्त किसी अन्य वस्तु की प्राप्ति न होने से इस उदात्त अलङ्कार की स्थिति भी ऊर्जस्वि अलङ्कार के समान ही समझनी चाहिए। अतः उदात्त को अलङ्कार नहीं कह सकते हैं।

अथवा ऋद्धिमद्वस्तु यस्मिन् यस्येत्यापि व्याख्यानं क्रियते तथापि तदन्यपदार्थलक्षणं वस्तु वक्तव्यमेव यत्समानार्थतामुपनीतम्। तद् ऋद्धिमद्वस्तु यस्मिन् यस्य

वेति तत्काव्यमेव तथाविधं भविष्यतीति चेत्, तदपि न किञ्चिदेव। यस्मात् काव्यस्यालङ्कार इति प्रसिद्धिः। न पुनः काव्यमेवालङ्करणमिति।

अथवा ऋद्धिमत् वस्तु जिसमें अथवा जिसकी हो, इस प्रकार की व्याख्या करें, तब भी वह अन्य पदार्थरूप वस्तु बतानी पड़ेगी, जो ऋद्धिमत् वस्तु की समानार्थता को प्राप्त हो सके। वह ऋद्धिमत् वस्तु जिसमें अथवा जिसकी हो सकती है, वह काव्य ही हो सकेगा। यदि यह कहा जाय तो उसका भी कोई अर्थ नहीं है। क्योंकि काव्य का अलङ्कार होता है, ऐसी प्रसिद्धि है, न कि काव्य ही अलङ्कार होता है।

यदि वा ऋद्धिमद्वस्तु यस्मिन् यस्य वेत्यसावलङ्कारः तथापि वर्णनीयालङ्करणव्यतिरिक्तमलङ्करण-कल्पमन्यदत्र न किञ्चिदेवोपलभ्यते इत्युभयथापि शब्दार्थासङ्गतिलक्षणदोषः सम्प्राप्तावसरः सम्पद्यते।

अथवा यदि ऋद्धिमत् वस्तु जिसमें अथवा जिसकी है, ऐसा वह अलङ्कार उदात्त है, तब भी वर्णनीय अलङ्कार से भिन्न किसी अन्य अलङ्कार की कल्पना यहाँ पर सम्भव नहीं है। ऐसा दोनों प्रकार से कल्पना करने पर शब्द और अर्थ की असङ्गतिरूप दोष की प्राप्ति रसवत् अलङ्कार के समान यहाँ भी प्राप्त होती है।

द्वितीयस्याप्युदात्तप्रकारस्यालङ्कार्यत्वमेवोपपन्नं न पुनरलङ्कारभावः। तथा चैतस्य लक्षणम् -

चरितं च महात्मनाम्।

उपलक्षणतां प्राप्तं नेतिवृत्तत्वमागतम्॥52॥ इति।

उदात्त का जो दूसरा प्रकार आचार्य उद्भट ने प्रस्तुत किया है, उसका भी अलङ्कार्यत्व ही सिद्ध होता है, न कि अलङ्कारत्व। जैसा कि इसका लक्षण किया है - महापुरुषों का चरित जहाँ पर प्रधान रूप से इतिवृत्तरूप न होकर उपलक्षणता अर्थात् गौणता को प्राप्त हो जाता है, वहाँ उदात्त अलङ्कार होता है।

अत्र वाक्यार्थपरमार्थविद्भिरेवं पर्यालोच्यताम्। यन्महानुभावानां व्यवहारस्योपलक्षणमात्रवृत्तेरन्वयः प्रस्तुते वाक्यार्थे क्वचिद् विद्यते वा नवेति। तत्र पूर्वस्मिन् पक्षे तत्र तदलीनत्वात् पृथगभिधेयस्यापि पदार्थान्तरवत् तदवयवत्वेनैव व्यपदेशो न्याय्यः पाण्यादेरिव शरीरे। न पुनरलङ्कारभावोऽपीति। अन्यस्मिन् पक्षे तदन्वया-भावादेव वाक्यान्तरवर्तिपदार्थवत् तस्य तत्र सत्तैव न सम्भवति किं पुनरलङ्करणत्वचर्चा॥12॥

यहाँ पर वाक्यार्थ के परमार्थ को जानने वाले विद्वानों के द्वारा विचार करना चाहिए। जिन महानुभावों के व्यवहार का उपलक्षणरूप वर्णन का प्रस्तुत वाक्यार्थ में किसी प्रकार का अन्वय अर्थात् सम्बन्ध है या नहीं। यदि पूर्व पक्ष को माना जाय अर्थात् सम्बन्ध नहीं है तब उस वाक्यार्थ में महापुरुष के व्यवहार का लीन न होने से अर्थात् पृथक् रूप से अभिधेय होने से उसका भी अन्य पदार्थों के समान ही वाक्यार्थ के अवयव रूप में ही सम्बन्ध मानना चाहिए, जैसे कि हाथ आदि का शरीर के साथ सम्बन्ध होता है। अर्थात् जैसे हाथ आदि का शरीर के साथ अवयव-अवयवी सम्बन्ध होता है, न कि अलङ्कार्य-अलङ्कार सम्बन्ध। उसी प्रकार से उपलक्षणरूप महापुरुष के व्यवहार का भी वाक्यार्थ से सम्बन्ध मानने पर उनमें अवयव-अवयवी सम्बन्ध माना जायेगा, न कि अलङ्कार्य-अलङ्कार सम्बन्ध। दूसरे पक्ष में अर्थात् यदि उपलक्षणरूप महापुरुष के व्यवहार का वाक्यार्थ से सम्बन्ध नहीं माना जाता है तब दूसरे वाक्यों में स्थित पदार्थों के समान उसकी वहाँ पर सत्ता ही सम्भव नहीं होगी, फिर उसके अलङ्कार होने की तो चर्चा ही क्या करनी। अतः यह ही सिद्ध होता है कि उदात्त को भी अलङ्कार्य ही मानना चाहिए, न कि अलङ्कार।

एवं समाहितस्याप्यलङ्कार्यत्वमेव न्याय्यम्, न पुनरलङ्कारभावः -

इस प्रकार समाहित का भी अलङ्कार्यत्व ही उचित है, न कि अलङ्कारभाव-

तथा समाहितस्यापि प्रकारद्वयशोभिनः।

अन्वय - तथा प्रकारद्वयशोभिनः समाहितस्य अपि (अलङ्कार्यत्वम् एव न्याय्यम्, न पुनरलङ्कारभावः)।

अनुवाद - तथा दो प्रकार से सुशोभित होने वाले समाहित का भी (अलङ्कार्यत्व ही उचित है, न कि अलङ्कारभाव)।

तथा तेनैव पूर्वोक्तेन प्रकारेण समाहिताभिधानस्य चालङ्कारस्य भूषणत्वं न विद्यते नास्तीत्यर्थः। तथा उसी पूर्वोक्त प्रकार से ही समाहित नामक अलङ्कार का भी अलङ्कारत्व नहीं होता है, यह आशय है।

रसभावातदाभासवृत्तेः प्रशमबन्धनम्।
अन्यानुभवनिःशून्यरूपं यत्तत् समाहितम्॥53॥

अन्वय - रसभावातदाभासवृत्तेः प्रशमबन्धनम् अन्यानुभवनिःशून्यरूपं यत् तत् समाहितम्।

अनुवाद - रस, भाव और तदाभास अर्थात् रसाभास तथा भावाभास आदि के प्रशम अर्थात् भावशान्ति आदि के अङ्गरूप से स्थित होने पर अन्य रसादि के अनुभव से शून्य जो होता है, वह समाहित अलङ्कार कहलाता है।

यदपि कैश्चित् प्रकारान्तरेण समाहिताख्यमलङ्करण-माख्यातं तस्यापि तथैव भूषणत्वं न विद्यते। तदभिधत्ते - 'प्रकारद्वयशोभिनः'। पूर्वोक्तेन प्रकारेण अनेन चापरेण द्वाभ्यां शोभमानस्य समाहितस्यालङ्कारत्वं न सम्भवति।

और जो किन्हीं (भामहादि के) द्वारा अन्य प्रकार से समाहित अलङ्कार की व्याख्या की है, उसका भी उसी प्रकार से अलङ्कारत्व नहीं होता है। उसको कहते हैं - 'दो प्रकार से सुशोभित होने वाले का'। पूर्वोक्त प्रकार से अर्थात् भामह के द्वारा कहे गए तथा अन्य अर्थात् उद्भट के द्वारा कहे गए दोनों ही प्रकारों से सुशोभित होने वाले समाहित का अलङ्कारत्व सम्भव नहीं होता है।

अक्ष्णोः स्फुटाश्रुकलुषोऽरुणिमा विलीनः
शान्तं च सार्द्धमधरस्फुरणं भृकुट्या।

भावान्तरस्य तव गण्डगतोऽपि कोपो
नोद्गाढवासनतया प्रसरं ददाति॥54॥

अन्वय - स्फुटाश्रुकलुषः अक्ष्णोः अरुणिमा विलीनः, भृकुट्या सार्द्धम् अधरस्फुरणं च शान्तम्, तव गण्डगतः कोपः अपि उद्गाढवासनतया भावान्तरस्य प्रसरं न ददाति।

अनुवाद - स्फुट आँसुओं से कलुषित आँखों की अरुणिमा विलीन हो गई और भृकुटि के साथ अधर का स्फुरण शान्त हो गया, तुम्हारा कपोलगत क्रोध भी प्रबल वासना के कारण किसी अन्य भाव का प्रसार नहीं होने देता।

चेतनाचेतनपदार्थभेदभिन्नं स्वाभाविकसौकुमार्यमनोहरं वस्तुनः स्वरूपं प्रतिपादितम्। इदानीं तदेव कविप्रतिभोल्लिखितलोकोत्तरातिशयशालितया नवनिर्मितं मनोज्ञतामुपनीयमानमालोच्यते। तथाविध-भूषणविन्यासविहितसौन्दर्यातिशयव्यतिरेकेण भूतत्वनिमित्तभूतं न तद्विदाह्लादकारितायाः कारणम्।

चेतन और अचेतन पदार्थों के भेद से भिन्न स्वाभाविक सौकुमार्य से मनोहर वस्तु का स्वरूप (पहले इसी उन्मेष की 8वीं कारिका में) प्रतिपादित किया गया है। अब वही कविप्रतिभा के उल्लेख से लोकोत्तर अतिशय से सुन्दर हो जाने से नवनिर्मित सौन्दर्य को प्राप्त होता हुआ दिखलाया जा रहा है। उस प्रकार के अलङ्कार के विन्यास से विहित सौन्दर्य के अतिशय के अतिरिक्त पदार्थमात्र के कारण से उत्पन्न सहृदयों की आह्लादकारिता का कुछ और कारण नहीं है। वस्तुतः इस सम्पूर्ण अनुच्छेद का पूरा पाठ नहीं मिलता है, जिसके कारण यहाँ वाक्यों में परस्पर सङ्गति का अभाव है।

अभिधायाः प्रकारौ स्तः॥13॥

यहाँ पर भी पाठ खण्डित है। सम्भवतया इस पंक्ति से ग्रन्थकार का आशय यह रहा होगा कि समाहित अलङ्कार के ये जो दो प्रकार बताए गए हैं, वे वस्तुतः अलङ्कार न होकर अभिधा अर्थात् कथनशैली के प्रकार मात्र हैं।

यथा स रसवन्नाम सर्वालङ्कारजीवितम्।
काव्यैकसारतां याति तथेदानीं विवेच्यते॥14॥
रसेन वर्तते तुल्यं रसवत्त्वविधानतः।
योऽलङ्कारः स रसवत् तद्विदाह्लादनिर्मितेः॥15॥

अन्वय - यथा सः रसवन्नाम सर्वालङ्कारजीवितं काव्यैकसारतां (च) याति, तथा इदानीं विवेच्यते। रसवत्त्वविधानतः तद्विदाह्लादनिर्मितेः यः अलङ्कारः रसेन तुल्यं वर्तते, सः रसवत् (कथ्यते)।

अनुवाद - जिस प्रकार से वह रसवत् नामक समस्त अलङ्कारों का जीवित और काव्य का साररूप हो सकता है, उस प्रकार का अब विवेचन करते हैं। रसवत्त्व के विधान से सहृदयों के आह्लाददायक होने से जो अलङ्कार रस के समान हो जाता है, वह रसवत् अलङ्कार (कहा जाता है)।

यथेत्यादि। 'यथा स रसवन्नाम' यथा येन प्रकारेण पूर्वप्रत्याख्यातवृत्तिरलङ्कारो रसवदभिधानः 'काव्यैकसारतां याति' काव्यैकसर्वस्वतां प्रतिपद्यते, 'सर्वालङ्कारजीवितम्' सर्वेषामलङ्काराणामुपमादीनां जीवितं स्फुटीभूतं सम्पद्यते, 'तथा' तेन प्रकारेणेदानीमधुना 'विविच्यते' विचार्यते, लक्षणोदाहरणभेदेन वितन्यते।

'यथेत्यादि' कारिकाओं की व्याख्या करते हैं। जिस प्रकार से वह रसवत् नामक अलङ्कार अर्थात् पूर्व में जिसका खण्डन कर चुके हैं वह रसवत् नामक अलङ्कार काव्य का एकमात्र साररूप हो सकता है, समस्त उपमादि अलङ्कारों का जीवित हो सकता है, उस प्रकार से अब उसका लक्षण और उदाहरण के भेद से विवेचन अर्थात् विचार करते हैं।

तमेव रसवदलङ्कारं लक्षयति रसेनेत्यादि। 'योऽलङ्कारः स रसवत्' इत्यन्वयः। यः किल एवंस्वरूपो रूपकादिः

रसवदभिधीयते। किं स्वभावेन 'रसेन वर्तते तुल्यम्' रसेन शृङ्गारादिना तुल्यं वर्तते यथा ब्राह्मणवत् क्षत्रियस्तथैव स रसवदलङ्कारः। कस्मात् - 'रसवत्वविधानतः'। रसाऽस्यास्तीति रसवत् काव्यम्, तस्य भावस्तत्वम्, ततः सरसत्वसम्पादनात्, तद्विदाह्लादनिर्मितेश्च। तत् काव्यं विदन्तीति तद्विदः तज्ज्ञास्तेषामाह्लादनिर्मितेरानन्दनिष्पादनात्। यथा रसः काव्यस्य रसवत्तां तद्विदाह्लादं च विदधाति एवमुपमादिरप्युभयं निष्पादयन् भिन्नो रसवदलङ्कारः सम्पद्यते। यथा -

उसी रसवत् अलङ्कार का लक्षण करते हैं। 'जो अलङ्कार है, वह रसवत् हो सकता है' इस अन्वय से। जो इस प्रकार के स्वरूप का रूपकादि अलङ्कार है, वह रसवत् कहा जा सकता है। किस प्रकार के स्वभाव से? उत्तर है - रस के समान होने से। रस अर्थात् शृङ्गारादि के समान होने से। जैसे तात्कर्म्य लक्षणा से ब्राह्मण के समान कार्य करने से क्षत्रिय को भी ब्राह्मण कहा जाता है, वैसे ही रस के समान आनन्ददायक होने से वह रूपक आदि भी रसवदलङ्कार कहा जा सकता है। कैसे? उत्तर है - रसवत्व के विधान से। 'रस जिसमें होता है, वह रसवत् काव्य हुआ, उसका भाव रसवत्व कहलायेगा। उससे अर्थात् सरसत्व के सम्पादन से और सहृदयों को आनन्द प्रदान करने से। उस काव्य को जो जानते हैं, वे 'तद्विद' अर्थात् सहृदय कहलायेंगे, उन सहृदयों को आह्लाद उत्पन्न करने से अर्थात् आनन्द का निष्पादन करने से। जिस प्रकार से रस काव्य को सरस बनाता है तथा सहृदयों को आह्लाद उत्पन्न करने में कारण बनता है, वैसे ही उपमादि अलङ्कार भी उक्त दोनों (सरसत्व तथा तद्विदाह्लादकत्व) का निष्पादन करते हुए साधारण उपमादि अलङ्कारों से भिन्न रसवदलङ्कार हो जाते हैं। जैसे -

उपोढरागेण विलोलतारकं
तथा गृहीतं शशिना निशामुखम्।

यथा समस्तं तिमिरांशुकं तया
पुरोऽपि रागाद् गलितं न लक्षितम्॥55॥

अन्वय - उपोढरागेण शशिना विलोलतारकं निशामुखं तथा गृहीतम्, यथा रागात् समस्तं तिमिरांशुकं पुरः अपि गलितं तया न लक्षितम्।

अनुवाद - बढ़े हुए राग वाले चन्द्रमा के द्वारा चञ्चल तारों वाले रात्रि के मुख को जिस प्रकार से ग्रहण किया गया, उससे राग के कारण (उसका अर्थात् रात्रि का) सम्पूर्ण अन्धकाररूपी वस्त्र सामने ही गिर गया, परन्तु उस (रात्रि) के द्वारा न देखा गया।

अत्र स्वावसरसमुचितसुकुमारस्वरूपयोर्निशाशशिनोर्वर्णनायां...रूपकालङ्कारः समारोपितकान्तवृत्तान्तः कविनोपनिबद्धः। स च श्लेषच्छायामनोज्ञविशेषणवक्रभावाद् विशिष्टलिङ्गसामर्थ्याच्च.....काव्यस्य सरसतामुल्लासयंस्तद्विदाह्लादमादधानः स्वयमेव रसवदलङ्कारतां समासादितवान्।

यहाँ पर अपने अवसर के अनुरूप सुकुमार स्वरूप वाले रात्रि और चन्द्रमा के वर्णन में नायक (और नायिका) के वृत्तान्त का समारोप कर कवि ने रूपक अलङ्कार की सृष्टि की है। और वह रूपक अलङ्कार श्लेष की छाया से मनोहर विशेषण की वक्रता से तथा विशिष्ट लिङ्ग अर्थात् नायक तथा नायिका के साम्य से क्रमशः निशा और शशि में पुल्लिङ्ग तथा स्त्रीलिङ्ग के सामर्थ्य से काव्य की सरसता को प्रस्फुटित करता हुआ तथा सहृदयों को आह्लाद प्रदान करता हुआ स्वयं ही रसवदलङ्कार के भाव को प्राप्त हो गया है।

चलापाङ्गां दृष्टिं स्पृशसि बहुशो वेपथुमतीं
रहस्याख्यायीव स्वनसि मृदु कर्णान्तिकचरः।
करौ व्याधुन्वत्याः पिबसि रतिसर्वस्वमधरं
वयं तत्त्वान्वेषान्मधुकर हतास्त्वं खलु कृती॥56॥

अन्वय - (हे) मधुकर ! त्वम् (अस्याः शकुन्तलायाः) चलापाङ्गां वेपथुमतीं दृष्टिं बहुशः स्पृशसि, रहस्याख्यायी इव कर्णान्तिकचरः मृदुः स्वनसि, करौ

व्याधुन्वत्याः रतिसर्वस्वम् अधरं पिबसि, (अतः) वयं तत्त्वान्वेषान् हताः खलु (त्वं) कृती।

अनुवाद - (हे) भ्रमर ! तुम (इस शकुन्तला की) चञ्चल प्रान्तभागों वाली काँपती हुई दृष्टि को बार-बार स्पर्श कर रहे हो, रहस्य का कथन करने वाले के समान कान के पास जाकर मधुर शब्द कर रहे हो, हाथों को हिलाती हुई इसके रति के सर्वस्व अधर का पान कर रहे हो। अतः हम तो (इसके विषय में) तत्त्व के अन्वेषण में ही मारे गए, वास्तव में (तुम) कृतार्थ हो गए।

अत्र परमार्थः प्रधानवृत्तेः शृङ्गारस्य भ्रमरसमारोपित-कान्तवृत्तान्तो रसवदलङ्कारः शोभातिशयमाहितवान्।

यहाँ वास्तविक अभिप्राय यह है कि भ्रमर पर नायक के व्यवहार का आरोप करने वाला रसवदलङ्कार (सरसत्व तथा तद्विदाह्लादकत्व का निष्पादन करते हुए) वाक्य में प्रधानरूप से स्थित शृङ्गार रस की अपूर्व शोभा को उत्पन्न कर रहा है।

यथा वा 'कपोले पत्राली'॥57॥ इत्यादौ।

अथवा 'कपोले पत्राली' इत्यादि पद्यों में भी रसवदलङ्कार है। यह पद्य पहले द्वितीय उन्मेष में आ चुका है। पूरा पद्य इस प्रकार से है -

कपोले पत्राली करतलनिरोधेन मृदिता
निःपीतो निःश्वासैरयममृतहृद्योऽधररसः।
मुहुः कण्ठे लग्नस्तरलयति वाष्पः स्तनतटीं
प्रियो मन्युर्जातस्तव निरनुरोधे न तु वयम्॥

अन्वय - कपोले पत्राली करतलनिरोधेन मृदिता, अयम् अमृतहृद्यः अधररसः निःश्वासैः निःपीतः, वाष्पः कण्ठे लग्नः मुहुः स्तनतटीं तरलयति, निरनुरोधे ! मन्युः तव प्रियः जातः, न तु वयम्।

अनुवाद - हे प्रिये! तुम्हारे कपोल पर पत्रावली को हथेली के आच्छादन ने मसल डाला, यह अमृत के समान मनोहर तुम्हारे अधर का रस निःश्वासों के द्वारा पी लिया गया है, वाष्प तुम्हारे कण्ठ से लग कर बार-बार तुम्हारे स्तनतट को हिला रहा है, हे मेरे अनुरोध को न मानने वाली ! क्रोध तुम्हें प्रिय बन गया है, न कि हम!

तदेवमनेन न्यायेन 'क्षिप्तो हस्तावलग्नः' इत्यत्र रसवदलङ्कारप्रत्याख्यानमयुक्तम्। सत्यमेतत्। किन्तु विप्रलम्भश्रृङ्गारता तत्र निवार्यते, शेषस्य पुनस्तुल्य-वृत्तान्ततया रसवदलङ्कारत्वमनिवार्यमेव। न चालङ्कारा-न्तरे सति रसवदपेक्षानिबन्धनः संसृष्टिसङ्करव्य-पदेशप्रसङ्गः प्रत्याख्येयतां प्रतिपद्यते। यथा -

अब यहाँ पर प्रतिपक्षी को कहने का अवसर मिल जाता है कि जैसे आपने उक्त दो पद्यों में रसवदलङ्कार माना है, वैसे तो 'क्षिप्तो हस्तावलग्नः' पद्य में भी रसवदलङ्कार हो सकता है, जिसका आपने खण्डन किया है। अतः वह उचित नहीं है। कुन्तक कहते हैं - ठीक है। किन्तु वहाँ हमने केवल विप्रलम्भ श्रृङ्गारता का खण्डन किया है। शेष अर्थात् वहाँ भी कामी और शराग्नि के समान व्यवहार होने से रसवदलङ्कारत्व तो अनिवार्य है ही। और भी अन्य किसी साधारण अलङ्कार के विद्यमान होने पर रसवद् की अपेक्षा होने वाली संसृष्टि और सङ्कर अलङ्कार की संज्ञा का खण्डन नहीं हो पाता है। अर्थात् रसवद् के साथ संसृष्टि और सङ्कर अलङ्कार हो सकते हैं। वह हमें स्वीकार है। जैसे -

अङ्गुलीभिरिव केशसञ्चयं सन्निगृह्य तिमिरं मरीचिभिः।
कुड्मलीकृतसरोजलोचनं चुम्बतीव रजनीमुखं शशी।।58।।

अन्वय - अङ्गुलीभिः केशसञ्चयम् इव मरीचिभिः तिमिरं सन्निगृह्य शशी कुड्मलीकृतसरोजलोचनं रजनीमुखं चुम्बति इव।

अनुवाद - अङ्गुलियों से केशसमूह के समान किरणों से अन्धकार को नियन्त्रित कर चन्द्रमा बन्द किए हुए नेत्र रूपी कमलों वाले रात्रि के मुख को मानों चूम रहा है।

अत्र रसवदलङ्कारस्य रूपकादीनां च सन्निपातः सुतरां समुद्भासते। तत्र 'चुम्बतीव रजनीमुखं शशी' इत्युत्प्रेक्षालक्षणस्य रसवदलङ्कारस्य प्राधान्येन निबन्धनम्, तदङ्गत्वेनोपमादीनाम्। केवलस्य प्रस्तुत-परिपोषाय परिनिष्पन्नवृत्तेः।

यहाँ पर उत्प्रेक्षा के रूप में रसवदलङ्कार और रूपकादि की एक साथ उपस्थिति स्पष्ट रूप में प्रतीत हो रही है। उसमें 'चुम्बतीव रजनीमुखं शशी' अर्थात् चन्द्रमा मानों रात्रि के मुख को चूम रहा है, इस उत्प्रेक्षारूप रसवदलङ्कार का प्राधान्येन कथन हुआ है और उसके अङ्गरूप में उपमा आदि का। केवल अर्थात् उपमा आदि के प्रस्तुत अर्थात् उत्प्रेक्षारूप रसवत् के परिपोष के लिए ही विद्यमान होने से। अर्थात् यहाँ उपमा आदि अलङ्कार मुख्य उत्प्रेक्षारूप रसवद् अलङ्कार के परिपोष के लिए ही उपस्थित हुए हैं।

ऐन्द्रं धनुः पाण्डुपयोधरेण शरद्दधानार्द्रनखक्षताभम्।
प्रसादयन्ती सकलङ्कमिन्दुं तापं रवेरभ्यधिकं चकार॥59॥

अन्वय - पाण्डुपयोधरेण आर्द्रनखक्षताभम् ऐन्द्रं धनुः दधाना सकलङ्कमिन्दुं प्रसादयन्ती शरत् रवेः तापम् अभ्यधिकं चकार।

अनुवाद - पाण्डु वर्ण के बादलों के द्वारा नये नखक्षतों की आभा वाले इन्द्रधनुष को धारण करती हुई कलङ्कयुक्त चन्द्रमा को प्रसन्न करती हुई शरत् (ऋतु) ने सूर्य के ताप को और अधिक कर दिया।

'प्रसादयन्ती रवेरभ्यधिकं तापं शरच्चकार' इति समयसम्भवः पदार्थस्वभावस्तद्वाचक-'वारिद'-शब्दाभिधानं विना प्रतीयमानोत्प्रेक्षालक्षणेन रसवदलङ्कारेण कविना कामपि कमनीयतामधिरोपितः। प्रतीत्यन्तरमनोहारिणां सकलङ्कादीनां वाचकाना-मुपनिबन्धनात् 'पाण्डुपयोधरेणार्द्रनखक्षताभमैन्द्रं धनुर्दधाना' इति श्लेषोपमयोश्च तदानुगुण्येन विनिवेशनात्। एवं सकलङ्कमपि प्रसादयन्ती शरत् परस्याभ्यधिकं तापं चकार इति रूपकालङ्कारनिबन्धनः प्रकटाङ्गनावृत्तान्तसमारोपः सुतरां समन्वयमासा-दितवान्। अत्रापि प्रतीयमानवृत्ते रसवदलङ्कारस्य प्राधान्यं तदङ्गत्वमुपमादीनामिति पूर्ववदेव सङ्गतिः।

'प्रसन्न करती हुई शरत् ने सूर्य के ताप को और अधिक बढ़ा दिया' इस समय अर्थात् शरद् ऋतु में सम्भव होने वाले पदार्थ के स्वभाव के वाचक 'वारिद' शब्द के साक्षात् कथन के बिना कवि ने प्रतीयमान उत्प्रेक्षा नामक रसवदलङ्कार के द्वारा किसी अपूर्व कमनीयता का आरोप कर दिया है। अन्य अर्थात् नायक, नायिका आदि की प्रतीति से मनोहर कलङ्कयुक्त आदि शब्दों के उपनिबन्धन से 'पाण्डु पयोधरों (मेघों तथा स्तनों) पर नये नखक्षतों की आभा वाले इन्द्रधनुष को धारण करती हुई' इस श्लेष और उपमा के, उसके अर्थात् प्रतीयमान उत्प्रेक्षा के अनुरूप सन्निवेश से उत्प्रेक्षा ने भी काव्य के सौन्दर्य को उत्कर्ष से युक्त कर दिया है। इस प्रकार से कलङ्कयुक्त चन्द्रमा को भी प्रसन्न करती हुई शरत् ने दूसरे नायक अर्थात् सूर्य के ताप को और अधिक बढ़ा दिया, इस रूपक अलङ्कार के निबन्धन से प्रकट होने वाले अङ्गना के वृत्तान्त का सम्यक् आरोप भली प्रकार से समन्वय को प्राप्त हो रहा है। यहाँ पर भी प्रतीयमान उत्प्रेक्षारूप रसवदलङ्कार का प्राधान्य है तथा उसके अङ्ग के रूप में उपमा आदि की पूर्व उदाहरण के समान ही सङ्गति है।

लग्नाद्विरेफाञ्जनभक्तिचित्रं मुखे मधुश्रीतिलकं प्रकाश्य।
रागेण बालारुणकोमलेन चूतप्रवालोष्ठमलञ्चकार॥60॥

अन्वय - मधुश्री लग्नाद्विरेफाञ्जनभक्तिचित्रं तिलकं मुखे प्रकाश्य बालारुणकोमलेन रागेण चूतप्रवालोष्ठम् अलं चकार।

अनुवाद - वसन्त की शोभा ने भ्रमररूपी अञ्जन की रचना से विचित्र तिलक को मुख पर प्रकट कर बाल सूर्य के कोमल राग के समान आग के पल्लवरूपी अधर को अलङ्कृत किया।

यहाँ भी प्रतीयमान उत्प्रेक्षारूप रसवदलङ्कार का प्राधान्य है तथा उसके अङ्ग के रूप में रूपक आदि हैं। यहाँ रसवदलङ्कार के साथ रूपक आदि का अङ्गाङ्गिभाव सङ्कर है।

अयं रसवतां सर्वालङ्काराणां चूडामणिरिवाभाति। एवं नीरसानां पदार्थानां सरसतां समुल्लासयितुं रसवदलङ्कारं समासादितवान्॥15॥

यह रसवदलङ्कार रसयुक्त काव्यों के समस्त अलङ्कारों का चूड़ामणि के समान सुशोभित होता है। इस प्रकार नीरस अर्थात् अचेतन पदार्थों की सरसता को प्रकाशित करने के लिए रसवदलङ्कार को कह दिया है।

इदानीं स्वरूपमात्रेणावस्थितानां वस्तूनां कमप्यतिशय-मुद्दीपयितुं दीपकालङ्कारमुपक्रमते। तत्र पूर्वाचार्यैरा-दिदीपकं मध्यदीपकमन्तदीपकमिति दीप्यमानप-दापेक्षया वाक्यस्यादौ मध्ये चान्ते च व्यवस्थितमिति क्रियापदमेव दीपकाख्यमलङ्करणमाख्यातम्।

अब स्वरूप मात्र से स्थित वस्तुओं के किसी अपूर्व अतिशय को प्रकाशित करने के लिए दीपक अलङ्कार को प्रस्तुत करते हैं। वहाँ पूर्व आचार्यों भामह आदि के द्वारा आदिदीपक, मध्यदीपक तथा अन्तदीपक इस प्रकार से दीप्यमान पदों की अपेक्षा से वाक्य के आदि, मध्य और अन्त में स्थित क्रियापद को दीपक नामक अलङ्कार कहा है।

भामह ने काव्यालङ्कार में दीपक अलङ्कार को इस प्रकार से परिभाषित किया है-

आदिमध्यान्तविषयं त्रिधा दीपकमिष्यते।
एकस्यैवत्र्यवस्थत्वादिति च तद्भिद्यते त्रिधा।।
अमूनि कुर्वतेऽन्वर्थामस्याख्यामर्थदीपनात्।
त्रिभिर्निदर्शनैश्चेदं त्रिधा निर्दिश्यते यथा।।

(काव्यालङ्कार 2-25-26)

अर्थात् आदि, मध्य तथा अन्त तीन प्रकार का दीपक अलङ्कार होता है। एक ही क्रिया की स्थानभेद से तीन अवस्था होने से वह तीन प्रकार का हो जाता है। ये तीनों अर्थ के प्रकाशक होने से इसके (दीपक के) नाम को सार्थक करते हैं। तीन उदाहरणों से इसको तीन प्रकार से प्रदर्शित करते हैं। भामह ने जो दीपक अलङ्कार के तीन उदाहरण काव्यालङ्कार में दिए हैं, वही उदाहरण यहाँ पर कुन्तक ने प्रस्तुत किए हैं -

मदो जनयति प्रीतिं सानङ्गं मानभङ्गुरम्।
स प्रियासङ्गमोत्कण्ठां सासह्यां मनसःशुचम्॥61॥

अन्वय - मदः प्रीतिं जनयति, सा मानभङ्गुरम् अनङ्गं (जनयति), सः प्रियासङ्गमोत्कण्ठां (जनयति), सा मनसः असह्याम् शुचम् (जनयति)।

अनुवाद - मद प्रीति को उत्पन्न करता है, वह (प्रीति) मान से भङ्ग होने वाले काम को (उत्पन्न करती है), वह (काम) प्रिया के सङ्गम की उत्कण्ठा को (उत्पन्न करता है), वह (उत्कण्ठा) मन में असह्य शोक को (उत्पन्न करती है)।

मालिनीरंशुकभृतः स्त्रियोऽलङ्कुरुते मधुः।
हारीतशुकवाचश्च भूधराणामुपत्यकाः॥62॥

अन्वय - मधुः मालिनीरंशुकभृतः स्त्रियः अलङ्कुरुते हारीतशुकवाचः च भूधराणाम् उपत्यकाः (अलङ्कुरुते)।

अनुवाद - वसन्त मालाओं और वस्त्रों से युक्त स्त्रियों को अलङ्कृत करता है तथा हारीत और शुक की वाणी पर्वतों की उपत्यकाओं को (अलङ्कृत करती है)।

चीरीमतीररण्यानीः सरितः शुष्यदम्भसः।
प्रवासिनाञ्च चेतांसि शुचिरन्तं निनीषति॥63॥

अन्वय - चीरीमतीः अरण्यानीः, शुष्यदम्भसः सरितः प्रवासिनां च चेतांसि शुचिः अन्तं निनीषति।

अनुवाद - चीड़ के वनों को, सूखते हुए जल वाली नदियों को और प्रवासियों के चित्त को ग्रीष्म समाप्त करना चाहता है।

अत्र क्रियापदानां दीपकत्वं प्रकाशकत्वम्। यस्मात् क्रियापदैरेव प्रकाश्यन्ते स्वसम्बन्धितया स्थाप्यन्ते।

उक्त तीन उदाहरण क्रमशः आदिदीपक, मध्यदीपक तथा अन्तदीपक के हैं। प्रथम उदाहरण में 'जनयति' क्रियापद वाक्य के प्रारम्भ में आया है तथा वह शेष सम्पूर्ण वाक्य के अर्थों को प्रकाशित कर रहा है। द्वितीय उदाहरण में 'अलङ्कुरुते' क्रियापद श्लोक के द्वितीय पाद अर्थात् मध्य में आकर शेष सम्पूर्ण अर्थों को प्रकाशित कर रहा है तथा अन्तिम अर्थात् तीसरे उदाहरण में 'निनीषति'

क्रियापद श्लोक के अन्तिम पाद में आया है तथा शेष सम्पूर्ण वाक्य के अर्थों को प्रकाशित कर रहा है। यहाँ पर तीनों क्रियापदों का दीपकत्व अर्थात् प्रकाशकत्व है। क्योंकि क्रियापदों के द्वारा ही अर्थ प्रकाशित हो रहे हैं अर्थात् अपने से सम्बन्धित रूप से स्थापित होते हैं।

यहाँ तक आचार्य भामह का दीपक अलङ्कार से सम्बन्धित मत को पूर्वपक्ष के रूप में कहा गया है। अब आचार्य कुन्तक इसका खण्डन करते हैं —

तदेवं सर्वस्य कस्यचिद् दीपकव्यतिरेकिणोऽपि क्रियापदस्यैकरूपत्वाद् दीपकाद् द्वैतं प्रसज्यते।

इस प्रकार से तो दीपक से भिन्न भी सभी क्रियापदों की किसी क्रियापद के समान होने से अर्थात् जिस प्रकार से किसी एक क्रियापद का वाक्य के अन्य पदार्थों से सम्बन्ध होने पर उस क्रियापद को दीपक कहा जाता है, वैसे ही उससे भिन्न किसी अन्य क्रियापद का भी वाक्य के अनेक पदार्थों के साथ सम्बन्ध होने पर दीपक कहा जायेगा, इसलिए दीपक अलङ्कार के द्वैत अर्थात् अनेकत्व का प्रसङ्ग उपस्थित हो जायेगा।

किं च शोभाकारित्वस्य युक्तिशून्यत्वादलङ्करणत्वानुपपत्तिः।

भामह के अनुसार किसी क्रियापद को वाक्य के आदि, मध्य तथा अन्त में रख देने से ही दीपक अलङ्कार हो जाता है। इससे कौनसा वैशिष्ट्य आ जायेगा। यदि कोई अन्य क्रियापद वाक्य में आता है तो उसको भी दीपक मानना चाहिए। अर्थात् या तो सभी क्रियापदों को दीपक मानना चाहिए या किसी को नहीं। क्योंकि क्रियापद के शोभाकारित्व से युक्तिशून्य होने से उसे अलङ्कार नहीं कहा जा सकता है।

अन्यच्च, आस्तां तावत् क्रिया, एवं यस्य कस्यचिद्वाक्यवर्तिनः पदस्य सम्बन्धितया पदान्तरद्योतनं स्वभाव एव। परस्परान्वयसम्बन्धनिबन्धनाद्वाक्यार्थस्वरूपस्येति पुनरपि दीपकद्वैतमायातम्।

और भी, केवल क्रियापद ही क्यों, वाक्य में जितने भी पद होते हैं वे सभी एक दूसरे से सम्बन्धित होते हुए एक दूसरे को प्रकाशित करते हैं। क्योंकि

वाक्यार्थ परस्पर अन्वयमूलक होता है। इस आधार पर वाक्य के सभी पदों में दीपकत्व हो जायेगा, जिससे पुनः दीपक के विषय में द्वैत अर्थात् आनन्त्य उपस्थित हो जायेगा।

आदौ मध्ये चान्ते वा व्यवस्थितं क्रियापदमतिशय-मासादयति, येनालङ्कारतां प्रतिपद्यते। इति चेत् तेषां वाक्यादीनां परस्परं तथाविधः कः स्वरूपातिरेकः सम्भवति।

यदि यह कहा जाय कि वाक्य के आदि, मध्य और अन्त में स्थित क्रियापद में अतिशय आ जाता है, जिससे वह अलङ्कार हो जाता है। तब उन क्रियापद के और वाक्य आदि के अन्य पदों के स्वरूप में परस्पर ऐसा कौनसा विशेष अन्तर आ जाता है। अर्थात् वाक्य के सभी पद समान होने पर सभी पदों को ही दीपकपद कहना चाहिए, न कि केवल क्रियापदों को।

क्रियापदप्रकारभेदनिबन्धनं वाक्यस्य यदादिमध्यान्तं तदेव तथर्दवाचकेष्वपि सम्भवतीत्येवमपि दीपक-प्रकारान्त्यप्रसङ्गः।

यदि यह कहा जाय कि क्रियापद के प्रकारभेद के कारण जो उनकी वाक्य के आदि, मध्य और अन्त में स्थिति है, तब उसी प्रकार के अर्थ के वाचक क्रियापद जो वाक्य के आदि, मध्य और अन्त में नहीं हैं, उनमें भी वही स्थिति माननी चाहिए। इससे पुनः दीपक के प्रकारों का आनन्त्य प्रसङ्ग उपस्थित हो जायेगा।

दीपकालङ्कारविहितवाक्यान्तरवर्तिनः क्रियापदस्य भ्वादिव्यतिरिक्तमेव काव्यान्तरव्यपदेशः।

दीपक अलङ्कार को प्रस्तुत करने के लिए प्रयुक्त वाक्य में स्थित क्रियापद के भ्वादिगण से अतिरिक्त अदादि आदि गणों के क्रियापदों की अलग से काव्यता माननी पड़ेगी, जो उचित प्रतीत नहीं होता है।

यदि वा समानविभक्तीनां बहूनां कारकानामेकं क्रियापदं

प्रकाशकं दीपकमुच्यते, तत्रापि काव्यच्छायातिशय-कारितायाः किं निबन्धनमिति वक्तव्यमेव।

अथवा यदि समान विभक्ति वाले बहुत से कारकों के प्रकाशक एक क्रियापद को दीपक कहा जाता है, तब भी उस क्रियापद में काव्य की शोभा के अतिशयकारिता का क्या कारण होगा, यह भी बताना चाहिए। परन्तु इस प्रकार का कोई कारण भामह ने नहीं बताया है।

तच्च प्रस्तुताप्रस्तुतविध्यसामर्थ्यसम्प्राप्तप्रतीयमान-वृत्तिसाम्यमेव नान्यत् किञ्चिदित्यभियुक्ततरैः प्रति-पादितमेव।

और वह प्रस्तुत और अप्रस्तुत का वाच्यरूप विधिसामर्थ्य से अप्राप्त है, अतः प्रतीयमान वृत्ति से साम्य ही उक्त काव्य की शोभा के अतिशयकारिता का कारण होगा, यदि ऐसा भामह कहना चाहते हैं, तब तो वह कुछ नवीन नहीं है। इसकी अपेक्षा यह अधिक प्रामाणिक रूप में किसी अन्य अर्थात् उद्भट के द्वारा युक्तियों के साथ प्रतिपादित किया गया है।

वस्तुतः उद्भट ने जो दीपक अलङ्कार का विवेचन किया है, वह भामह से अधिक युक्तियुक्त और प्रामाणिक है। उद्भट का लक्षण है -

आदिमध्यान्तविषयाः प्राधान्येतरयोगिनः।
अन्तर्गतोपमाधर्मा यत्र तद्दीपकं विदुः॥

(काव्यालङ्कारसारसंग्रह 1-28)

अर्थात् जहाँ पर वाक्य के आदि, मध्य और अन्त में रहने वाले विषय प्रधान और अप्रधान अर्थात् उपमेय और उपमान दोनों से सम्बद्ध हो तथा जिनमें उपमा का तत्त्व निहित हो, आचार्यों के द्वारा दीपक कहे जाते हैं।

चंकमन्ति करीन्दा दिसागअमअगन्धहारिअहिअआ।
दुक्खं बणे च कइणो भणिइविसममहाकइमग्गे॥64॥

(चक्रम्यन्ते करीन्द्रा दिग्गजमदगन्धहारितहृदयाः।
दुःखं वने च कवयो भणितिविषममहाकविमार्गे॥) (इतिच्छाया)

अन्वय - दिग्गजमदगन्धहारितहृदयाः करीन्द्राः वने भणितिविषममहाकविमार्गे च कवयः दुःखं चक्रम्यन्ते।

अनुवाद - दिग्गजों की मदगन्ध से विदीर्ण हृदयों वाले हाथी वन में और वक्रोक्ति से विषम महाकवियों के मार्ग में कवि दुःखपूर्वक सञ्चरण कर रहे हैं।

अत्र प्रस्तुताप्रस्तुतयोः प्रतीयमानवृत्तिसाम्यमेव अन्तर्गतोपमाधर्मः।

यहाँ पर प्रस्तुत और अप्रस्तुत का प्रतीयमान साम्य ही उद्भट द्वारा कथित अन्तर्गत उपमाधर्म है। बीच में तीन स्थलों पर पाठ त्रुटित है।

कहने का भाव यह है कि इस उदाहरण में दिग्गजों की मदगन्ध से विदीर्ण हृदयों वाले हाथियों तथा महाकवियों में साधर्म्य और वन तथा वक्रोक्ति से विषम मार्ग में साधर्म्य प्रतीयमान है। इसलिए यह अन्तर्गतोपमाधर्म या प्रतीयमान साम्य होने से दीपक अलङ्कार का उदाहरण है।

तदिदानीं दीपकमलङ्कारान्तरकारणं कलयन् कामपि काव्यकमनीयतां कल्पयितुं प्रकारान्तरेण प्रक्रमते -

अब दीपक अलङ्कार को दूसरे प्रकार की शोभा का कारण मानकर कुछ अपूर्व काव्य की कमनीयता की कल्पना करने के लिए अन्य प्रकार से दीपक का लक्षण करते हैं -

औचित्यावहमम्लानं तद्विदाह्लादकारणम्।
अशक्तं धर्ममर्थानां दीपयद् वस्तु दीपकम्॥16॥

अन्वय - औचित्यावहम् अम्लानं तद्विदाह्लादकारणम् अर्थानाम् अशक्तं धर्मं दीपयत् वस्तु दीपकं (भवति)।

अनुवाद - औचित्य अर्थात् उदारता को धारण करने वाला, नवीन, सहृदयों को आनन्द प्रदान करने वाले (प्रस्तुत और अप्रस्तुत) पदार्थों के प्रतीयमान धर्म को प्रकाशित करने वाली वस्तु दीपक अलङ्कार (होती है)।

'औचित्यावहम्' इत्यादि। वस्तुदीपकं सिद्धरूपमलङ्करणं 'भवतीति' सम्बन्धः। क्रियान्तराश्रवणात्।

तदेवं सर्वस्य कस्यचिद् वस्तुनः तद्भावापत्तिरित्याह, 'दीपयत्', प्रकाशयदलङ्करणं सम्पद्यते। किं कस्येत्यभिधत्ते, 'धर्मम्' परिस्पन्दविशेषम्, 'अर्थानाम्' वर्णनीयानाम्। कीदृशम्, 'अशक्तम्' अप्रकटम्, तेनैव प्रकाश्यमानत्वात्। किं स्वरूपं च, 'औचित्यावहम्' औचित्यमौदार्यमावहति यः स तथोक्तः। अन्यच्च किंविधम्, 'अम्लानम्' प्रत्यग्रम्, अनालीढमिति यावत्। एवं स्वरूपत्वात् 'तद्विदाह्लादकारणम्' काव्यविदानन्द-निमित्तम्॥16॥

'औचित्यावहम्' इत्यादि कारिका की व्याख्या करते हैं। वस्तु दीपक होती है अर्थात् केवल क्रियापद ही नहीं, अपितु सिद्ध वस्तु अलङ्करण 'होती है' यह सम्बन्ध है। कारिका में किसी क्रियापद के न होने से 'भवति' इस क्रियापद का अध्याहार कर लेते हैं। तब तो सभी वस्तुओं में दीपक अलङ्कारत्व का भाव हो जायेगा, इसका परिहार करते हुए कहते हैं - दीप्त करता हुआ अर्थात् प्रकाशित करता हुआ ही दीपक अलङ्कार होता है। किसके, किसको प्रकाशित करता हुआ दीपक होता है? उत्तर है - धर्म को अर्थात् स्वभावविशेष को। पुनः प्रश्न होगा - किसके स्वभावविशेष को? उत्तर है - पदार्थों का अर्थात् वर्णनीय अर्थों का। कैसे धर्म को दीपक प्रकाशित करता है? उत्तर है - जो अभिधा से प्रकट अर्थ न हो अर्थात् प्रतीयमान अर्थ को। उसी दीपक के द्वारा प्रकाश्यमान होने के कारण। उस दीपक का स्वरूप कैसा होता है? उत्तर है - औचित्य को धारण करने वाला। औचित्य अर्थात् औदार्य को धारण करता है, वह। और वह किस प्रकार का होता है? अम्लान अर्थात् नवीन। जिसका पहले किसी ने आस्वाद नहीं किया है। इस प्रकार के स्वरूप वाला होने के कारण तद्विदाह्लादकारण अर्थात् सहृदयों को आनन्द प्रदान करने का कारण।

एकं प्रकाशकं सन्ति भूयांसि भूयसां क्वचित्।
केवलं पङ्क्तिसंस्थं वा द्विविधं परिदृश्यते॥17॥

अन्वय - क्वचित् एकं (पदं) भूयसां (प्रतीयमानसाधर्म्यस्य) प्रकाशकं (भवति), (तत्) केवलं (दीपकं भवति) वा (क्वचित्) भूयांसि (पदानि भूयसां प्रतीयमानसाधर्म्यस्य प्रकाशकं) सन्ति, (तत्) पङ्क्तिसंस्थं (दीपकं भवति)। (एवं) द्विविधं (दीपकं) परिदृश्यते।

अनुवाद - कहीं एक (पद) बहुतों के (प्रतीयमान साधर्म्य का) प्रकाशक (होता है), (वह) केवल (दीपक होता है) अथवा (कहीं) बहुत से (पद बहुतों के प्रतीयमान साधर्म्य के प्रकाशक) होते हैं, (वह) पङ्क्तिस्थ अर्थात् मालारूप (दीपक होता है)। (इस प्रकार से) दो प्रकार का (दीपक) देखा जाता है।

अस्यैव प्रकारान् निरूपयति। 'द्विविधं परिदृश्यते', द्विप्रकारमवलोक्यते लक्ष्ये विभाव्यते। कथम् 'केवलम्' असहायं 'पङ्क्तिसंस्थं वा' पङ्क्तौ व्यवस्थितं तत्तुल्यकक्षायां सहायान्तरोपरचितायां वर्तमानम्। कथम्, 'एकम्' बहूनां पदार्थानामेकं प्रकाशकं दीपकं केवलमित्युच्यते।

यथा - 'असारं संसारम्।।65।।

इसी अर्थात् दीपक के प्रकारों को दिखलाते हैं। दीपक दो प्रकार का देखा जाता है। कैसे? उत्तर है - केवल अर्थात् असहाय दीपक अथवा पङ्क्तिस्थ अर्थात् पङ्क्ति में स्थित अर्थात् उसके समान अन्य सहायकों से बनी कक्षा अर्थात् श्रेणी में वर्तमान अर्थात् माला दीपक। कैसे? उत्तर है - एक पद जब बहुत से पदार्थों के प्रतीयमान धर्म का प्रकाशक होता है, तब वह केवल दीपक कहलाता है। जैसे - 'असारं संसारम्।' यह पद्य। सम्पूर्ण पद्य इस प्रकार है -

असारं संसारं परिमुषितरत्नं त्रिभुवनं
निरालोकं लोकं मरणशरणं बान्धवजनम्।
अदर्पं कन्दर्पं जननयननिर्माणमफलं
जगज्जीर्णारण्यं कथमसि विधातुं व्यवसितः।।

अन्वय - संसारम् असारम्, त्रिभुवनं परिमुषितरत्नम्, लोकं निरालोकम्,

बान्धवजनं मरणशरणम्, कन्दर्पम् अदर्पम्, जननयननिर्माणम् अफलम्, जगत् जीर्णारण्यं विधातुं कथं व्यवसितः असि।

अनुवाद - (महाकवि भवभूति विरचित मालतीमाधव नाटक के 5वें अंक के 30वे पद्य में कापालिक को मालती के वध के लिए उद्यत देखकर माधव कह रहा है - हे कापालिक) तू मालती को मारकर संसार को सारहीन, त्रिभुवन को रत्नविहीन, लोक को आलोकरहित, इसके बान्धवजनों को मरणशील, कामदेव को दर्पहीन, लोगों के नेत्र-निर्माण को निष्फल, जगत को जीर्ण अरण्य बना देने पर क्यों उद्यत हो रहा है?

इत्यादि। अत्र 'विधातुं व्यवसितः' कर्ता संसारादीनाम-सारत्वप्रभृतीन् धर्मानुद्योतयद् दीपकालङ्कारतामाप्तवान्।

इत्यादि। यहाँ 'विधातुं व्यवसितः' इस क्रियापद का कर्ता संसार आदि के असारत्व आदि धर्मों को प्रकाशित करता हुआ एक पद का अनेक के साथ सम्बन्ध होने से दीपकालङ्कारत्व को प्राप्त होता है। यह केवल दीपक नामक प्रथम भेद है।

'पङ्क्तिसंस्थम्', 'भूयांसि' बहूनि वस्तुनि दीपकानि 'भूयसां' प्रभूतानां वर्णनीयानां 'सन्ति वा क्वचिद्' भवन्ति वा कस्मिंश्चिद् विषये -

पङ्क्ति में स्थित अर्थात् दीपक का दूसरा भेद मालादीपक वहाँ होता है, जहाँ कहीं किसी विषय में बहुत से पद बहुत सी वर्णनीय वस्तुओं के प्रकाशक होते हैं, जैसे -

कइकेसरी बअणाण मोत्तिअरअणाण आइवेअटिकः।
ठाणाठाणं जाणइ कुसुमाण अं जीणमालारो॥66॥

(कविकेसरी वचनानां मौक्तिकरत्नानां आदिवैकटिकः।
स्थानास्थानं जानाति कुसुमानां च जीर्णमालाकारः॥) इतिच्छाया।

अन्वय - कविकेसरी वचनानाम्, आदिवैकटिकः मौक्तिकरत्नानां जीर्णमालाकारः च कुसुमानां स्थानास्थानं जानाति।

अनुवाद - श्रेष्ठ कवि वचनों के, पुराना जौहरी मौक्तिक रत्नों के और वृद्ध माली कुसुमों के स्थान और अस्थान को जानता है।

यहाँ पर श्लोक के तृतीय चरण के 'स्थानास्थानं जानाति' अनेक पद श्लोक के अन्य तीन चरणों में कहे गए अनेक पदार्थों के प्रकाशक होने से पङ्क्तिसंस्थ अर्थात् मालादीपक का उदाहरण है।

चन्दमऊएहि णिसा णलिनी कमलेहि कुसुमगुच्छेहि लआ।
हंसेहि सरअसोहा कव्वकहा सज्जनेहि करइ करुइ॥67॥
(चन्द्रमयूखैर्निशा नलिनी कमलै कुसुमगुच्छैर्लता।
हंसैः शारदशोभा काव्यकथा सज्जनैः क्रियते गुर्वी॥) इतिच्छाया।

अन्वय - चन्द्रमयूखैः निशा, कमलैः नलिनी, कुसुमगुच्छैः लता, हंसैः शारदशोभा सज्जनैः (च) काव्यकथा गुर्वी क्रियते।

अनुवाद - चन्द्रमा की किरणों से रात्रि, कमलपुष्पों से कमलिनी, कुसुम-गुच्छों से लता, हंसों से शारदीय शोभा (और) सज्जनों से काव्यकथा गौरव को प्राप्त होती है।

यहाँ पर श्लोक के अन्तिम चरण के 'क्रियते गुर्वी' पद श्लोक के अन्य तीन चरणों में कहे गए अनेक पदार्थों के प्रकाशक होने से यह भी पङ्क्तिसंस्थ अर्थात् मालादीपक का उदाहरण है।

यदपरं पङ्क्तिसंस्थं नाम तत् कारणत्रैविध्यात् त्रिप्रकारम्। त्रयः प्रकाराः प्रभेदा यस्येति विग्रहः। तत्र प्रथमस्तावद-नन्तरोक्तो 'भूयांसि भूयसां क्वचिद् भवन्ति' इति।

जो यह दूसरा पङ्क्तिसंस्थ नामक दीपक है वह तीन प्रकार के कारण होने से तीन प्रकार का माना जाता है। तीन प्रकार अर्थात् प्रभेद होते हैं जिसके, यह विग्रह है। उनमें से प्रथम प्रकार जो अभी कहा गया है अर्थात् जहाँ पर बहुत से पद बहुत से अर्थों के प्रकाशक होते हैं।

द्वितीयो 'दीपकं दीपयत्यन्यत्रान्यत्' इति अन्यस्याति-शयोत्पादकत्वेन दीपकम्। यद्दीपितं तत्कर्मभूतमन्यत्,

कर्तृभूतं दीपयति प्रकाशयति तदप्यन्यद्दीपयतीति दीपकदीपकम्।

इसका द्वितीय प्रकार जो अन्य वस्तु किसी अन्य को प्रकाशित करती है, वह अन्य के शोभातिशय का उत्पादक होने से दीपक कहलाता है। जो वस्तु प्रकाशित होती है, उस कर्मभूत अन्य वस्तु को कर्तृभूत कोई अन्य वस्तु प्रकाशित करती है तथा उस कर्तृभूत दीपक वस्तु को भी कोई अन्य वस्तु प्रकाशित करती है। इसलिए वह दीपकदीपक कहा जाता है।

द्वितीयदीपकप्रकारो यथा -

द्वितीय प्रकार दीपकदीपक का उदाहरण है -

क्षोणीमण्डलमण्डनं नृपतयस्तेषां श्रियो भूषणं
ताः शोभां गमयत्यचापलमिदं प्रागल्भ्यतो राजते।
तद् भूष्यं नयवर्त्मनस्तदपि च शौर्यक्रियालङ्कृतं
विभ्राणं यदियत्तया त्रिभुवनं छेत्तुं व्यवस्येदपि॥68॥

अन्वय - क्षोणीमण्डलमण्डनं नृपतयः, तेषां भूषणं श्रियः, ताः (श्रियः) अचापलं शोभां गमयति, इदं (अचापलं) प्रागल्भ्यतः राजते, तद् (प्रागल्भ्यम्) नयवर्त्मनः भूष्यम्, तत् (नयवर्त्मन्) अपि च शौर्यक्रियालङ्कृतम्। यत् (शौर्यक्रियालङ्कृतं नयवर्त्मन्) विभ्राणं (राजानं) अपि त्रिभुवनम् इयत्तया छेत्तुं व्यवस्येत्?

अनुवाद - भूमण्डल के आभूषण राजा होते हैं, उन राजाओं का आभूषण लक्ष्मी होती हैं, उस (लक्ष्मी) को अचापल्य शोभा प्रदान करता है, यह (अचापल्य) प्रगल्भता से सुशोभित होता है, वह (प्रागल्भ्य) नीतियुक्त मार्ग से सुशोभित होता है, वह (नीतियुक्त मार्ग) भी शौर्य-क्रिया से अलङ्कृत होता है। जिस (शौर्यक्रिया से अलङ्कृत नीतियुक्त मार्ग को) धारण करने वाले (राजा को) भी तीनों लोक 'इस राजा की इतनी सी शक्ति है' निश्चित करने में समर्थ हो सकता है? अर्थात् कभी नहीं।

अत्रोत्तरोत्तराणि पूर्वपूर्वपददीपकानि मालायां कविनोपनिबद्धानीति। यथा वा -

यहाँ बाद-बाद के पदार्थ पूर्व-पूर्व के पदार्थों के प्रकाशक रूप में कवि ने माला के रूप में ग्रथित किए हैं। अथवा जैसे -

शुचि भूषयति श्रुतं वपुः प्रशमस्तस्य भवत्यलङ्क्रिया।
प्रशमाभरणं पराक्रमः स नयापादितसिद्धिभूषणः॥69॥

अन्वय - शुचि श्रुतं वपुः भूषयति, प्रशमः तस्य अलङ्क्रिया भवति, प्रशमाभरणं पराक्रमः, सः नयापादितसिद्धिभूषणः।

अनुवाद - पवित्र शास्त्रज्ञान शरीर को भूषित करता है, शान्ति उस पवित्र ज्ञान का अलङ्करण होती है, शान्ति का आभूषण पराक्रम होता है (तथा) वह पराक्रम नीति से प्राप्त सिद्धि का आभूषण होता है।

यथा च - 'चारुता वपुरभूषयदासाम्'॥70॥ इत्यादि।

और जैसे - 'चारुता वपुरभूषयद्' यह पद्य। सम्पूर्ण पद्य इस प्रकार से है-

चारुता वपुरभूषयदासां तामनूननवयौवनयोगः।
तं पुनर्मकरकेतनलक्ष्मीस्तां मदो दयितसङ्गमभूषः॥

अन्वय - आसां वपुः चारुता, ताम् अनूननवयौवनयोगः, तं पुनः मकरकेतनलक्ष्मीः, तां दयितसङ्गमभूषः मदः अभूषयत्।

अनुवाद - इन रमणियों के शरीर को चारुता ने, चारुता को सम्पूर्ण नवयौवन के योग ने, सम्पूर्ण नवयौवन के योग को पुनः कामदेव की शोभा ने तथा कामदेव की शोभा को प्रियसङ्गम से विभूषित मद ने भूषित किया।

तृतीयप्रकारोऽत्रैव श्लोकार्द्धे दीपकस्थाने दीपितमिति पाठान्तरं विधाय व्याख्येयः। तदयमत्रार्थः, यदन्येन केनचिदुत्पादितातिशयं सम्पादितं वस्तु तत्कर्तृभूतमन्यद्दीपयत्युत्तेजयति।

पङ्क्तिसंस्थ या मालादीपक का तृतीय प्रकार इसी श्लोक (शुचि भूषयति) के उत्तरार्द्ध में 'दीपकदीपक' के स्थान पर 'दीपितदीपक' रखकर पाठान्तर करके समझना चाहिए। कहने का भाव यह है कि पङ्क्तिसंस्थ या मालादीपक का द्वितीय प्रकार 'दीपकदीपक' कहा गया था। अब इसके तृतीय प्रकार का नाम

'दीपितदीपक' कहा जायेगा। इसका अभिप्राय यहाँ यह हुआ कि जिस वस्तु में किसी अन्य वस्तु से अतिशय उत्पन्न किया जा चुका है, वह अतिशय से युक्त वस्तु कर्तृभूत होकर किसी अन्य वस्तु को प्रकाशित करती है। जैसे 'शुचि भूषयति' श्लोक के उत्तरार्द्ध में 'सः नयापादितसिद्धिभूषणः' में दीपितदीपक मालादीपक अलङ्कार है। क्योंकि पराक्रम नीति से सुशोभित होता है, परन्तु वह नीति स्वयं 'आपादितसिद्धि' से विभूषित होती है।

यथा - 'मदो जनयति प्रीतिमित्यादि।

यह पद्य इसी उन्मेष के उदाहरण संख्या 61 में उद्धृत हो चुका है। इसमें वर्णन है कि प्रीति काम को उत्पन्न करती है तथा काम प्रिया के सङ्गम की उत्कण्ठा को उत्पन्न करता है। परन्तु इस पद्य में काम का वाचक 'अनङ्ग' शब्द स्वयं किसी अन्य पद 'मानभङ्गुरम्' से दीपित अर्थात् प्रकाशित है। अतः यह दीपितदीपक का उदाहरण हुआ।

ननु पूर्वाचार्यैश्चैतदेव पूर्वमुदाहृतम्। तदेव प्रथमं प्रत्याख्यायेदानीं समाहितमित्यभिप्रायो व्याख्यातव्यः। सत्यमुक्तम्। तदयं व्याख्यायते। क्रियापदमेकमेव दीपकमिति तेषां तात्पर्यम्। अस्माकं पुनः कर्तृपदादिनि-बन्धनानि दीपकानि बहूनि सम्भवन्तीति॥17॥

पूर्व आचार्यों भामह आदि ने 'मदो जनयति' इस पद्य को दीपक अलङ्कार के उदाहरण के रूप में प्रस्तुत किया है। जिसका आप पहले खण्डन कर चुके हैं और अब आप इसको दीपक अलङ्कार का उदाहरण बता रहे हैं। अब आपको इसका अभिप्राय बताना चाहिए। कुन्तक कहते हैं - ठीक है। वह हम बताते हैं। पूर्व भामह आदि आचार्यों का तात्पर्य इस पद्य में एक क्रियापद को ही दीपक बताना था। परन्तु हमारा अभिप्राय यह है कि कर्तृपद आदि जो भी प्रकाशन के कारण हैं, वे सब दीपक हो सकते हैं।

यथायोगि क्रियापदं मनःसंवादि तद्विदाम्।
वर्णनीयस्य विच्छित्तेः कारणं वस्तुदीपकम्॥18॥

अन्वय - तद्विदां मनःसंवादि वर्णनीयस्य विच्छित्तेः कारणं यथायोगि क्रियापदं (अपि) वस्तुदीपकम् (भवति)।

अनुवाद - सहृदयों के मनोनुकूल वर्णनीय वस्तु के सौन्दर्य का कारण यथायोग्य क्रियापद (भी) वस्तु का दीपक (होता है)।

इदानीमेतदेवोपसंहरति, यथायोगि क्रियापदमित्यादि। यथा येन प्रकारेण युज्यते इति 'यथायोगि' क्रियापदं यस्य तत्तथोक्तम्। येन यथासम्बन्धमनुभवितुं शक्नोति तथा दीपके क्रिया। अन्यच्च किं रूपम् - 'मनःसंवादि तद्विदाम्'। तद्विदां काव्यज्ञानां मनसि संवदति चेतसि प्रतिफलति यत् तत् तथोक्तम्। अन्यच्च कीदृशम् - 'वर्णनीयस्य विच्छित्तेः कारणम्'। वर्णनीयस्य प्रस्तावाधिकृतस्य पदार्थस्य विच्छित्तेरुपशोभायाः कारणं निमित्तभूतम्॥18॥

अब दीपक अलङ्कार का उपसंहार करते हैं। 'यथायोगि क्रियापदम्' इत्यादि कारिका में। जिस प्रकार से जिसके साथ जुड़ता है, वह 'यथायोगि' हुआ। यथायोगि क्रियापद है जिसका, उस प्रकार की वस्तु यथायोगि क्रियापद वस्तु होगी। इसलिए जैसा सम्बन्ध सम्भव हो सकता है, उस प्रकार की क्रिया दीपक अलङ्कार में होती है। और यह दीपक किस प्रकार का होता है? उत्तर है - 'मनःसंवादि तद्विदाम्'। अर्थात् काव्यज्ञों के मन में बैठने वाला अर्थात् चित्त में प्रतिफलित अर्थात् अङ्कित हो जाने वाला। और यह दीपक किस प्रकार का होता है? उत्तर है - 'वर्णनीय पदार्थ के सौन्दर्य का कारण। वर्णनीय अर्थात् प्रकरण में प्रतिपाद्य पदार्थ की विच्छित्ति अर्थात् उपशोभा का कारणभूत। अतः उक्त विशेषणों से युक्त और यथोचित क्रियापद से युक्त जो वस्तु है, वह भी दीपक होती है। वस्तुतः भामहादि और कुन्तक के दीपकविषयक मतों में यह अन्तर है कि भामहादि आचार्य केवल क्रियापद हो ही दीपक का प्रयोजक मानते हैं, जबकि कुन्तक क्रियापद के अतिरिक्त अन्य कारकपदों को भी दीपक का प्रयोजक मानते हैं।

उपचारैकसर्वस्वं यत्र तत् साम्यमुद्वहत्।
यदर्पयति रूपं स्वं वस्तु तद् रूपकं विदुः॥19॥

अन्वय - यत्र उपचारैकसर्वस्वं तत् (उपमेयेन सह) साम्यम् उद्वहत् यत् (उपमानभूतं) वस्तु (उपमेयभूतवस्तुनः कृतेः) स्वं रूपं अर्पयति तद् रूपकं विदुः।

अनुवाद - जहाँ पर उपचारवक्रता ही एकमात्र जिसका सर्वस्व है, वह (उपमेय के साथ) साम्य को धारण करती हुई जो (उपमानभूत) वस्तु (उपमेयभूत वस्तु के लिए) अपना स्वरूप अर्पित कर देती है, उसे रूपक कहा जाता है।

रूपकं विविनक्ति, उपचारेत्यादि। वस्तु तद् रूपकं विदुः, तद्वस्तु पदार्थस्वरूपं रूपकाख्यमलङ्कारं विदुः, जना इति शेषः। कीदृशम् - 'यदर्पयतीत्यादि'। यत् कर्तृभूतमर्पयति विन्यस्यति। किम् - स्वमात्मीयं रूपम्, वाक्यस्य वाचकात्मकं परिस्पन्दम्। अलङ्कारप्रस्तावादलङ्कारस्यैव स्वसम्बन्धित्वात्। किं कुर्वत - 'साम्यमुद्वहत्', समत्वं धारयत्। न पुनर्जन्यत्वप्रमेयत्वादि सामान्यम्। यस्मात् पूर्वोक्तलक्षणेन साम्येन वर्णनीयं सहृदयहृदयहारितामवतरति। उपचारैकसर्वस्वम् उपचारस्तत्त्वाध्यारोपस्तस्यैकं सर्वस्वं केवलमेव जीवितम्। तन्निबन्धनत्वादुपचारैः प्रवृत्तेः।

'उपचारै' इत्यादि कारिका से रूपक को कहते हैं। उस वस्तु को अर्थात् पदार्थ के स्वरूप को विद्वान् रूपक कहते हैं। कैसी वस्तु को? उत्तर है - जो अर्पित करती है। अर्थात् जो कर्तृभूत वस्तु अर्पित अर्थात् आधान करती है। क्या अर्पित करती है? उत्तर है - अपने स्वरूप को अर्थात् वाक्य के वाचकरूप स्वभाव को। चूँकि यह अलङ्कार का प्रकरण है, अतः यहाँ 'स्व' पद से अलङ्कार का ही सम्बन्ध है। कहने का भाव यह है कि अलङ्कारभूत उपमानभूत वस्तु अपने स्वरूप को उपमेय को अर्पित करती है। क्या करते हुए अर्पित करती है?

उत्तर है - साम्य को धारण करते हुए। यहाँ 'साम्य' शब्द का अर्थ जन्यत्व प्रमेयत्व आदि सामान्य नहीं समझना चाहिए। क्योंकि पूर्वोक्त प्रकार के साम्य से वर्णनीय वस्तु सहृदयों के हृदयहारिणी हो जाती है। अब पुनः प्रश्न होता है कि किस प्रकार के साम्य से? उत्तर है - उपचार ही एकमात्र सर्वस्व है जिसका। उपचार अर्थात् सादृश्यमूलक लक्षणा के कारण उपमेय और उपमान का साम्यरूप तत्त्व का अध्यारोप ही एकमात्र सर्वस्व अर्थात् प्राण है। वह साम्य औपचारिक व्यवहार का मूल होता है, यह अभिप्राय है।

यस्मादुपचारवक्रताजीवितमेतदलङ्करणं प्रथममेव व्याख्यातम् -

'यन्मूला रसोल्लेखा रूपकादिरलङ्कृतिः'॥71॥ इति।

क्योंकि उपचारवक्रता ही इस रूपक का प्राण है, यह पहले (2-14) ही कहा जा चुका है - जिस उपचारवक्रता के कारण रूपक आदि अलङ्कार सरसता को प्राप्त होते हैं।

तस्मादेव सहृदयहृदयसंवादमाहात्म्यात् 'मुखमिन्दुः' इत्यादौ न केवलं रूपकम्। यावत् 'किं तारुण्यतरोः' इत्याद्यपि। तस्मादेव च सूक्ष्ममतिरिक्तं वा न किञ्चिदुपमानात् साम्यं तस्य निमित्तमिति सचेतसः प्रमाणम्।

इसलिए सहृदयों के हृदयों में स्थित हो जाने वाले रूप माहात्म्य के कारण न केवल 'मुखमिन्दुः' इत्यादि में रूपक नहीं है, अपितु 'किं तारुण्यतरोः' इत्यादि में भी। इसलिए उपचार के अतिरिक्त सूक्ष्म अथवा उपमान से कोई अतिरिक्त साम्य उस रूपक अलङ्कार का मूल नहीं है। इस विषय में सहृदय ही प्रमाण हैं।

एवञ्च रूपकादि सामान्यलक्षणमुल्लिख्य प्रकारपर्यालोचनेन तमेवोन्मीलयति-समस्तवस्तुविषयमेकदेशविवर्ति च।

इस प्रकार से रूपक के सामान्य लक्षण का उल्लेख करके उसके प्रकारों पर विचार कर उसे स्पष्ट करते हैं - वह रूपक समस्तवस्तुविषयक तथा एकदेशविवर्ति भेद से दो प्रकार का होता है।

समस्तं वस्तु विषयो यस्य तत्तथोक्तम्। तदयमत्रार्थः यत् सर्वाण्येव प्राधान्येन वाच्यतया सकलवाक्योपारूढानि अभिधेयान्यलङ्कार्यतया सुन्दरस्वरूपपरिस्पन्द-समर्पणेन रूपान्तरापादानं गोचरो यस्येति। यथा -

समस्त वस्तु विषय होती है, जिसका वह समस्तवस्तुविषय हुआ। इसका यह अर्थ हुआ कि समस्त वाक्य में सन्निविष्ट प्रधान रूप से वाच्यरूप में स्थित पदार्थ अलङ्कार्य होने पर उपमान के सुन्दर स्वरूप के स्वभाव के समर्पण अर्थात् आरोप के द्वारा दूसरे रूप को प्राप्त करा दिए जाते हैं। जैसे -

मृदुतनुलतावसन्तः सुन्दरवदनेन्दुबिम्बसितपक्षः।
मन्मथमातङ्गमदो जयत्यहो तरुणतारम्भः॥72॥

अन्वय - अहो ! मृदुतनुलतावसन्तः सुन्दरवदनेन्दुबिम्बसितपक्षः मन्मथ-मातङ्गमदः तरुणतारम्भः जयति।

अनुवाद - अहो ! शरीररूपी कोमल लता के वसन्तरूप, सुन्दर मुखचन्द्र के शुक्ल पक्षरूप और कामदेवरूप हाथी के मदरूप यौवन का आरम्भ सर्वोत्कृष्ट है।

अत्र पूर्वाचार्यैर्व्याख्यातम्, यथा यदेकदेशेन विवर्तते विघटते, विशेषेण वा वर्तते तत् तथोक्तम्। इत्युभ-यथाऽप्येतदयुक्तं भवति। यद्वाक्यस्य यत् कस्मिंश्चिदेव स्थाने स्वपरिस्पन्दसमर्पणात्मकरूपणमादधाति क्वचिदेवेति तदेकदेशविवर्ति रूपकम्। यथा -

यहाँ पूर्व आचार्यों ने जैसा कहा है कि जो एक देश से विवर्तित अर्थात् विघटित अर्थात् कम अथवा विशेष अर्थात् अधिक होता है, वह एकदेशविवर्ति रूपक होता है। यह कम या अधिक बताना ठीक नहीं है। अपितु जो वाक्य के किसी एक स्थान में अपने स्वरूप के समर्पणरूप रूपण का आधान करता है, वह एकदेशविवर्ति रूपक होता है। अर्थात् श्लोक के किसी अंश में उपमान का उपमेय पर आरोप एकदेशविवर्ति रूपक कहलाता है। जैसे -

तडिद्वलयकक्ष्याणां बलाकामालभारिणाम्।
पयोमुचां ध्वनिर्धीरो दुनोति मम तां प्रियाम्॥73॥

अन्वय - तडिद्वलयकक्ष्याणां बलाकामालभारिणां पयोमुचां धीरः ध्वनिः मम तां प्रियां दुनोति।

अनुवाद - विद्युन्मण्डलरूपी कक्ष्या वाले, बलाकाओं की पंक्तिरूपी माला को धारण करने वाले बादलों की गम्भीर ध्वनि मेरी उस प्रिया को पीड़ित करती है।

अत्र विद्युद्वलयस्य कक्ष्यात्वेन बलाकानां तन्मालात्वेन रूपणं विद्यते। पयोमुचां पुनर्दन्तिभावो नास्तीत्येकदेशविवर्तिरूपकमलङ्कारः। तदत्यर्थयुक्तियुक्तम्। यस्मादलङ्करणस्यालङ्कार्यशोभातिशयोत्पादनमेव प्रयोजनं नान्यत किञ्चित्।

यहाँ विद्युद्वलय का कक्ष्या के रूप में और बलाकाओं का माला के रूप में आरोप है, परन्तु बादलों पर (किसी का) हाथी का आरोप नहीं किया गया है। इसलिए यहाँ एकदेशविवर्ति रूपक अलङ्कार है। यह व्याख्या युक्तियुक्त है, क्योंकि अलङ्कार का प्रयोजन अलङ्कार्य में अतिशय शोभा को उत्पन्न करना ही है और कुछ नहीं।

यदुक्तम् - रूपकापेक्षया किञ्चिद्विलक्षणमेतेन यदि सम्पाद्यते तदेतस्य रूपकप्रकारान्तरोपपत्तिः स्यात्। तदेतदास्तां तावत्। प्रत्युत् कक्ष्यादिनिमित्तरूपणोचितमुख्यवस्तुविषये विघटमानत्वादलङ्कारदोषत्वं दुर्निवारतामवलम्बते।

जैसा कि पूर्व आचार्यो ने कहा है एक देश से विवर्तित अर्थात् कम अथवा विशेष अर्थात् अधिक होता है, वह एकदेशविवर्ति रूपक होता है। इसमें जहाँ रूपक के एक देश में विशेष अर्थात् अधिक होता है, वह रूपक की अपेक्षा से यदि कुछ विलक्षण होता है, तब इसका अर्थात् रूपक का एक और प्रकार बन

जायेगा। इस विशेष वाली बात को तो जाने दें। परन्तु जहाँ कक्ष्यादि निमित्त के आरोप के योग्य न होने पर मुख्य वस्तु के विषय में जो न्यूनता आती है, वहाँ अलङ्कार विषयक दोष दुर्निवार हो जायेगा।

तस्मादन्यच्चैवेतदस्मात् समाधीयते। रूपकालङ्कारस्य परमार्थस्तावदयं यत्प्रसिद्धसौन्दर्यातिशयपदार्थ-सौकुमार्यनिबन्धनं वर्णनीयस्य वस्तुनः साम्य-समुल्लिखितं स्वरूपसमर्पणग्रहणसामर्थ्यविसंवादि। तेन 'मुखमिन्दुः' इत्यत्र मुखमेवेन्दुः सम्पाद्यते तेन रूपेण विवर्तते।

इसलिए इसका समाधान किया जाता है। रूपक अलङ्कार का वास्तविक अभिप्राय यह है कि वर्णनीय वस्तु के प्रसिद्ध सौन्दर्य के अतिशय से युक्त पदार्थ के सौकुमार्य पर आधारित साम्य से युक्त उपमान के द्वारा अपने स्वरूप का समर्पण तथा उपमेय के द्वारा उस उपमान के स्वरूप का ग्रहण का सामर्थ्य अनुकूल हो। जिस से अर्थात् उस सामर्थ्य की अनुरूपता के कारण 'मुखमिन्दुः' इस उदाहरण में मुख को ही चन्द्रमा बना दिया जाता है। अर्थात् उपमेय मुख को उपमान चन्द्रमा के रूप में परिवर्तित कर दिया जाता है।

तदेवमयमलङ्कारः -

इस प्रकार का यह अलङ्कार निम्न पद्य में द्रष्टव्य है -

हिमाचलसुतावल्लिगाढालिङ्गितमूर्तये।
संसारमरुमार्गैककल्पवृक्षाय ते नमः॥74॥

अन्वय - हिमाचलसुतावल्लिगाढालिङ्गितमूर्तये संसारमरुमार्गैककल्पवृक्षाय ते नमः।

अनुवाद - पार्वतीरूपी लता से गाढ़ आलिङ्गित स्वरूप वाले (तथा) संसाररूपी मरुभूमि के एकमात्र कल्पवृक्ष तुम्हें नमन है।

यथा वा - 'उपोढरागेण। इति।

अथवा इसी उन्मेष में पूर्व में उद्धृत 'उपोढरागेण' पद्य भी रूपक का उदाहरण है।

प्रतीयमानरूपकं यथा -

प्रतीयमान रूपक का उदाहरण, जैसे -

लावण्यकान्तिपरिपूरितदिङ्मुखेऽस्मिन्
स्मेरेऽधुना तव मुखे सरसायताक्षि।
क्षोभं यदेति न मनागपि तेन मन्ये
सुव्यक्तमेव जलराशिरयं पयोधिः॥75॥

अन्वय - (हे) सरसायताक्षि ! अधुना अस्मिन् लावण्यकान्तिपरिपूरितदिङ्मुखे तव मुखे स्मेरे यत् (एषः समुद्रः) मनागपि क्षोभं न एति, तेन मन्ये (अहं) अयं पयोधिः सुव्यक्तमेव जलराशिः।

अनुवाद - (हे) सरस और बड़ी आँखों वाली ! इस समय इस लावण्य और कान्ति से दिशाओं के मुख को परिपूर्ण कर देने वाले तुम्हारे मुख के मुस्कान से युक्त होने पर भी यदि यह (समुद्र) जरा सा भी क्षोभ को प्राप्त नहीं होता है, तो मैं ऐसा मानता हूँ कि यह समुद्र स्पष्ट रूप से ही जल(जड़)राशि ही है।

यहाँ पर मुख पर चन्द्रमा का आरोप वाच्य न होकर प्रतीयमान है।

तदेव विच्छित्यन्तरेण विशिनष्टि -

उसी रूपक अलङ्कार को अन्य प्रकार के सौन्दर्य से विशिष्ट बना कर कहते हैं -

अलङ्कारान्तरोल्लेखसहायं प्रतिभावशात्।
नयन्ति कवयः काञ्चिद् वक्रभावरहस्यताम्॥20॥

अन्वय - कवयः प्रतिभावशात् अलङ्कारान्तरोल्लेखसहायं काञ्चिद् वक्रभावरहस्यतां नयन्ति।

अनुवाद - कवि (अपनी) प्रतिभा के प्रभाव से अन्य अलङ्कारों का उल्लेख सहायक है जिसका, ऐसी किसी वक्रभाव की रहस्यता को प्राप्त कराते हैं।

एतदेव रूपकाख्यमलङ्करणं काञ्चिदलौकिकां

वक्रभावरहस्यतां वक्रत्वपरमार्थतां नयन्ति प्रापयन्ति। तथोपनिबध्नन्ति यथा वक्रताविच्छित्तिरूढिरमणीयतया तदेव तत्त्वं परं प्रतिभासते। कीदृशम् - 'अलङ्कारान्तरोल्लेखसहायम्'। अलङ्कारान्तरस्यान्यस्य ससन्देहोत्प्रेक्षाप्रभृतेः उल्लेखः समुद्भेदः सहायः काव्यशोभातिशयोत्पादने सहकारी यस्य तत् तथोक्तम्। कस्मान्नयन्ति 'प्रतिभावशात्' स्वशक्तेरायतत्वात्। तथाविधे लोकातिक्रान्तगोचरे विषये तस्योपनिबन्धो विधीयते। यत्र तथा प्रसिद्ध्यभावात् सिद्धव्यवहारावतरणं साहसिकमिवावभासते, विभूषणान्तरसहायस्य पुनरुल्लेखत्वेन विधीयमानत्वात् सहृदयहृदयसंवादसुन्दरी परा प्रौढिरुत्पद्यते।

इसी रूपक नामक अलङ्कार को कुछ अलौकिक वक्रभाव की रहस्यता अर्थात् वक्रत्व की परमार्थता को प्राप्त कराते हैं। कवि उस प्रकार से वर्णन करते हैं कि जिससे वक्रता के सौन्दर्य की चरम सीमा को प्राप्त रमणीयता के द्वारा वही परम तत्त्व प्रतिभासित होता है। किस प्रकार का? उत्तर है - अन्य अलङ्कारों का उल्लेख सहायक है जिसका। अन्य अलङ्कार जैसे ससन्देह, उत्प्रेक्षा आदि का उल्लेख अर्थात् सम्यक् वर्णन सहायक होता है अर्थात् काव्यशोभा के अतिशय के उत्पादन में सहकारी होता है, जिसका वह। कैसे प्राप्त कराते हैं? प्रतिभा के कारण अर्थात् अपनी शक्ति के अधीन होने से। कवि उस प्रकार के लोकातिक्रान्त विषय में उसकी अर्थात् रूपक की रचना करते हैं। जहाँ उस प्रकार की प्रसिद्धि के अभाव में सिद्ध व्यवहार के समान आरोपित विषय का अवतरण करना कवियों के लिए साहसिक कार्य के समान प्रतीत होता है, तथापि अन्य अलङ्कारों के रूपक के सहायक रूप में उल्लेख करने से रूपक में सहृदयों के हृदय के अनुरूप सुन्दर परम रमणीयता उत्पन्न हो जाती है।

यथा - किं तारुण्यतरोः। इति।

जैसे 'किं तारुण्यतरोः' इस पद्य में यह पद्य इसी उन्मेष में पहले उल्लेख कर दिया गया है।

एवं रूपकं विचार्य तद्दर्शनसम्पन्निबन्धनाम् अप्रस्तुतप्रशंसां प्रस्तौति-

इस प्रकार रूपक पर विचार करने के बाद अब अप्रस्तुतप्रशंसा अलङ्कार का उसके लक्षणसहित विवेचन को प्रस्तुत करते हैं -

अप्रस्तुतोऽपि विच्छित्तिं प्रस्तुतस्यावतारयन्।।21।।
यत्र तत्साम्यमाश्रित्य सम्बन्धान्तरमेव वा।
वाक्यार्थोऽसत्यभूतो वा प्राप्यते वर्णनीयताम्।।22।।
अप्रस्तुतप्रशंसेति कथितासावलङ्कृतिः।

अन्वय - यत्र तत्साम्यम् आश्रित्य सम्बन्धान्तरमेव वा प्रस्तुतस्य विच्छित्तिम् अवतारयन् असत्यभूतः अप्रस्तुतः वाक्यार्थः अपि वा वर्णनीयतां प्राप्यते, असौ अलङ्कृतिः अप्रस्तुतप्रशंसा इति कथिता।

अनुवाद - जहाँ पर उस (रूपक के लिए उपयोगी) साम्य का आश्रय लेकर अथवा किसी अन्य सम्बन्ध से प्रस्तुत के सौन्दर्य को प्रकट करता हुआ असत्यभूत अप्रस्तुत वाक्यार्थ भी वर्णनीयता को प्राप्त कराया जाता है, वह अलङ्कार अप्रस्तुतप्रशंसा कहा जाता है।

द्विविधो हि प्रस्तुतः पदार्थः सम्भवति, वाक्यान्तर्भूतपदमात्रसिद्धः, सकलवाक्यव्यापककार्यो विविधस्वपरिस्पन्दातिशयविशिष्टप्राधान्येन वर्तमानश्च। तदुभयरूपमपि प्रस्तुतं प्रतीयमानतया चेतसि विधाय पदार्थान्तरमप्रस्तुतं तद्विच्छित्तिसम्पत्तये वर्णनीयतामस्यामलङ्कृतौ कवयः प्रापयन्ति। किं कृत्वा - 'तत्साम्यमाश्रित्य'। तदन्तरोक्तं रूपकालङ्कारोपकारि साम्यं समत्वं निमित्तीकृत्य। 'सम्बन्धान्तरमेव वा' निमित्तनिमित्तिभावादि संश्रित्य।

प्रस्तुत पदार्थ दो प्रकार का हो सकता है। एक तो वह जो वाक्य के अन्तर्गत पदमात्र से सिद्ध हो तथा दूसरा वह जो सम्पूर्ण वाक्य में व्यापक कार्यरूप और विविध प्रकार से अपने सौन्दर्य के अतिशय से विशिष्ट प्रधान रूप से वर्तमान हो। उन दोनों प्रकार के प्रस्तुत को प्रतीयमानरूप से मन में रखकर उसके सौन्दर्य के सम्पादन के लिए कवि अप्रस्तुत पदार्थान्तर को अलङ्कार के रूप में वर्णनीय बना लेते हैं। क्या करके? उत्तर है - उस साम्य का आश्रय लेकर। उस अभी कहे गए रूपक अलङ्कार के उपकारक साम्य को निमित्त अर्थात् आधार बनाकर। अथवा अन्य कारण-कार्य भाव आदि सम्बन्धों का आश्रय लेकर।

'वाक्यार्थोऽसत्यभूतो वा' परस्परान्वयपदसमुदाय-लक्षणवाक्यार्थोऽसत्यभूतः। साम्यं सम्बन्धान्तरं वा समाश्रित्याप्रस्तुतं प्रस्तुतशोभायै वर्णनीयतां यत्र नयन्तीति। साम्यसमाश्रयणात् वाक्यान्तर्भूतप्रस्तुत-पदार्थप्रशंसा। यथा -

अथवा असत्यभूत वाक्यार्थ। अर्थात् परस्पर अन्वित पदसमुदायभूत वाक्यार्थ का असत्यभूत हो जाना। साम्य अथवा कारण-कार्य आदि किसी अन्य सम्बन्ध का आश्रय लेकर अप्रस्तुत को प्रस्तुत की शोभा के लिए जहाँ कवि वर्णनीयता को प्राप्त करा देते हैं, वहाँ अप्रस्तुतप्रशंसा अलङ्कार होता है। साम्य के आश्रय से वाक्य के अन्तर्गत रहने वाले प्रस्तुत पदार्थ की प्रशंसारूप अप्रस्तुतप्रशंसा अलङ्कार का उदाहरण, जैसे -

लावण्यसिन्धुरपरैव हि केयमत्र
यत्रोत्पलानि शशिना सह सम्प्लवन्ते।
उन्मज्जति द्विरदकुम्भतटी च यत्र
यत्रापरे कदलिकाण्डमृणालदण्डाः॥76॥

अन्वय - अत्र इयं का अपरा लावण्यसिन्धुः एव हि यत्र शशिना सह उत्पलानि सम्प्लवन्ते, यत्र द्विरदकुम्भतटी उन्मज्जति च यत्र अपरे कदलिकाण्डमृणालदण्डाः (दृश्यन्ते)।

अनुवाद - यहाँ यह कौन सी दूसरी लावण्य की नदी ही है, जिसमें चन्द्रमा के साथ कमल तैर रहे हैं, जिसमें हाथी की गण्डस्थली उभर रही है और जिसमें अन्य ही प्रकार के कदलिस्तम्भ और मृणालदण्ड (दिखाई दे रहे हैं)।

इस पद्य में अप्रस्तुत नदी है, जिसके चन्द्रमा, उत्पल, हाथी के गण्डस्थल, कदलिस्तम्भ तथा मृणालदण्ड आदि धर्मों की प्रंशसा की गई है, परन्तु वर्णन किसी तरुणी के सौन्दर्य का किया जा रहा है। सादृश्य अर्थात् मुख और चन्द्रमा, नितम्ब और हाथी की गण्डस्थली, नेत्र और उत्पल, जङ्घाएँ और कदलिस्तम्भ, भुजाएँ और मृणालदण्ड आदि का आश्रय लेकर प्रस्तुत तरुणी की शोभा का अतिशय प्रकट किया गया है। अतः यह अप्रस्तुतप्रशंसा अलङ्कार का उदाहरण है।

साम्याश्रयणात् सकलवाक्यव्यापकप्रस्तुतप्रदार्थप्रशंसा।

यथा -

साम्य के आश्रय से सम्पूर्ण वाक्य में व्यापक प्रस्तुत प्रदार्थ प्रशंसारूप अप्रस्तुतप्रशंसा अलङ्कार का उदाहरण, यथा -

छाया नात्मन एव या कथमसावन्यस्य सुप्रग्रहा
ग्रीष्मोष्मापदि शीतलस्तलभुवि स्पर्शोऽनिलादेः कुतः।
वार्ता वर्षशते गते किल फलं भावीति वार्तैव सा।
द्राडि्म्णा मुषिताः कियच्चिरमहो तालेन बाला वयम्॥77॥

अन्वय - अहो ! वयं बालाः तालेन द्राडि्म्णा कियत् चिरं मुषिताः? (यस्य) छाया आत्मनः एव न, या असौ अन्यस्य सुप्रग्रहा कथम्? ग्रीष्मोष्मापदि (यस्य) तलभुवि शीतलः स्पर्शः (न), अनिलादेः कुतः? वार्ता वर्षशते गते किल फलं भावि, इति वार्ता एव सा।

अनुवाद - अहो ! हम नासमझ ताड़ के वृक्ष की ऊँचाई से कितने दीर्घ काल से ठगे जा रहे हैं? (जिसकी) छाया अपने स्वयं के लिए ही नहीं है, वह अन्य के लिए सम्यक्तया प्राप्त करने योग्य कैसे हो सकती है? ग्रीष्म में गर्मी रूपी विपत्ति आने पर (जिसके) तल की भूमि पर भी शीतल स्पर्श (नहीं होता

है), उसकी वायु आदि से (शीतल स्पर्श आदि की अपेक्षा) कैसे की जा सकती है? यह बात कि सौ वर्ष के बाद इससे फल मिलेंगे, यह (केवल) वार्तामात्र ही है। अर्थात् इसमे कोई यथार्थ नहीं है।

सम्बन्धान्तराश्रयणे वाक्यान्तर्भूतप्रस्तुतपदार्थप्रशंसा यथा -

साम्य के अतिरिक्त अन्य कारण-कार्य आदि सम्बन्ध से वाक्य के अन्तर्भूत प्रस्तुत पदार्थ की प्रशंसारूप अप्रस्तुतप्रशंसा अलङ्कार का उदाहरण, जैसे -

इन्दुर्लिप्त इवाञ्जनेन जडिता दृष्टिर्मृगीणामिव
प्रम्लानारुणिमेव विद्रुमलता श्यामेव हेमप्रभा।
कार्कश्यं कलया च कोकिलवधूकण्ठेष्विव प्रस्तुतं
सीतायाः पुरतश्च हन्त शिखिनां बर्हाः सगर्हा इव॥78॥

अन्वय - सीतायाः पुरतः इन्दुः अञ्जनेन लिप्त इव, मृगीणां दृष्टिः जडिता इव, विद्रुमलता प्रम्लाना अरुणिमा इव, हेमप्रभा श्यामा इव, कार्कश्यं कलया च कोकिलवधूकण्ठेषु इव प्रस्तुतं च हन्त शिखिनां बर्हाः सगर्हा इव।

अनुवाद - सीता के सामने चन्द्रमा मानों अञ्जन से लिप्त के समान (हो गया है), हरिणियों की दृष्टि मानों जड़ (हो गई हैं), विद्रुमलता मानों मलिन लालिमा वाली (हो गई हैं), स्वर्णप्रभा मानों श्याम वर्ण की (हो गई है) और कर्कशता मानों कपटपूर्वक कोकिलवधुओं के कण्ठों में उपस्थित हो गई है और खेद है कि मयूरों के पंख मानों निन्दा को प्राप्त हो रहे हैं।

इस पद्य में सीता के सौन्दर्य का अतिशय सादृश्य की अपेक्षा विपरीत लक्षणा से ही प्रतीत होता है। अतः यह साम्य के अतिरिक्त अन्य सम्बन्ध से वाक्य के अन्तर्भूत प्रस्तुत पदार्थ की प्रशंसारूप अप्रस्तुतप्रशंसा अलङ्कार का उदाहरण है।

सम्बन्धान्तराश्रयणे सकलवाक्यव्यापकप्रस्तुतप्रशंसा यथा -

साम्य के अतिरिक्त अन्य कारण-कार्य आदि सम्बन्ध से समस्त वाक्य में व्यापक प्रस्तुत की प्रशंसारूप अप्रस्तुतप्रशंसा अलङ्कार का उदाहरण, जैसे -

परामृशति सायकं क्षिपति लोचनं कार्मुके
विलोकयति वल्लभां स्मितसुधार्द्रवक्त्रं स्मरः।
मधोः किमपि भाषते भुवननिर्जयाग्र्यावनि
गतोऽहमिति हर्षितः स्पृशति गोत्रलेखामहो।।79।।

अन्वय - अहो ! स्मरः सायकं परामृशति, कार्मुके लोचनं क्षिपति, स्मितसुधार्द्रवक्त्रं वल्लभां विलोकयति, मधोः किमपि भाषते, भुवननिर्जयाग्र्यावनि गतः अहम् इति हर्षितः गोत्रलेखां स्पृशति।

अनुवाद - अहो ! कामदेव बाण का परामर्श करता है, धनुष पर दृष्टि फेंकता है, मुस्कानरूप अमृत से मुख को आर्द्र कर प्रियतमा को देखता है, वसन्त से कुछ कहता है, भुवन को जीतने के लिए मैं रणक्षेत्र के अग्रभाग में आ गया हूँ, (ऐसा सोचकर) हर्षित होकर गोत्रलेखा (कामिनी के शरीर अथवा छत्ररूपी चन्द्रलेखा) को स्पर्श करता है।

अत्र प्रस्तुतो मन्मथचेष्टातिशयः। प्रस्तुतस्तरुणीतारुण्यावतारः।

यहाँ पर कामदेव की चेष्टाओं का अतिशय अप्रस्तुत है तथा तरुणी के तारुण्य के अवताररूप प्रस्तुत का अतिशय सौन्दर्य प्रतीत होता है। इसमें सादृश्य सम्बन्ध न होकर कारण-कार्य भावसम्बन्ध है।

असत्यभूतवाक्यार्थतात्पर्याप्रस्तुतप्रशंसा यथा -

असत्यभूत वाक्यार्थ तात्पर्य अप्रस्तुतप्रशंसा का उदाहरण, जैसे -

अयम -------------

यहाँ पर कुन्तक ने असत्यभूत वाक्यार्थ तात्पर्य अप्रस्तुतप्रशंसा का एक उदाहरण प्रस्तुत किया था, परन्तु पाठ के अत्यन्त भ्रष्ट हो जाने के कारण उसे ग्रन्थ के सम्पादकों के लिए पढ़ना सम्भव नहीं था।

तदेवमप्रस्तुतप्रशंसाव्यवहारः कवीनामतिविततप्रपञ्चः परिदृश्यते। तस्मात् सहृदयैश्च स्वयमेवोत्प्रेक्षणीयः। प्रशंसाशब्दोऽत्र अर्थप्रकाशादिवद् विपरीतलक्षणया वर्तते।

इस प्रकार से यह अप्रस्तुतप्रशंसा का व्यवहार कवियों में अत्यन्त विस्तृत

रूप में दिखाई देता है। इसलिए सहृदयों को स्वयं ही उसकी सम्भावना कर समझ लेना चाहिए। अप्रस्तुतप्रशंसा में 'प्रशंसा' शब्द अर्थप्रकाश आदि के समान विपरीत लक्षणा से प्रयोग किया गया है। कहने का भाव यह है कि घट आदि पदार्थ अचेतन होने से प्रकाशस्वरूप नहीं होते हैं। प्रकाशस्वरूप तो ज्ञाता आत्मा ही होता है। तथापि चेतन ज्ञाता आत्मा के सम्बन्ध से ज्ञान के समय घटादि अर्थ प्रकाशित होते हैं, ऐसा कहा जाता है। उसी प्रकार से अप्रस्तुतप्रशंसा में भी अप्रस्तुत की प्रशंसा नहीं होती है, अपितु प्रस्तुत की ही प्रशंसा होती है। इसलिए यहाँ अप्रस्तुतप्रशंसा में 'प्रशंसा' शब्द विपरीत लक्षणा से समझा जाना चाहिए।

एवमप्रस्तुतप्रशंसां विचार्य विवक्षितार्थप्रतिपादनाय प्रकारान्तराभिधानत्वादनयैव समानप्रायं पर्यायोक्तं विचारयति -

इस प्रकार अप्रस्तुतप्रशंसा पर विचार करके विवक्षित अर्थ के प्रतिपादन के लिए प्रकारान्तर से कथनरूप होने के कारण प्रायः इसी अर्थात् अप्रस्तुतप्रशंसा के समान पर्यायोक्त नामक अलङ्कार पर विचार करते हैं -

यद्वाक्यान्तरवक्तव्यं तदन्येन समर्थ्यते॥23॥
येनोपशोभानिष्पत्त्यै पर्यायोक्तं तदुच्यते।

अन्वय - यत् वाक्यान्तरवक्तव्यम् उपशोभानिष्पत्त्यै तदन्येन येन समर्थ्यते, तत् पर्यायोक्तम् उच्यते।

अनुवाद - जो अन्य (वाच्यरूप) वाक्य से कहने योग्य (वस्तु) सौन्दर्य के निष्पादन के लिए उससे भिन्न जिस अन्य प्रकार (व्यङ्ग्यरूप) से कही जाती है, उसे पर्यायोक्त (अलङ्कार) कहा जाता है।

यद्वाक्यान्तरेत्यादि। पर्यायोक्तं तदुच्यते पर्यायोक्ता-भिधानमलङ्करणं तदभिधीयते। कीदृशम् - 'यद्वाक्या-न्तरवक्तव्यम्' वस्तु वाक्यार्थलक्षणं पदसमुदाया-न्तराभिधेयं तदन्येन वाक्यान्तरेण येन समर्थ्यते

प्रतिपाद्यते। किमर्थम् - 'उपशोभानिष्पत्त्यै' विच्छित्ति-सम्पत्तये। तत् पर्यायोक्तमित्यर्थः।

'यद्वाक्यान्तर' इत्यादि कारिका की व्याख्या करते हैं। उसे पर्यायोक्त नामक अलङ्कार कहा जाता है। किसको? उत्तर है - जो अन्य वाक्य (वाच्यरूप) से कहने योग्य वस्तु अर्थात् वाक्यार्थरूप पदसमुदाय को उससे भिन्न अन्य (व्यङ्ग्यरूप) जिस वाक्य से समर्थित अर्थात् प्रतिपादन किया जाता है। वाच्यरूप वस्तु का प्रतिपादन व्यङ्ग्यरूप वस्तु के रूप में किसलिए किया जाता है? उत्तर है - उपशोभा की निष्पत्ति के लिए अर्थात् सौन्दर्य की निष्पत्ति के लिए। क्योंकि पदार्थ की मुख्य शोभा तो उसके अपने स्वरूप से ही होती है। अलङ्कार से जो पदार्थ की शोभा होती है, वह वास्तविक न होकर कृत्रिम होती है, इसलिए उसे उपशोभा कहा गया है। वह पर्यायोक्त अलङ्कार होता है, यह अभिप्राय है।

तदेवं पर्यायवक्रत्वात् किमत्रातिरिच्यते। पर्यायवक्रत्वस्य पदार्थमात्रं वाच्यतया विषयः, पर्यायोक्तस्य वाक्यार्थोऽप्यङ्गतयेति तस्मात् पृथगभिधीयते। उदाहरणं यथा-

अब यहाँ पर एक प्रश्न उत्पन्न होता है कि आप (कुन्तक) पूर्व में पर्यायवक्रता का प्रतिपादन कर चुके हैं, तो क्या यह पर्यायोक्त अलङ्कार उससे कुछ भिन्न है? इसके समाधान में कुन्तक कहते हैं कि पर्यायवक्रता में वाच्यरूप में पदार्थमात्र ही विषय होता है, जबकि पर्यायोक्त में वाक्यार्थ भी अङ्गरूप में विषय होता है। इसलिए पर्यायोक्त अलङ्कार पर्यायवक्रता से भिन्न कहा गया है। पर्यायोक्त का उदाहरण जैसे -

चक्राभिघातप्रसभाज्ञयैव चकार यो राहुवधूजनस्य।
आलिङ्गनोद्दामविलासवन्ध्यं रतोत्सवं चुम्बनमात्रशेषम्॥80॥

अन्वय - यः चक्राभिघातप्रसभाज्ञया एव राहुवधूजनस्य रतोत्सवम् आलिङ्गनोद्दामविलासवन्ध्यं चुम्बनमात्रशेषं चकार।

अनुवाद - जिस (विष्णु) ने चक्र के प्रहाररूप अनुलङ्घनीय आज्ञा से ही राहु की पत्नियों के रतोत्सव को आलिङ्गन की प्रधानता वाले विलासों से शून्य चुम्बनमात्र शेष कर दिया।

यहाँ पर कवि को वाच्यरूप में 'विष्णु ने चक्र से राहु का सर काट दिया',

यह कहना अभीष्ट था, परन्तु इस कथन में सौन्दर्य का आधान करने के लिए उसने 'विष्णु ने चक्र के प्रहार से राहु की पत्नियों को सम्भोगकाल में आलिङ्गन आदि प्रधान क्रियाओं से रहित कर मात्र चुम्बन करने के योग्य बना दिया।

इस प्रकार से वाच्यरूप वस्तु का प्रतिपादन व्यङ्ग्यरूप वस्तु में कर देना ही पर्यायोक्त अलङ्कार कहलाता है।

इसके पश्चात् ग्रन्थ पुनः त्रुटित हो गया है। सम्भवतः त्रुटित पाठ में पर्यायोक्त अलङ्कार के कुछ और उदाहरण रहे होंगे। इसके अतिरिक्त व्याजस्तुति अलङ्कार का लक्षण भी रहा होगा, क्योंकि जहाँ से पाठ उपलब्ध होता है, वहाँ पर व्याजस्तुति अलङ्कार का उदाहरण प्राप्त होता है। यथा -

भूभारोद्वहनाय शेषशिरसां सार्थेन सन्नह्यते
विश्वस्य स्थितये स्वयं स भगवान् जागर्ति देवो हरिः।
अद्याप्यत्र च नाभिमानमसमं राजंस्त्वया तन्वता
विश्रान्तिः क्षणमेकमेव न तयोर्जातेति कोऽयं क्रमः॥81॥

अन्वय - भूभारोद्वहनाय शेषशिरसां सार्थेन सन्नह्यते, विश्वस्य स्थितये स्वयं सः भगवान् देवः हरिः जागर्ति। (हे) राजन् ! अभिमानमसमं तन्वता त्वया एकं क्षणम् एव अद्यापि तयोः विश्रान्तिः न जाता इति अत्र च अयं कः न क्रमः।

अनुवाद - भूमि के भार को उठाने के लिए शेषनाग के शिरों (फणों) के समूह सन्नद्ध रहते हैं, विश्व की स्थिति के लिए स्वयं वह भगवान् देव विष्णु जागरूक हैं। (हे) राजन् ! अप्रतिम अभिमान को धारण करने वाले आपके द्वारा एक क्षण के लिए भी आज तक उन दोनों को विश्राम नहीं दिया जा सका, ऐसा तो यहाँ यह कोई क्रम नहीं है।

यथा वा - 'इन्दोर्लक्ष्म त्रिपुरजयिनः'। इत्यादि।

अथवा जैसे - 'इन्दोर्लक्ष्म त्रिपुरजयिनः'। इत्यादि पद्य में भी व्याजस्तुति अलङ्कार है। यह उदाहरण इसी उन्मेष में पहले आ चुका है।

यथा वा - 'हे हेलाजितबोधिसत्व'। इत्यादि॥82॥

अथवा जैसे - 'हे हेलाजितबोधिसत्व'। इत्यादि पद्य भी व्याजस्तुति अलङ्कार का उदाहरण है। यह पद्य पहले प्रथम उन्मेष में उद्धृत किया जा चुका है। सम्पूर्ण पद्य इस प्रकार से है -

हे हेलाजितबोधिसत्त्व वचसां किं विस्तरैस्तोयधे
नास्ति त्वत्सदृशः परः परहिताधाने गृहीतव्रतः।
तृष्यत्पान्थजनोपकारघटनावैमुख्यलब्धायशो
भारप्रोद्वहने करोषि कृपया साहाय्यकं यन्मरोः॥

अन्वय - हे हेलाजितबोधिसत्त्व तोयधे ! वचसां विस्तरैः किम् ! त्वत्सदृशः परहिताधाने गृहीतव्रतः परः नास्ति। तृष्यत्पान्थजनोपकारघटनावैमुख्यलब्धाय-शोभारप्रोद्वहने यत् कृपया मरोः साहाय्यकं करोषि।

अनुवाद - हे लीला मात्र से बोधिसत्त्व को जीतने वाले सागर ! तुम्हारे लिए अधिक क्या कहें ! तुम्हारे समान परोपकार करने के लिए कृतसङ्कल्प और कोई नहीं है। क्योंकि प्यासे पथिक जनों की पिपासा को शान्त न कर पाने के कारण प्राप्त अपयश को वहन करते हुए आप मरुस्थल की सहायता कर रहे हो!

यथा वा - 'नामाप्यन्यतरोः'। इत्यादि॥83॥

अथवा जैसे - 'नामाप्यन्यतरोः'। इत्यादि पद्य भी व्याजस्तुति अलङ्कार का उदाहरण है। यह पद्य पहले प्रथम उन्मेष में उद्धृत किया जा चुका है। सम्पूर्ण पद्य इस प्रकार से है -

नामाप्यन्यतरोर्निमीलितमभूत् तत्तावदुन्मीलितं
प्रस्थाने स्खलतः स्ववर्त्मनि विधेरन्यद् गृहीतः करः।
लोकश्चायमदृष्टदर्शनकृताद् दृग्वैशसादुद्धतो
युक्तं काष्ठिकलूनवान् यदसि तामाम्रालिमाकालिकीम्॥

अन्वय - काष्ठिक ! यत् ताम् आकालिकीम् आम्रालिं लूनवान् असि, युक्तम्। (यतः) अन्यतरोः तावत् तत् उन्मीलितं निमीलितं नाम नाभूत्। स्ववर्त्मनि प्रस्थाने स्खलतः विधेः करः गृहीतः। अन्यत्, अयं लोकः च अदृष्टदर्शनकृतात् वैशसात् उद्धृतः।

अनुवाद - हे काष्ठिक (लकड़ी काटने वाले) ! जो तुमने उस असमय में उत्पन्न आम्रपंक्ति को काट दिया, यह ठीक ही किया। क्योंकि इससे अन्य वृक्ष के उगने की बात भी समाप्त नहीं हुयी। अपने मार्ग पर स्खलित होते हुए

विधाता का हाथ भी तुमने पकड़ लिया और यह संसार अदृष्ट के दर्शन करने वाले कष्ट से भी बच गया।

सम्भावनानुमानेन सादृश्येनोभयेन वा॥24॥
निर्वर्ण्यातिशयोद्रेकप्रतिपादनवाञ्छया।
वाच्यवाचकसामर्थ्याक्षिप्तस्वार्थैरिवादिभिः॥25॥
तदिवेति तदेवेति वादिभिर्वाचकं विना।
समुल्लिखितवाक्यार्थव्यतिरिक्तार्थयोजनम्॥26॥
उत्प्रेक्षा -----------------।

अन्वय - सम्भावनानुमानेन सादृश्येन उभयेन वा निर्वर्ण्यातिशयोद्रेक-प्रतिपादनवाञ्छया वाच्यवाचकसामर्थ्याक्षिप्तस्वार्थैः इवादिभिः तदिवेति तदेवेति वादिभिर्वाचकं विना समुल्लिखितवाक्यार्थव्यतिरिक्तार्थयोजनम् उत्प्रेक्षा (भवति)।

अनुवाद - सम्भावना से अनुमान के द्वारा अथवा सादृश्य के द्वारा अथवा दोनों के द्वारा वर्णनीय वस्तु के अतिशय के उद्रेक के प्रतिपादन की इच्छा से वाच्य तथा वाचक के सामर्थ्य से आक्षिप्त अपने अर्थ वाले 'इव' आदि से, जो उस (उपमान) के समान अथवा वह (उपमान) ही (उपमेय) है, इसका प्रतिपादन करने वाले 'इव' आदि के द्वारा वाचक (वाच्य-वाचक सामर्थ्य) के बिना समुल्लिखित वाक्यार्थ (वर्णित अर्थ) से भिन्न अर्थ की योजना उत्प्रेक्षा (होती है)।

कहने का भाव यह है कि वाक्य में जो अर्थ स्वाभाविक रूप से वर्णित है, उससे भिन्न किसी अतिशायी अर्थ की योजना करना ही उत्प्रेक्षा अलङ्कार है। वह अतिशायी अर्थ की योजना सम्भावना से अनुमान के द्वारा अथवा काल्पनिक सादृश्य के आधार पर की जाती है अथवा इन दोनों प्रकारों से होती है। प्रस्तुत उपमेय के उत्कर्ष को परम सीमा तक पहुँचाने के लिए उपमेय की उपमान के साथ साम्यता अथवा उपमेय पर उपमान के आरोप की योजना वाच्य अथवा प्रतीयमानरूप से की जाती है। इसलिए इन वाच्य या प्रतीयमानरूप 'इव' आदि पदों से उत्प्रेक्षा प्रकाशित होती है अथवा द्योतित होती है।

'सम्भावनेत्यादि'। 'समुल्लिखितवाक्यार्थव्यतिरिक्तार्थयोजनम् उत्प्रेक्षा'। समुल्लिखितः सम्यगुल्लिखितः स्वाभाविकत्वेन समर्पयितुं प्रस्तावितो वाक्यार्थः पदसमुदायाऽभिधेयं वस्तु। तस्माद् व्यतिरिक्तस्यार्थस्य वाक्यान्तरतात्पर्यलक्षणस्य योजनमुपपादनमुत्प्रेक्षाभिधानमलङ्करणम्। उत्प्रेक्षणमुत्प्रेक्षेति विगृह्यते।

'सम्भावना' इत्यादि कारिकाओं की व्याख्या करते हैं। 'सम्यक् रूप से उल्लिखित अर्थात् वर्णित वाक्यार्थ से भिन्न अर्थ की योजना उत्प्रेक्षा कहलाती है। समुल्लिखित अर्थात् सम्यक् रूप से उल्लिखित अर्थात् स्वाभाविक रूप से प्रतिपादन करने के लिए प्रस्तुत किया गया वाक्यार्थ अर्थात् पदसमुदाय से कथित वस्तुरूप वाक्यार्थ। उससे भिन्न अर्थात् अन्य वाक्य के तात्पर्य के विषयीभूत अर्थ की योजना अर्थात् उपपादन उत्प्रेक्षा नामक अलङ्कार कहलाता है। उत्प्रेक्षण अर्थात् प्रतिपादित अर्थ से अतिशायी अर्थ को देखना 'उत्प्रेक्षा' शब्द का विग्रह अर्थात् व्युत्पत्ति है।

किं साधनेनेत्याह - 'सम्भावनाऽनुमानेन'। सम्भावनया यदनुमानं सम्भाव्यमानस्य तेन। प्रकारान्तरेणाप्येषा सम्भवतीत्याह - 'सादृश्येनेति'। सादृश्येन साम्येनापि हेतुना समुल्लिखितवाक्यार्थव्यतिरिक्तार्थयोजनमुत्प्रेक्षैव। द्विविधं सादृश्यं सम्भवति वास्तविकं काल्पनिकं च। तत्र वास्तवमुपमादिविषयम्। काल्पनिकमिहाश्रीयते।

प्रस्तुत अर्थ से भिन्न अतिशायी अर्थ की योजना उत्प्रेक्षा में किस साधन से की जाती है? इसके उत्तर में कहते है - सम्भावना से अनुमान के द्वारा। सम्भावना से जो सम्भाव्यमान का अनुमान किया जाता है, उससे उत्प्रेक्षा की जाती है। यह उत्प्रेक्षा प्रकारान्तर से भी की जाती है, उसको कहते हैं - सादृश्य से। सादृश्य अर्थात् साम्य से भी वर्णन किए गए वाक्यार्थ से भिन्न अर्थ की

योजना भी उत्प्रेक्षा ही होती है। यह सादृश्य दो प्रकार का हो सकता है - वास्तविक और काल्पनिक। वहाँ वास्तविक सादृश्य उपमादि अलङ्कारों का विषय होता है और काल्पनिक सादृश्य का आश्रय यहाँ पर अर्थात् उत्प्रेक्षा में लिया जाता है। अतः कहने का भाव यह है कि काल्पनिक सादृश्य ही उत्प्रेक्षा का विषय होता है।

प्रकारान्तरमस्याः प्रतिपादयति 'उभयेन वा'। सम्भावनाऽनुमानेन सादृश्यलक्षणेनोभयेन वा कारणद्वितयेन संवलितवृत्तिना प्रस्तुतव्यतिरिक्तार्थान्तरयोजनम्। उत्प्रेक्षाप्रकारत्रितयस्याप्यस्य केनाभिप्रायेणोपनिबन्धनमित्याह - 'निर्वर्ण्यातिशयोद्रेकप्रतिपादनवाञ्छया'। वर्णनीयोत्कर्षोन्मेषसमर्पणाकाङ्क्षया। कथम् - 'तदिवेति तदेवेति वा' द्वाभ्यां प्रकाराभ्याम्। तादिव अप्रस्तुतमिव, तदतिशयप्रतिपादनाय प्रस्तुतसादृश्योपनिबन्धः। तदेवेत्यप्रस्तुतमेवेति तत्स्वरूपप्रसारणपूर्वकं प्रस्तुतस्वरूपसमारोपः। प्रस्तुतोत्कर्षधाराधिरोहप्रतिपत्तये तात्पर्यान्तरयोजनम्। कैर्वाक्यैरुत्प्रेक्षा प्रकाश्यते इत्याह - 'इवादिभिः'। इवप्रभृतिभिः शब्दैर्यथायोगं प्रयुज्यमानैरित्यर्थः। न चेदिति पक्षान्तरमभिधते - 'वाच्यवाचकसामर्थ्याक्षिप्तस्वार्थैः' तैरेव प्रयुज्यमानैः, प्रतीयमानवृत्तिभिर्वा। तत्र सम्भावनानुमानोत्प्रेक्षा यथा -

इसके अर्थात् उत्प्रेक्षा के अन्य अर्थात् तीसरे प्रकार का प्रतिपादन करते हैं, जिसका निर्देश कारिका में 'उभयेन वा' पदों से है। सम्भावना से अनुमान के द्वारा अथवा सादृश्यरूप दोनों कारणों से मिले हुए रूप से प्रस्तुत पदार्थ से भिन्न अर्थ की योजना भी उत्प्रेक्षा का तीसरा प्रकार कहलाता है। उत्प्रेक्षा के इन तीन प्रकारों का निबन्धन किस अभिप्राय से किया जाता है, उस विषय में कहते हैं

- वर्णनीय वस्तु के अतिशय उद्रेक के प्रतिपादन की इच्छा से। वर्णनीय वस्तु के उत्कर्ष के उन्मेष के समर्पण की आकाङ्क्षा से। किस प्रकार से? उत्तर है - 'उस (उपमान) के समान' अथवा 'वह (उपमान) ही यह (उपमेय) है', इन दो प्रकारों से। उसके समान अर्थात् अप्रस्तुत उपमान के समान, उसके अर्थात् उपमेय के अतिशय का प्रतिपादन करने के लिए प्रस्तुत के साथ सादृश्य का उपनिबन्धन किया जाता है। वह अप्रस्तुत उपमान ही यह उपमेय है, इस प्रकार से उस अप्रस्तुत के स्वरूप का प्रसारण कर प्रस्तुत के स्वरूप पर आरोप कर दिया जाता है। प्रस्तुत उपमेय के उत्कर्ष को परम सीमा तक पहुँचाने के लिए अन्य तात्पर्य अर्थात् उपमेय की उपमान के साथ साम्यता अथवा उपमेय पर उपमान के आरोप की योजना की जाती है। किन वाक्यों अर्थात् वाचक शब्दों से उत्प्रेक्षा प्रकाशित होती है? इस प्रश्न के उत्तर में कहते हैं - 'इव' आदि से। 'इव' आदि शब्दों का यथायोग्य प्रयोग करने से उत्प्रेक्षा प्रकाशित होती है, यह अभिप्राय है। यदि 'इव' आदि शब्दों का प्रयोग दिखाई न दे, तब दूसरा पक्ष बताते हैं - वाच्य वाचक के सामर्थ्य से 'इव' आदि के अपने अर्थ को आक्षिप्त करा लिया जाता है उन से। किन से? उत्तर है - प्रयुक्त किए गए अथवा प्रतीयमानरूप उन 'इव' आदि से उत्प्रेक्षा प्रकाशित होती है अथवा द्योतित होती है। वहाँ सम्भावना से अनुमान के द्वारा उत्प्रेक्षा का उदाहरण, जैसे -

आपीडलोभादुपकर्णमेत्य प्रत्याहितः पांशुयुतैर्द्विरेफैः।
अमर्षणेनेव महीपतीनां सम्मोहमन्त्रो मकरध्वजेन॥84॥

अन्वय - महीपतीनाम् आपीडलोभात् उपकर्णम् एत्य पांशुयुतैः द्विरेफैः अमर्षणनेव मकरध्वजेन सम्मोहमन्त्रः प्रत्याहितः।

अनुवाद - राजाओं की पुष्पमालाओं के लोभ से कान के समीप आकर पुष्पपरागयुक्त भ्रमरों के द्वारा क्रोधित हुए कामदेव के द्वारा सम्मोहमन्त्र का प्रयोग किया गया।

यहाँ पर 'अमर्षणनेव' पद में सम्भाव्यमान अमर्ष की सम्भावना का अनुमान करके उत्प्रेक्षा की गई है तथा उत्प्रेक्षावाचक 'इव' शब्द भी विद्यमान है।

काल्पनिकसादृश्योदाहरणं यथा -

काल्पनिक सादृश्य का उदाहरण, जैसे -

राशीभूतः प्रतिदिनमिव त्र्यम्बकस्याट्टहासः॥85॥

अर्थात् प्रतिदिन इकट्ठे हुए शिव के अट्टहास के समान (कैलास पर्वत है)। यहाँ पर शिव के अट्टहास का इकट्ठा होना तथा उसका कैलास के साथ सादृश्य दोनों ही काल्पनिक हैं। पूरा पद्य इस प्रकार से है -

गत्वा चोर्ध्वं दशमुखभुजोच्छ्वासितप्रस्थसन्धेः
कैलासस्य त्रिदशवनितादर्पणस्यातिथिः स्याः।
शृङ्गोच्छ्रायैः कुमुदविशदैर्यो वितत्य स्थितः खं
राशीभूतः प्रतिदिनमिव त्र्यम्बकस्याट्टहासः॥

अन्वय - उर्ध्वं च गत्वा दशमुखभुजोच्छ्वासितप्रस्थसन्धेः त्रिदशवनितादर्पणस्यातिथिः कैलासस्य स्याः, यः कुमुदविशदैः शृङ्गोच्छ्रायैः खं वितत्य प्रतिदिनं राशीभूतः त्र्यम्बकस्य अट्टहासः इव स्थितः।

अनुवाद - और ऊपर की ओर जाकर रावण की भुजाओं द्वारा ढीले किए गए शिखरों के जोड़ वाले (तथा) देवताओं की स्त्रियों के दर्पणरूप कैलास पर्वत के अतिथि होना, जो कुमुद के समान श्वेत शिखरों की ऊँचाईयों से आकाश को व्याप्त करके मानों प्रतिदिन एकत्रित हुए शिव के अट्टहास के समान स्थित है।

यथा वा -

अथवा काल्पनिक सादृश्य का ही एक और उदाहरण, जैसे -

निर्मोकमुक्तिरिव या गगनोरगस्य॥86॥ इत्यादि।

अर्थात् जो आकाशरूपी सर्प के द्वारा छोड़ी गई केंचुली के समान है। इत्यादि।

वास्तवसादृश्योदाहरणं यथा -

वास्तविक सादृश्य का उदाहरण, जैसे -

उत्फुल्लचारुकुसुमस्तबकेन नम्रा
येयं धुता रुचिरचूतलता मृगाक्ष्या।

शंके न वा विरहिणीमृदुमर्दनस्य
मारस्य तर्जितमिदं प्रतिपुष्पचापम्॥87॥

अन्वय - उत्फुल्लचारुकुसुमस्तबकेन नम्रा इयं रुचिरचूतलता मृगाक्ष्या या धुता, शंके विरहिणीमृदुमर्दनस्य मारस्य इदं प्रतिपुष्पचापं तर्जितं न वा।

अनुवाद - खिली हुई सुन्दर कुसुममञ्जरियों से झुकी हुई यह मनोहर आम्रलता इस मृगनयनी के द्वारा जो हिलाई गई है, वह मानों विरहिणियों का कोमलता से मर्दन करने वाले कामदेव का यह प्रत्येक पुष्परूपी धनुष को उठाने की तर्जना तो नहीं है।

उभयोदाहरणं यथा - ------------------।

यहाँ पर सम्भावना से अनुमान के द्वारा तथा सादृश्य का कोई उदाहरण कुन्तक ने प्रस्तुत किया था, परन्तु पाठ उपलब्ध न होने के कारण यहाँ प्रस्तुत नहीं किया जा रहा है।

'तदेव' इत्यत्र वादिभिर्विनोदाहरणं यथा -

वह ही इस अर्थ में द्योतक 'इव' आदि के बिना अर्थात् प्रतीयमान उत्प्रेक्षा का उदाहरण, जैसे -

चन्दनासक्तभुजगनिःश्वासानलमूर्च्छितः।
मूर्च्छयत्येष पथिकान् मधौ मलयमारुतः॥88॥

अन्वय - चन्दनासक्तभुजगनिःश्वासानलमूर्च्छितः एषः मलयमारुतः मधौ पथिकान् मूर्च्छयति।

अनुवाद - चन्दन के वृक्ष से लिपटे हुए सर्पों के निःश्वास वायु से मूर्च्छित (बढ़ा हुआ) यह मलयानिल वसन्त में पथिकों को मूर्छित करता है।

इस पद्य में उत्प्रेक्षावाचक 'इव' आदि शब्दों का प्रयोग न होने से यह प्रतीयमान उत्प्रेक्षा का उदाहरण है।

यथा वा - 'देवि त्वन्मुखपङ्कजेन'॥89॥ इत्यादि।

अथवा जैसे - 'देवि त्वन्मुखपङ्कजेन'। इत्यादि। यह उदाहरण द्वितीय उन्मेष में उद्धृत किया जा चुका है। पूरा पद्य इस प्रकार है -

देवि त्वन्मुखपङ्कजेन शशिनः शोभातिरस्कारिणा
पश्याब्जानि विनिर्जितानि सहसा गच्छन्ति विच्छायताम्॥

अन्वय - देवि ! पश्य, शशिनः शोभातिरस्कारिणा त्वन्मुखपङ्कजेन विनिर्जितानि अब्जानि सहसा विच्छायतां गच्छन्ति।

अनुवाद - देवि ! देखो, चन्द्रमा की शोभा का तिरस्कार करने वाले तुम्हारे मुखकमल से पराजित हुए कमल सहसा शोभाहीनता को प्राप्त हो रहे हैं!

यहाँ पर सायंकाल के समय स्वाभाविक रूप से होने वाली कमलों की कान्तिहीनता की प्रतीति प्रतीयमान उत्प्रेक्षा अलङ्कार के उत्पादक के रूप में प्रतिपादित की जा रही है। नायक ने नायिका की चाटुकारिता करते हुए चतुराई से सायंकालीन कमलों को उपमेय रूप में तथा नायिका के मुख को उपमान के रूप में प्रस्तुत करते हुए 'तुम्हारे सुन्दर मुख से कमल पराजित हो गये हैं', यह प्रतिपादन किया है और यह युक्तियुक्त भी है। क्योंकि सभी कमलों की शोभा चन्द्रमा की शोभा से तिरस्कृत हो जाती है तथा पुनः तुम्हारे मुखरूपी कमल से चन्द्रमा की शोभा तिरस्कृत हो गयी है, इस न्याय से कमल पराजित हो गये हैं अर्थात् शोभाहीनता को प्राप्त हो गये हैं, इस प्रकार से प्रतीयमान उत्प्रेक्षा रूप अलङ्कार की शोभा का अतिशय प्रकाशित होता है।

यथा वा - 'त्वं रक्षसा भीरु यतोऽपनीता'॥90॥ इत्यादि।

अथवा जैसे - 'त्वं रक्षसा भीरु यतोऽपनीता' इत्यादि। यह उदाहरण द्वितीय उन्मेष में उद्धृत किया जा चुका है। पूरा पद्य इस प्रकार है -

त्वं रक्षसा भीरु यतोऽपनीता तं मार्गमेताः कृपया लता मे।
अदर्शयन् वक्तुमशक्नुवन्त्यः शाखाभिरावर्जितपल्लवाभिः॥

अन्वय - (हे) भीरु ! त्वं रक्षसा यतः अपनीता, तं मार्गं वक्तुम् अशक्नुवन्त्यः एताः लताः आवर्जितपल्लवाभिः शाखाभिः कृपया मे अदर्शयन्।

अनुवाद - हे भीरु ! तुम राक्षस (रावण) के द्वारा जिस मार्ग से अपहृत करके ले जाई गई थी, उस मार्ग को बोलने में असमर्थ होने के कारण इन लताओं ने मुड़े हुए पत्तों से युक्त शाखाओं के द्वारा कृपा करके मुझे दिखलाया गया था।

यहाँ सीता के साथ पुष्पक विमान से उतरते हुए राम स्वयं ही उस विरह की विकलता को सीता के सामने निवेदित कर रहे हैं। वे कह रहे हैं कि तुम्हें उस प्रकार की शीघ्रता के कारण परतन्त्र चित्त वाला बने रावण के द्वारा मार्ग में अपहरण करके ले जाया गया था, वहाँ उसके उपमर्द अर्थात् प्रतिरोध के कारण लताओं का उस प्रकार की अवस्था से युक्त होना अर्थात् लताओं का उस दिशा की ओर मुड़ जाना मेरे लिए उस मार्ग के अनुमान का कारण बना, जिससे तुम्हें अपहृत करके ले जाया गया था। इस बात की राम ने अन्य प्रकार की शोभा से योजना की है। जैसे - हे भीरु ! अर्थात् स्वाभाविक सौकुमार्य से कातर अन्तःकरण वाली हे सीते ! उस प्रकार के क्रूरकर्म को करने वाले रावण के द्वारा जिस मार्ग से तुम्हें ले जाया गया था, उस मार्ग को उस समय सामने दिखाई देने वाली इन लताओं ने ही मुझे दिखलाया था। उस मार्ग का प्रदर्शन वास्तविक रूप में उन लताओं के अचेतन होने के कारण सम्भव नहीं था, इसलिए कवि को यहाँ प्रतीयमान उत्प्रेक्षा अलङ्कार अभिप्रेत है। अर्थात् मानों उन्होंने दिखलाया था।

'तदेव' इत्यत्र वाचकं विनोदाहरणं यथा -

वह ही इस अर्थ में वाचक 'इव' आदि के बिना उत्प्रेक्षा का उदाहरण, जैसे-

एकैकं दलमुन्नमय्य गमयन् वासाम्बुजं कोषताम्।
धाता संवरणाकुलश्चिरमभूत् स्वाध्यायबद्धाननः॥91॥

यह उदाहरण प्रथम उन्मेष में उद्धृत किया जा चुका है। इसके अन्तिम दो चरणों को कुन्तक ने यहाँ पर प्रस्तुत किया है। पूरा पद्य इस प्रकार है -

यत्सेनारजसामुदञ्चति चये द्वाभ्यां दवीयोऽन्तरान्
पाणिभ्यां युगपद्विलोचनपुटानष्टाक्षमो रक्षितुम्।
एकैकं दलमुन्नमय्य गमयन् वासाम्बुजं कोशतां
धाता संवरणाकुलश्चिरमभूत् स्वाध्यायबद्धाननः॥

अन्वय - यत्सेनारजसां चये उदञ्चति स्वाध्यायबद्धाननः धाता दवीयः अन्तरान् रक्षितुं युगपद् विलोचनपुटानष्टाक्षमः द्वाभ्यां पाणिभ्यां एकैकं दलम् उन्नमय्य वासाम्बुजं कोशतां गमयन् चिरं संवरणाकुलः अभूत्।

अनुवाद - जिसकी सेना के प्रयाण के समय उडने वाली धूल के समूह के ऊपर उठने पर स्वाध्याय में लगे हुए चतुर्मुख ब्रह्मा अपने दो हाथों से दूर-दूर स्थित आठों आँखों की धूल से रक्षा करने में असमर्थ होकर जिस अष्टदल कमल पर बैठे थे, उसके एक-एक दल को उठा कर अपने बैठने के कमल को बन्द करते हुए बहुत समय तक संवरण से व्याकुल हो गये अर्थात् स्वाध्याय न कर सके।

इस प्रकार से सम्भावना के अनुमान से प्रवृत्त उत्प्रेक्षा की प्रतीयमानता ही 'वैचित्र्य' है–

प्रतिभासात्तथा बोद्धुः स्वस्पन्दमहिमोचितम्॥27॥
वस्तुनो निष्क्रियस्यापि क्रियायां कर्तृतार्पणम्।

अन्वय - निष्क्रियस्य वस्तुनः अपि स्वस्पन्दमहिमोचितं तथा बोद्धुः प्रतिभासात् क्रियायां कर्तृतार्पणम् (अपि उत्प्रेक्षा भवति)।

अनुवाद - निष्क्रिय वस्तु का भी अपने स्वभाव की महिमा के अनुरूप तथा बोद्धा को उस प्रकार की प्रतीति होने के कारण क्रिया में कर्तृत्व का अर्पण (भी उत्प्रेक्षा होती है)।

वस्तुतः किसी वस्तु के जड़ होने के कारण निष्क्रिय होने से उसमें सौन्दर्य के उत्कर्ष की इच्छा से उसमें कर्तृत्व का आरोप भी उत्प्रेक्षा अलङ्कार कहलाता है।

तदिदमुत्प्रेक्षायाः प्रकारान्तरं परिदृश्यते, प्रतिभासा-दित्यादि। 'क्रियायाम्' साध्यस्वरूपायां 'कर्तृतार्पणम्' स्वतन्त्रत्वसमारोपणम्। कस्य, 'वस्तुनः' पदार्थस्य निष्क्रियस्य क्रियाविरहितस्यापि। कीदृशम् - 'स्वस्पन्द-महिमोचितम्'। तस्य पदार्थस्य यः स्वस्पन्दमहिमा स्वभावोत्कर्षस्तस्योचितमनुरूपम्। कस्मात् - बोद्धुरनु-भवितुस्तथा तेन प्रकारेण प्रतिभासादवबोधात्। 'निर्वण्यातिशयोद्रेकप्रतिपादनवाञ्छया' 'तदिवेति

तदेवेति' 'वादिभिर्वाचकं विना' इति पूर्ववदिहापि सम्बन्धनीये। उदाहरणं यथा -

'प्रतिभासात्' इत्यादि कारिका में वह इस प्रकार का उत्प्रेक्षा का अन्य प्रकार दिखाया जा रहा है - साध्यस्वरूप क्रिया में कर्तृत्व का अर्पण अर्थात् स्वतन्त्रत्व का आरोप करना। किसका? उत्तर है - निष्क्रिय वस्तु अर्थात् क्रियारहित पदार्थ का आरोप करना। किस प्रकार का? उत्तर है - अपने स्वभाव की महिमा के अनुरूप। उस पदार्थ का जो अपने स्वभाव की महिमा अर्थात् स्वभाव का उत्कर्ष है, उसके अनुरूप। किसलिए? उत्तर है - बोद्धा अथवा अनुभव करने वाले को उस प्रकार का प्रतिभास अर्थात् ज्ञान होने से। अर्थात् वर्णनीय वस्तु के अतिशय के उद्रेक के प्रतिपादन की इच्छा से। उस (उपमान) के समान अथवा वह (उपमान) ही, इसको कहने वाले वाचक 'इव' आदि के बिना, ये दोनों पहले के समान यहाँ भी जोड़ लेने चाहिए। उदाहरण के रूप में जैसे -

लिम्पतीव तमोऽङ्गानि वर्षतीवाञ्जनं नभः॥92॥

अर्थात् अन्धकार मानों अङ्गों का लेपन कर रहा है तथा आकाश काजल को बरसा रहा है।

यहाँ पर जड़ अर्थात् क्रियाहीन अन्धकार तथा आकाश में उत्कर्ष का आधान करने के लिए कर्तृत्व का आरोप किया गया है।

यथा वा -

अथवा जैसे -

तरन्तीवाङ्गानि स्खलदमललावण्यजलधौ॥93॥

अर्थात् इसके अङ्ग मानों स्खलित होते हुए निर्मल लावण्य के सागर में तैर रहे हैं।

अत्र दण्डिना विहितमिति न पुनर्विधीयते।

इन उदाहरणों का विवेचन आचार्य दण्डी ने कर दिया है। अतः यहाँ पर पुनः इनका विवेचन नहीं किया जा रहा है।

अपहृत्यान्यालङ्कारलावण्यातिशयश्रियः।
उत्प्रेक्षा प्रथमोल्लेखजीवितत्वेन जृम्भते॥94॥ (इत्यन्तरश्लोकः)

अन्वय - अन्यालङ्कारलावण्यातिशयश्रियः अपहृत्य प्रथमोल्लेखजीवितत्वेन उत्प्रेक्षा जृम्भते।

अनुवाद - अन्य अलङ्कारों के सौन्दर्यरूप अतिशय शोभा का अपहरण कर प्रथम उल्लेख के रूप में जीवितरूप में उत्प्रेक्षा प्रकाशित होती है।

कहने का भाव यह है कि जहाँ उत्प्रेक्षा का अन्य अलङ्कारों के साथ सङ्कर होता है, वहाँ पर उत्प्रेक्षा अन्य अलङ्कारों के सौन्दर्य को दबाकर पद्य के प्राण के रूप में प्रकाशित होती है।

एवमुत्प्रेक्षां व्याख्याय सातिशयत्वसादृश्यसमुल्लसितावसरामतिशयोक्तिं प्रस्तौति-

इस प्रकार उत्प्रेक्षा का वर्णन कर उत्प्रेक्षा के समान अतिशयोक्ति का अतिशयरूप सादृश्य होने से अवसरप्राप्त अतिशयोक्ति अलङ्कार को प्रस्तुत करते हैं -

यस्यामतिशयः कोऽपि विच्छित्त्या प्रतिपाद्यते॥28॥

वर्णनीयस्य धर्माणां तद्विदाह्लाददायिनाम्।

अन्वय - यस्यां वर्णनीयस्य तद्विदाह्लाददायिनां धर्माणां कोऽपि अतिशयः विच्छित्त्या प्रतिपाद्यते।

अनुवाद - जिसमें वर्णनीय पदार्थ के सहृदयों को आनन्द देने वाले धर्मों का कोई अपूर्व अतिशय मनोहरता से प्रतिपादित किया जाता है, (उसे अतिशयोक्ति अलङ्कार कहते हैं)।

'यस्यामित्यादि'। सा अतिशयोक्तिरलङ्कृतिरभिधीयते। कीदृशी 'यस्यामतिशय' प्रकर्षकाष्ठाधिरोहः 'कोऽपि', अतिक्रान्तप्रसिद्धव्यवहारसरणिः, विच्छित्त्या प्रतिपाद्यते वैदग्ध्यभङ्ग्या समर्प्यते। कस्य - 'वर्णनीयस्य धर्माणाम्', प्रस्तावाधिकृतस्य वस्तुनः स्वभावानुसम्बन्धिनां परिस्पन्दानाम्। कीदृशानाम् - 'तद्विदाह्ला-

दायिनाम्' काव्यविदानन्दकारिणाम्। यस्मात् सहृदय-हृदयाह्लादकारि स्वस्पन्दसुन्दरत्वमेव वाक्यार्थः, ततस्तदतिशयपरिपोषिकायामतिशयोक्तावलङ्कारकृतः कृतादराः। यथा -

'यस्याम्' इत्यादि कारिका की व्याख्या करते हैं। वह अतिशयोक्ति अलङ्कार कहा जाता है। किस प्रकार का? उत्तर है - जिसमें अतिशय परम उत्कर्ष की पराकाष्ठा पर पहुँच जाता है। कोई अपूर्व अर्थात् प्रसिद्ध लोकव्यवहार को अतिक्रान्त करने वाला अतिशय मनोहरता से अर्थात् वैदग्ध्य अर्थात् कवि के विदग्धभाव की शोभा से प्रतिपादित किया जाता है। किसका अतिशय प्रसिद्ध लोकव्यवहार को अतिक्रान्त कर मनोहरता से प्रतिपादित किया जाता है? उत्तर है - वर्णनीय धर्मों का अर्थात् प्रकरण में मुख्य रूप से वर्णित वस्तु के स्वभाव से सम्बन्धित विशेषताओं का। किस प्रकार की विशेषताओं का? उत्तर है - सहृदयों को आनन्द देने वाली विशेषताओं का। क्योंकि सहृदयों के हृदय में आह्लाद को उत्पन्न करने वाली अपने स्वभाव की सुन्दरता ही वाक्यार्थ अर्थात् काव्य का प्रयोजन है। इसलिए उस स्वाभाविक सौन्दर्य के अतिशय की परिपोषिका अतिशयोक्ति में अलङ्कारशास्त्रियों ने आदर प्रकट किया है। जैसे उदाहरण के रूप में -

स्वपुष्पच्छविहारिण्या चन्द्रभासा तिरोहिताः।
अन्वमीयन्त भृङ्गालिवाचा सप्तच्छदद्रुमाः॥95॥

अन्वय - स्वपुष्पच्छविहारिण्या चन्द्रभासा तिरोहिताः सप्तच्छदद्रुमाः भृङ्गालिवाचा अन्वमीयन्ते।

अनुवाद - अपने पुष्पों की छवि का अपहरण करने वाली चन्द्रमा की कान्ति से तिरोहित सप्तपर्ण के वृक्ष भ्रमरों की पंक्तियों की गुञ्जार से अनुमान किए जाते हैं।

इस पद्य में वर्णनीय सप्तपर्ण के वृक्षों के धर्म शुभ्रता के अतिशय को कवि ने मनोहरता से प्रतिपादित किया है, जिससे यह पद्य अतिशयोक्ति अलङ्कार का सुन्दर उदाहरण बन गया है।

यथा वा -

अथवा जैसे -

शक्यमोषधिपतेर्नवोदयाः कर्णपूररचनाकृते तव।
अप्रगल्भयवसूचिकोमलाश्छेत्तुमग्रनखसम्पुटैः कराः॥96॥

अन्वय - अप्रगल्भयवसूचिकोमलाः ओषधिपतेः नवोदयाः कराः तव कर्णपूररचनाकृते अग्रनखसम्पुटैः छेत्तुं शक्यम्।

अनुवाद - नवीन जौ की सूचियों के समान कौमल चन्द्रमा की नवोदित किरणें तुम्हारे कर्णपूर की रचना करने के लिए नाखूनों के अग्रभागों से काटी जा सकने योग्य हैं।

इस पद्य में वर्णनीय कर्णपूर के धर्म कोमलत्व के अतिशय को कवि ने मनोहरता से प्रतिपादित किया है, जिससे यह पद्य अतिशयोक्ति अलङ्कार का सुन्दर उदाहरण बन गया है।

यथा वा -

अथवा जैसे -

यस्य प्रोच्छयति प्रतापतपने तेजस्वितामेत्यलं
लोकालोकधराधरावति यशःशीतांशुबिम्बे तथा।
त्रैलोक्यप्रथितावदानमहिमक्षोणीशवंशोद्भवौ
सूर्याचन्द्रमसौ स्वयन्तु कुशलच्छायां समारोहतः॥97॥

अन्वय - यस्य प्रतापतपने प्रोच्छयति तेजस्विताम् इति अलम्, यशःशीतांशुबिम्बे तथा लोकालोकधराधरावति, त्रैलोक्यप्रथितावदानमहिमक्षोणीशवंशोद्भवौ सूर्याचन्द्रमसौ स्वयं तु कुशलच्छायां समारोहतः।

अनुवाद - जिसके प्रतापरूपी सूर्य के अत्यन्त उग्ररूप धारण करने पर (अन्य) तेजस्वियों की (चर्चा ही) व्यर्थ है, (जिसके) यशरूपी चन्द्रबिम्ब वैसा होने पर (अत्यन्त उग्ररूप में प्रकाशित होने पर) लोक के प्रकाश को धारण करने वालों के निम्नवर्ती होने की (चर्चा होने लगती है), तीनों लोकों में विख्यात बल की महिमा वाले राजाओं के वंश की उत्पत्ति जिनसे हुई है, वे सूर्य और चन्द्रमा स्वयं कुशलता के लिए (जिसकी) छाया का आश्रय लेते हैं।

इस पद्य में वर्णनीय किसी राजा विशेष के धर्म प्रताप तथा यश के अतिशय को कवि ने मनोहरता से प्रतिपादित किया है, जिससे यह पद्य अतिशयोक्ति अलङ्कार का सुन्दर उदाहरण बन गया है।

विवक्षितपरिस्पन्दमनोहारित्वसिद्धये।।29।।

वस्तुनः केनचित्साम्यं तदुत्कर्षवतोपमा।

तां साधारणधर्मोक्तौ वाक्यार्थे वा तदन्वयात्।।30।।

इवादिरपि विच्छित्त्या यत्र वक्ति क्रियापदम्।

अन्वय - विवक्षितपरिस्पन्दमनोहारित्वसिद्धये तदुत्कर्षवता केनचित् वस्तुनः साम्यम् उपमा। तां साधारणधर्मोक्तौ वाक्यार्थे तदन्वयात् वा इवादिः क्रियापदम् अपि विच्छित्त्या यत्र वक्ति (सा अपि उपमा)।

अनुवाद - विवक्षित पदार्थ के स्वभाव के मनोहारित्व की सिद्धि के लिए उसके उत्कर्ष से युक्त किसी वस्तु के साथ साम्य उपमा (अलङ्कार कहलाता है)। उस (उपमा) को साधारण धर्म का कथन होने पर अथवा वाक्यार्थ में उसका अन्वय होने पर 'इव' आदि पद तथा क्रियापद भी सुन्दरता के साथ जहाँ (उस साम्य को) कहते हैं (वह भी उपमा होती है)।

इदानीं साम्यसमुद्भासिनो विभूषणवर्गस्य विन्यास-विच्छित्तिं विचारयति - 'विवक्षितेत्यादि'। 'यत्र' यस्यां 'वस्तुनः' प्रस्तावाधिकृतस्य केनचिदप्रस्तुतेन पदार्थान्तरेण 'साम्यं' सादृश्यं 'सोपमा' उपमालङ्कृतिरित्युच्यते। किमर्थमप्रस्तुतेन साम्यमित्याह - 'विवक्षितपरिस्पन्दमनोहारित्वसिद्धये'। विवक्षितो वक्तुमभिप्रेतो योऽसौ परिस्पन्दः कश्चिदेव धर्मविशेषस्तस्य मनोहारित्वं हृदयरञ्जकत्वं तस्य सिद्धिर्निष्पत्तिस्तदर्थम्। कीदृशेन पदार्थान्तरेण - 'तदुत्कर्षवता'। तदिति मनोहारित्वं परामृश्यते। तस्योत्कर्षः सातिशयत्वं नाम 'तदुत्कर्षः',

स विद्यते यस्य स तथोक्तस्तेन तदुत्कर्षवता। तदिदमत्र तात्पर्यम् - वर्णनीयस्य विवक्षितधर्मसौन्दर्यसिद्ध्यर्थं प्रस्तुतपदार्थस्य धर्मिणो वा साम्यं युक्तियुक्ततामर्हति। धर्मेणेति नोक्तं केवलस्य तस्यासम्भवात्। तदेवमयं धर्मद्वारको धर्मिणोरुपमानोपमेयलक्षणयोः फलतः साम्यसमुच्चयः पर्यवस्यति।

अब 'विवक्षित' इत्यादि कारिका में साम्य के कारण सुशोभित होने वाले अलङ्कारवर्ग के विन्यास की शोभा पर विचार करते हैं - जहाँ पर अर्थात् जिस अलङ्कार में प्रतिपाद्य वस्तु अर्थात् उपमेय का किसी अप्रस्तुत अर्थात् उपमानरूप अन्य पदार्थ के साथ साम्य अर्थात् सादृश्य प्रदर्शित किया जाता है, वह उपमा अलङ्कार कहा जाता है। प्रस्तुत का अप्रस्तुत के साथ सादृश्य किसलिए प्रदर्शित किया जाता है? उत्तर है - विवक्षित पदार्थ के स्वभाव के मनोहारित्व की सिद्धि के लिए। विवक्षित अर्थात् जो वक्ता को कहना अभीष्ट हो अर्थात् वर्णनीय, उसका जो परिस्पन्द अर्थात् कोई धर्मविशेष, उसके मनोहारित्व अर्थात् हृदय को प्रसन्न करने का भाव, उसकी सिद्धि अर्थात् निष्पत्ति के लिए, यह इसका अभिप्राय है। विवक्षित पदार्थ के स्वभाव के मनोहारित्व की सिद्धि के लिए किस प्रकार के अन्य पदार्थ से साम्य प्रदर्शित किया जाता है? उसके उत्कर्ष से युक्त पदार्थ के साथ। 'तत्' पद का तात्पर्य 'मनोहारित्व' है। उसका उत्कर्ष अर्थात् सातिशयत्व 'तदुत्कर्षः' पद का अर्थ हुआ। वह विद्यमान हो, उस सौन्दर्य के अतिशय अर्थात् उत्कर्ष से युक्त पदार्थ के साथ। इसका यहाँ यह तात्पर्य है कि वर्णनीय अर्थात् विवक्षित पदार्थ के धर्म के सौन्दर्य की सिद्धि के लिए प्रस्तुत पदार्थ का अथवा धर्मी का साम्य युक्तियुक्त हो सकता है। यहाँ पर धर्म के साथ साम्य नहीं कहा गया है। केवल धर्म के साथ सादृश्य का कथन सम्भव नहीं है क्योंकि बिना धर्मी के केवल धर्म की स्थिति सम्भव नहीं हो सकती है। इस प्रकार से धर्म के द्वारा धर्मीरूप उपमान और उपमेय का एकसाथ साम्य पर्यवसित होता है।

एवंविधामुपमां कः प्रतिपादयतीत्याह - 'क्रियापदम्'

इत्यादि। क्रियापदं धात्वर्थः। वाच्यवाचकसामान्यमात्रमत्राभिप्रेतम्, न पुनराख्यातपदमेव। यस्मादमुख्यभावेनापि यत्र क्रिया वर्तते तदप्युपमावाचकमेव। तदेवमुभयरूपोऽपि क्रियापरिस्पन्दस्तामुपमां वक्त्यभिधत्ते। कथम् - 'विच्छित्त्या' वैदग्ध्यभङ्ग्या। विच्छित्तिविरहेणाभिधानेन तद्विदाह्लादकत्वं न सम्भवतीति भावः। न तावत् क्रियापदं केवलं तां वक्ति यावद् 'इवादिः' इवप्रभृतिरपि। तत्समर्पणसामर्थ्यसमन्वितो, यः कश्चिदेव शब्दविशेषः, प्रत्ययोऽपि, समासो बहुव्रीह्यादिरपि विच्छित्त्या तां वक्ति। 'अपिः' समुच्चये। कस्मिन् सति - 'साधारणधर्मोक्तौ', साधारणः समानो य उपमानोपमेययोरुभयोरनुयायिनोर्धर्मः। कुत्र 'वाक्यार्थे वा'। परस्परान्वयसम्बन्धेन पदसमूहो वाक्यम्। तदभिधेयं वस्तु विभूष्यत्वेन विषयो गोचरं तस्याः। कथम् - 'तदन्वयात्' तदिति पदार्थपरामर्शः। तेषां पदार्थानां समन्वयाद् अन्योन्यमभिसम्बन्धात्। वाक्ये बहवः पदार्थाः सम्भवन्ति तत्र परस्पराभिसम्बन्धमाहात्म्यात्।

इस प्रकार की उपमा को कौन प्रतिपादित करता है? उत्तर है - क्रियापद इत्यादि। क्रियापद अर्थात् धातु का अर्थः। 'क्रियापद' से यहाँ वाच्य-वाचक अर्थात् धातु तथा धातु का अर्थ ही सामान्य रूप से अभिप्रेत है, न कि आख्यातपद। क्योंकि जहाँ पर गौण रूप से भी क्रिया होती है, वह भी उपमावाचक ही होता है। (त्रुटित पाठ) इस प्रकार से मुख्य और गौण दोनों प्रकार की क्रिया का स्वभाव उस उपमा को कहता है। कैसे कहता है? उत्तर है - विच्छित्ति से अर्थात् वैदग्ध्य की शोभा से। वैदग्ध्य की शोभा से रहित कथन से सहृदयों का आह्लादकत्व सम्भव नहीं होता है। केवल क्रियापद ही उस उपमा

का वाचक नहीं होता है, अपितु 'इव' आदि शब्द भी उपमा के वाचक होते हैं। उस उपमा के प्रतिपादन में समर्थ जो कोई भी शब्दविशेष, प्रत्यय, बहुव्रीहि आदि समास भी शोभा से युक्त होकर उपमा के वाचक हो सकते हैं। 'अपिः' पद समुच्चय अर्थ में है। किसके होने पर? उत्तर है - साधारण धर्म के उक्त होने पर। साधारण अर्थात् जो उपमान और उपमेय दोनों अनुयायियों का समान धर्म हो। कहाँ पर? उत्तर है - वाक्यार्थ में। परस्पर अन्वयरूप सम्बन्ध से युक्त पदसमूह वाक्य कहलाता है। उससे अभिधेय वस्तु अलङ्कार्यरूप में विषय है, जिसका अर्थात् उपमा का। कैसे? उत्तर है - उससे अन्वय होने से। 'तत्' शब्द का तात्पर्य यहाँ पदार्थ है। उन पदार्थों के समन्वय से अर्थात् परस्पर एक दूसरे के साथ सम्बन्ध होने से। वाक्य में बहुत से पदार्थ होते हैं, उन सबके परस्पर सम्बन्ध के माहात्म्य से 'इव' आदि पद जिसके वाचक होते हैं, वह उपमान और उपमेय का सादृश्य उपमा अलङ्कार कहलाता है।

अमुख्यक्रियापदपदार्थोपमा यथा -

अमुख्य क्रियापद पदार्थ उपमा का उदाहरण, जैसे -

पूर्णेन्दोस्तव संवादि वदनं वनजेक्षणे।
पुष्णाति पुष्पचापस्य जगत्त्रयजिगीषुताम्॥98॥

अन्वय - (हे) वनजेक्षणे ! पूर्णेन्दोः संवादि तव वदनं पुष्पचापस्य जगत्त्रयजिगीषुतां पुष्णाति।

अनुवाद - (हे) कमलनयने ! पूर्ण चन्द्रमा के समान तुम्हारा मुख कामदेव के तीनों लोकों को जीतने की इच्छा को पुष्ट करता है।

इस पद्य में 'संवादि' अमुख्य क्रियापद है। इसके द्वारा मुख की समानता को प्रदर्शित किया गया है।

इवादि प्रतिपाद्यपदार्थोपमोदाहरणम्। यथा -

'इव' आदि से प्रतिपाद्य पदार्थ उपमा का उदाहरण, जैसे -

चुम्बन् कपोलतलमुत्पुलकं प्रियायाः
स्पर्शोल्लसन्नयनमामुकुलीचकार।

आविर्भवन्मधुरनिद्रमिवारविन्द-
मित्रस्पृशास्तमितमुत्पलमुत्पलिन्याः॥99॥

अन्वय - अरविन्दमित्रस्पृशास्तमितमुत्पलमुत्पलिन्याः प्रियायाः उत्पुलकं कपोलतलं चुम्बन् स्पर्शोल्लसन्नयनम् आविर्भवन्मधुरनिद्रम् इव आकुलीचकार।

अनुवाद - कमल के मित्र सूर्य के स्पर्श से बन्द होते हुए कमलिनी के कमल के समान (नायक ने) प्रिया के पुलकित कपोलतल को चुम्बन करके स्पर्श से उल्लसित (उसके) नयनों को मधुर निद्रा से अभिभूत सा कर मुकुलित कर दिया।

तथाविधवाक्योपमोदाहरणम्। यथा -

उसी प्रकार के 'इव' आदि से प्रतिपाद्य वाक्योपमा का उदाहरण, जैसे -

पाण्ड्योऽयमंसार्पितलम्बहारः॥100॥

अर्थात् कन्धे पर लम्बा हार डाले हुए पाण्ड्य देश का यह राजा। यह रघुवंश (6-60) का पद्य है।

सम्पूर्ण पद्य इस प्रकार से है -

पाण्ड्योऽयमंसार्पितलम्बहारः क्लृप्ताङ्गरागो हरिचन्दनेन।
आभाति बालातपरक्तसानुः सनिर्झरोद्गार इवाद्रिराजः॥

आख्यातपदप्रतिपाद्यपदार्थोपमोदाहरणम्। यथा -

आख्यात-पद से प्रतिपाद्य पदार्थ उपमा का उदाहरण, जैसे -

ततोऽरुणपरिस्पन्दः॥101॥ इत्यादि।

यह पद्य प्रथम उन्मेष में आ चुका है। सम्पूर्ण पद्य इस प्रकार से है -

ततोऽरुणपरिस्पन्दमन्दीकृतवपुः शशी।
दध्रे कामपरिक्षामकामिनीगण्डपाण्डुताम्॥

अन्वय - ततः अरुणपरिस्पन्दमन्दीकृतवपुः शशी कामपरिक्षामकामिनी-गण्डपाण्डुतां दध्रे।

अनुवाद - उसके पश्चात् प्रातःकाल में अरुणिमा के सञ्चरण से मन्द कान्ति वाले चन्द्रमा ने काम के प्रभाव से क्षीण हुयी कामिनी के कपोलस्थलों जैसी पाण्डुता को धारण कर लिया।

इस पद्य में 'दध्रे' इस आख्यात-पद के द्वारा साम्य का वर्णन किया गया है। अतः यह आख्यात-पद से प्रतिपाद्य उपमा का उदाहरण है।

तथाविधवाक्योपमोदाहरणम्। यथा -

उसी प्रकार आख्यात-पद से प्रतिपाद्य वाक्योपमा का उदाहरण, जैसे -

मुखेन सा केतकपत्रपाण्डुना
कृशाङ्गयष्टिः परिमेयभूषणा।
स्थिताल्पतारां तरुणेन्दुमण्डलां
विभातकल्पां रजनीं व्यडम्बयत्॥102॥ इत्यादि।

अन्वय - कृशाङ्गयष्टिः परिमेयभूषणा केतकपत्रपाण्डुना मुखेन सा तरुणेन्दुमण्डलां स्थिताल्पतारां विभातकल्पां रजनीं व्यडम्बयत्।

अनुवाद - कृशाङ्गी, परिमित आभूषणों वाली, केतकी के पत्रों के समान पाण्डु वर्ण के मुख से युक्त वह तरुण चन्द्रमण्डल वाली अल्प तारों वाली प्रभातकालीन रात्रि का अनुकरण कर रही थी।

यहाँ 'व्यडम्बयत्' इस आख्यातपद के द्वारा यह पद्य वाक्योपमा का उदाहरण बन रहा है। इसमें 'इव' आदि उपमावाचक पद का प्रयोग नहीं हुआ है।

अप्रतिपाद्यपदार्थोपमोदाहरणं यथा -

अप्रतिपाद्य पदार्थोपमा का उदाहरण, जैसे -

निपीयमानस्तबका शिलीमुखैः॥103॥ इत्यादि।

यह पद्य प्रथम उन्मेष में आ चुका है। सम्पूर्ण पद्य इस प्रकार से है -

निपीयमानस्तबका शिलीमुखैरशोकयष्टिश्चलबालपल्लवाः।
विडम्बयन्ती ददृशे वधूजनैरमन्ददष्टौष्ठकरावधूननम्॥

अन्वय - शिलीमुखैः निपीयमानस्तबकाः चलबालपल्लवाः अशोकयष्टिः वधूजनैः अमन्ददष्टौष्ठकराः वधूननं विडम्बयन्ती ददृशे।

अनुवाद - भ्रमरों के द्वारा जिसके पुष्पगुच्छों का पान किया जा रहा है और जिसके छोटे-छोटे पल्लव हिल रहे हैं, ऐसे अशोक वृक्ष की लता को वधूजनों के द्वारा जोर से अधरौष्ठ को काट लेने में हाथ हिलाने का अनुकरण करता हुआ सा देखा।

आदिग्रहणात् इवादिव्यतिरिक्तेनापि यथादिशब्दान्तरेणोपमाप्रतीतिर्भवतीत्याह। यथा-

'आदि' पद के ग्रहण से यह कहा जा रहा है कि 'इव' आदि शब्दों के बिना भी 'यथा' आदि अन्य शब्दों के द्वारा भी उपमा की प्रतीति होती है। जैसे-

पूर्णेन्दुकान्तिवदना नीलोत्पलविलोचना॥104॥

अर्थात् पूर्ण चन्द्रमा की कान्ति के समान मुख वाली तथा नीलकमल के समान नेत्रों वाली। यहाँ दोनों स्थलों पर 'इव' आदि उपमावाचक शब्दों के बिना उपमा की प्रतीति हो रही है। इस प्रकार के उदाहरण समासगत उपमा के कहे जाते हैं। इसके पश्चात् कुन्तक ने चार और उदाहरण उपमा के प्रस्तुत किए हैं-

यान्त्या मुहुर्वलितकन्धरमाननं त-
दावृत्तवृन्तशतपत्रनिभं वहन्त्या।
दिग्धोऽमृतेन च विषेण च पक्ष्मलाक्ष्या
गाढं निखात इव मे हृदये कटाक्षः॥105॥

अन्वय - तदा आवृत्तवृन्तशतपत्रनिभं मुहुर्वलितकन्धरमाननं वहन्त्या यान्त्या पक्ष्मलाक्ष्याः अमृतेन च विषेण च दिग्धः कटाक्षः मे हृदये गाढं निखात इव।

अनुवाद - उस समय मुड़े हुए डण्ठल वाले कमल के समान, बार-बार घुमाई गई गर्दन वाले मुख को धारण करती हुई जाती हुई घनी पलकों वाले नेत्रों वाली उसने अमृत और विष से मिला हुआ कटाक्ष मेरे हृदय में प्रगाढ़ रूप से मानों गड़ा दिया।

माञ्जिष्ठीकृतपट्टसूत्रसदृशः पादानयं पुञ्जयन्
यात्यस्ताचलचुम्बिनीं परिणतिं स्वैरं ग्रहग्रामणीः।
वात्यावेगविवर्तिताम्बुजरजश्छत्रयमाणः क्षणं
क्षीणज्योतिरितोऽप्ययं स भगवानर्णोनिधौ मज्जति॥106॥

अन्वय - माञ्जिष्ठीकृतपट्टसूत्रसदृशः पादानयं पुञ्जयन् ग्रहग्रामणीः अस्ताचलचुम्बिनीं परिणतिं स्वैरं याति। वात्यावेगविवर्तिताम्बुजरजः क्षणं छत्रयमाणः क्षीणज्योतिः अयं सः भगवान् इतः अपि अर्णोनिधौ मज्जति।

अनुवाद - मञ्जिष्ठा के वर्ण के बनाए हुए पट्टसूत्र के समान अपनी किरणों को समेटता हुआ ग्रहों के समुदाय का स्वामी अर्थात् सूर्य अस्ताचल का चुम्बन करने वाली अवस्था को स्वेच्छा से प्राप्त कर रहा है। वायु के वेग से घुमाए गए कमल के पराग वाला क्षणमात्र में छत्र के समान प्रतीत होने वाला क्षीणज्योति यह वह भगवान् सूर्य यहाँ से भी समुद्र में डूब रहा है।

इस पद्य में 'माञ्जिष्ठीकृतपट्टसूत्रसदृशः' पद में समासगत उपमा है।

रामेण मुग्धमनसा वृषलाञ्छनस्य
यज्जर्जरं धनुरभाजि मृणालभञ्जम्।
तेनाऽमुना त्रिजगदर्पितकीर्तिभारो
रक्षःपतिर्ननु मनाङ् न विडम्बितोऽभूत्॥107॥

अन्वय - मुग्धमनसा रामेण वृषलाञ्छनस्य यत् जर्जरं धनुः मृणालभञ्जम् अभाजि, तेन त्रिजगदर्पितकीर्तिभारः रक्षःपतिः अमुना ननु मनाङ् न विडम्बितः अभूत्।

अनुवाद - मुग्ध मन वाले राम के द्वारा वृषभ के चिह्न वाले शिव के जिस जर्जर धनुष को मृणाल को तोड़ने के समान तोड़ दिया था, उसके कारण तीनों लोकों में अपनी कीर्ति के भार को समर्पित करने वाला राक्षसों का स्वामी रावण इस राम के द्वारा क्या थोड़ा सा भी निन्दा का पात्र नहीं हुआ?

इस पद्य में 'मृणालभञ्जम् अभाजि' अंश में उपमा अलङ्कार है।

महीभृतः पुत्रवतोऽपि दृष्टिस्तस्मिन्नपत्ये न जगाम तृप्तीम्।
अनन्तपुष्पस्य मधोर्हि चूते द्विरेफमाला सविशेषसङ्गा॥108॥

अन्वय - पुत्रवतः महीभृतः अपि दृष्टिः तस्मिन् अपत्ये न तृप्तीं जगाम, हि अनन्तपुष्पस्य मधोः द्विरेफमाला चूते सविशेषसङ्गा।

अनुवाद - पुत्रवान् हिमालय की भी दृष्टि उस सन्तान (पार्वती) में तृप्ति को प्राप्त नहीं हुई, जिस प्रकार से अनन्त पुष्पों वाले वसन्त की भ्रमरपंक्ति आम्र में विशेष रूप से आसक्त रहती है।

अर्थान्तरन्यासभ्रान्तिः।

इस पद्य में कुन्तक ने अर्थान्तरन्यास अलङ्कार की भ्रान्ति माना है। सम्भवतः अन्य आचार्यों ने इसमें अर्थान्तरन्यास माना होगा, जिसका खण्डन कुन्तक ने यहाँ किया होगा। परन्तु पाठ के लुप्त हो जाने से वह अब प्राप्त नहीं होता है। इसके पश्चात् कुन्तक ने दो पद्यों को उद्धृत किया है, परन्तु पाठ के लुप्त हो जाने से उनके विषय में कुन्तक के विचारों को जानना सम्भव नहीं है। पद्यों का संकेत इस प्रकार से है -

इत्याकर्णितकालनेमिवचनो ---॥109॥

इतीदमाकर्ण्य तपस्विकन्या ---॥110॥

समानवस्तुन्यासोपनिबन्धना प्रतिवस्तूपमापि न पृथक् वक्तव्यतामर्हति, पूर्वोदाहरणेनैव समानयोगक्षेमत्वात्।

पूर्व उदाहरणों के समान ही योगक्षेम होने से समान वस्तु का विन्यास करने के कारण प्रतिवस्तूपमा भी पृथक् रूप से अलङ्कार कहने के योग्य नहीं है।

समानवस्तुन्यासेन प्रतिवस्तूपमोच्यते।
यथेवानभिधानेऽपि गुणसाम्यप्रतीतितः॥111॥

अन्वय - समानवस्तुन्यासेन यथेवानभिधाने अपि गुणसाम्यप्रतीतितः प्रतिवस्तूपमा उच्यते।

अनुवाद - समान वस्तु के विन्यास से 'यथा', 'इव' आदि (उपमावाचक शब्दों के) कथन के बिना भी गुणों के साम्य की प्रतीति से प्रतिवस्तूपमा कही जाती है।

साधुसाधारणत्वादिर्गुणोऽत्र व्यतिरिच्यते।
स साम्यमापादयति विरोधेऽपि तयोर्यथा॥112॥

अन्वय - अत्र साधुसाधारणत्वादिर्गुणः व्यतिरिच्यते सः (च) विरोधे अपि तयोः यथा साम्यम् आपादयति।

अनुवाद - यहाँ अर्थात् अग्रिम पद्य में प्रस्तुत सज्जनों के साधारणत्व आदि गुण विशेष रूप से प्रतीत होता है तथा वह (सहज सुलभ सम्पत्ति वाले

गुणी व्यक्तियों तथा झुके हुए फलवान् वृक्षों के चेतन तथा अचेतन होने से) विरोध होने पर भी उनके साम्य को सम्पादित करता है।

कियन्तः सन्ति गुणिनः साधुसाधारणश्रियः।
स्वादुपाकफलानम्राः कियन्तो वाऽध्वशाखिनः॥113॥

अन्वय - साधुसाधारणश्रियः गुणिनः कियन्तः सन्ति वा स्वादुपाकफलानम्राः अध्वशाखिनः कियन्तः।

अनुवाद - सज्जनों के लिए साधारण रूप से प्राप्त हो सकती है जिनकी लक्ष्मी, ऐसे गुणी व्यक्ति कितने हैं? अथवा स्वादिष्ट पके हुए फलों से झुके हुए मार्ग पर स्थित वृक्ष कितने हैं?

अत्र समानविलसितानामुभयेषामपि कविविवक्षित - 'विरलत्व'-लक्षणसाम्यव्यतिरेकि न किञ्चिदन्यन्मनोहारि जीवितमतिरिच्यमानमुपलभ्यते॥

यहाँ पर समान रूप से विलसित होने वाले इन दोनों अर्थात् सहज सुलभ सम्पत्ति वाले गुणी व्यक्तियों तथा झुके हुए फलवान् वृक्षों के कविविवक्षित 'विरलत्व' रूप साम्य के अतिरिक्त अन्य कुछ भी मनोहारि प्राणभूत तत्त्व प्रतीत नहीं होता है।

तदेवं प्रतिवस्तूपमायाः प्रतीयमानोपमायामन्तर्भावोपपत्तौ सत्यामिदानीं उपमेयोपमादेरुपमायामन्तर्भावो विचार्यते -

इस प्रकार से प्रतिवस्तूपमा का प्रतीयमानोपमा में अन्तर्भाव सिद्ध हो जाने पर अब उपमेयोपमा आदि के उपमा में अन्तर्भाव पर विचार करते हैं -

सामान्या न व्यतिरिक्ता लक्षणानन्यथास्थितेः॥31॥

अन्वय - लक्षणानन्यथास्थितेः (उपमेयोपमा अपि उपमातः) सामान्या न व्यतिरिक्ता।

अनुवाद - लक्षण के भिन्न न होने से (उपमेयोपमा भी उपमा के) समान ही है, भिन्न नहीं है।

तत्स्वरूपाभिधानं लक्षणं तस्यानन्यथास्थितेः अतिरिक्तभावेनानवस्थानात्।

उसके स्वरूप का कथन करना लक्षण कहलाता है। उससे भिन्न रूप में स्थित न होने से वह (उपमेयोपमा) उपमा के अन्तर्गत ही है। कहने का भाव यह है कि जिस प्रकार उपमा सादृश्यमात्र पर अवलम्बित रहती है, वैसे ही उपमेयोपमा भी सादृश्यमात्र पर ही अवलम्बित रहती है। अतः दोनों समान ही हैं। इसलिए उपमेयोपमा को अलग से अलङ्कार नहीं माना जा सकता है।

तथैव तुल्ययोगिता सा भवत्युपमा स्फुटा।

अन्वय - तथैव तुल्ययोगिता सा (च) स्फुटा उपमा (एव) भवति।

अनुवाद - उसी प्रकार की अर्थात् उपमा के जैसी ही तुल्ययोगिता होती है और वह स्पष्ट रूप से उपमा ही होती है।

जनस्य साकेतनिवासिनस्तौ द्वावप्यभूतामभिनन्द्यसत्वौ।
गुरुप्रदेयाधिकनिस्पृहोऽर्थी नृपोऽर्थिकामादधिकप्रदश्च॥114॥

अन्वय - साकेतनिवासिनः जनस्य गुरुप्रदेयाधिकनिस्पृहः अर्थी अर्थिकामादधिकप्रदः च नृपः तौ द्वौ अपि अभिनन्द्यसत्वौ अभूताम्।

अनुवाद - अयोध्यानिवासी लोगों के लिए गुरु को प्रदान करने योग्य धन से अधिक की इच्छा न करने वाले याचक (कौत्स मुनि) तथा याचक की कामना से अधिक प्रदान करने वाले राजा (रघु) दोनों ही अभिनन्दनीय हो गए।

अत्र साम्यातिरेक्युभयमपि वर्णनीयतया मुख्यं वस्तु।

यहाँ पर अभिनन्दनीयरूप साम्य के अतिरेक से दोनों ही अर्थात् रघु तथा कौत्स वर्णनीय होने के कारण मुख्य वस्तु है। उनमे अभिनन्दनीयरूप समान धर्म का सम्बन्ध होने से तुल्ययोगिता अलङ्कार है।

इसके पश्चात् कुन्तक ने भामह द्वारा प्रतिपादित तुल्ययोगिता अलङ्कार का लक्षण तथा उदाहरण प्रस्तुत किया है -

न्यूनस्यापि विशिष्टेन गुणसाम्यविवक्षया।
तुल्यकार्यक्रियायोगादित्युक्ता तुल्ययोगिता॥115॥

अन्वय - न्यूनस्य अपि विशिष्टेन गुणसाम्यविवक्षया तुल्यकार्यक्रियायोगात् इति तुल्ययोगिता उक्ता।

अनुवाद - न्यून गुण वाले (उपमेय) का विशिष्ट गुण वाले (उपमान) के साथ गुणों के साम्य को कहने की इच्छा से तुल्य कार्य अथवा तुल्य क्रिया के योग से तुल्ययोगिता कही जाती है।

शेषो हिमगिरिस्त्वं च महान्तो गुरवः स्थिराः।
यदलङ्घितमर्यादाश्चलन्तीं विभृथ क्षितिम्॥116॥

अन्वय - शेषः हिमगिरिः त्वं च महान्तः गुरवः स्थिराः (च सन्ति), यत् अलङ्घितमर्यादाः चलन्तीं क्षितिं विभृथ।

अनुवाद - शेषनाग, हिमालय और तुम महान्, गुरु और स्थिर (हैं), जो मर्यादा का अतिक्रमण न करते हुए चलायमान पृथिवी को धारण करते हैं।

उक्तलक्षणे तावदुपमान्तर्भावस्तुल्ययोगितायाः।

तुल्ययोगिता का उक्त लक्षण होने पर उपमा में इसका अन्तर्भाव हो सकता है।

यैर्वा दृष्टा न वा दृष्टा मुषिताः सममेव ते।
हृतं हृदयमेतेषामन्येषां चक्षुषः फलम्॥117॥

अन्वय - यैः वा दृष्टा न वा दृष्टा ते समम् एव मुषिताः। एतेषां हृदयम् अन्येषां (च) चक्षुषः फलं हृतम्।

अनुवाद - जिनके द्वारा (वह) देखी गई अथवा जिनके द्वारा वह नहीं देखी गई, वे (दोनों) ही समान रूप से ठगे गए। इनका अर्थात् जिन्होंने उसे देखा है, उनका हृदय और अन्य अर्थात् जिन्होंने उसे नहीं देखा, उनके नेत्रों का फल हरण कर लिया गया।

यत्काव्यार्थनिरूपणं प्रियकथालापा रहोऽवस्थितिः।
कण्ठान्तं मृदुगीतमादृतसुहृद्दुःखान्तरावेदनम्॥118॥

अन्वय - यत् काव्यार्थनिरूपणं प्रियकथालापाः रहः अवस्थितिः कण्ठान्तं मृदुगीतम् आदृतसुहृद्दुःखान्तरावेदनम्।

अनुवाद - जो काव्यार्थ का निरूपण करना, प्रिय से कथावार्ता करना, एकान्त में रहना, कण्ठ तक ही रहने वाले मधुर गीतों को गुनगुनाना, प्रिय मित्र के साथ दुःख-सुख का निवेदन करना। यह पद्य अपूर्ण है। शेष पाठ के न मिलने पर इसका अभिप्राय स्पष्ट नहीं हो रहा है।

एवमनन्वयः -

इसी प्रकार से अनन्वय को भी अलग से अलङ्कार मानने की आवश्यकता नहीं है, उसका भी अन्तर्भाव उपमा में हो जाता है। कुन्तक ने भामह द्वारा प्रतिपादित अनन्वय के लक्षण और उदाहरण को यहाँ पर प्रस्तुत किया है -

यत्र तेनैव तस्य स्यादुपमानोपमेयता।
असादृश्यविवक्षातस्तमित्याहुरनन्वयम्॥119॥

अन्वय - यत्र असादृश्यविवक्षातः तेन एव तस्य उपमानोपमेयता स्यात् इति तम् अनन्वयम् आहुः।

अनुवाद - जहाँ पर उसके समान कोई नहीं है, यह कहने के लिए उसी के साथ उसकी उपमानता और उपमेयता दोनों हो जाती हैं, उसे अनन्वय कहा जाता है।

ताम्बूलरागवलयं स्फुरद्दशनदीधिति।
इन्दीवराभनयनं तवेव वदनं तव॥120॥

अन्वय - ताम्बूलरागवलयं स्फुरद्दशनदीधिति इन्दीवराभनयनं तव वदनं तव इव।

अनुवाद - ताम्बूल के राग के मण्डल वाला, चमकते हुए दाँतों की किरणों वाला (तथा) कमल के समान नयनों वाला तुम्हारा मुख तुम्हारे (मुख के) ही समान है।

इसके पश्चात् पाठ लुप्त है। निश्चित रूप से कुन्तक ने यहाँ अनन्वय अलङ्कार का अन्तर्भाव उपमा में कैसे किया जा सकता है, वह प्रतिपादित किया होगा। इसके पश्चात् जो दो उदाहरण मिलते हैं, वे अनन्वय अलङ्कार के नहीं हैं। सम्भवतः यहाँ कुन्तक ने कुछ और प्रतिपादित करने के लिए इनकों प्रस्तुत किया होगा। परन्तु पाठ के उपलब्ध न होने से कुछ नहीं कहा जा सकता है।

तद्वल्गुना युगपदुन्मिषितेन तावत्
सद्यः परस्परतुलामधिरोहतां द्वे।
प्रस्पन्दमानपरुषेतरतारमन्त-
श्चक्षुस्तव प्रचलितभ्रमरं च पद्मम्॥121॥

अन्वय - तद्वल्गुना युगपदुन्मिषितेन तावत् अन्तः प्रस्पन्दमानपरुषेतरतारं तव चक्षुः प्रचलितभ्रमरं च पद्मं द्वे सद्यः परस्परतुलाम् अधिरोहतां (गच्छेताम्)।

अनुवाद - (प्रातःकाल में) सुन्दर और एक साथ खुलने से कोमल कनीनिका जिसके अन्दर इधर-उधर घूम रही है, वैसे तुम्हारे नेत्र और मंडराते हुए भ्रमर से युक्त कमल दोनों तुरन्त ही परस्पर समानता को प्राप्त कर रहे हैं।

हेलावभग्नहरकार्मुक एव सोऽपि॥122॥

अर्थात् अनायास ही तोड़ दिया है शिवधनुष जिसने, ऐसा वह राम।

कल्पितोपमानम्।

जहाँ पर उपमान कल्पित होता है, ऐसी उपमा ही अनन्वय होती है। अर्थात् अनन्वय अलग से अलङ्कार नहीं है।

तत्पूर्वानुभवे भवन्ति लङ्घवो भावाः शशाङ्कादयः
तद्वक्त्रोपमितेः परं परिणमच्चेतो रसायाम्बुजात्।
एवं निश्चिनुते मनस्तव मुखं सौन्दर्यसारावधि
बध्नाति व्यवसायमेतुमुपमोत्कर्षं स्वकान्त्या स्वयम्॥123॥

अन्वय - तत्पूर्वानुभवे शशङ्कादयः भावाः लङ्घवः भवन्ति, तद्वक्त्रोपमितेः अम्बुजात् परं रसाय चेतः परिणमत्, एवं (मम) मनः निश्चिनुते (यत्) सौन्दर्यसारावधि तव मुखम् उपमोत्कर्षं स्वकान्त्या व्यवसायम् एतुं स्वयं बध्नाति।

अनुवाद - उसका पहले अनुभव हो जाने पर चन्द्रमा आदि भाव लघु लगने लगते हैं, उसके मुख के उपमान कमल से परम रस को ग्रहण करने गया हुआ चित्त लौट आता है, इस प्रकार (मेरा) मन (यह) निश्चित कर चुका है (कि) सौन्दर्य के सार की अपर सीमा तुम्हारा मुख उपमा के उत्कर्ष को अपनी कान्ति से स्वयं ही प्राप्त कर सकता है।

तदेवमभिधावैचित्र्यप्रकाराणामेवंविधं वैश्वरूप्यम्, न पुनर्लक्षणभेदानाम्।

इस प्रकार से कथन के वैचित्र्य से ही इन सादृश्यमूलक अलङ्कारों के प्रकारों के इस प्रकार से अनेक रूप हो जाते हैं, वस्तुतः इनमें लक्षण का भेद नहीं है।

परिवृत्तिरप्यनेन न्यायेन पृथङ् नास्तीति निरूप्यते -

इसी प्रकार से परिवृत्ति अलङ्कार भी उपमा से भिन्न नहीं है, इस पर विचार करते हैं -

विनिवर्तनमेकस्य यत् तदन्यस्य वर्तनम्॥32॥
न परिवर्तमानत्वादुभयोरत्र पूर्ववत्।

अन्वय - यत् एकस्य विनिवर्तनम्, तदन्यस्य वर्तनम् (परिवृत्तिः), अत्र (सः) पूर्ववत् उभयोः परिवर्तमानत्वात् न (पृथगलङ्कारः)।

अनुवाद - जो एक का लौटा देना तथा उसके स्थान पर किसी अन्य का ग्रहण कर लेना (परिवृत्ति अलङ्कार कहा गया है), यहाँ (वह) पूर्व में कहे गए सादृश्यमूलक अलङ्कारों के समान दोनों का (सादृश्यमूलक) परिवर्तन मात्र होने से (पृथक् अलङ्कार) नहीं है।

तदेवं परिवृत्तेलङ्करणत्वमयुक्तमित्याह 'विनिवर्तन-मित्यादि'। यदेकस्य पदार्थस्य विनिवर्तनम् आकारणं तदन्यस्य तद्व्यतिरिक्तस्य परस्य वर्तनं तदुपनिबन्धनं तदलङ्करणं न भवति। 'कस्मात् - उभयोः परिवर्तमान-त्वात्', मुख्यत्वेनाभिधीयमानत्वात्। कथम्, 'पूर्ववत्', यथापूर्वम्।

इस प्रकार से 'विनिवर्तनम्' इत्यादि कारिका के द्वारा परिवृत्ति का अलङ्कारत्व उचित नहीं है, इसे कहा जा रहा है। जो किसी एक पदार्थ का हटा देना तथा उसके स्थान पर उससे भिन्न किसी अन्य पदार्थ को ग्रहण कर लेना अलङ्कार

नहीं होता है। किसलिए? इसका उत्तर है - दोनों के परिवर्तमान होने के कारण अर्थात् मुख्य रूप से अभिधीयमान होने के कारण। कैसे? उत्तर है - पूर्ववत् अर्थात् जैसे पूर्व में उल्लिखित सादृश्यमूलक तुल्ययोगिता आदि का अलङ्कारत्व नहीं होता है, वैसे ही परिवृत्ति का भी अलङ्कारत्व नहीं होता है।

प्रत्येकं प्राधान्यात् नियमानिश्चितेश्च न क्वचित् कस्यचिदलङ्करणम्। तद्वदिहापि। न च तावन्मात्ररूपतया तयोः परस्परविभूषणभावः प्राधान्यनिवर्तनप्रसङ्गात्। रूपान्तरनिरोधेषु पुनः साम्यसद्भावे भवत्युपमितिरेषा चालङ्कृतिः समुचिता उपमा पूर्ववदेव। यथा -

प्रत्येक की प्रधानता होने से यह नियम निश्चित नहीं होता है कि कौन किसका अलङ्करण है। उसी प्रकार से यहाँ भी परिवर्तमान दोनों में से किसी एक का अलङ्कार्य तथा एक का अलङ्कार होना आवश्यक है। परन्तु वैसा नहीं है। केवल स्वरूपमात्र का कथन होने से दोनों में परस्पर अलङ्कारभाव नहीं हो सकता है। क्योंकि यदि अलङ्कार्य-अलङ्कार भाव मान लिया जाता है तो अलङ्कार की गौणता सिद्ध हो जायेगी, जिससे दोनों का प्राधान्य नहीं रहेगा। और यदि दोनों के भेदकधर्मों का निरोध मान लिया जाता है तो पुनः दोनों में साम्य के होने से पूर्ववत् इसे भी उपमा अलङ्कार ही मानना उचित है। जैसे -

सदयं बुभुजे महाभुजः सहसोद्वेगमियं व्रजेदिति।
अचिरोपनतां स मेदिनीं नवपाणिग्रहणां वधूमिव॥124॥

अन्वय - सहसा इयम् उद्वेगं व्रजेत् इति सः महाभुजः अचिरोपनतां मेदिनीं नवपाणिग्रहणां वधूम् इव सदयं बुभुजे।

अनुवाद - सहसा यह उद्वेग को प्राप्त कर जाय, इसलिए उस महान् भुजाओं वाले (अज) ने अभी-अभी प्राप्त हुई पृथिवी का नवीन परिणीता पत्नी के समान दयापूर्वक भोग किया।

कुन्तक के अनुसार यह परिवृत्ति अलङ्कार का उदाहरण न होकर उपमा अलङ्कार का उदाहरण है।

तच्च विषयान्तरपरिवर्तनं धर्मान्तरपरिवर्तनं चेति द्विविधम्।

और वह परिवृत्तिरूप उपमा अलङ्कार विषयान्तरपरिवर्तन तथा धर्मान्तरपरिवर्तनरूप दो प्रकार की होती है। इस पंक्ति का पूर्व तथा अपर भाग लुप्त है।

विषयान्तरपरिवर्तनोदाहरणं यथा -

विषयान्तरपरिवर्तन का उदाहरण, जैसे -

स्वल्पं जल्प बृहस्पते सुरगुरो नैष सभा वज्रिणः॥125॥

अर्थात् हे देवताओं के गुरु बृहस्पति ! थोड़ा बोलो, यह इन्द्र की सभा नहीं है। यहाँ सभारूप विषय का परिवर्तन है।

धर्मान्तरपरिवर्तनोदाहरणं यथा -

धर्मान्तरपरिवर्तन का उदाहरण, जैसे -

विसृष्टरागादधरान्निवर्तितः
स्तनाङ्गरागारुणिताच्च कन्दुकात्।
कुशाङ्कुरादानपरिक्षताङ्गुलिः
कृतोऽक्षसूत्रप्रणयी तया करः॥126॥

अन्वय - तया विसृष्टरागात् अधरात् स्तनाङ्गरागारुणितात् च कन्दुकात् निवर्तितः कुशाङ्कुरादानपरिक्षताङ्गुलिः करः अक्षसूत्रप्रणयी कृतः।

अनुवाद - उस (पार्वती) के द्वारा रागरहित अधर से तथा स्तनों के अङ्गराग से लाल हो जाने वाली गेंद से हटाकर कुशाङ्कुरों को लाने के कारण क्षत अङ्गुलियों वाले हाथ को अक्षमाला का प्रेमी बना दिया।

अत्र गौर्याः करकमललक्षणो धर्मः परिवर्तितः।

यहाँ पर पार्वती के करकमलरूप धर्म परिवर्तित हो गया है।

क्वचिदेकस्यैव धर्मिणः समुचितस्वसंवेदिधर्मावकाशे धर्मान्तरं परिवर्तते। यथा -

कहीं पर एक ही धर्मी के समुचित एवं स्वयं अनुभूत धर्म के स्थान पर अन्य धर्म परिवर्तित होकर आ जाता है। जैसे -

धृतं त्वया वार्धकशोभि वल्कलम्॥127॥

अर्थात् तुम्हारे (पार्वती के) द्वारा (युवावस्था में ही) वृद्धावस्था में सुशोभित होने वाला वल्कल धारण कर लिया गया है।

क्वचिद् बहूनामपि धर्मिणां परस्परस्पर्धिनां पूर्वोक्ताः सर्वं विपरिवर्तन्ते। तथा च लक्षणकारेणात्रैवोदाहरणं दर्शितम्। यथा -

कहीं पर परस्पर स्पर्धा करने वाले बहुत से धर्मियों के भी पूर्वोक्त विषय अर्थात् धर्म सब परिवर्तित हो जाते हैं। जैसा कि लक्षणकार (दण्डी) के द्वारा इस विषय में उदाहरण प्रदर्शित किया है। जैसे -

शस्त्रप्रहारं ददता भुजेन तव भूभुजाम्।
चिरार्जितं हृतं तेषां यशः कुमुदपाण्डुरम्॥128॥

अन्वय - तव भुजेन भूभुजां शस्त्रप्रहारं ददता चिरार्जितं कुमुदपाण्डुरं तेषां यशः हृतम्।

अनुवाद - तुम्हारी भुजा के द्वारा राजाओं को शस्त्रप्रहार देते हुए बहुत समय से अर्जित कुमुद के समान पाण्डु उनके यश का हरण कर लिया।

निर्दिष्टां कुलपतिना स पर्णशाला-
मध्यास्य प्रयतपरिग्रहद्वितीयः।
तच्छिष्याध्ययननिवेदितावसानां
संविष्टः कुशशयने निशां निनाय॥129॥

अन्वय - कुलपतिना निर्दिष्टां पर्णशालाम् अध्यास्य प्रयतपरिग्रहद्वितीयः कुशशयने संविष्टः सः तच्छिष्याध्ययननिवेदितावसानां निशां निनाय।

अनुवाद - कुलपति (वशिष्ट) के द्वारा निर्दिष्ट पर्णशाला में स्थित होकर केवल अपनी पत्नी के साथ कुशों की शय्या पर सोकर उस (राजा दिलीप) ने उनके शिष्यों के अध्ययन की समाप्ति से ज्ञात रात्रि को बिता दिया।

अत्र परिवर्तनीयपदार्थानां प्रतीयमानत्वम्।

इस पद्य में परिवर्तनीय राज्य के वैभव को छोड़कर तापसव्रत के ग्रहणरूप पदार्थों के प्रतीयमानत्वरूप परिवृत्ति अलङ्कार है।

निदर्शनाप्येवं प्रायैव -

निदर्शना भी प्रायः इसी ही प्रकार की अर्थात् उपमा के अन्तर्गत ही आने वाली है। इसके बाद का पाठ लुप्त है। उसके बाद कुन्तक ने भामह द्वारा प्रस्तुत निदर्शना अलङ्कार के लक्षण और उदाहरण को यहाँ प्रस्तुत किया है -

क्रिययैव विशिष्टस्य तदर्थस्योपदर्शनात्।
ज्ञेया निदर्शना नाम यथेववतिभिर्विना॥130॥

अन्वय - यथेववतिभिः विना क्रियया एव विशिष्टस्य तदर्थस्य उपदर्शनात् निदर्शना नाम ज्ञेया।

अनुवाद - यथा, इव, वति आदि के बिना क्रिया से ही उसके विशिष्ट अर्थ का प्रदर्शन करा देने से निदर्शना नामक अलङ्कार होता है।

अयं मन्दद्युतिर्भास्वानस्तं प्रति गच्छति।
उदयः पतनायेति श्रीमतो बोधयन् नरान्॥131॥

अन्वय - उदयः पतनाय इति श्रीमतः नरान् बोधयन् अयं मन्दद्युतिः भास्वान् अस्तं प्रति गच्छति।

अनुवाद - उदय पतन के लिए ही होता है, ऐसा श्रीमान् मनुष्यों को समझाता हुआ यह मन्द कान्ति वाला सूर्य अस्ताचल की ओर जा रहा है।

इसके पश्चात् बहुत सा पाठ भ्रष्ट है। अतः कुन्तक ने इन उदाहरणों में किस प्रकार से निदर्शना अलङ्कार का खण्डन कर उपमा को प्रतिष्ठापित किया है, सम्भवतः वही विवेचन रहा होगा, जो अब प्राप्त नहीं होता है। इसके बाद कुन्तक ने क्रमशः तीन उदाहरण श्लेष अलङ्कार के दिए हैं। सम्भवतः जैसा कि पूर्व में कुन्तक की प्रतिपादन शैली रही है, वे भामह के लक्षण तथा उदाहरण को प्रस्तुत करते हैं, तदनन्तर उनका खण्डन करते हैं। अतः यहाँ भी उसी

प्रकार की सम्भावना की जा सकती है। क्योंकि भामह ने जिस प्रकार गुण, क्रिया तथा नाम के द्वारा उपमान के साथ उपमेय के अभेद को श्लेष कहा है -

उपमानेन यत्तात्वमुपमेयस्य साध्यते।
गुणक्रियाभ्यां नाम्ना च श्लिष्टं तदभिधीयते॥

काव्यालङ्कार 3-14

कुन्तक के द्वारा प्रदर्शित आगे तीनों ही उदाहरण उक्त तीन ही प्रकार के हैं। जैसे -

ततः प्रतस्थे कौबेरीं भास्वानिव रघुर्दिशम्।
शरैरुस्त्रैरिवोदीच्यानुद्धरिष्यन् रसानिव॥132॥

अन्वय - ततः रघुः उस्त्रैः इव शरैः रसान् इव उदीच्यान् उद्धरिष्यन् भास्वान् इव कौबेरीं दिशं प्रतस्थे।

अनुवाद - उसके पश्चात् रघु ने किरणों के समान (अपने) बाणों से जलों के समान उदीच्य राजाओं को उन्मूलन करने की इच्छा से सूर्य के समान कुबेर की दिशा (उत्तर दिशा) की ओर प्रस्थान किया।

इस पद्य में 'उद्धरिष्यन्' यह क्रियाश्लेष का उदाहरण है।

निर्याय विद्याथ दिनादिरम्याद् बिम्बादिवार्कस्य मुखान्महर्षेः।
पार्थाननं वह्निकणावदाता दीप्तिः स्फुरत्पद्ममिवाभिपेदे॥133॥

अन्वय - अथ दिनादिरम्यात् अर्कस्य बिम्बात् इव महर्षेः मुखात् निर्याय वह्निकणावदाता स्फुरत् दीप्तिः (इव) विद्या पद्मम् इव पार्थाननम् अभिपेदे।

अनुवाद - उसके पश्चात् प्रातःकाल के सूर्य के बिम्ब के समान महर्षि (व्यास) के मुख से निकल कर अग्नि के कणों के समान चमकती हुई दीप्ति (के समान) विद्या कमल के समान अर्जुन के मुख में प्रविष्ट कर गई।

इस पद्य में 'वह्निकणावदाता' पद में 'अवदात' रूप गुणश्लेष है।

स्वाभिप्रायसमर्पणप्रवणया माधुर्यमुद्राङ्कया
विच्छित्त्या हृदयेऽभिजातमनसामन्तः किमप्युल्लिखत्।

आरूढं रसवासनापरिणतेः काष्ठां कवीनां परं
कान्तानां च विलोकितं विजयते वैदग्ध्यवक्रं वचः॥134॥

अन्वय - स्वाभिप्रायसमर्पणप्रवणया माधुर्यमुद्राङ्कया विच्छित्त्या हृदये अभिजातमनसाम् अन्तः किमपि उल्लिखत् रसवासनापरिणतेः परं काष्ठाम् आरूढं वैदग्ध्यवक्रं कान्तानां विलोकितं कवीनां च वचः विजयते।

अनुवाद - अपने अभिप्राय को व्यक्त करने में निपुण, माधुर्य की मुद्रा से अङ्कित, शोभा से हृदय में और अभिजात मन वालों के अन्दर कुछ अपूर्व सा उल्लिखित करती हुई रस की वासना की परिणति की चरम सीमा तक पहुँची हुई वैदग्ध्य से वक्र अर्थात् सुन्दर कान्ताओं की दृष्टि तथा कवियों की वाणी सर्वोत्कृष्ट है।

इस पद्य में 'कान्तानां विलोकितं' तथा 'कवीनां वचः' ये दोनों ही 'विजयते' क्रिया के कर्तृपद हैं तथा पद्य के सम्पूर्ण विशेषणों का उक्त दोनों ही पक्षों के साथ सम्बन्ध है। इसलिए यहाँ पर नामश्लेष है।

भामह ने उपर्युक्त तीन भेदों के अतिरिक्त श्लेष के सहोक्ति, उपमा तथा हेतुनिर्देशमूलक तीन भेद और किए हैं। अब जो तीन उदाहरण कुन्तक ने प्रस्तुत किए हैं, वे उक्त तीनों प्रकार के ही हैं। जैसे -

यथा वा -

अथवा जैसे -

येन ध्वस्तमनोभवेन बलिजित्कायः पुरास्त्री कृतः
यश्चोद्वृत्तभुजङ्गहारवलयोऽगङ्गां च योऽधारयत्।
यस्याहुः शशिमच्छिरोहर इति स्तुत्यं च नामामराः
पायात्स स्वयमन्धकक्षयकरस्त्वां सर्वदो माधवः॥135॥

अन्वय - (शिवपक्षे) येन ध्वस्तमनोभवेन पुरा बलिजित्कायः अस्त्री कृतः, यः च उद्वृत्तभुजङ्गहारवलयः गङ्गां च यः अधारयत्, अमराः यस्य स्तुत्यं च नाम शशिमच्छिरोहर इति आहुः, सः अन्धकक्षयकरः उमाधवः सर्वदा स्वयं त्वां पायात्। (विष्णुपक्षे) येन अभवेन अनः ध्वस्तम्, पुरा बलिजित् (स्व)कायः स्त्री कृतः, यः च उद्वृत्तभुजङ्गहा रवलयः, अगः गां च यः अधारयत्, अमराः यस्य

स्तुत्यं च नाम शशिमच्छिरोहर इति आहुः, सः अन्धकक्षयकरः सर्वदः माधवः स्वयं त्वां पायात्।

अनुवाद - (शिव के पक्ष में) जिस कामदेव को ध्वस्त करने वाले शिव ने पहले बली नामक राक्षस को जीतने वाले विष्णु के शरीर को अस्त्र बना लिया था और जो भयंकर सर्पों को गले के हार के रूप में धारण करते हैं और गङ्गा को (अपने मस्तक पर) धारण करते हैं, देवता जिसके नाम की स्तुति कर जिसे चन्द्रमा को मस्तक पर धारण करने वाला कहते हैं, जो अन्धक नामक राक्षस का विनाश करने वाला है, ऐसे उमा के पति शिव सर्वदा स्वयं तुम्हारी रक्षा करें। (विष्णु के पक्ष में) जिस अजन्मा ने (बाल्यकाल में) 'अनः' बच्चों के खेलने की गाड़ी को अथवा शकटासुर को ध्वस्त किया था, पहले बली नामक राक्षस को जीतने के लिए अपने शरीर को स्त्रीरूप (मोहिनीरूप) बना लिया था और जो मर्यादा का उल्लंघन करने वाले कालिया नाग को नष्ट करने वाले हैं (और) जिनमें वेद का लय होता है, जिन्होंने (गोवर्धन) पर्वत को और (वाराह अवतार में) पृथिवी को धारण किया था, देवता जिसका प्रशंसनीय नाम राहु का सिर काटने के कारण 'शशिमच्छिरोहर' ऐसा कहते हैं, वह यादवों का द्वारिका में निवासस्थान बनाने वाले और समस्त कामनाओं को पूर्ण करने वाले विष्णु स्वयं तुम्हारी रक्षा करें।

इस पद्य में माधव अर्थात् विष्णु तथा उमाधव अर्थात् शिव का एकसाथ कथन होने से सहोक्तिमूलक श्लेष है। यहाँ श्लेष के कारण विष्णु तथा शिव दोनों अर्थों की प्रतीति होती है तथा पद्य के शेष विशेषण दोनों ही पक्षों से सम्बन्धित हैं।

यथा वा -

अथवा जैसे -

मालामुत्पलकन्दलैः प्रतिकचं स्वायोजितां बिभ्रती
नेत्रेणासमदृष्टिपातसुभगेनोद्दीपयन्ती स्मरम्।
काञ्चीदामनिबद्धभङ्गि दधती व्यालं विना वाससा
मूर्तिः कामरिपोः सिताम्बरधरा पायाच्च कामस्त्रियः॥136॥

अन्वय - उत्पलकन्दलैः स्वायोजितां मालां प्रतिकचं बिभ्रती, असमदृष्टिपात-सुभगेन नेत्रेण स्मरम् उद्दीपयन्ती, वाससा विना काञ्चीदामनिबद्धभङ्गि व्यालं दधती कामरिपोः कामस्त्रियः च सिताम्बरधरा मूर्तिः पायात्।

अनुवाद - कमल के कन्दलों से स्वयं बनाई गई माला को केशों में धारण करती हुई, (शिव के पक्ष में) असमान दृष्टिपात से सुन्दर नेत्र से काम को भस्म करती हुई अथवा (रति के पक्ष में) विषम (अनुपम) दृष्टिपात से सुन्दर नेत्र से काम को उद्दीप्त करती हुई, (शिव के पक्ष में) वस्त्र के बिना काञ्ची के समान बांधे हुए सर्प को धारण करती हुई अथवा (रति के पक्ष में) लम्बे लटकते हुए वस्त्र से विचित्र प्रकार से बांधी हुई मेखला को धारण करती हुई शिव और रति की श्वेत और दिगम्बर तथा श्वेत वस्त्रों को धारण करने वाली शिव और रति की मूर्ति (आप सबकी) रक्षा करे।

इस पद्य में कामरिपु शिव और कामस्त्री रति की मूर्ति में उपमान-उपमेय भाव होने के कारण उपमामूलक श्लेष है। यहाँ श्लेष के कारण शिव तथा रति दोनों अर्थों की प्रतीति होती है तथा पद्य के शेष विशेषण दोनों ही पक्षों से सम्बन्धित हैं।

यथा वा -

अथवा जैसे -

दृष्ट्या केशव गोपरागहृतया किञ्चन्न दृष्टं मया
तेनैव स्खलितास्मि नाथ पतितां किन्नाम नालम्बसे।
एकस्त्वं विषमेषुखिन्नमनसां सर्वाबलानां गति-
र्गोप्यैवं गदितः सलेशमवताद् गोष्ठे हरिर्वश्चिरम्॥137॥

अन्वय - (हे) केशव ! गोपरागहृतया दृष्ट्या मया किञ्चन् न दृष्टम्, तेन एव स्खलिता अस्मि। (हे) नाथ ! पतितां किं नाम न आलम्बसे? विषमेषुखिन्नमनसां सर्वाबलानां एकः त्वं गतिः, गोष्ठे सलेशमवतात् गोप्या एवं गदितः हरिः वः चिरम्।

अनुवाद - (हे) केशव ! गोप (कृष्ण के) अनुराग से अथवा गायों के द्वारा उड़ाई गई धूल के कारण हृत दृष्टि वाली मेरे द्वारा कुछ भी नहीं देखा गया, इसलिए ही (मैं) स्खलित हो गई। (हे) नाथ ! पतितों को किसलिए

आलम्बन नहीं दे रहे हो? विषम स्थानों में अथवा परिस्थितियों में खिन्न मन वाले समस्त असहायों के एकमात्र तुम ही सहारा हो, गोष्ठ में श्लिष्ट शब्दों से गोपी द्वारा इस प्रकार से कहे गए कृष्ण आपकी दीर्घ काल तक रक्षा करें।

इस पद्य में गोपराग के पतन के प्रति हेतु होने से निर्देशमूलक श्लेष है।

एवं श्लेषमभिधाय साम्यैकनिबन्धनत्वात् उक्तरूप-श्लेषकारणं व्यतिरेकमभिधत्ते सतीत्यादि -

इस प्रकार श्लेष को कह कर एकमात्र साम्य कारण होने से उक्तरूप श्लेष जिसका कारण है, उस व्यतिरेक अलङ्कार को 'सति' इत्यादि कारिका से कहते हैं -

सति तच्छब्दवाच्यत्वे धर्मसाम्येऽन्यथास्थितेः॥33॥
व्यतिरेचनमन्यस्मात् प्रस्तुतोत्कर्षसिद्धये।
शाब्दः प्रतीयमानो वा व्यतिरेकोऽभिधीयते॥34॥

अन्वय - तच्छब्दवाच्यत्वे सति धर्मसाम्ये (च) प्रस्तुतोत्कर्षसिद्धये अन्यथास्थितेः अन्यस्मात् शाब्दः प्रतीयमानः वा व्यतिरेचनं व्यतिरेकः अभिधीयते।

अनुवाद - उस अर्थात् श्लेष कारण है जिसका उस शब्द से वाच्य होने पर (तथा) धर्म की समानता होने पर प्रस्तुत पदार्थ के उत्कर्ष की सिद्धि के लिए अन्यथा अर्थात् भिन्न प्रकार से स्थित दो पदार्थों में से अन्य अर्थात् अप्रस्तुत से प्रस्तुत का जो शाब्दरूप (वाच्यरूप) अथवा प्रतीयमान रूप से आधिक्य का प्रदर्शन व्यतिरेक अलङ्कार कहलाता है।

'तच्छब्दवाच्यत्वे', स चासौ शब्दश्चेति विगृह्य, तच्छब्दशक्त्या श्लेषनिमित्तभूतः शब्दः परामृश्यते। तस्य वाच्यत्वेऽभिधेयत्वे 'सति' विद्यमाने। 'धर्मसाम्ये' सत्यपि परस्परस्पन्दसादृश्ये विद्यमाने। तथाविधशब्द-वाच्यत्वस्य धर्मसाम्यस्य चोभयनिष्ठत्वादुभयोः प्रकृतत्वात्। प्रस्तुताप्रस्तुतयोरेव तयोर्धर्मादेकस्य

यथारुचि केनापि विवक्षितपदार्थान्तरेण 'अन्यथा-स्थितेः' अतथाभावेनावस्थितेः 'व्यतिरेचनं' पृथक्करणम्। कस्मात् 'अन्यस्मात्' उपमेयस्योपमानादुपमानस्य वा तस्मात्। स व्यतिरेकनामालङ्कारोऽभिधीयते। किमर्थम् - 'प्रस्तुतोत्कर्षसिद्धये'। प्रस्तुतस्य वर्ण्यमानस्य वृत्तेश्छायातिशयनिष्पत्तये। स च द्विविधः सम्भवति 'शाब्दः प्रतीयमानो वा'। 'शाब्दः' कविप्रवाहप्रसिद्धः, तत्समर्पणसमर्थाभिधानेनाभिधीयमानः। 'प्रतीयमानो' वाक्यार्थसामर्थ्यमात्रावबोध्यः यथा -

उस शब्द से वाच्य होने पर। वह जो शब्द, इस प्रकार से विग्रह करने पर, 'तत्' शब्द की सामर्थ्य से श्लेष कारण है जिसका, वह शब्द समझना चाहिए। उसके वाच्य अर्थात् अभिधेय होने पर तथा धर्म अर्थात् स्वभाव की समानता होने पर। उस प्रकार के अर्थात् श्लेषनिमित्तभूत शब्द से वाच्य तथा धर्मसाम्य के उन दोनों में रहने वाला होने से उन दोनों के प्रकृत होने से। प्रस्तुत तथा अप्रस्तुत उन दोनों के ही धर्म से यथारुचि किसी भी एक पदार्थ के विवक्षित पदार्थ से भिन्न अन्यथा स्थित होने पर व्यतिरेचन अर्थात् पृथक्करण। यह पृथक्करण किससे होता है? उत्तर है - अन्य से अर्थात् उपमेय का उपमान से अथवा उपमान का उपमेय से। वह व्यतिरेक नामक अलङ्कार कहा जाता है। यह पृथक्करण किसलिए किया जाता है? उत्तर है - प्रस्तुत के उत्कर्ष की सिद्धि के लिए। प्रस्तुत अर्थात् वर्ण्यमान के सौन्दर्य के अतिशय के सम्पादन के लिए। वह सौन्दर्य का अतिशय दो प्रकार से हो सकता है - शाब्द अथवा प्रतीयमान। शाब्द अर्थात् जो कवियों के प्रवाह में प्रसिद्ध है, उसका प्रतिपादन करने में समर्थ वाचक शब्द से कहा जाने वाला। प्रतीयमान वह होता है जो वाक्यार्थ की सामर्थ्यमात्र से जाना जाता है। जैसे -

**प्राप्तश्रीरेष कस्मात् पुनरपि मयि तं मन्थखेदं विदध्यात्
निद्रामप्यस्य पूर्वामनलसमनसो नैव सम्भावयामि।
सेतुं बध्नाति भूयः किमिति च सकलद्वीपनाथानुयात-
स्त्वय्यायाते वितर्कानिति दधत इवाभाति कम्पः पयोधेः॥138॥**

अन्वय - एषः प्राप्तश्रीः कस्मात् पुनः अपि मयि तं मन्थखेदं विदध्यात्? अस्य अनलसमनसः पूर्वां निद्राम् अपि नैव सम्भावयामि, सकलद्वीपनाथानुयातः च भूयः सेतुं बध्नाति किम्? इति त्वयि आयाते इति वितर्कान् दधतः इव पयोधेः कम्पः आभाति।

अनुवाद - यह पहले से लक्ष्मीयुक्त है, फिर किसलिए पुनः मुझे उस मन्थन के खेद को प्रदान करेगा? इस आलस्यरहित मन वाले की पूर्व निद्रा की भी (मैं) सम्भावना नहीं करता हूँ और समस्त द्वीपों के स्वामियों से युक्त होकर यह पुनः किसलिए सेतुबन्ध करेगा? इस प्रकार से तुम्हारे (समुद्रतट पर) आ जाने पर इस प्रकार के वितर्कों को धारण करता हुआ सा मानों समुद्र का कम्पन सुशोभित हो रहा है।

प्रतीयमानव्यतिरेके 'तत्त्वाध्यारोपणात्' प्रतीयमानतया रूपकमेव पूर्वसूरिभिराम्नातम्।

यहाँ पर पाठ लुप्त है। इसलिए कुन्तक ने ध्वनि के विषय में क्या कहा होगा और प्रतीयमान व्यतिरेक और प्रतीयमान रूपक में कुन्तक की दृष्टि से क्या भेद हो सकता है, सम्भवतः इसी का विवेचन यहाँ कुन्तक ने किया होगा। क्योंकि इसके पश्चात् उन्होंने आनन्दवर्धन द्वारा प्रतिपादित ध्वनि का लक्षण प्रस्तुत किया है, परन्तु उस पर कोई टिप्पणी प्राप्त नहीं होती है। अतः यह पता नहीं चल रहा है कि कुन्तक का यहाँ पर ध्वनि का लक्षण प्रस्तुत करने का क्या प्रयोजन है? साथ ही कुन्तक की ध्वनि के विषय में क्या मान्यता है? व्यतिरेक के प्रतीयमान होने से यहाँ राजा में विष्णु के तत्त्व का अध्यारोप होने से प्रतीयमान रूपक ही पूर्व आचार्यों आनन्दवर्धन आदि के द्वारा कहा गया है। कुन्तक इस पद्य में प्रतीयमान व्यतिरेक मानते हैं, परन्तु आनन्दवर्धन ने ध्वन्यालोक में रूपकध्वनि का उदाहरण कहा है। आनन्दवर्धन के प्रतीयमान अर्थात् ध्वनि के लक्षण को प्रदर्शित करते हुए कुन्तक कहते हैं -

यत्रार्थः शब्दो वा तमर्थमुपसर्जनीकृतस्वार्थौ।
व्यङ्क्तः काव्यविशेषः स ध्वनिरिति सूरिभिः कथितः॥139॥

अन्वय - यत्र अर्थः शब्दः वा उपसर्जनीकृतस्वार्थौ तम् अर्थं व्यङ्क्तः, सः काव्यविशेषः सूरिभिः ध्वनिः इति कथितः।

अनुवाद - जहाँ पर अर्थ स्वयं को अथवा शब्द अपने अर्थ को गौण बनाकर उस (प्रतीयमान) अर्थ को व्यक्त करते हैं, वह काव्यविशेष विद्वानों के द्वारा ध्वनि कहा गया है।

श्लेषव्यतिरेकः यथा -

श्लेष व्यतिरेक का उदाहरण, जैसे -

श्लाघ्याशेषतनुं सुदर्शनकरः सर्वाङ्गलीलाजित-
त्रैलोक्यां चरणारविन्दललितेनाक्रान्तलोको हरिः।
विभ्राणां मुखमिन्दुरूपमखिलं चन्द्रात्मचक्षुर्दधत्
स्थाने यां स्वतनोरपश्यदधिकां सा रुक्मिणी वाऽवतात्॥140॥

अन्वय - सुदर्शनकरः चरणारविन्दललितेन आक्रान्तलोकः चन्द्रात्मचक्षुः दधत् हरिः श्लाघ्याशेषतनुं सर्वाङ्गलीलाजितत्रैलोक्याम् इन्दुरूपम् अखिलं मुखं विभ्राणां यां स्थाने स्वतनोः अधिकाम् अपश्यत्, सा रुक्मिणी वः अवतात्।

अनुवाद - सुदर्शन चक्र को हाथ में धारण करने वाले अथवा सुन्दर दिखने वाले हाथ वाले जिन्होंने चरणारविन्द के सौन्दर्य से लोक को आक्रान्त किया हुआ है, चन्द्रमा को एक नेत्र के रूप में धारण करने वाले विष्णु प्रशंसनीय सम्पूर्ण शरीर वाली, समस्त अङ्गों की लीला से तीनों लोकों को जीतने वाली, चन्द्रमा के रूप को सम्पूर्ण मुख पर धारण करने वाली जिसे उचित रूप से अपने शरीर से अधिक देखा, वह रुक्मिणी तुम सबकी रक्षा करें।

अस्यैव प्रकारान्तरमाह 'लोकप्रसिद्ध'इत्यादि -

इसी अर्थात् व्यतिरेक अलङ्कार के ही अन्य प्रकार को 'लोकप्रसिद्ध' इत्यादि कारिका में कहते हैं -

लोकप्रसिद्धसामान्यपरिस्पन्दाद्विशेषतः।
व्यतिरेको यदेकस्य स परस्तद्विवक्षया॥35॥

अन्वय - लोकप्रसिद्धसामान्यपरिस्पन्दात् विशेषतः यत् एकस्य तद्विवक्षया व्यतिरेकः सः परः (व्यतिरेकः अलङ्कारः भवति)।

अनुवाद - लोकप्रसिद्ध सामान्य स्वभाव से विशेष होने के कारण जो एक (उपमान या उपमेय) का औपम्यविवक्षा से पृथक्करण किया जाता है, वह अन्य प्रकार का (व्यतिरेक अलङ्कार होता है)।

परोऽन्यः स व्यतिरेकालङ्कारः। कीदृशः - 'यदेकस्य' वस्तुनः कस्यापि 'व्यतिरेकः' पृथक्करणम्। कस्मात् - 'लोकप्रसिद्धसामान्यपरिस्पन्दात्'। 'लोकप्रसिद्धो' जगत्प्रतीतः 'सामान्यभूतः' सर्वसाधारणो यः 'परिस्पन्दः' व्यापारस्तस्मात्। कुतो हेतोः - 'विशेषतः' कुतश्चिदतिशयात्। कथम् - 'तद्विवक्षया'। तदित्युपमादीनां परमार्थः, तेषां विवक्षया। तद्विवक्षितत्वेन विहितः। यथा -

वह अन्य प्रकार का व्यतिरेक अलङ्कार होता है। किस प्रकार का? उत्तर है - जो एक वस्तु का किसी अन्य वस्तु से अलग करना। किससे अलग किया जाता है? उत्तर है - लोकप्रसिद्ध सामान्य स्वभाव से। लोकप्रसिद्ध अर्थात् जगत् में प्रतीत होने वाला सामान्यभूत अर्थात् सर्वसाधारण जो परिस्पन्द अर्थात् व्यापार है, उससे। किसलिए अलग किया जाता है? उत्तर है - विशेष होने के कारण। किसी अतिशय विशेष को कहने के अभिप्राय से। 'तत्' पद से तात्पर्य उपमा आदि का सारभूत जो अतिशय है, उसे कहने की इच्छा से। उस अतिशय का प्रतिपादन करने की इच्छा से किया गया जो पृथक्करण है, वह व्यतिरेक अलङ्कार होता है। जैसे -

चापं पुष्पितभूतलं सुरचिता मौर्वी द्विरेफावलिः
पूर्णेन्दोरुदयोऽभियोगसमयः पुष्पाकरोऽप्यासरः।
शस्त्राण्युत्पलकेतकीसुमनसो योग्यात्मनः कामिनां
त्रैलोक्ये मदनस्य सोऽपि ललितोल्लेखो जिगीषाग्रहः॥141॥

अन्वय - योग्यात्मनः मदनस्य चापं पुष्पितभूतलम्, द्विरेफावलिः सुरचिता मौर्वी, पूर्णेन्दोः उदयः अभियोगसमयः, पुष्पाकरः अपि आसरः, उत्पलकेतकीसुमनसः शस्त्राणि, त्रैलोक्ये कामिनां जिगीषाग्रहः अपि सः ललितोल्लेखः (अस्ति)।

अनुवाद - योग्य स्वरूप वाले कामदेव का धनुष खिले हुए पुष्पों वाला भूतल है, भ्रमरों की पंक्ति भली प्रकार से रचित प्रत्यञ्चा है, पूर्ण चन्द्रमा का उदय अभियोग अर्थात् आक्रमण का समय है, वसन्त भी आगे चलने वाला सहायक है, कमल और केतकी के पुष्प शस्त्र हैं, (इस प्रकार का) तीनों लोकों में कामियों को जीतने का आग्रह भी वह सुन्दर उल्लेख (वाला है)।

ननु च भूतलादीनां चापादिरूपणाद्रूपकव्यतिरेक एवायम्। नैतदस्ति। एतस्मिन् पुनः सकललोकप्रसिद्धात् सामान्यव्यवहारतात्पर्याद् व्यतिरेचनं विधीयते। भूतलादीनां चापादिरूपणं विशेषान्तरनिमित्तमात्रमवधार्यताम्।

भूतल आदि पर चाप आदि का आरोप होने से यह रूपक और व्यतिरेक का सङ्कर अथवा संसृष्टि रूप भेद माना जाना चाहिए, केवल व्यतिरेक अलङ्कार का उदाहरण नहीं। इस पर कहते हैं कि ऐसा नहीं है। वस्तुतः रूपकव्यतिरेक में पहले आरोप किया जाता है, पुनः उसी में से भेद को दिखाया जाता है। इसलिए वहाँ पर आरोप की प्रधानता होती है। यहाँ पर सकल लोकप्रसिद्ध सामान्य व्यवहार के तात्पर्य से प्रधान रूप से व्यतिरेचन अर्थात् भेद को प्रदर्शित किया गया है। भूतल आदि पर चापादि का आरोप को उसका सहायक विशेष निमित्तमात्र समझना चाहिए। अर्थात् कवि का विशेष तात्पर्य भूतल आदि पर चापादि के आरोप में नहीं है, अपितु व्यतिरेचन में ही है।

श्लेषेणाभिसंभिन्नत्वात् अलङ्कारान्तरशोभाशून्यतया।

यहाँ पर पाठ लुप्त है। ऐसा प्रतीत होता है कि कुन्तक ने व्यतिरेक के बाद यहाँ समासोक्ति अलङ्कार का विवेचन किया है तथा समासोक्ति को भी वे स्वतन्त्र अलङ्कार न मान कर उसका अन्तर्भाव श्लेष में ही करना चाहते हैं। जैसा कि उपलब्ध पंक्ति से प्रतीत हो रहा है - श्लेष के साथ अत्यन्त समानता होने से

तथा भिन्न अलङ्कार के रूप में शोभा से शून्य होने के कारण समासोक्ति भिन्न अलङ्कार नहीं है। इसके पश्चात् कुन्तक ने भामह द्वारा प्रतिपादित समासोक्ति के लक्षण तथा उदाहरण को उद्धृत कर उसको अलग से अलङ्कार मानने का खण्डन किया है -

यत्रोक्ते गम्यतेऽन्योऽर्थस्तत्समानविशेषणः।
सा समासोक्तिरुद्दिष्टा संक्षिप्तार्थतया यथा॥142॥

अन्वय - यत्र उक्ते तत्समानविशेषणः अन्यः अर्थः गम्यते, सा संक्षिप्तार्थतया समासोक्तिः उद्दिष्टा। यथा -

अनुवाद - जहाँ एक वस्तु का कथन होने पर उसके समान विशेषणों वाला अन्य अर्थ प्रतीत होता है, वह संक्षिप्त अर्थ वाली होने से समासोक्ति कही जाती है। जैसे -

स्कन्धवानृजुरव्यालः स्थिरोऽनेकमहाफलः।
जातस्तरुरयं चोच्चैः पातितश्च नभस्वता॥143॥

अन्वय - स्कन्धवान्, ऋजुः, अव्यालः, स्थिरः, अनेकमहाफलः उच्चैः च अयं तरुः जातः नभस्वता पातितः च।

अनुवाद - तने वाला, सीधा, सर्पों से रहित, स्थिर, अनेक महान् फलों वाला तथा ऊँचा यह वृक्ष उत्पन्न (ही) हुआ था और वायु के द्वारा गिरा दिया गया।

अत्र तरोर्महापुरुषस्य च द्वयोरपि मुख्यत्वे महापुरुषपक्षे विशेषणानि सन्तीति विशेष्यविधायकं पदान्तरमभिधातव्यम्। यदि वा विशेषणेऽन्यथानुपपत्त्या प्रतीयमानतया विशेष्यं परिकल्प्यते। तदेवंविधस्य कल्पनस्य स्फुरितं न किञ्चिदिति स्फुटमेव शोभाशून्यता।

यहाँ पर उक्त उदाहरण में वृक्ष तथा महापुरुष दोनों का ही मुख्य रूप से कथन होने से महापुरुष के पक्ष में संगत होने वाले विशेषण तो पद्य में हैं, इसलिए विशेष्य महापुरुष का विधायक पद भी कथित होना चाहिए था। अथवा

यदि यह कहें कि विशेष्य पद के बिना विशेषणों की अन्यथा अनुपपत्ति प्रतीयमानरूप से विशेष्य पद की परिकल्पना कर लेनी चाहिए तो इस प्रकार की कल्पना में भी कोई चमत्कार न रहने से यहाँ स्पष्ट रूप से शोभाशून्यता ही प्रतीत होती है।

अनुरागवती सन्ध्या दिवसस्तत्पुरःसरः।
अहो दैवगतिः कीदृक् न तथापि समागमः॥144॥

अन्वय - सन्ध्या अनुरागवती दिवसः तत्पुरःसरः, अहो ! दैवगतिः कीदृक्? तथापि समागमः न (भवति)।

अनुवाद - सन्ध्या अनुराग से युक्त है, दिन उसके सामने बढ़ता हुआ आ रहा है, अहो ! दैवगति कैसी है? तथापि (उनका) समागम नहीं (होता है)।

ध्वन्यालोक में उद्धृत इस पद्य को अभिनवगुप्त ने भामह के मत में समासोक्ति तथा वामन के मत में आक्षेप अलङ्कार का उदाहरण बताया है। जबकि भामह ने काव्यालङ्कार में समासोक्ति अलङ्कार के उदाहरण के रूप में इस पद्य का उल्लेख नहीं किया है। यहाँ पर कुन्तक ने इस पद्य को किस अभिप्राय से उद्धृत किया है, इसके आगे पाठ का लोप होने से ज्ञात नहीं हो रहा है। सम्भवतया कुन्तक ने इसे श्लेष का ही उदाहरण माना होगा, जैसा कि पूर्व वर्णन से प्रतीत होता है।

इसके पश्चात् कुन्तक ने भामह द्वारा प्रतिपादित सहोक्ति अलङ्कार का लक्षण तथा उदाहरण प्रस्तुत किया है -

तुल्यकाले क्रिये यत्र वस्तुद्वयसमाश्रये।
पदेनैकेन कथ्येते सहोक्तिः सा मता यथा॥145॥

अन्वय - यत्र वस्तुद्वयसमाश्रये तुल्यकाले (च) क्रिये एकेन पदेन कथ्येते, सा सहोक्तिः मता। यथा -

अनुवाद - जहाँ पर दो वस्तुओं में आश्रित रहने वाली (तथा) समान काल में होने वाली दो क्रियाएँ एक पद से कहीं जाती हैं, वह सहोक्ति (अलङ्कार) कहलाती है। जैसे -

हिमपाताविलदिशो गाढालिङ्गनहेतवः।
वृद्धिमायान्ति यामिन्यः कामिनां प्रीतिभिः सह॥146॥

अन्वय - हिमपाताविलदिशः गाढालिङ्गनहेतवः यामिन्यः कामिनां प्रीतिभिः सह वृद्धिम् आयान्ति।

अनुवाद - हिमपात से कलुषित हुई दिशाओं वाली गाढ़ आलिङ्गन की हेतु रात्रियाँ कामियों की प्रीति के साथ वृद्धि को प्राप्त होती हैं।

अत्र परस्परसाम्यसमन्वयो मनोहारित्वनिबन्धनमित्युपमैव।

यहाँ पर परस्पर रात्रियों और कामियों की वृद्धिरूप साम्य का समन्वय ही मनोहारित्व का कारण है। अतः साम्य पर आधारित होने से भामह द्वारा प्रतिपादित सहोक्ति वस्तुतः उपमा अलङ्कार ही है। इसलिए सहोक्ति को अलग से अलङ्कार मानने की आवश्यकता नहीं है।

यत्रैकेनैव वाक्येन वर्णनीयार्थसिद्धये।
अर्थानां युगपदुक्तिः सा सहोक्तिः समां मता॥36॥

अन्वय - यत्र वर्णनीयार्थसिद्धये एकेन एव वाक्येन अर्थानां युगपदुक्तिः, सा सहोक्तिः समां मता।

अनुवाद - जहाँ पर वर्णनीय अर्थ की सिद्धि के लिए एक ही वाक्य से (अनेक) अर्थों का एकसाथ कथन किया जाता है, वह सहोक्ति विद्वानों ने मानी है।

प्रमाणोपपन्नमभिधत्ते तत्र सहोक्तेस्तावत् 'यत्रेत्यादि'। सा सहोक्तिरलङ्कृतिर्मता प्रतिभाता। 'सतां' तद्विदाम् समाम्नातेत्यर्थः। कीदृशी - 'यत्र' यस्यां एकेनैव वाक्येन अभिन्नेनैव पदसमूहेन 'अर्थानां', वाक्यार्थतात्पर्यभूतानां वस्तूनां 'युगपत्' तुल्यकालमुक्तिरभिहितिः। किमर्थम् - 'वर्णनीयार्थसिद्धये'। वर्णनीयस्य प्राधान्येन विवक्षितस्यार्थस्य वस्तुनः सम्पत्तये। तदिदमुक्तं भवति - यत्र वाक्यान्तरवक्तव्यमपि वस्तु प्रस्तुतार्थनिष्पत्तये विच्छित्त्या तेनैव वाक्येनाभिधीयते। यथा -

'यत्र' इत्यादि कारिका से प्रमाणों से सिद्ध सहोक्ति अलङ्कार का लक्षण कहते हैं। वह सहोक्ति अलङ्कार सहृदयों अर्थात् उस काव्य के तत्त्व को जानने वालों के द्वारा भली प्रकार से कहा गया है। किस प्रकार की सहोक्ति? उत्तर है - जहाँ एक ही वाक्य अर्थात् पदसमूह के द्वारा अभिन्न रूप से अर्थों का अर्थात् वाक्यार्थ की तात्पर्यभूत वस्तुओं का एकसाथ कथन किया जाता है। किसलिए? उत्तर है - वर्णनीय अर्थ की सिद्धि के लिए। वर्णनीय अर्थात् प्रधान रूप से विवक्षित अर्थ अर्थात् वस्तु के सम्पादन के लिए। इसका अभिप्राय यह है कि जहाँ पर किसी अन्य वाक्य के द्वारा कहे जाने वाले अर्थ का भी प्रस्तुत अर्थ के सौन्दर्य की निष्पत्ति के लिए उसी वाक्य के द्वारा ही कथन कर दिया जाता है। जैसे -

हे हस्त दक्षिण मृतस्य शिशोर्द्विजस्य
जीवातवे विसृज शूद्रमुनौ कृपाणम्।
रामस्य पाणिरसि निर्भरगर्भखिन्न-
सीताविवासनपटो करुणा कुतस्ते॥147॥

अन्वय - हे दक्षिण हस्त ! मृतस्य द्विजस्य शिशोः जीवातवे शूद्रमुनौ कृपाणं विसृज। (त्वं) निर्भरगर्भखिन्नसीताविवासनपटो रामस्य पाणिः असि ! ते (इदानीं) करुणा कुतः?

अनुवाद - हे दक्षिण हस्त ! मृत ब्राह्मण के शिशु के पुनरुज्जीवन के लिए शूद्र मुनि पर कृपाण को छोड़। (तू) परिपूर्ण गर्भ से खिन्न सीता के निर्वासन में पटु राम का हाथ है ! तुझमें (अब) करुणा कहाँ से आ गई?

कुन्तक के मत में यहाँ दो विषय हैं - मृत ब्राह्मण के शिशु के पुनरुज्जीवन के लिए शूद्र मुनि पर कृपाण को छोड़ना तथा गर्भवती सीता का निर्वासन। इन दो विषयों को दो अलग-अलग वाक्यों से कहने की अपेक्षा प्रस्तुत अर्थ के सौन्दर्य के निष्पादन के लिए एक ही वाक्य से कह दिया गया है। अतः यहाँ पर सहोक्ति अलङ्कार है।

यथा वा -

अथवा जैसे -

उच्यतां स वचनीयशेषं नेश्वरे परुषता सखि साध्वी।
आनयैनमनुनीय कथं वा विप्रियाणि जनयन्ननुनेयः॥148॥

अन्वय - सः वचनीयशेषम् उच्यताम्, सखि ! ईश्वरे परुषता न साध्वी, एनं अनुनीय आनय वा, विप्रियाणि जनयन् अनुनेयः कथम्?

अनुवाद - (नायिका) - उसके विषय में सब कुछ कह दो। (सखी) - (हे) सखि ! स्वामी के विषय में कठोरता ठीक नहीं है, उसे मना कर ले आओ। (नायिका) - अप्रिय करने वाले को क्यों मनाया जाय?

यथा वा -

अथवा जैसे -

किं गतेन न हि युक्तमुपैतुं कः प्रिये सुभगमानिनि मानः।
योषितामिति कथासु समेतैः कामिभिर्बहुरसा धृतिरूहे॥149॥

अन्वय - किं गतेन? न हि युक्तम् उपैतुम्। (हे) सुभगमानिनि ! प्रिये कः मानः? योषिताम् इति कथासु समेतैः कामिभिः बहुरसाः धृतिः ऊहे।

अनुवाद - (नायिका) - उसके पास जाने से क्या लाभ है? (इसलिए) जाना ठीक नहीं है। (सखी) - (हे) अपने को सुन्दर मानने वाली ! प्रिय के विषय में कौनसा मान? स्त्रियों की इस प्रकार की बातों में पास में आकर सुनने वाले कामियों ने अनेक प्रकार के आनन्द वाले धैर्य को प्राप्त किया।

उक्त दोनों ही पद्यों में विप्रलम्भ शृङ्गार रस है। यहाँ दो विषय - मान करना तथा मान को छोड़ देना है। इन दो विषयों को दो अलग-अलग वाक्यों से कहने की अपेक्षा प्रस्तुत अर्थ के सौन्दर्य के निष्पादन के लिए कवि के द्वारा एक ही वाक्य से कह दिया गया है। अतः यहाँ पर सहोक्ति अलङ्कार है।

यथा वा -

अथवा जैसे -

सर्वक्षितिभृतां नाथ दृष्टा सर्वाङ्गसुन्दरी।
रामा रम्ये वनोद्देशे मया विरहिता त्वया॥150॥

अन्वय - (हे) सर्वक्षितिभृतां नाथ ! (किं) त्वया मया विरहिता सर्वाङ्गसुन्दरी रामा (अस्मिन्) रम्ये वनोद्देशे दृष्टा? अथवा (हे) सर्वक्षितिभृतां नाथ ! त्वया विरहिता सर्वाङ्गसुन्दरी रामा (अस्मिन्) रम्ये वनोद्देशे मया दृष्टा।

अनुवाद - (हे) समस्त पर्वतो के स्वामी ! (क्या) तुमने मुझसे वियुक्त हुई सर्वाङ्गसुन्दरी स्त्री (इस) रम्य वनप्रदेश में देखी है? अथवा (हे) समस्त राजाओं के स्वामी ! तुमसे वियुक्त हुई सर्वाङ्गसुन्दरी स्त्री (इस) रम्य वनप्रदेश में मेरे द्वारा देखी गई है।

यह विक्रमोर्वशीय नाटक का पद्य है। इसमें 'सर्वक्षितिभृताम्' पद में श्लेष है, जिसके अर्थ समस्त पर्वतों के तथा समस्त राजाओं के हैं। कवि ने वाक्यों की इस प्रकार से योजना की है कि एक बार यह श्लोक पुरुरवा की उक्ति बन जाता है, जिसका अर्थ - (हे) समस्त पर्वतो के स्वामी ! (क्या) तुमने मुझसे वियुक्त हुई सर्वाङ्गसुन्दरी स्त्री (इस) रम्य वनप्रदेश में देखी है? तथा एक बार यह श्लोक पर्वत की उक्ति बन जाती है, जिसका अर्थ - (हे) समस्त राजाओं के स्वामी ! तुमसे वियुक्त हुई सर्वाङ्गसुन्दरी स्त्री (इस) रम्य वनप्रदेश में मेरे द्वारा देखी गई है। इन दो विषयों को दो अलग-अलग वाक्यों से कहने की अपेक्षा प्रस्तुत अर्थ के सौन्दर्य के निष्पादन के लिए कवि के द्वारा एक ही वाक्य से कह दिया गया है। अतः यहाँ पर सहोक्ति अलङ्कार है।

अत्र प्रधानभूतविप्रलम्भशृङ्गाररसपरिपोषणसिद्धये वाक्यार्थद्वयमुपनिबद्धम्।

यहाँ पर प्रधानभूत विप्रलम्भ शृङ्गार रस के परिपोष की सिद्धि के लिए दो वाक्यों की रचना एक साथ की गई है। अतः यहाँ सहोक्ति अलङ्कार है।

ननु चानेकार्थसम्भवेऽत्र श्लेषानुप्रवेशः कथं न सम्भवति। अभिधीयते तत्र यस्माद् द्वयोरेकतरस्य वा मुख्यभावे श्लेषः तस्मिन् पुनस्तथाविधाभावात्, बहूनां द्वयोर्वा सर्वेषामेव गुणभावः प्रधानार्थपरत्वेनावसानात्।

अब यहाँ पर प्रश्न उत्पन्न होता है कि जिस प्रकार आपने (कुन्तक ने) भामह द्वारा प्रतिपादित सहोक्ति को उपमा के अन्तर्गत मान लिया है, वैसे ही अनेक अर्थ सम्भव होने पर यहाँ जिसको आप सहोक्ति कह रहे हो, उसका श्लेष में अनुप्रवेश क्यों नहीं सम्भव है? अर्थात् श्लेष के रहते आपके द्वारा प्रतिपादित सहोक्ति की भी आवश्यकता नहीं है। इसके समाधान में कुन्तक कहते हैं - वहाँ पर अर्थात् श्लेष में दोनों का अथवा किसी एक का मुख्यभाव

होने पर श्लेष होता है। (पाठ लुप्त) परन्तु सहोक्ति में वैसा नहीं होता है। सहोक्ति में बहुतों का अथवा दोनों का प्रधान की सिद्धि में पर्यवसान हो जाने से सदैव गौणभाव ही होता है।

अन्यच्च तस्मिन्नेकेनैव शब्देन युगपत्प्रदीपप्रकाशवदर्थद्वयप्रकाशनं शब्दार्थद्वयप्रकाशनं वेति शब्दस्तत्र सामान्याय विजृम्भते। सहोक्तेः पुनस्तथाविधस्वाङ्गाभावादेकेनैव वाक्येन पुनः पुनरावर्तमानतया वस्त्वन्तरप्रकाशनं विधीयते। तस्मादावृत्तिरत्रशब्दन्यायतां प्रतिपद्यते।

और भी श्लेष में एक ही शब्द से एक साथ दीपक के प्रकाश के समान दो अर्थों का अथवा शब्द और अर्थ दोनों का प्रकाशन होता है। वहाँ पर शब्द दोनों का बोध कराने में सामान्य हो जाता है। सहोक्ति में उस प्रकार अर्थात् वाक्य के अवयवभूत शब्दों के समान अपने अङ्ग न होने से एक ही वाक्य से पुनः पुनः आवर्तमान होने से दोनों अर्थों का प्रकाशन किया जाता है। इसलिए श्लेष में जो कार्य शब्द करता है, वही कार्य सहोक्ति में वाक्य की आवृत्ति करती है। यह श्लेष और सहोक्ति में दूसरा अन्तर है।

'सर्वक्षितिभृतां नाथ' इत्यत्र वाक्यैकदेशे श्लेषानुप्रवेशः सम्भवति। उच्यते अत्र वाक्यैकदेशे श्लेषस्याङ्गत्वम्, मुख्यभावः पुनः सहोक्तेरेव। तदेवमावृत्य वस्त्वन्तरावगतौ सहोक्तेः सहभावाभावादर्थान्वये परिहाणिः प्रसज्येत। नैतदस्तीति। यस्मात् सहोक्तिरित्युक्तम्, न पुनः सहप्रतिपत्तिरिति तेनात्यन्तसहाभिधानमेव प्रतिपन्नोत्कर्षावगतिरिति न किञ्चिदसम्बद्धम्।

'सर्वक्षितिभृतां नाथ' इस उदाहरण में वाक्य के एकदेश में 'समस्त पर्वतों के स्वामी तथा समस्त राजाओं के स्वामी' इस अर्थ में श्लेष का अनुप्रवेश सम्भव है। इस शंका के समाधान में कहते हैं - यहाँ वाक्य के एकदेश में श्लेष

रहने के कारण उसका अङ्गत्व है, मुख्यभाव तो सहोक्ति का ही है। अब पुनः एक शंका होती है कि इस प्रकार से इस उदाहरण में वाक्य की आवृत्ति होने पर अन्य अर्थ की प्रतीति होने पर सहोक्ति के शब्द के साथ सहभाव के अभाव में अर्थ के साथ अन्वय में हानि होगी। अर्थात् दोनों अर्थों की एक साथ प्रतीति न होने से सहभाव नहीं होगा तथा सहभाव न होने पर सहोक्ति भी नहीं होगी। कुन्तक कहते हैं कि ऐसा नहीं है। क्योंकि हम सहोक्ति की बात कर रहे है, न कि सहप्रतिपत्ति की। अर्थात् सहोक्ति में एक साथ कथन आवश्यक होता है, न कि एक साथ दोनों अर्थों की प्रतीति। इसलिए अत्यन्त रूप से एक साथ कथन ही यहाँ स्वीकृत उत्कर्ष की प्रतीति कराता है। इसलिए हमारे कथन में कुछ भी असम्बद्ध नहीं है।

कैश्चिदेषा समासोक्तिः सहोक्तिः कैश्चिदुच्यते।
अर्थान्वयाच्च विद्वद्भिरन्यैरन्यत्वमेतयोः॥151॥

अन्वय - कैश्चित् एषा समासोक्तिः कैश्चित् (च) सहोक्तिः उच्यते अन्यैः विद्वद्भिः च अर्थान्वयात् एतयोः अन्यत्वं (स्वीकृतम्)।

अनुवाद - कुछ इसे समासोक्ति (तथा) कुछ सहोक्ति कहते हैं और अन्य विद्वानों के द्वारा अर्थ के अन्वय से इन दोनों का भिन्नत्व (स्वीकार किया गया है)।

अब चाहे विद्वान् इसे जो भी कहें, कुन्तक ने पूर्ववर्ती विद्वानों द्वारा प्रतिपादित सहोक्ति किंवा समासोक्ति का अन्तर्भाव उपमा में कर दिया है तथा सहोक्ति का अपना अलग लक्षण प्रस्तुत किया है।

दृष्टान्तं तावदभिधत्ते वस्तुसाम्येत्यादि -

'वस्तुसाम्य' इत्यादि कारिका से दृष्टान्त अलङ्कार को कहते हैं -

वस्तुसाम्यं समाश्रित्य यदन्यस्य प्रदर्शनम्।
दृष्टान्तनामालङ्कारः सोऽयमत्राभिधीयते॥37॥

अन्वय - वस्तुसाम्यं समाश्रित्य यत् अन्यस्य प्रदर्शनम्, सः अत्र दृष्टान्तनामालङ्कारः अभिधीयते।

अनुवाद - वस्तु के साम्य का आश्रय लेकर (प्रस्तुत वस्तु के साथ) जो अन्य अर्थात् अप्रस्तुत वस्तु का प्रदर्शन करना है, वह यहाँ दृष्टान्त नामक अलङ्कार कहा जाता है।

'यदन्यस्य' वर्ण्यमानप्रस्तुताद् व्यतिरिक्तवृत्तेः पदार्थान्तरस्य प्रदर्शनमुपनिबन्धनं स दृष्टान्तनामालङ्कारोऽभिधीयते। कथम् - 'वस्तुसाम्यं समाश्रित्य' वस्तुनः पदार्थयोर्दृष्टान्तदार्ष्टान्तिकयोः साम्यं सादृश्यं समाश्रित्य निमित्तीकृत्य। लिङ्गसंख्याविभक्तिस्वरूपसाम्यवर्जितमिति वस्तुग्रहणम्। यथा -

जो अन्य का अर्थात् वर्ण्यमान प्रस्तुत के अतिरिक्त अन्य अर्थात् अप्रस्तुत पदार्थ का प्रदर्शन अर्थात् वर्णन करना है, वह दृष्टान्त नामक अलङ्कार कहा जाता है। कैसे? उत्तर है - वस्तु के साम्य को आधार बनाकर। वस्तु अर्थात् दृष्टान्त तथा दार्ष्टान्तिक दोनों पदार्थों के साम्य अर्थात् सादृश्य को आधार बनाकर अर्थात् कारण मानकर। 'वस्तु' पद के ग्रहण का प्रयोजन लिङ्ग, संख्या, विभक्ति विषयक साम्य को छोड़कर यथार्थ वस्तु के साम्य में ही दृष्टान्त अलङ्कार होता है। जैसे -

सरसिजमनुविद्धं शैवलेनापि रम्यं
मलिनमपि हिमांशोर्लक्ष्म लक्ष्मीं तनोति।
इयमधिकमनोज्ञा वल्कलेनापि तन्वी
किमिव हि मधुराणां मण्डनं नाकृतीनाम्॥152॥

अन्वय - शैवलेन अपि अनुविद्धं सरसिजं रम्यम्, हिमांशोः मलिनम् लक्ष्म अपि लक्ष्मीं तनोति, इयं तन्वी वल्कलेन अपि अधिकमनोज्ञा, हि मधुराणां आकृतीनां मण्डनं किमिव न।

अनुवाद - शैवाल से भी घिरा हुआ कमल रमणीय लगता है, चन्द्रमा का मलिन कलङ्क भी शोभा का विस्तार करता है, यह तन्वी (शकुन्तला) वल्कल में भी अधिक सुन्दर लगती है, क्योंकि मधुर आकृति वालों के लिए आभूषण क्या नहीं बन जाता है?

पादत्रयमेवोदाहरणं, चतुर्थे भूषणान्तरसम्भवात्।

इस पद्य के प्रथम तीन पादों में दृष्टान्त अलङ्कार है। चतुर्थ पाद में अन्य अर्थात् अर्थान्तरन्यास अलङ्कार के सम्भव होने से।

अर्थान्तरन्यासमभिधत्ते वाक्यार्थेत्यादि।

'वाक्यार्थ' इत्यादि कारिका से अर्थान्तरन्यास अलङ्कार को कहते हैं -

वाक्यार्थान्तरविन्यासो मुख्यतात्पर्यसाम्यतः।

ज्ञेयः सोऽर्थान्तरन्यासः यः समर्पकतयाहितः॥38॥

अन्वय - मुख्यतात्पर्यसाम्यतः समर्पकतयाहितः यः वाक्यार्थान्तरविन्यासः सः अर्थान्तरन्यासः ज्ञेयः।

अनुवाद - मुख्य तात्पर्य के साम्य से (विवक्षित अर्थ के) समर्पकरूप में उपनिबद्ध किया गया जो अन्य वाक्यार्थ का विन्यास है, वह अर्थान्तरन्यास (अलङ्कार) कहलाता है।

'ज्ञेयः सोऽर्थान्तरन्यासः' अर्थान्तरन्यासनामालङ्कारो ज्ञेयः परिज्ञातव्यः। कः - 'यः वाक्यार्थान्तरविन्यासः' परस्परान्वितपदसमुदायाभिधेय वस्तु वाक्यार्थः। तस्मादन्यत् प्रकृतत्वात् प्रस्तुतव्यतिरेकि 'वाक्यार्थान्तरम्'। तस्य 'विन्यासो' विशिष्टं न्यसनं तद्विदाह्लादकारितयोपनिबन्धः। कस्मात् कारणात् - 'मुख्यतात्पर्यसाम्यतः'। 'मुख्यं' प्रस्तावाधिकृतत्वात् प्रधानं 'वस्तु तस्य 'तात्पर्यं' यत्परत्वेन तदुपात्तम्। तस्य साम्यतः सादृश्यात्। कथम् - 'समर्पकतयाहितः' समर्पकत्वेनोपनिबद्धः। तदुपपत्तियोजनेनेति यावत्। यथा -

वह अर्थान्तरन्यास नामक अलङ्कार कहलाता है। कौन? उत्तर है - जो अन्य वाक्यार्थ का विन्यास होता है। अर्थात् परस्पर अन्वित पदसमुदाय के द्वारा अभिधेय वस्तु वाक्यार्थ कहलाता है। उससे अन्य अर्थात् प्रकृत वस्तु से भिन्न होने के कारण अन्य वाक्यार्थ। उसका विन्यास अर्थात् विशिष्ट प्रकार का न्यास अर्थात् सहृदयों को आनन्द प्रदान करने की योग्यता होने से उपनिबद्ध किया हुआ। किस कारण से? उत्तर है - मुख्य के तात्पर्य के साम्य से। मुख्य अर्थात्

प्रकरण में प्रतिपाद्य होने से प्रधानभूत वस्तु के तात्पर्य का बोध कराने के लिए जिसे ग्रहण किया जाता है, उसके साम्य के सादृश्य से। कैसे? उत्तर है - समर्पकरूप में उपनिबद्ध किया गया, उसके उपपादन की योजना से। जैसे -

किमिव हि मधुराणां मण्डनं नाकृतीनाम्।

अर्थात् क्योंकि मधुर आकृति वालों के लिए आभूषण क्या नहीं बन जाता है? अर्थात् उनके लिए सब कुछ ही आभूषण बन जाता है, यह अन्य वाक्यार्थ का विन्यास है, जिसे मुख्य तात्पर्य 'वल्कल को धारण करने वाली शकुन्तला के सौन्दर्य की पुष्टि' के साम्य से विवक्षित अर्थ के समर्पकरूप में उपनिबद्ध किया गया है।

यथा वा -

अथवा जैसे -

असंशयं क्षत्रपरिग्रहक्षमा यदार्यमस्याभिलाषि मे मनः।
सतां हि सन्देहपदेषु वस्तुषु प्रमाणमन्तःकरणप्रवृत्तयः॥153॥

अन्वय - असंशयं (इयं शकुन्तला) क्षत्रपरिग्रहक्षमा, यत् मे आर्यं मनः अस्याभिलाषि। हि सन्देहपदेषु वस्तुषु सतां अन्तःकरणप्रवृत्तयः (एव) प्रमाणम् (भवन्ति)।

अनुवाद - निश्चित रूप से (यह शकुन्तला) क्षत्रिय के द्वारा ग्रहण करने योग्य है, क्योंकि मेरा श्रेष्ठ मन इसके विषय में अभिलाषा से युक्त हो रहा है। क्योंकि सन्देहास्पद वस्तुओं में सज्जनों के अन्तःकरण की प्रवृत्तियाँ (ही) प्रमाण (होती हैं)।

इस पद्य में 'सन्देहास्पद वस्तुओं में सज्जनों के अन्तःकरण की प्रवृत्तियाँ (ही) प्रमाण (होती हैं)' यह अन्य वाक्यार्थ का विन्यास है, जिसे मुख्य तात्पर्य 'शकुन्तला दुष्यन्त के द्वारा ग्रहण करने योग्य है' के साम्य से विवक्षित अर्थ के समर्पकरूप में उपनिबद्ध किया गया है।

आक्षेपमभिधत्ते निषेधच्छाययेत्यादि।

'निषेधच्छायया' इत्यादि कारिका से आक्षेप अलङ्कार को कहते हैं -

निषेधच्छाययाऽऽक्षेपः कान्तिं प्रथयितुं पराम्।
आक्षेप इति स ज्ञेयः प्रस्तुतस्यैव वस्तुनः॥39॥

अन्वय - प्रस्तुतस्य वस्तुनः एव परां कान्तिं प्रथयितुं निषेधच्छायया आक्षेपः इति सः आक्षेप ज्ञेयः।

अनुवाद - प्रस्तुत वस्तु के ही परम सौन्दर्य की वृद्धि के लिए निषेध की छाया अर्थात् निषेधाभास रूप में (जो) आक्षेप (किया जाता है) वह आक्षेप (अलङ्कार) कहलाता है।

'आक्षेप इति स ज्ञेयः' सोऽयमाक्षेपालङ्कारो ज्ञातव्यः। स कीदृशः - 'प्रस्तुतस्यैव वस्तुनः' प्रकृतस्यैवार्थस्य 'आक्षेपः' क्षेपकृत्। अभिप्रेतस्यापि निवर्तनमिति। कथम् - 'निषेधच्छायया', प्रतिषेधविच्छित्त्या। किमर्थम् - 'कान्तिं ग्रथयितुं पराम्', उपशोभां प्रकटयितुं प्रकृष्टाम्।

वह आक्षेप, आक्षेप अलङ्कार कहलाता है। वह किस प्रकार का? उत्तर है - प्रस्तुत वस्तु का ही आक्षेप अर्थात् निषेध करने वाला। अभिप्रेत वस्तु का ही निवर्तन अर्थात् निषेध। कैसे? उत्तर है - निषेध की छाया से अर्थात् प्रतिषेध की शोभा से। किसलिए? उत्तर है - अत्यन्त शोभा का विस्तार करने के लिए अर्थात् प्रकृष्ट उपशोभा को प्रकट करने के लिए।

एवं स्वरूपप्रतिषेधवैचित्र्यच्छायातिशयमलङ्करणमभिधाय कारणप्रतिषेधोत्तेजितातिशयमभिधत्ते स्वकारणेत्यादि -

इस प्रकार से स्वरूप के प्रतिषेध से जिसमें वैचित्र्य की शोभा का अतिशय होता है, ऐसे आक्षेप अलङ्कार को कह कर कारण के प्रतिषेध से जिसके अतिशय को उत्तेजित अर्थात् विशेष रूप से प्रकट किया जाता है, उस विभावना अलङ्कार को 'स्वकारण' इत्यादि कारिका से कहा जा रहा है -

वर्णनीयस्य केनापि विशेषेण विभावना।
स्वकारणपरित्यागपूर्वकं कान्तिसिद्धये॥40॥

अन्वय - वर्णनीयस्य केनापि विशेषेण कान्तिसिद्धये स्वकारणपरित्यागपूर्वकं (वर्णनं) विभावना।

अनुवाद - वर्णनीय वस्तु का किसी विशेषता से सौन्दर्य की सिद्धि के लिए अपने कारण का परित्यागपूर्वक (वर्णन) विभावना (अलङ्कार कहलाता है)।

'वर्णनीयस्य' प्रस्तुतस्यार्थस्य 'विशेषेण' केनाप्यलौकिकेन रूपान्तरेण विभावनेत्यलङ्कृतिरभिधीयते। कथम् - 'स्वकारणपरित्यागपूर्वकम्। तस्य विशेषस्य स्वमात्मीयं कारणं यन्निमित्तं तस्य परित्यागः प्रहाणं पूर्वं प्रथम यत्र। तत्कृत्वेत्यर्थः। किमर्थं - 'कान्तिसिद्धये' शोभानिष्पत्तये। तदिदमुक्तं भवति - यया लोकोत्तरविशेषविशिष्टता वर्णनीयतां नीयते। यथा -

वर्णनीय अर्थात् प्रस्तुत अर्थ का किसी विशेषता से अर्थात् किसी अलौकिक रूपान्तर से वर्णन विभावना अलङ्कार कहा जाता है। कैसे? उत्तर है - अपने कारण के परित्यागपूर्वक। उस विशेष का जो अपना कारण है, उसका परित्याग करके। ऐसा किसलिए किया जाता है? उत्तर है - सौन्दर्य की सिद्धि के लिए। इसका अभिप्राय यह हुआ कि जिसके द्वारा वस्तु की लोकोत्तर विशेष विशिष्टता से युक्त वर्णनीयता प्राप्त कराई जाती है। सीधे शब्दों में जहाँ वर्णनीय वस्तु के सौन्दर्य के निष्पादन के लिए बिना कारण के ही कार्य का वर्णन किया जाता है, वहाँ विभावना अलङ्कार होता है। जैसे -

असम्भृतं मण्डनमङ्गयष्टेरनासवाख्यं करणं मदस्य।
कामस्य पुष्पव्यतिरिक्तमस्त्रं बाल्यात्परं साथ वयः प्रपेदे॥154॥

अन्वय - अथ बाल्यात् परं सा अङ्गयष्टेः असम्भृतं मण्डनम्, मदस्य अनासवाख्यं करणम्, कामस्य पुष्पव्यतिरिक्तम् अस्त्रं (च) वयः प्रपेदे।

अनुवाद - इसके पश्चात् (अर्थात्) बाल्यावस्था के बाद उस (पार्वती) ने शरीर का बिना धारण किया आभूषण, मद का बिना मदिरा का कारण (तथा) काम का पुष्प से अतिरिक्त अस्त्र रूपी (यौवन) अवस्था को प्राप्त किया।

अत्र कृत्रिमकारणपरित्यागपूर्वकं लोकोत्तरसहजविशेषविशिष्टता कवेरभिप्रेता।

यहाँ पर कृत्रिम कारणों के परित्यागपूर्वक लोकोत्तर सहज (सौन्दर्य)विशेष विशिष्टता का वर्णन कवि को अभिप्रेत है। वस्तुतः शरीर आभूषणों से अलङ्कृत होता है, मदिरा मद को उत्पन्न करती है तथा काम का बाण केवल पुष्पों से बना हुआ होता है। परन्तु यहाँ पर कवि ने उक्त तीनों कारणों आभूषण, मदिरा तथा पुष्पों का परित्याग कर पार्वती के युवावस्था में प्रवेश के समय होने वाले सहज सौन्दर्य का ही वर्णन किया है। इसलिए यहाँ कवि ने वर्णनीय वस्तु पार्वती के सौन्दर्य के निष्पादन के लिए बिना कारणों के ही युवावस्था में प्रवेश के समय होने वाले सहज सौन्दर्य रूप कार्य का वर्णन किया है। अतः यहाँ विभावना अलङ्कार है।

तदेवमसम्भाव्यकारणत्वादविभाव्यमानस्वभावतां विचार्य विचारगोचरस्वरूपतया स्वरूपसन्देहसमर्पिता-तिशयमभिधत्ते यस्मिन्नित्यादि।

इस प्रकार कारण के असम्भाव्य होने से कार्य के अविभाव्यमान स्वभाव वाले विभावना अलङ्कार पर विचार करके विचारयोग्य स्वरूप होने से अपने स्वरूप के सन्देह से अतिशय को समर्पित करने वाले सन्देह अलङ्कार को 'यस्मिन्' इत्यादि कारिका से कहते हैं -

यस्मिन्नुत्प्रेक्षितं रूपं सन्देहमेति वस्तुनः।
उत्प्रेक्षान्तरसद्भावात् विच्छित्त्यै सन्देहो मतः॥41॥

अन्वय - यस्मिन् विच्छित्त्यै वस्तुनः उत्प्रेक्षितं रूपम् उत्प्रेक्षान्तरसद्भावात् सन्देहम् एति, (सः) सन्देहः मतः।

अनुवाद - जिसमें सौन्दर्य के निष्पादन के लिए वस्तु का उत्प्रेक्षित रूप अन्य की उत्प्रेक्षा के भी सम्भव होने से सन्देह को प्राप्त कर लेता है, (वह) सन्देह (अलङ्कार) कहलाता है।

यस्मिन्नलङ्करणे सम्भावनानुमानात् साम्यसमन्वयाच्च स्वरूपान्तरसमारोपद्वारेण 'उत्प्रेक्षितं' प्रतिभालिखितं 'रूपं' पदार्थपरिस्पन्दलक्षणं 'सन्देहमेति' संशयमा-

रोहति। कस्मात् कारणात् - 'उत्प्रेक्षान्तरसद्भावात्'। उत्प्रेक्षाप्रकर्षपरस्यापरस्यापि तद्विषयस्य सद्भावात्। किमर्थं 'विच्छित्त्यै' शोभायै। तदेवंविधमभिधावैचित्र्यं सन्देहाभिधानं वदन्ति। यथा -

जिस अलङ्कार में सम्भावना द्वारा अनुमान से और सादृश्य के समन्वय से अन्य स्वरूप के समारोप के द्वारा उत्प्रेक्षित अर्थात् प्रतिभा से उल्लिखित रूप अर्थात् पदार्थ का स्वभाव सन्देह को प्राप्त कर लेता है। किस कारण से? उत्तर है - अन्य प्रकार की उत्प्रेक्षा के सम्भव होने से। उत्प्रेक्षा का प्रकर्ष करने वाले किसी अन्य के भी उस विषय के होने से। किसलिए? शोभा की निष्पत्ति के लिए। इस प्रकार के कथन के वैचित्र्य को सन्देह नामक अलङ्कार कहते हैं। जैसे-

रञ्जिता नु विविधास्तरुशैला नामितं नु गगनं स्थगितं नु।
पूरिता नु विषमेषु धरित्री संहृता नु ककुभास्तिमिरेण॥155॥

अन्वय - विविधाः तरुशैलाः रञ्जिताः नु? गगनं नामितं नु स्थगितं नु? धरित्री विषमेषु पूरिता नु? ककुभाः तिमिरेण संहृताः नु?

अनुवाद - क्या विविध प्रकार के वृक्ष और पर्वत रंग दिए गए हैं? क्या आकाश को झुका दिया गया है अथवा आच्छादित कर दिया गया है? क्या पृथिवी के विषम स्थान भर दिए गए हैं? क्या दिशाएँ अन्धकार के द्वारा समेट दी गई हैं?

यथा वा -

अथवा जैसे -

निमीलदाकेकरलोलचक्षुषां
प्रियोपकण्ठं कृतगात्रवेपथुः।
निमज्जतीनां श्वसितोद्धतस्तनः
श्रमो नु तासां मदनो नु पप्रथे॥156॥

अन्वय - प्रियोपकण्ठं निमज्जतीनां निमीलदाकेकरलोलचक्षुषां तासां कृतगात्रवेपथुः श्वसितोद्धतस्तनः (च) श्रमः नु मदनः नु पप्रथे।

अनुवाद - प्रिय के समीप में स्नान करती हुई किञ्चित् लाल और चञ्चल नेत्रों वाली उन (सुन्दरियों) के शरीर में कम्पन को उत्पन्न करने वाला (और) दीर्घ श्वाँस लेने से स्तनों को हिला देने वाला श्रम व्याप्त हुआ अथवा कामदेव?

यथा वा -

अथवा जैसे -

किं सौन्दर्यमहार्थसञ्चितजगत्कोशैकरत्नं विधेः
किं श‍ृङ्गाररसरःसरोरुहमिदं स्यात् सौकुमार्यावधि।
किं लावण्यपयोनिधेरभिनवं बिम्बं सुधादीधिते-
र्वक्तुं कान्ततमाननं तव मया साम्यं न निश्चीयते॥157॥

अन्वय - तव कान्ततम् आननं किं विधेः सौन्दर्यमहार्थसञ्चितजगत्कोशैकरत्नम्? किम् इदं सौकुमार्यावधि श‍ृङ्गाररसरःसरोरुहं स्यात्? किं लावण्यपयोनिधेः सुधादीधितेः अभिनवं बिम्बम्? मया वक्तुं साम्यं न निश्चीयते।

अनुवाद - तुम्हारा सुन्दरतम मुख क्या विधाता के सौन्दर्यरूपी महान् धन के सञ्चित जगत् के कोश का एकमात्र रत्न है? क्या यह सौकुमार्य की पराकाष्ठा श‍ृङ्गाररूपी सरोवर का कमल है? क्या लावण्य के सागर के चन्द्रमा का अभिनव बिम्ब है? मेरे द्वारा कहने के लिए (तुम्हारे मुख का) साम्य निश्चित नहीं किया जा रहा है।

ससन्देहस्यैकविधप्रकारत्वमुत्प्रेक्षामूलत्वात्।

सन्देह के उत्प्रेक्षामूल होने से इसका एक ही प्रकार होता है।

एवं स्वरूपसन्देहसुन्दरं ससन्देहमभिधाय स्वरूपापह्नुतिरमणीयामपह्नुतिमभिधत्ते 'अन्यदित्यादि' -

इस प्रकार अपने स्वरूप में सन्देह से सुन्दर सन्देह अलङ्कार को कह कर अपने स्वरूप की अपह्नुति से रमणीय अपह्नुति को 'अन्यद्' इत्यादि कारिका में कहते हैं -

अन्यदर्पयितुं रूपं वर्णनीयस्य वस्तुनः।
स्वरूपापह्नवो यस्यामसावपह्नुतिर्मता॥42॥

अन्वय - यस्यां वर्णनीयस्य वस्तुनः अन्यत् रूपम् अर्पयितुं स्वरूपापह्नवः, असौ अपह्नुतिः मता।

अनुवाद - जिसमें वर्णनीय वस्तु को अन्य (अप्रस्तुत) रूप प्रदान करने के लिए उसके अपने स्वरूप को छिपा दिया जाता है, वह अपह्नुति (अलङ्कार) माना जाता है।

पूर्ववदुत्प्रेक्षामूलत्वमेव जीवितमस्याः। सम्भावनानुमानात् सादृश्याच्च 'वर्णनीयस्य वस्तुनः' प्रस्तुतस्यार्थस्य 'अन्यत्' किमप्यपूर्वं 'रूपमर्पयितुं' रूपान्तरं विधातुं 'स्वरूपापह्नवः' स्वभावापलापः सम्भवति यस्यामसौ तथाविधभणितिरेवापह्नुतिर्मता प्रतिभाता तद्विदाम्। यथा -

पूर्ववत् अर्थात् सन्देह अलङ्कार के समान उत्प्रेक्षामूलत्व ही इस अपह्नुति अलङ्कार का प्राण है। सम्भावना के द्वारा अनुमान से और सादृश्य से वर्णनीय वस्तु अर्थात् प्रस्तुत अर्थ को अन्य कुछ अपूर्व रूप प्रदान करने के लिए अर्थात् उसका रूपान्तर करने के लिए उसके स्वरूप को छिपाना अर्थात् उसके स्वभाव का अपलाप अर्थात् निषेध जिसमें सम्भव होता है, उस प्रकार का कथन ही अपह्नुति मानी जाती है अर्थात् काव्यविदों को प्रतीत होती है। जैसे - (इसके पश्चात् पाठ लुप्त है)

पूर्णेन्दोः परिपोषकान्तवपुषः स्फारप्रभाभासुरं
नेदं मण्डलमभ्युदेति गगने भासोज्जिहीर्षोर्जगत्।
मारस्योच्छ्रितमातपत्रमधुना पाण्डुप्रदोषश्रियो
मानो बन्धुजनाभिलाषदलनोऽधोच्छिद्यते किं न ते॥158॥

अन्वय - भासा जगत् उज्जिहीर्षोः परिपोषकान्तवपुषः पूर्णेन्दोः इदं स्फारप्रभाभासुरं मण्डलं गगने न अभ्युदेति, (अपितु) पाण्डुप्रदोषश्रियः मारस्य उच्छ्रितम् आतपत्रम्, बन्धुजनाभिलाषदलनः ते मानः किम् अधुना न अधोच्छिद्यते।

अनुवाद - (अपनी) कान्ति से जगत् का उद्धार करने की इच्छा वाला और परिपुष्ट कान्ति वाले स्वरूप वाले पूर्ण चन्द्रमा का यह फैली हुई प्रभा से

चमकता हुआ मण्डल आकाश में उदित नहीं हो रहा है, (अपितु) पाण्डु वर्ण की प्रदोषकाल की लक्ष्मी पर कामदेव का उठता हुआ छाता है, बन्धुजनों की अभिलाषाओं का दलन करने वाला तुम्हारा मान क्या अब भी समाप्त नहीं हो रहा है? यहाँ पर चन्द्रमा के अपने स्वरूप को छिपाकर उसको कामदेव के छत्र के रूप में प्रस्तुत किया गया है। अतः यह अपह्नुति अलङ्कार का उदाहरण है।

तव कुसुमशरत्वं शीतरश्मित्वमिन्दो-
र्द्वयमिदमयथार्थं दृश्यते मद्विधेषु।
विसृजति हिमगर्भैरग्निमन्तर्मयूखै-
स्त्वमपि कुसुमबाणान् वज्रसारीकरोषि॥159॥

अन्वय - तव कुसुमशरत्वम् इन्दोः शीतरश्मित्वम् (च) इदं द्वयं मद्विधेषु अयथार्थं दृश्यते। (हि) हिमगर्भैः अन्तः मयूखैः (चन्द्रमा) अग्निं विसृजति, त्वम् अपि (च) कुसुमबाणान् वज्रसारीकरोषि।

अनुवाद - तुम्हारा पुष्पों के बाण वाला होना (और) चन्द्रमा का शीतल किरणों वाला होना, यह दोनों मुझ जैसों के लिए अयथार्थ दिखाई देता है। (क्योंकि) हिम को अन्दर धारण करने वाली किरणों से (चन्द्रमा) अग्नि बरसाता है (और) तुम भी पुष्पों के बाणों को वज्र बना रहे हो।

यहाँ पर कामदेव के बाणों तथा चन्द्रमा की किरणों के स्वरूप को छिपाकर उनको वज्ररूप तथा अग्नि की वर्षा करने वालों के रूप में प्रस्तुत किया गया है। अतः यह अपह्नुति अलङ्कार का उदाहरण है।

इसके पश्चात् संसृष्टि अलङ्कार के उदाहरण प्राप्त होते हैं। अनेक अलङ्कारों की तिलतण्डुलन्याय से निरपेक्ष स्थिति होने पर संसृष्टि अलङ्कार होता है। सम्भवतः कुन्तक ने यहाँ सङ्कर तथा संसृष्टि अलङ्कारों से सम्बन्धित कारिकाएँ तथा वृत्तिभाग प्रस्तुत किया होगा, परन्तु वह अनुपलब्ध है।

संसृष्टिर्यथा -

संसृष्टि अलङ्कार का उदाहरण, जैसे -

आश्लिष्टो नवकुङ्कुमारुणरविव्यालोकितैराश्रितो
लम्बान्ताम्बरया समेत्य भुवने ध्यानान्तरे सन्ध्यया।
चन्द्रांशूत्करकोरकाकुलमतिर्ध्वान्तद्विरेफोऽधुना
देव्या स्थापितदोहदे कुरबके भाति प्रदोषागमः॥160॥

अन्वय - नवकुङ्कुमारुणरविव्यालोकितैः आश्लिष्टः ध्यानान्तरे भुवने (च) समेत्य लम्बान्ताम्बरया सन्ध्यया आश्रितः चन्द्रांशूत्करकोरकाकुलमतिः ध्वान्तद्विरेफः प्रदोषागमः अधुना देव्या स्थापितदोहदे कुरबके भाति।

अनुवाद - नये कुङ्कुम के समान अरुण सूर्य की दृष्टि (किरणों) से आश्लिष्ट और ध्यान में स्थित संसार में आकर लम्बे वस्त्र अथवा आकाश वाली सन्ध्या से आश्रित चन्द्रमा की किरणों के समूहरूप कलियों को देखने से व्याकुल मति वाला अन्धकाररूपी भ्रमर वाले प्रदोष का आगमन अब देवी के द्वारा सम्पादित दोहद वाले कुरबक में सुशोभित हो रहा है।

यहाँ पर लुप्तोपमा, श्लेष, रूपक और उत्प्रेक्षा आदि अनेक अलङ्कारों की निरपेक्ष स्थिति होने पर संसृष्टि अलङ्कार है।

यथा वा -

अथवा जैसे -

म्लानिं वान्तविषानलेन नयनव्यापारलब्धात्मना
नीता राजभुजङ्ग पल्लवमृदुर्नूनं लतेयं तथा।
अस्मिन्नीश्वरशेखरेन्दुकिरणस्मेरस्थलीलाञ्छिते
कैलासोपवने यथा सुगहने नैति प्ररोहं पुनः॥161॥

अन्वय - (हे) राजभुजङ्ग ! नयनव्यापारलब्धात्मना वान्तविषानलेन नूनं (भवता) पल्लवमृदुः इयं लता यथा म्लानिं नीता, ईश्वरशेखरेन्दुकिरणस्मेर-स्थलीलाञ्छिते अस्मिन् सुगहने कैलासोपवने तथा पुनः प्ररोहं न एति।

अनुवाद - (हे) राजभुजङ्ग ! अपने नेत्रव्यापार से उगले हुए विषरूपी अग्नि से निश्चित ही (आपके द्वारा) पल्लवों के समान कोमल यह लता जिस प्रकार के म्लानि को प्राप्त कराई गई है, भगवान् शिव के मस्तक पर स्थित चन्द्रमा की किरणों से सुशोभित स्थली से युक्त इस सुगहन कैलास उपवन में वैसे पुनः विस्तार को प्राप्त नहीं होगी।

यहाँ पर रूपक, लुप्तोपमा और उत्प्रेक्षा आदि अनेक अलङ्कारों की निरपेक्ष स्थिति होने पर संसृष्टि अलङ्कार है।

यथा वा -

अथवा जैसे -

रूढा जालैर्जटानामुरगपतिगणैस्तत्र पातालकुक्षौ
प्रोद्यद्बालाङ्कुरश्रीर्दिशि दिशि दशनैरेभिराशागजानाम्।
अस्मिन्नाकाशदेशे विकसितकुसुमा राशिभिस्तारकाणां
नाथ त्वत्कीर्तिवल्ली फलति फलमिदं बिम्बमिन्दोः सुराद्रेः॥162॥

अन्वय - (हे) नाथ ! तत्र पातालकुक्षौ उरगपतिगणैः जटानां जालैः रूढा, आशागजानाम् एभिः दशनैः दिशि दिशि प्रोद्यद्बालाङ्कुरश्रीः, अस्मिन् आकाशदेशे तारकाणां राशिभिः विकसितकुसुमा त्वत्कीर्तिवल्ली सुराद्रेः इन्दोः बिम्बम् इदं फलं फलति।

अनुवाद - (हे) नाथ ! उस पाताल के उदर में शेषनाग की जटाओं के जालों के रूप में उगी हुई (और) दिग्गजों के फैले हुए दाँतों के रूप में प्रत्येक दिशा में नवीन अङ्कुरों की शोभा प्रकट हो रही है। इस आकाश देश में तारों के समूहरूप में विकसित कुसुमों वाली तुम्हारी कीर्तिरूपी लता सुमेरु पर्वत पर चन्द्रबिम्बरूप इस फल को दे रही है।

यहाँ पर रूपक तथा उत्प्रेक्षा आदि अनेक अलङ्कारों की निरपेक्ष स्थिति होने पर संसृष्टि अलङ्कार है।

यथा वा -

निर्मोकमुक्तिरिव या गगनोरगस्य।

अर्थात् जो आकाशरूपी सर्प के द्वारा छोड़ी गई केंचुली के समान है। यह पद्य इसी उन्मेष में उदाहरण (संख्या 86) के रूप में प्रस्तुत किया जा चुका है। इसमें रूपक तथा उत्प्रेक्षा अलङ्कारों की निरपेक्ष स्थिति होने पर संसृष्टि अलङ्कार है।

यथा वा -

अस्याः सर्गविधौ प्रजापतिरभूद्। इत्यादि।

अर्थात् इस (उर्वशी की) रचना में क्या कान्ति को प्रदान करने वाला चन्द्रमा प्रजापति था? यह पद्य इसी उन्मेष में उदाहरण (संख्या 11) के रूप में प्रस्तुत किया जा चुका है। इसमें सन्देह तथा उत्प्रेक्षा अलङ्कारों की निरपेक्ष स्थिति होने पर संसृष्टि अलङ्कार है।

एवं यथोपपत्यालङ्कारान् लक्षयित्वा केषाञ्चिदलक्षितत्वाल्लक्षणाव्याप्तिदोषं परिहर्तुमुपक्रमते भूषणेत्यादि-

इस प्रकार से यथायुक्ति अलङ्कारों का लक्षण प्रदर्शित कर कुछ अलङ्कारों का लक्षण न करने के कारण लक्षण में अव्याप्ति दोष का परिहार करने के लिए 'भूषण' इत्यादि कारिका को कहते हैं -

भूषणान्तरभावेन शोभाशून्यतया तथा।
अलङ्कारास्तु ये केचिन्नालङ्कारतया मनाक्॥43॥

अन्वय - भूषणान्तरभावेन तथा शोभाशून्यतया ये केचित् अलङ्काराः, तु मनाक् न अलङ्कारतया।

अनुवाद - अन्य अलङ्काररूप होने से तथा शोभा से शून्य होने से जो कुछ अलङ्कार (अन्य आचार्यों के द्वारा कहे गए हैं, वे) थोड़े से भी अलङ्काररूप नहीं हैं।

ये पूर्वोक्तव्यतिरिक्ताः केचिदलङ्कारास्तेऽलङ्कारतया मनाङ् न विभूषणत्वेनाभ्युपगताः। केन हेतुना - 'भूषणान्तरभावेन'। तेभ्यो व्यतिरिक्तमन्यद् भूषणं 'भूषणान्तरम्' तत्स्वभावत्वेन। पूर्वोक्तानामेवान्यतमत्वेनेत्यर्थः। 'शोभाशून्यतया तथा', शोभा कान्तिस्तया शून्यं रहितं शोभाशून्यं तस्य भावः शोभाशून्यता, तया हेतुभूतया, तेषामलङ्करणत्वमनुपपन्नम्।

जो पूर्वोक्त अलङ्कारों के अतिरिक्त कुछ अलङ्कार हैं, वे थोड़े से भी अलङ्काररूप न होने से अलङ्कार नहीं माने जा सकते हैं। अर्थात् कुन्तक ने काव्यशास्त्रीय परम्परा में प्रसिद्ध सभी अलङ्कारों का लक्षण इस उन्मेष में नहीं

किया है। क्योंकि कुन्तक यह मानते हैं कि जिन अलङ्कारों का लक्षण उन्होंने नहीं किया है, उनमें अलङ्कारत्व नहीं हैं। अब प्रश्न होगा कि उनमें अलङ्कारत्व किस कारण से नहीं है? उत्तर है - अन्य अलङ्काररूप होने से। उनसे भिन्न अन्य अलङ्कारत्व 'भूषणान्तरम्' पद का अर्थ हुआ, उस स्वभाव से युक्त होने के कारण। कहने का भाव यह है कि जिन अलङ्कारों का वर्णन इस उन्मेष में किया जा चुका है, उनसे भिन्न न होने के कारण। अर्थात् उनका पूर्वोक्त अलङ्कारों में ही अन्तर्भाव हो जायेगा। अतः उन्हें पृथक् रूप से अलङ्कार मानने की आवश्यकता नहीं है। एक दूसरा भी कारण है कि जिन अलङ्कारों का लक्षण कुन्तक ने नहीं किया है, उनमें अलङ्कारत्व नहीं हैं - शोभा से शून्य होने के कारण। शोभा अर्थात् कान्ति, उससे शून्य अर्थात् रहित है जो वह शोभाशून्य हुआ, उसका भाव शोभाशून्यता कहलायेगा, उस कारण से उन अलक्षित अलङ्कारों में अलङ्करणत्व सिद्ध नहीं होता है।

इसके पश्चात् कुन्तक ने उदाहरण के रूप में आचार्य भामह द्वारा प्रतिपादित यथासंख्य अलङ्कार का लक्षण तथा उदाहरण प्रस्तुत किया है, जिसे वे पृथक् रूप से अलङ्कार नहीं मानते हैं -

भूयसामुपदिष्टानामर्थानामसधर्मणाम्।
क्रमशो योऽनुनिर्देशो यथासंख्यं तदुच्यते॥163॥

अन्वय - उपदिष्टानाम् असधर्मणाम् भूयसाम् अर्थानां क्रमशः यः अनुनिर्देशः तत् यथासंख्यं उच्यते।

अनुवाद - (पूर्व में) उपदिष्ट असमान धर्मों वाले बहुत से पदार्थों का क्रमशः जो बाद में निर्देश किया जाता है, उसे यथासंख्य (अलङ्कार) कहा जाता है।

पद्मेन्दुभृङ्गमातङ्गपुंस्कोकिलकलापिनः।
वक्त्रकान्तीक्षणगतिवाणीबालैस्त्वया जिताः॥164॥

अन्वय - पद्मेन्दुभृङ्गमातङ्गपुंस्कोकिलकलापिनः त्वया (क्रमशः) वक्त्रकान्तीक्षणगतिवाणीबालैः जिताः।

अनुवाद - कमल, चन्द्रमा, भ्रमर, हाथी, पुंस्कोकिल (और) मयूरों को

तुम्हारे द्वारा (क्रमशः) मुख, कान्ति, नेत्र, गति, वाणी (और) बालों से जीत लिया गया है।

पूर्वैराम्नातः। भणितिवैचित्र्यविरहान्न काचिदत्र कान्तिर्विद्यते।

पूर्व आचार्यों अर्थात् भामह आदि के द्वारा इसे यथासंख्य अलङ्कार कहा गया है। कथन के वैचित्र्य के अतिरिक्त यहाँ कोई शोभा नहीं है। यहाँ दो स्थलों पर पाठ का लोप है। सम्भवतया कुन्तक ने यहाँ यथासंख्य अलङ्कार के अलङ्कारत्व का खण्डन करते हुए उसका उपमा में अन्तर्भाव किया होगा।

आशिषो लक्षणोदाहरणानि नेह पठ्यन्ते। तेषु चाशंसनीयस्यैवार्थस्य मुख्यतया वर्णनीयत्वाद-लङ्कार्यत्वमिति प्रेयोऽलङ्कारोक्तानि दूषणान्यापतन्ति।

आचार्य भामह द्वारा प्रतिपादित आशीः नामक अलङ्कार का लक्षण और उदाहरण यहाँ नहीं दिए जा रहे हैं। उनमें आशंसनीय अर्थ के मुख्य रूप से वर्णनीय होने से उसका अलङ्कार्यत्व ही सिद्ध होता है तथा जो दोष प्रेयो अलङ्कार के विषय में कहे गए थे, वे सभी दोष यहाँ भी आ जायेंगे।

विशेषोक्तेरलङ्कारान्तरभावेनालङ्कार्यतया च भूषणत्वानुपपत्तिः।

विशेषोक्ति के अन्य अलङ्कार में अन्तर्भाव होने से और अलङ्कार्य होने से अलङ्कारत्व की उपपत्ति नहीं होती है। कुन्तक के अनुसार विशेषोक्ति का या तो किसी अन्य अलङ्कार में अन्तर्भाव हो जाता है अथवा वह स्वयं ही अलङ्कार्य होता है। अतः उसको पृथक् से अलङ्कार नहीं कहा जा सकता है। इसके पश्चात् पूर्ववत् कुन्तक ने भामह द्वारा प्रतिपादित विशेषोक्ति अलङ्कार का लक्षण तथा उदाहरण प्रस्तुत किए हैं, जिनका कुन्तक ने खण्डन किया है -

एकदेशस्य विगमे या गुणान्तरसंस्थितिः।
विशेषप्रथनायासौ विशेषोक्तिर्मता यथा॥165॥

अन्वय - एकदेशस्य विगमे या विशेषप्रथनाय गुणान्तरसंस्थितिः, असौ विशेषोक्तिः मता। यथा -

अनुवाद - एक देश (गुण) की न्यूनता होने पर जो विशेष की अभिवृद्धि

के लिए अन्य गुण की स्थिति (का वर्णन किया जाता है), वह विशेषोक्ति (अलङ्कार) माना जाता है। जैसे -

स एकस्त्रीणि जयति जगन्ति कुसुमायुधः।
हरतापि तनुं यस्य शम्भुना न हृतं बलम्॥166॥

अन्वय - यस्य तनुं हरता अपि शम्भुना बलं न हृतम्, सः एकः कुसुमायुधः त्रीणि जगन्ति जयति।

अनुवाद - जिसके शरीर का हरण करके भी शिव के द्वारा (उसके) बल का हरण नहीं किया जा सका, वह अकेला कामदेव तीनों लोकों में सर्वोत्कृष्ट है।

अत्र सकललोकप्रसिद्धजयित्वव्यतिरेकि कन्दर्पस्वभावमात्रमेव वाक्यार्थः।

यहाँ समस्त लोक में प्रसिद्ध विजयित्व से भिन्न कामदेव का स्वभावमात्र ही वाक्यार्थ है। अतः यह अलङ्कार्य है, न कि अलङ्कार।

आचार्य दण्डी ने हेतु, सूक्ष्म तथा लेश नामक अलङ्कार माने हैं। उनका खण्डन करते हुए कुन्तक भामह को उद्धृत करते हुए कहते हैं -

हेतुश्च सूक्ष्मो लेशोऽथ नालङ्कारतया मतः।
समुदायाभिधानस्य वक्रोक्त्यनभिधानतः॥167॥

अन्वय - समुदायाभिधानस्य वक्रोक्त्यनभिधानतः हेतुः च सूक्ष्मः अथ लेशः अलङ्कारतया न मतः।

अनुवाद - समुदाय के (साधारण) कथन के वक्रोक्ति का प्रतिपादन न करने के कारण हेतु, सूक्ष्म तथा लेश को अलङ्कार नहीं माना जा सकता है।

संकेतकालमनसं विटं ज्ञात्वा विदग्धया।
हसन्नेत्रार्पिताकूतं लीलापद्मं निमीलितम्॥168॥

अन्वय - संकेतकालमनसं विटं ज्ञात्वा विदग्धया नेत्रर्पिताकूतं हसन् लीलापद्मं निमीलितम्।

अनुवाद - विट को संकेतकाल विषयक जिज्ञासा वाला जानकर विदग्धा

(नायिका) के द्वारा नेत्रों से अपने अभिप्राय को व्यक्त करते हुए हँसते हुए लीलाकमल को बन्द कर दिया।

यह दण्डी द्वारा प्रतिपादित सूक्ष्म अलङ्कार का उदाहरण है।

अयमान्दोलितप्रौढचन्दनद्रुमपल्लवः।
उत्पादयति सर्वस्य प्रीतिं मलयमारुतः॥169॥

अन्वय - आन्दोलितप्रौढचन्दनद्रुमपल्लवः अयं मलयमारुतः सर्वस्य प्रीतिम् उत्पादयति।

अनुवाद - चन्दन के वृक्ष के पुराने पत्तों को आन्दोलित करने वाला यह मलयानिल सभी में प्रीति को उत्पन्न कर रहा है।

यह दण्डी द्वारा प्रतिपादित हेतु अलङ्कार का उदाहरण है।

राजकन्यानुरक्तं मां रोमोद्भेदेन रक्षकाः।
अवगच्छेयुराज्ञातमहो शीतानिलं वनम्॥170॥

अन्वय - रोमोद्भेदेन रक्षकाः मां राजकन्यानुरक्तम् अवगच्छेयुः। अहो ! आज्ञातम्, शीतानिलं वनम्।

अनुवाद - रोमाञ्च के उत्पन्न होने से रक्षक (कहीं) मुझे राजकन्या में अनुरक्त (न) समझ लें। अहो ! समझ गया, शीतल हवा वाला वन (रोमाञ्च का कारण है, यह बोल दूँगा)।

यह दण्डी द्वारा प्रतिपादित लेश अलङ्कार का उदाहरण है।

स्वभावमात्रमेव रमणीयं तच्च अलङ्कार्यम्।

यहाँ उक्त तीनों उदाहरणों में स्वभावमात्र ही रमणीय है और वह अलङ्कार्य ही हो सकता है, न कि अलङ्कार। अतः दण्डी द्वारा प्रतिपादित उक्त तीनों सूक्ष्म, हेतु और लेश को पृथक् से अलङ्कार नहीं माना जा सकता है।

केचिदुपमारूपकाणामलङ्करणत्वं मन्यन्ते, तदयुक्तम्, अनुपपद्यमानत्वात्।

कुछ भामह आदि आचार्य उपमारूपक नाम का एक अलग से अलङ्कार मानते हैं, उसमें अलङ्कारत्व सिद्ध न होने के कारण उचित नहीं है। उपमारूपक अलङ्कार का भामह द्वारा प्रस्तुत उदाहरण -

समग्रगगनायाममानदण्डो रथाङ्गिनः।
पादो जयति सिद्धस्त्रीमुखेन्दुनवदर्पणः॥171॥

अन्वय - समग्रगगनायाममानदण्डः सिद्धस्त्रीमुखेन्दुनवदर्पणः (च) रथाङ्गिनः पादः जयति।

अनुवाद - समग्र गगन के विस्तार को मापने वाला मानदण्ड (और) सिद्धों की स्त्रियों के मुखचन्द्रों के लिए नवीन दर्पण विष्णु का पैर सर्वोत्कृष्ट है।

इसमें अलङ्कारत्व सिद्ध न होने के कारण यह पृथक् से उपमारूपक अलङ्कार का उदाहरण नहीं बन सकता है।

लावण्यादिगुणोज्ज्वला प्रतिपदन्यासैर्विलासाञ्चिता
विच्छित्त्या रचितैर्विभूषणभरैरल्पैर्मनोहारिणी।
अत्यर्थं रसवत्तयार्द्रहृदया (भावैरुदाराभिधा
वाग्वश्यं कुरुते जनस्य हृदयं नित्यं) यथा नायिका॥44॥

कोष्ठक में स्थित पाठ आचार्य विश्वेश्वर द्वारा रचित है। मूलपाठ अनुपलब्ध है।

अन्वय - लावण्यादिगुणोज्ज्वला, प्रतिपदन्यासैः विलासाञ्चिता, विच्छित्त्या रचितैः अल्पैः विभूषणभरैः मनोहारिणी, अत्यर्थं रसवत्तया आर्द्रहृदया, भावैः उदाराभिधा वाक् यथा नायिका जनस्य हृदयं नित्यं वश्यं कुरुते।

अनुवाद - लावण्य आदि गुणों से उज्ज्वल, प्रत्येक पद के न्यास में विलासों से युक्त, शोभापूर्वक धारण किए हुए अल्प आभूषणों से मनोहारिणी, अत्यन्त रस से युक्त होने के कारण हृदयों को आर्द्र कर देने वाली, भावों से उदार कथन करने वाली वाणी नायिका के समान मनुष्य के हृदय को सदैव वशीभूत कर लेती है।

इति श्रीमत्कुन्तकविरचिते वक्रोक्तिजीविते तृतीयोन्मेषः॥

इस प्रकार श्रीमान् कुन्तक द्वारा विरचित वक्रोक्तिजीवित का तृतीय उन्मेष समाप्त हुआ।

परिशिष्ट - 1

मूलग्रन्थस्थकारिकानुक्रमणिका

कारिका **पृष्ठ**

परिशिष्ट - 2

ग्रन्थस्थपद्यानुक्रमणिका

परिशिष्ट - 3

वृत्तिगतान्तरान्तरश्लोकानुक्रमणिका

परिशिष्ट - 4

वृत्तिगतान्तरकारिकानुक्रमणिका

श्लोक	पृष्ठ
अनौचित्यप्रवृत्तानाम्	87
अनौचित्यादृते नान्यद् रसभङ्गस्य	87
आत्मैव नात्मनः स्कन्धं	83
उत्प्रेक्षातिशयान्विता	26
एकदेशस्य विगमे या	195
कोऽलङ्कारोऽनया विना	27
क्रिययैव विशिष्टस्य	162
चरितं च महात्मनाम्	90
तुल्यकाले क्रिये यत्र	174
न्यूनस्यापि विशिष्टेन	154
प्रधानेऽन्यत्रवाक्यार्थे	73
प्रेयः प्रियतराख्यानम्	80
भूयसामुपदिष्टानामर्था-	194
यत्र तेनैव तस्य	156
यत्रार्थः शब्दो वा	169
यत्रोक्ते गम्यतेऽन्यो	173
रसपेशलम्	66
रसभावातदाभासवृत्तेः	92